中国石油离退休工作
论 文 集
（2020）

中国石油天然气集团有限公司
离退休职工管理中心（老干部局） 编

石油工业出版社

图书在版编目（CIP）数据

中国石油离退休工作论文集. 2020 / 中国石油天然气集团有限公司离退休职工管理中心（老干部局）编. —北京：石油工业出版社，2021.12

ISBN 978-7-5183-4964-7

Ⅰ. ①中… Ⅱ. ①中… Ⅲ. ①石油工业 - 离退休干部 - 干部工作 - 中国 - 文集 Ⅳ. ① D632.2-53

中国版本图书馆 CIP 数据核字（2021）第 222274 号

中国石油离退休工作论文集（2020）

中国石油天然气集团有限公司离退休职工管理中心（老干部局） 编

出版发行：石油工业出版社

（北京安定门外安华里 2 区 1 号　100011）

网　址：www.petropub.com

编辑部：（010）64523609

图书营销中心：（010）64523633

经　　销：全国新华书店

印　　刷：北京中石油彩色印刷有限责任公司

2021 年 12 月第 1 版　2021 年 12 月第 1 次印刷

710 × 1000 毫米　开本：1/16　印张：25.75

字数：470 千字

定价：88.00 元

（如发现印装质量问题，我社图书营销中心负责调换）

《中国石油离退休工作论文集（2020）》
编委会

序

2020年是决胜全面建成小康社会、决战脱贫攻坚、实现第一个百年奋斗目标之年。为深入学习贯彻习近平新时代中国特色社会主义思想和党的十九大精神，全面展现中国石油离退休工作人员积极投身决胜全面建成小康社会、决战脱贫攻坚的良好精神风貌，以及在“战严冬、转观念、勇担当、上台阶”主题教育活动和提质增效专项行动中取得的新进展、新成绩和新经验，中国石油离退休职工管理中心（老干部局）收集整理了各单位离退休工作者采写的近100篇工作论文，结集成册。

这些论文，是中国石油离退休工作人员日常工作的总结和积累，内容和角度涵盖了离退休服务管理工作的各个方面，凝聚了中国石油离退休系统各级领导及工作者的大量心血和汗水，代表了中国石油系统离退休工作人员的政研水准和理论高度。

这本论文集的出版，也是对中国石油系统多年来离退休工作宝贵经验的总结。希望这本论文集能在更广阔的领域为促进离退休工作发展发挥积极作用。

本书编委会

2021年10月

目录

“新形势”下做好退休人员思想政治工作，念好“三字经”

◆ 大庆油田　杨立功

思想政治工作是以人为对象，解决人的思想、观点问题，提高人们的思想觉悟的工作，是做好其他一切工作的有力保证。基层作为企业的最底层组织，深入、细致的思想政治工作是保证企业各项制度顺利执行、完成各项生产任务的基础。当前，我们大庆油田、中石油乃至全国国企的退休人员正处于退休人员社会化关键时期，一些亟待解决的深层次矛盾和问题正逐步显现出来。面对新形势、新情况、新挑战，作为矛盾与问题集中的基层，退休人员思想政治工作做什么、如何做、做得怎样，是我们要思考、研究和破解的重要课题。笔者认为在国企退休人员社会化新形势下，做好思想政治工作，要念好“三字经”。

一、“新形势”下做好退休人员的思想政治工作要在“新”上下功夫

时代在前进、企业在发展、情况在变化，退休人员思想政治工作必须服务总目标、把握大方向、适应新形势，达到思想上解惑、精神上解忧、心理上解压，必须紧紧围绕社会化管理这一中心，积极探索、大胆尝试，在创新上寻出路。

（一）思路新，适应思想政治工作新形势

要做好新形势下的基层退休人员思想政治工作首先要更新观念，开拓思想，适应时代的要求。一是改变观念，开阔视野。及时掌握退休人员思想的新动向，并有的放矢地采用退休人员喜欢的方法，有针对性地开展工作，增强退休人员的政治意识、大局意识、改革意识和发展意识、稳定意识。二是适应新形势，开拓新思想。企业的退休人员思想政治工作要适应时代的发展，及时探讨退休人员思想变化的新情况和新特点，有针对性地创新工作思路。

（二）内容新，赋予思想政治工作新内涵

思想政治工作的主要目标是提高人的素质，解决人的困惑和消极情绪，引导人的正确思维，化解矛盾，解决问题。除了要对退休人员进行党的路线方针政策、理想信念、法制道德等教育外，还要根据大庆油田、中石油、国企改革、发展及稳定形势的变化，不断注入企业发展的新内容、新要求，拓展新的服务领域。更重要的是引导教育退休人员以正确的态度参与国企退休人员社会化，给退休人员讲政策、议形势、谈改革、论发展，激励和调动退休人员理解、支持和拥护国家改革。

（三）方式新，探索思想政治工作新途径

（1）教育疏导法。要善于捕捉退休人员的思想动态，针对性进行思想教育，使退休人员认清国企发展方向，理解国企发展战略，参与国企建设活动，把自己的前途命运与国企未来发展紧密联系起来。（2）活动推进法。本着贴近基层、贴近生活、贴近退休人员的原则，以油田退休人员的真人真事为主题，开展多种形式的教育活动，这样更有效果，会起到事半功倍的作用。（3）日常贯穿法。要把思想政治工作贯穿到退休人员日常活动中，不能等出现了问题再去做，更要善于预见问题，在矛盾出现前就去化解，避免矛盾的激化，把问题消灭在萌芽状态，变被动解决矛盾为主动化解矛盾。

二、“新形势”下做好退休人员的思想政治工作要在“实”上下功夫

思想政治工作是大庆油田的政治优势。优势的生命力在于与时俱进。在大庆油田、中石油、国企退休人员社会化管理的新形势下，退休人员的思维方式、行为准则、价值取向都在发生巨变。这就要求思想政治工作在务实上动真格的。

（一）做好思想政治工作，网络体系构建要扎实

在国企退休人员社会化的新形势下，做好思想政治工作，网络体系构建必须扎实。基层思想政治工作网络体系构建扎实与否，决定国企思想政治工作开展是否顺利，决定国企对退休人员思想动态是否把握良好，是国企思想政治工作的基础。与国企行政机构设置相联系，与生产组织流程和职工组织形成相适应，应形成上层的协调联动系统和基层的执行反馈系统。协调联动系统以企业党委为主体，党委各部门和工会、团委协同配合，明确企业党委在不同阶段的工作方向、工作目标和工作要求，整合国企思想政治工作资源，统一工作计划和活动方案，发挥政工部门的职能优势，突出国企党委的工作重点。执行反馈系统，以党总支和基层党支部为主体，该系统既能够把党的方针政策、国企党委、行政领导层的决策部署和要求以及国企改革发展的大事及时地传达贯彻到基层，又可以使各级党组织准确地了解和掌握退休人员的思想动态，提高思想政治工作的针对性和时效性。

（二）做好思想政治工作，制度要落实

在国企退休人员社会化的新形势下，做好思想政治工作，制度必须落实。国企思想政治工作制度，是国企坚持党的领导，并在长期的实践过程中产生的社会科学、管理科学和人文科学的重大成果。国企思想政治工作制度包括政治学习、思想教育、职工思想动态分析、职工思想信息反馈、家访谈心、沟通对话等许多方面的内容。一是要论证工作制度的可操作性。应该具备复杂事物简单化的特征，有具体可行的任务目标，有简捷明了的约束要件。二是要把能够量化的内容指标化，使制度落实变得直观和便于评价。对于思想政治工作具有定性把握的任务指标，可以通过效果属性的描述来确定指标，同样可以达到直观和便于评价的目的。三是要形成检查—总结—考核的良性循环。强调落实制度就要不断检查制度的运行状况，及时校正运行偏差，定期总结制度的执行效果，及时推广成功经验。对基层单位的工作按运行周期进行评价和考核，鼓励先进鞭策后进。

（三）做好思想政治工作，沟通要诚实

在国企退休人员社会化的新形势下，做好思想政治工作，沟通必须诚实。交流沟通是国企思想政治工作的重要手段，其方式多种多样，诸如恳谈会、交流会、座谈会等各种会议形式，走访、慰问、探望等走访形式，征询意见、电话咨询等征询形式，集中学习、专项培训等学习教育形式。交流沟通所追求的预期效果是多方面的，其中最重要的是解决信息不对称问题，使退休人员更加全面地了解、掌握党和国家的方针政策，了解、掌握本行业的发展趋势及相关政策法规，了解市场形势以及国企最高领导层的重大决策部署，明确当前的任务、目标和工作要求。通过交流沟通，实现上下级之间的信息互动，管理层通过这一手段可以获取更多的职工思想活动信息，把握调整积极因素和消极因素的成因与分布，为及时调整思想政治工作的着力点提供参考依据。退休人员可以通过交流沟通加深对管理层指挥意图的理解。

三、“新形势”下做好退休人员的思想政治工作要在“势”上下功夫

思想政治工作是国企工作重要组成部分。宣传政策、答疑解惑、凝聚人心由思想的软实力变为行为的硬实力，是做好思想政治工作的目的。在国企退休人员社会化新形势下，退休职工思想政治工作要想成效显著，必须在声势上做文章。

（一）做好思想政治工作，明理是前提

明理就是给广大退休人员讲清当前面临的形势与任务，知晓国企改革的情况，明白科学发展的道理，明确退休人员自己的职责和义务，从而摆正思想认识与退休人员行动高度一致的关系，摆正自身位置与国企整体发展的关系。明白这些道理，让退休人员一条心，形成凝聚力；拧成一股劲，激发向心力；社会和谐相处，增强感召力。越是国企改革形势严峻，越需要认清凝心聚力谋发展之理；

越是国企困难时刻，越需要认清关注民生求发展之理；越是各方面矛盾复杂，越需要认清维护稳定发展之理。明理的过程既是一个理论学习的过程，又是一个思想统一的过程，更是一个智慧提升的过程。思想政治工作就是通过演讲、讨论、培训等不同手段，从而明明白白知晓思想政治工作的道理和作用。

（二）做好思想政治工作，鼓劲是主题

鼓劲就是在退休人员明白科学发展道理的基础上，激发起他们的生活热情和战胜困难的勇气。一要坚定必胜的信心。引导与启发退休人员从大局着眼，全面看问题；要从发展分析，辨别分清是非；要多关注成就，正确认识不足；要主动应对，防止惰性思维；要多看有利面，注意扭转不利面。二要激发生活热情。注意选树退休人员身边的先进人与事，弘扬主旋律、讴歌真善美、增添正能量，让职工远学有标杆，近学有榜样，看得见摸得着，学得对口有力。三要善于总结表彰。除了传统的表彰外，新时期要突出以人为本，优先解决受表彰的优秀退休人员最关心的问题，让先进人物的幸福指数同样感到是先进。让退休人员在学习先进、争当先进、赶超先进中，不断提升自我。

（三）做好思想政治工作，造势是议题

造势就是在退休人员活动场所、学习场所、娱乐场所，用各种宣传载体宣传，对退休人员的影响、引导和激励。一要善于谋造势。就是先声夺人，先入为主。思想政治工作要努力营造各种活动的浓厚氛围。精心谋划、周密组织、认真制订宣传方案，注重搞好宣传策划、突出重点、体现特点，有组织、有计划地开展重大活动，这就是善谋造势。二要善用造势。充分运用报刊、广播、电视、互联网等媒体，加大对重点活动的宣传力度。通过宣传，使退休人员的认识得到提高，思想实现统一，步调高度一致，从而保证国企的工作思路、发展目标、政策举措等党政领导的声音传递给退休人员，营造良好的舆论氛围。谋划造势是基础，应用造势是根本。因势利导，以势影响退休人员，以势引导退休人员，以势鼓舞退休人员，以势激励退休人员。

加强老年思想文化阵地建设，营造心身愉悦的活动环境

◆ 大庆油田　郝宇琦

近年来，随着社会快速发展，人民群众生活水平显著提高，物业管理一公司离退休职工管理中心高度重视加强老年思想文化阵地建设。自 2019 年以来，中心结合发展实际，按照“学有阵地，乐有载体，交有桥梁”的要求，在保证经费、保证质量、保证效果的前提下，大力支持老年活动中心、老年大学、党员社区服务站等基础设施建设，广泛开展行之有效、丰富多彩的文化活动，为服务大局、维护稳定、促进和谐、满足广大离退休职工日益增长的精神文化需求，发挥了应有的作用。

一、经济发展、社会进步，是老年思想文化阵地建设的动力源泉

（一）老年权益保障法明确要求加强思想文化阵地建设

自 1999 年，我国已进入老龄化社会。《中华人民共和国老年人权益保障法》规定：“老年人有继续受教育的权利。国家发展老年教育，鼓励社会办好各类老年学校。各级人民政府对老年教育应当加强领导，统一规划。”“国家和社会采取措施，开展适合老年人的群众性文化、体育、娱乐活动，丰富老年人的精神文化生活。”老年思想文化阵地建设不仅惠及老年人本身，而且在传播先进文化、促进社会和谐等方面都发挥着重要作用。不重视和加强老年思想文化阵地建设工作，就不可能实现老有所为、老有所学、老有所乐，也就没有真正意义上的和谐社会。因此，要促进经济发展、社会进步，构建和谐社会，就要不断加强老年思想文化阵地建设，借助老年大学和老年活动中心这两大载体，不断满足老同志们的精神文化生活需求。

（二）加强老年思想文化阵地建设适应中国国情

我国已进入人口老龄化快速发展时期，加强老年思想文化阵地建设是积极应

对人口老龄化的一项重要战略任务，也是社会主义文化建设的重要内容。我国是世界上人口老龄化程度比较高的国家，老龄人口数量多、老龄化速度快、应对人口老龄化任务重，这是不可回避的国情。加快老年人思想文化阵地建设，不断满足老年人日益增长的文化需求，丰富老年人的精神生活，增强老年人的精神力量，是深入贯彻落实社会主义文化大发展大繁荣的内在要求，是构建不分年龄、人人共享老龄社会和谐文化的重要任务，将进一步促进经济社会科学发展，实现家庭和睦、社会和谐。

（三）强化老年思想文化阵地建设能促进油田稳定

当前，大庆油田正处在多种矛盾的叠加期、深化改革的攻坚期、高质量发展的关键期。2019 年 9 月 26 日，习近平总书记致大庆油田发现 60 周年的贺信中强调："站在新的历史起点上，希望大庆油田全体干部职工不忘初心、牢记使命，大力弘扬大庆精神、铁人精神，不断改革创新，推动高质量发展，肩负起当好标杆旗帜、建设百年油田的重大责任，为实现'两个一百年'奋斗目标、实现中华民族伟大复兴的中国梦作出新的更大的贡献！"这也是油田广大干部职工团结奋斗的总目标。实现这一目标，需要老同志的关心、支持和参与。因此，切实加强老年思想文化阵地建设，把他们的思想统一到油田的决策部署上来，把他们的智慧和力量集聚到推进油田新发展、新跨越的伟大事业中来，把离退休服务管理工作做实、做活、做深、做细，用优质的服务赢得离退休职工的信任，用优美的环境赢得离退休职工的舒心，用丰富多彩的文体活动赢得离退休职工的欢心，对于促进油田稳定发展至关重要。

（四）离退休职工殷切期盼老年思想文化阵地建设

随着企业离退休职工生活水平的提高，广大离退休职工对晚年生活目标不仅仅停留在安度晚年、颐养天年上，而且有更高层次的精神追求。希望能够继续发挥专长和作用，参与政治、社会、经济活动，为经济社会发展与建设献言献策，再做贡献；希望有个适合他们的活动场所，能同老同事们一起乐一乐，开开心，驱逐心中的烦躁；由于体力下降，生活自理能力低，希望得到单位的关心照顾，尤其是子女不在身边而有力所不及的事，渴望单位送温暖；所有老年人都有期望健康长寿的心理，他们大多有老年疾病，希望就医方便。因此加强老年思想文化阵地建设，组织学习教育、交流沟通、思想政治工作和文体活动，同时帮助解决离退休职工的实际困难，使广大离退休职工身心愉悦，从而达到凝聚人心、服务油田的目的，不仅是事业发展的要求，也是全体离退休职工的殷切希望。

二、站高望远、健康发展，是老年思想文化阵地建设的正确方向

老年活动室、老年大学和社区是离退休老同志活动、学习和生活的主要场所，是加强老年思想文化阵地建设的重要载体。要积极适应离退休职工精神文化

需求，下大气力抓好老年活动中心和老年大学建设，积极利用社区资源做好离退休服务管理工作。

（一）突出“入”字，力求老同志乐在其中

以重在参与为上，不断丰富老年活动的内容和形式，进一步充实离退休职工的精神文化生活。一是主题活动重引导。紧跟时代主旋律，结合党和国家的重要纪念日，吸引广大老同志积极参加歌颂党、歌颂改革开放、歌颂社会主义的主题活动。如：结合纪念建党 99 周年，举办“与党同呼吸、共命运、心连心”征文活动；举办“忆党恩、颂党情、跟党走”重温入党誓词活动，举办“让抗疫精神成为当好标杆旗帜建设百年油田的精神动能”专题党课活动。二是传统活动重灵活。不断改进活动方式方法，坚持适其所需，授其所宜，把室内活动和室外活动、内部活动和社会活动有机结合起来，使活动功能由运动型向保健型转变，受到老同志的欢迎。重阳节期间举办大型文艺演出，为金婚老人举行金婚庆典；根据老同志健康状况，组织开展医疗保健讲座，邀请医学专家到老干部活动中心讲课，免费作医疗服务和咨询。三是协会活动重效果。坚持把协会活动作为推动老同志活动的重要载体，在原有的秧歌、器乐、台球、舞蹈协会基础上，又组建了书画、门球、太极拳、乒乓球、合唱等协会，以提高素质、增进健康、愉悦身心、陶冶情操为目标，延伸到了学校和社区，积极组织丰富多彩的活动，广泛开展文化交流。

（二）突出“学”字，力求老同志学有所长

坚持以“增长知识，陶冶情操，丰富生活，促进健康，服务社会”为主要内容的老年大学办学宗旨，通过丰富学习内容、创新教育形式两手抓，扎实开展老年教育工作，保证离退休职工学有所长，学有所获，学有所为。一是不断改善硬件设施。必要的场地、设施、资金是办好老年大学的物质基础，通过多方努力，筹措资金配备了桌椅板凳、画板、画架子、画毡、绘画教具等物品，将教室粉刷一新，美化了周边环境，学校内外焕然一新，老同志在新环境下学习，更觉静心、安心、舒心。为老年大学配置专人管理，使老年大学日常事务有人抓，开展教学有专人上课，学校有教学计划，有各项规章制度，工作有目标，保障了老年大学的正常教学。二是不断创新教学方法。不断尝试生动直观、为学员喜闻乐见的教学方式方法。如根据老年人记忆力不好，听过就忘的特点，推广重复记忆教学法，重点问题反复讲，难点问题举例讲，反反复复认识和实践，使传授的知识得到了巩固和提高，受到老同志的欢迎。今年开展网上教学，按照“能学则学”的原则进行，有困难无法上网课的学员也不用担心，教师会录下视频，通过微信发送给学员。三是对外交流，不断丰富教育内容。不定期组织学员到油田艺术中心、哈尔滨美术馆等地参观学习。老师组织学员去郊游写生，积极参与各级画展，定期开展本校的书法美术展，展示油田离退休职工热爱艺术，老有所学，老有所为，勇于攀登艺术高峰的具体实践过程。

（三）突出“导”字，力求老同志积极进取

充分利用老年活动中心（室）、老年大学和党员社区服务站，扎实开展了丰富多彩的学习活动，不断提高离退休职工的思想政治素质，使广大老同志保持了政治坚定、思想常新、理想永存。一是规范学习内容。组织老同志学习党的十九大以及习近平总书记系列重要讲话精神，学习科学发展观等新思想、新观念、新理论，学习党史党规知识，做到学习有计划、有制度、有研讨，并坚持集体学习和个人自学相结合、理论与实际相结合的原则，使广大离退休职工在思想上紧跟时代步伐，切实把老干部的思想统一到中央的决策部署上来。二是活化学习方式。坚持寓教于乐、寓学于乐，通过举办座谈会、培训班、报告会等老同志喜闻乐见的形式，调动离退休职工学习政治理论的积极性，激发了为油田发展贡献力量的热情，为企业生存发展献计献策。三是充分发挥余热。坚持联系实际，力求实效，引导老同志把学习成果体现在提高思想认识、积极奉献爱心上来。积极组织老同志深入基层参观考察，积极为公司、政府建言献策。组织“六老”人员深入企业、学校、社区做革命传统报告，大力开展扶贫济困、捐资助学等活动，动员社会力量捐赠帮扶物资。

三、完善功能、创新管理，是老年思想文化阵地建设的有效方法

加强老年思想文化阵地建设是做好离退休工作的重要基础，需要不断完善设施建设，创新工作思路，优化服务水平，积极发挥老同志作用，使之能够健康稳定发展。

（一）抓阵地建设，打造温馨和谐家园

老年活动室是老年思想文化阵地建设的重要载体，是广大离退休职工活动的基本场所，是传播先进文化的重要阵地，着力从三个层次来推动老年活动学习阵地的建设。一是抓龙头，突出活动中心建设。坚持高起点谋划、高标准建设、高水平管理的原则，整合社区资源，科学规划建设了集老同志学习、活动、教育、管理、服务于一体的社区服务综合体。通过改善老年活动室的环境，较好地发挥功能作用，使活动中心成为企业联系离退休职工的桥梁和纽带，成为老同志开展活动和发挥作用的重要阵地、安享晚年的乐园。二是抓基础，活动设施不断完善。使活动室真正成为老同志的第二乐园，争取资金逐步建立起多功能厅、乒乓球室、台球室、健身室、棋牌室、舞蹈室、图书阅览室等。在活动室内设置了敬老服务箱，箱内配有老花镜、万能充电器、针线包、指甲刀。通过对活动室基础设施的不断完善，为离退休职工的互相交流、互相学习，开展各类活动提供了平台。三是抓骨干，建立党员社区服务站。按照“建好主阵地、扩大覆盖面、延伸到社区”的总体思路，从发挥骨干老党员的带头作用入

手，建立社区党员联系服务站，定期开展党内活动，并根据老党员的年龄、身体情况，合理安排组织生活。

（二）重孝亲敬老，创新服务工作内涵

老年思想文化建设工作是以服务为灵魂的行业，要想真正做到一切从老同志的需求和特点出发，准确地把握广大离退休职工的所思、所想、所忧、所盼，努力做好管理和服务工作，就要在服务意识、保障手段、服务举措上下大力气，建立服务体系。一是建章立制，规范服务成标准。服务工作做得如何，关键在于要让员工从思想上认识到服务工作的重要性，建章立制，修订和完善《员工行为规范汇编》。严明制度、规范落实，形成了执行到位、标准高的良好局面。二是彰显细微，孝心服务成习惯。树立了“热情周到服务，营造健康和谐”的服务理念，教育员工坚持“做事以孝为先，事发以心为责，事必以和为重”的工作原则，帮助员工树立“视老同志如亲人，待老同志如父母”的服务观念，做好“细微化”服务工作。三是活化载体，服务延伸成亮点。进一步提高服务工作质量，不断增加服务项目，尽心尽力搞好服务创新、尽职尽责倡导服务延伸、尽善尽美追求服务无止境。

（三）强作用发挥，搭建老有所为平台

发挥老同志丰富的人生阅历和工作经验，动员他们在重大决策、关心下一代、离退休工作监督等方面发挥作用，精心组织实施，有效调动了老同志们老有所为的工作积极性。一是发挥政治优势，引导老同志当好青少年健康成长的“辅导员”。充分利用关工委这块阵地，发挥好“六老十大员”作用，深入到学校开展革命优良传统教育，开展“大手牵小手”爱心帮扶活动，与贫困家庭学生结成帮扶对子，通过定期走访、捐资助学等方式关爱帮扶对象的学习、生活，受到学校、家长和社会的一致好评。二是发挥经验优势，引导老同志当好企业决策的“参谋员”。重视老干部的经验优势，积极引导他们发挥其敏锐的洞察力、准确的判断力，充分发挥他们在决策中的参谋助手作用，鼓励老同志自觉为油田的发展献计出力。组建成立了自管委员会，实现老同志们的自我管理、自我组织、自我服务，增强了活动的管理效力。三是发挥威望优势，引导老同志当好架设党群连心桥的“协调员”。根据老党员的优势和特长，按照“自觉自愿、量力而行”的原则，积极为非在岗党员发挥作用创建载体、搭建平台，适时、适度组织老党员参与志愿服务和承诺服务等活动，鼓励和引导老党员运用自身的政治优势、经验优势和威望优势，在加强党建、协助企业化解各种矛盾纠纷等方面出力献策，使老同志成为和谐矿区建设的主要力量。

当前和今后一个时期，加强老年思想文化阵地建设，就要本着“高起点规划、高标准建设、高水平管理”的原则，在抓好离退休职工“两项待遇”落实的同时，充分认识老年思想文化建设的重要性，探索建立相应的工作体系，不断提高离退休工作的科学化水平。

加强离退休职工党建工作，促进国有企业退休人员社会化工作平稳过渡

◆ 大庆油田　徐红立

尽快促进国有企业退休人员社会化，是实现油田可持续发展的必由之路。目前，大庆现有老年人口326700多人，占大庆总人口的12.36%，每年以4%的速度增长，完全可以说是跑步进入老龄化。如何加强离退休职工党建工作，促进国有企业退休人员社会化工作平稳过渡，是现阶段离退休管理工作的重点。在离退休职工中强化组织教育和自我教育相结合，建立离退休职工党支部，让老同志在各个领域，尽其才、展其志、显其能，发挥老同志政治优势、经验优势、威望优势，为国有企业退休人员社会化工作平稳过渡发挥积极作用，使离退休职工党支部成为联系离退休人员的桥梁和纽带，组织教育和自我教育在建设和谐矿区、稳定员工队伍、实现油田可持续发展中发挥着不可替代的作用。

一、当前在退休人员中推进社会化工作存在的主要问题

一是宣传工作还不到位。我们党历来重视党的宣传思想工作，每一项重大改革措施出现前和实施过程中，都要以宣传工作为先导，引导广大干部群众提高认识，认清形势，积极投身到改革中去，保证改革措施的实施和见到实效。目前，对于国有企业退休人员社会化管理这项政策，还没有真正宣传到位，在离退休人员中还存在着这样那样一些问题和想法，大家只是知道要归社区管理了，对于为什么要归、怎么归、今后的管理和待遇等问题都知之甚少，处于一种比较茫然的阶段。所以加大宣传力度，使社会化管理理念深入人心，是必须做好的一项工作。

二是思想认识不到位。社会化管理是一个新事物，是一项新举措，对于老年人来说，需要一个慢慢消化理解的过程，由于对政策的不熟悉和认识上的不足，在退休人员中还有些片面的理解，大家只知道要推向社会，普遍存在着我们为

企业拼搏了一辈子、奉献了一辈子，现在退休了，单位就不管了，要把我们推向社会了，有种卸磨杀驴的感觉，老同志们从心里有些不理解、不舒服，多少都有些失落感。同时，油田和企业在待遇上有差别，退休员工怕社会化管理后待遇降低，所以，抵触情绪很大。

二、加强离退休职工基层党组织建设的重要性

针对在政策推行过程中存在的问题，我们应该发扬党的优良传统，加强离退休人员的思想和宣传解释工作，保证这项为企业发展积蓄能量的政策能够得以贯彻落实。而这些工作，就要靠离退休职工党组织贯彻落实，所以，加强离退休职工党组织建设是一项长期而必要的工作。《中国石油天然气有限公司关于推进企业离退休人员社会化管理工作的指导意见》中指出：坚持党的全面领导，企业党委要发挥好“把方向、管大局、保落实”的作用，坚定不移推进离退休人员社会化管理工作。

一是中心工作的需要。目前，面对新时代油田振兴发展的新形势和疫情带来的影响，以及老同志们对美好生活需要的日益增长，迫切需要充分发挥离退休职工党组织的优势，不断提升离退休职工党组织的工作水平，加强改进离退休职工党组工作，使之成为宣传党的主张，贯彻党的决定，团结动员离退休职工中党员和群众、推进社会化工作顺利进行的坚强堡垒。离退休职工党组织要紧扣中心工作开展党建思想工作，做到思想上高度重视，行动上加力推进，措施上务求实效，努力把党的政治优势、思想优势、组织优势、群众优势发挥出来。

二是稳定大局的需要。要从全局和发展的高度，充分认识到加强离退休职工党支部建设是维护大庆油田改革发展、稳定大局的需要，是加强和改进党的建设的需要，是离退休职工中老党员自身政治生活的需要，是新形势下做好老干部工作的需要。要把离退休职工党支部建设纳入本单位基层党建的总体规划，统一研究、统一部署、统一评比、统一表彰，真正做到认识到位、组织领导到位、工作措施到位，把离退休各项工作落到实处，让离退休人员切实感受到组织的关怀和照顾。

三是离退休职工中党员的需要。离退休职工中的党员是党员队伍中一个特殊群体，做好他们的工作虽然不是大局，但能影响大局。离退休职工党组织是离退休职工党员发挥余热的重要阵地，是党的组织工作不可分割的一部分。这些老同志、老党员在各自的工作岗位上兢兢业业、无私奉献了几十年，和党组织及单位形成了休戚与共的关系。他们热爱党，热爱组织，关心企业发展，他们离退休后，一方面需要组织的关心关怀，另一方面，有部分人还想为社会、为组织发挥余热。目前，有很多老同志继续为社会、为广大离退休人员服务，做一些关爱下一代及社区服务工作，就是最好的例证。我们要保持和发扬他们这份积极性，使

他们在离退休后还能发挥自己的余热，体现自己的价值，保证他们离岗但与组织不离心。所以，进一步做好离退休职工党组织建设工作，是强化老党员的责任担当，焕发老党员奉献精神，在各项工作中发挥积极作用的一项重要措施。

三、加强离退休职工支部建设，实现党建与中心工作同频共振

面对新时代、新形势和新任务的要求，离退休职工党组织也要紧扣中心工作开展党建思想政治工作，实现党建工作与中心工作同频共振，确保各项工作见到实效。

一是抓好离退休职工支部建设。一直以来，党对基层支部建设十分重视，把基层支部看作是党全部工作和战斗力的基础，是团结带领群众贯彻党的理论和路线方针政策、落实党的任务的战斗堡垒。长期以来基层支部在推动发展、服务群众、凝聚人心、促进和谐中发挥了重要作用。新形势下，特别是在改革的过程中，基层离退休职工党支部服务群众、做群众工作的任务更为繁重，所以，要把加强离退休职工党支部建设，作为基层党建工作的一项重要工作，让离退休职工党员在组织上有依赖感，精神上有寄托感，生活上有安定感，把党的关怀和组织的温暖传递到每名离退休人员的身边。要选拔那些政治能力突出，有能力、有责任心、热爱离退休工作的同志担任支部工作，从而保证各项工作的贯彻落实。

二是要强化责任意识。不能因为退休职工党员离开了工作岗位，就认为与企业发展大局关联不大，而弱化了离退休职工党组织建设。近几年，国家和油田针对如何做好离退休工作，出台了许多文件，这些文件的实施要靠党的组织进行宣传贯彻，要组织广大离退休人员进行学习领会，特别是在保证离退休人员平稳过渡方面，需要各级党组织高度重视。要保证平稳过渡，在交接过程中不出现任何问题，所以各级基层组织要根据文件精神，加强宣传贯彻；制定党建责任制实施办法，构建各基层单位党组织负责人履行第一责任人职责；要明确责任清单、任务清单，明确工作内容和时限，构建支部责任体系，完善督责措施，保证过渡政策的真正落实。上级组织要密切关注，定期听取基层离退休职工支部班子成员抓党建工作的情况汇报，及时破解离退休职工党员中存在的重点和难点问题，使基层支部责任意识、担当意识得到真正的增强。

三是要推动在中心工作上高度融合。离退休人员社会化管理，可以说是近些年来离退休工作的一次重大改革，也是近期离退休职工党组织的重点和难点工作。《关于推进企业离退休人员社会化管理工作的指导意见》中指出："退休人员社会化管理是党中央、国务院改革的重要部署，是全面深化国有企业改革的重要内容，是保证改善民生创新社会治理的重要举措，各级企业要进一步提高政治站位，切实增强责任感和使命感。"要积极引导退休人员中的党员群众正确认识改革，大力支持改革，积极投身改革，要围绕重点改革任务提前介入，加强调研，

及时掌握离退休人员的思想状况和意见建议。针对目前社会化管理这一改革新举措，特别是围绕与退休人员相关的利益、环境感受密切相关的改革推进，及时掌握员工群众思想上的新情况、新变化，做好思想工作，坚持“五必谈、五必访”等传统有效的工作方法，理顺情绪，化解矛盾，切实把思想统一到工作大局上来，保证移交工作平稳过渡。

四、加强离退休职工党支部建设，把党的温暖送到老同志心中

党的基层组织是以服务群众、做群众工作为主要任务，以群众满意为根本标准，围绕中心、服务大局，离退休职工党支部当前的大局工作就是要保证社会化管理工作平稳过渡。为此更要大力推进基层党组织服务功能、改进服务作风、提高服务水平、不断增强服务保障功能。

一是要突出政策宣传。文件中提出：要加强政策宣传和舆论引导，深入细致地做好思想政治工作，争取广大离退休人员的理解支持，营造好的工作氛围。由于目前还有许多离退休人员对推行社会化管理的政策不了解、不理解，产生这样那样的说法，造成一些人思想波动。所以离退休职工党支部要加强文件政策的学习宣传，要利用下发调查问卷等形式，收集整理离退休人员的真实想法，便于有的放矢；要通过召开座谈会、举办讲座班、发放宣传手册，发挥骨干作用等形式，使大家尽快明确文件的内涵和相关内容及政策，明确实行社会化管理以后，大家可以更加便利地参加社区的活动，接受社区的服务，会得到更多的关爱，真正实现老有所养、老有所学、老有所乐，是一项有利于企业、有利于离退休人员的好政策，是改革的需要，是企业发展的需要。

二是要积极发挥作用。首先，要根据离退休职工党员的特点，制定切实可行的制度，积极引导离退休职工党支部积极发挥战斗堡垒作用。在当前情况下，既要认真倾听群众意见，维护群众利益，按照群众的需求和意愿提供服务，又要充分运用民主协商、耐心说服和典型示范等方法教育引导群众，团结带领群众共同创造幸福美好生活。其次，离退休职工党支部要不断提高离退休职工中党员的自我教育、自我管理、自我提高、自我服务的作用。充分发挥老党员、老干部的作用，根据他们党性强、作风硬、威望高的优势，通过各种培训，先解除他们的疑虑，让他们真正理解政策，支持政策，再由他们在退休人员中进行宣传讲解，可以起到事半功倍的作用。同时，要落实关怀帮扶机制，从思想、工作、生活上关心老同志，尤其要帮助老党员、生活困难的党员和流动党员解决实际问题，积极为离退休老同志办好事、干实事、搞好服务，增强党员的归属感、光荣感、责任感，激发党员服务群众内在动力，增强离退休职工党支部的吸引力、凝聚力和战斗力，引导离退休职工党员建言献策，促进离退休各项工作全面发展和落实。

三是积极开展各项活动。围绕离退休群众多样化需求，坚持立足实际、尽力

而为，运用多种形式和手段开展服务。结合离退休老同志增强体质的需求，改善老同志健身锻炼设施，加强活动阵地建设，成立各种老同志喜闻乐见的运动组织，利用活动场所，组织和引导退休职工开展娱乐健身活动，以乐养心，以趣益身，让他们充分享受老年快乐；结合离退休老干部对党和国家大政方针了解的需求，改善党报党刊等学习资料的订阅和阅读管理，探索建立网络党组织，通过微信群、党建平台、学习强国等网络手段开展党的活动，拓宽党建工作网络阵地；通过开展各种知识问答等形式，提高离退休职工党员和职工的学习积极性，从而保持他们积极向上的精神力量；要结合离退休老干部对提高自身素质的需求，鼓励他们参加老年大学学习，鼓励那些有能力的人当义务辅导员，加强对党的政策、中心工作、会战传统和铁人精神的宣传；建立职工诉求办理制度，开展人文关怀和心理疏导，组织党员和职工为企业改革发展建言献策，体现老同志的存在感和价值感。

新形势下不断强化离退休职工“三项建设”，为企业改革发展增添正能量

◆ 大庆油田　马　萍

随着企业改革发展的进一步深化和社会老龄化进程的加快，离退休职工队伍逐年增大，离退休职工党员队伍也越来越壮大。做好离退休职工的管理和服务工作是推进油田发展的重要组成部分，是离退休职工党组织义不容辞的责任，也是构建和谐文明社区的要求。就如何加强对离退休职工党员的管理，更好地发挥离退休职工党组织的战斗堡垒作用和党员的先锋模范作用。本文从以下三个方面进行探讨和学习。

一、坚持以政治建设为统领，引导老同志做坚决维护党中央权威和集中统一领导的表率

政治建设是党的根本建设。坚决维护党中央权威和集中统一领导，是政治建设的首要任务。习近平总书记在致大庆油田发现60周年贺信中强调：大力弘扬大庆精神铁人精神，不断改革创新，推动高质量发展，肩负起当好标杆旗帜、建设百年油田的重大责任。总书记贺信中的重要指示精神，是政治关怀，是期望嘱托，是行动指南，让石油人备受鼓舞、倍感振奋。

新时代新要求，需要离退休职工党员不断提高政治站位，努力提升政治觉悟，积极担当政治责任，不忘初心，牢记使命，切实增强“四个意识”，严守党的政治纪律和政治规矩，坚决维护党中央权威和集中统一领导，真正做到离岗不离党，退休不褪色，在老有所为、老有所乐、老有所养的同时，一心一意跟党走，安度晚年不掉队。

近年来，采油二厂退管中心党委按照公司老干部处和厂党委的相关要求，把学习宣传贯彻习近平总书记贺信重要指示精神，作为当前和今后一个时期的重大

政治任务，组织开展了十九大精神宣讲、“大庆精神大庆传统再学习再教育再实践”活动，举办了“不忘初心、牢记使命，‘我为党旗添光彩’党支部书记经验交流会”和“四个诠释”主题研讨等正能量的活动，中心还利用微信群、QQ群推广集团公司老干部局创办的“石油金秋”公众号，共有800多名离退休职工、200多名在职离退休工作人员关注，进一步教育引导老同志和广大干部职工认真学习贯彻习近平总书记贺信重要指示精神，把总书记对大庆油田的肯定鼓励化为增强“四个意识”、坚定“四个自信”、做到“两个维护”的实际行动，始终同以习近平同志为核心的党中央保持高度一致。自觉做习近平新时代中国特色社会主义思想的坚定信仰者和忠实实践者。

二、坚持以思想建设为基础，巩固“不记初心、牢记使命”主题教育成果，继续为推进企业改革发展增添正能量

思想建设是党的基础性建设，首要任务是坚定理想信念。习近平新时代中国特色社会主义思想是引领中国特色社会主义进入新时代的纲领、旗帜和灵魂，是当代中国的马克思主义。要把习近平新时代中国特色社会主义思想作为思想建设的主题和主线，利用开展党组织活动、座谈交流、走访看望等方式，引导老同志充分发挥政治优势、经验优势、威望优势，讲好初心故事、传承红色基因、弘扬光荣传统，为企业改革深入推进鼓劲助力、加油点赞，为决胜全面建成小康社会、实现中华民族伟大复兴的中国梦贡献强大正能量。

中心党委扎实推进老干部自身优势，本着坚持“自觉自愿、量力而行”的原则，邀请老干部、老党员讲“党课”、讲“我的入党故事”“我的会战经历”以及“抗疫捐助”，通过“身边人讲身边事”等活动，使“不忘初心、牢记使命”主题教育活动得到有效落实。2月27日，中心党委按照上级组织部门的要求，组织中心在职党员和全体离退休职工党员开展了疫情捐款活动。老党员黄其刚，从疫情开始，每天都在看新闻，心里很着急，听说党中央号召捐款，老人家第一时间打来电话，表示要捐款5000元，可老人家每月才四千多的退休金，他说：“我现在够吃够喝，看看那些病人和医护人员，我除了能捐点钱也使不上别的力，不表达一下心情，我会睡不着觉的！”91岁的曾荣基老人家，接到通知后，二话不说表示要捐1000元，他说：“我年龄大了，有风湿，体能有限，虽然上不了一线参加志愿工作，但是思想认识绝不‘掉线’，党培养了我几十年，关键时刻，我一定要尽一份微薄之力，希望用这个钱可以帮助一线工作人员买一些防护物资。”仅一天时间，全厂共有700多名退休职工党员参与了捐款，捐款总额达60690元。得到厂组织部和公司组织部的一致好评。

今年采油二厂退管中心党委按照油田党委提出的“战严冬、转观念、勇担当、上台阶”主题教育活动进行了安排部署，希望大家积极响应厂党委号召，组

织引导老同志积极参与到此次的主题教育活动中来。通过各种平台载体，全员、全过程、全方位、多维度推进主题教育活动，把“老有所为”正向行动转化为推进油田振兴发展的一份力量。

三、坚持以提升组织力为重点，激励带头人为进一步加强和改进离退休职工党组织建设提供坚强保障

党的十九大报告中指出，要以提升组织力为重点，突出政治功能，把企业、农村、机关、学校、科研院所、街道社区、社会组织等基层党组织建设成为宣传党的主张、贯彻党的决定、领导基层治理、团结动员群众、推动改革发展的坚强战斗堡垒。正确宣传贯彻党的路线方针政策，使党的意志、党的声音、党的要求变成党员的行动。

党的领导是要靠各级组织实现的。党的基层组织是基本的组织形式，是确保党的路线方针政策和决策部署贯彻落实的基础。离退休职工党支部建设是党的组织建设不可分割的一部分，在新的历史时期，做好离退休职工党支部建设工作，对于加强党的基层组织建设，提高整体党员队伍素质，发挥离退休职工党员的作用，提高党的执政能力，巩固党的执政地位和构建以人为本的和谐社会等都有着十分重要的促进作用。

中心党委按照“有利于学习教育、有利于服务管理、有利于参加活动过组织生活、有利于发挥作用”的原则，设置了37个离退休职工党支部，并坚持选好离退休干部党支部的带头人，将那些组织能力强、身体好、素质高、信得过的老党员选进支部担任支部书记或委员。这37人就是37面飘扬的党旗，就是凝聚老同志意志力量、团结广大离退休干部党员的坚强堡垒。2019年中心党委组织离退休职工党员学习《中国共产党党员教育管理工作条例》，举办了《中国共产党支部工作条例（试行）》知识竞赛1场次，组织参加了离退休职工党支部书记和党员骨干培训班4期，支部书记分享学习心得体会38次，从而提升了党支部书记的组织力，为更好地发挥党组织战斗堡垒作用，引导离退休职工党员发挥先锋模范作用，加强离退休干部党员的监督管理，强化党内关怀帮扶等方面得到了有力保障。原第二采油厂第四作业区党委书记张启华热爱写作且有写作经验，中心在办公楼内特设一个老年创作组办公室，邀请张启华担任老年创作组组长，开设写作课堂，交流经验、互通有无，为中心的宣传报道工作开创新局面，得到了老同志的广泛认可。张启华书记还带头讲党课，并在老部处举办的党课竞赛中荣获一等奖；党支部书记陈仁学在电视新闻中得知武汉疫情严峻，感动于全党、全国人民积极参加抗疫战斗，特别钟南山、李兰娟院士和医护人员奔赴武汉，不顾个人安危“逆行”冲锋，社区人员挨家挨户发放酒精、宣传疫情防控知识、传达省区市各类通知精神，于是他找到居委会书记，把党旗交到书记手中，让党旗在小

区高高飘扬，以此为抗击疫情增添正能量。

当前油田正面临着前所未有的压力和挑战，离退休社会化改革工作也处于推进的关键时期，作为离退休基层党组织更要深入学习领会习近平总书记贺信重要指示与要求嘱托，以更高的政治站位，肩负起更大的责任、更光荣的使命，努力推动油田离退休工作健康发展，为油田“当好标杆旗帜，建设百年油田”做出新的更大贡献！

关于做好国有企业退休人员社会化管理工作的思考

◆ 辽河油田 高 芳 李 英

国有企业退休人员实行社会化管理，是指国有企业职工办理退休手续后，其管理服务职能不再由原企业承担，而是移交到退休职工所属社区，由社区相关部门进行统一管理。2019 年 3 月，中央办公厅、国务院办公厅就下发了《关于国有企业退休人员社会化管理的指导意见》，2019 年 10 月辽宁省盘锦市率先出台了工作方案，2020 年 1 月 3 日，辽河油田公司讨论通过了《辽河油区推进退休人员社会化管理工作方案》，并将退休人员社会化管理工作列入《辽河油田公司 2020 年深化改革工作要点》，明确了推进的时间表和路线图。

一、国有企业退休人员实行社会化管理的意义

（一）退休人员转社会化是实现企业轻装上阵参与竞争的迫切需要

国有企业一方面要受地方政府政策的影响，承担较大数额的统筹外费用，消耗自身财力；另一方面包括退休人员的日常管理服务等工作也严重影响国有企业的活力与发展。国有企业面临着国内和国际两个市场的竞争，为国有企业能够轻装上阵，公平地、有活力地参与到市场竞争中来，国家推行企业退休人员社会化。只有退休人员社会化才能够使国有企业从烦琐的社会事务性工作中解脱出来，减轻负担，释放压力，最大限度地激发活力和竞争力。

（二）退休人员社会化是真正保障国有企业退休人员晚年生活的有效途径

国有企业职工退休后，其养老金由专门机构按月及时足额发放，不再受原企业经营状况影响，经济上收入稳定、生活上得到保障。就近的社区可以为其提供日常管理与服务，且贴心周到，机制灵活个性化。只有国有企业退休人员实现了社会化管理，才能真正让国有企业退休人员老有所养、老有所医、老有所教、老

有所学、老有所为、老有所乐，使他们的晚年生活水平和生活质量得到保障。

二、推进国有企业退休人员社会化管理的难点

2020年伊始，辽河油田退休人员社会化管理工作正式进入运行轨道，从目前的推进情况来看，退休人员社会化管理各项工作整体完成较好，但在实际操作的过程中，也存在一些难点、困惑。

（一）企业退休人员多有顾虑

截至2019年年底，辽河油区社会化移交的退休群体庞大，他们对企业退休人员转社会化这一重大改革有颇多顾虑。一是担心企业把他们交到了社会中去管理，怕企业不管不问、怕没人给办事，如果相关待遇发生问题找不到解决部门和管理人，原来企业享受的福利待遇是否能完全保证等问题，他们担心的事情多、畏难的情绪多，存在很大的顾虑。二是退休职工一辈子在油田工作，情感上对企业信赖，思想上对企业依附，不愿意从油田脱离出来，认为移交后就变成“社会人”，没有归属感，有失落感。三是移交社区后，由于活动经费有限，退休职工能参与的文娱活动与原企业相比会有所变化，会有落差感。四是担心社会工作者对业务不熟悉，对退休待遇了解得不清楚，会导致办事效率变低。

（二）转社会化接收部门力不从心

退休人员实行社会化管理的目的之一是保障退休人员晚年生活，提高其生活质量。对此，退休人员本应该通过社会化管理而享受到更好、更便捷的服务，但是，就当前情况来看，接收退休职工的社区突然负责一个庞大的退休群体管理，确实人手不够、力不从心。社区管理和服务方法较为传统、项目单一，水平和质量也没有改变和提高，这将影响退休人员生活质量，也是退休人员对社区管理与服务认同度不高的原因之一。关系转接过程中，还出现了党员社会化管理移交的标准设定偏高的问题。某些社区对退休职工党员的接受地和提交资料等进行了严格要求，比如说必须要求党员亲自到街道报到确认，致使少部分生活在大城市的年事高、行动不便的党员和本来就存在思想抵触的党员的不配合。

（三）隶属关系变化对退休职工带来的部分影响

首先，转入社会化服务后难以满足企业退休人员的需求。一般而言，企业退休人员其生活方面应该是通过退休人员所居住区域内的社区负责管理，因此隶属区域内的社区服务覆盖程度往往决定着企业退休人员所享受的社会化管理服务程度。当下社区的管理职能及服务配套设施，与企业以往的倾斜投入都有很大的差距，绝大多数的接收社区服务的覆盖面还是非常狭窄的，硬件设施更是难以得到保证。其次，原企业有专门的离退休管理部门和专业的离退休服务管理人员职能设置，常年的工作经验与阅历，培养了一大批专属工作人员，为老服务综合工作

能力不断提升。而新的管理机构人员可能会对企业退休人员这一新群体不了解，造成服务的衔接缺位和精准服务缺失。还有，退休人员原有的活动场所因资产隶属关系，有可能会影响到精神文化娱乐生活的正常开展。

三、解决国有企业退休人员社会化管理问题的建议

国有企业退休人员社会化管理即指：职工办理退休手续后，采取管理服务工作与原企业剥离，养老金实行社会化发放，人员移交政府街道和社区，实行社会化管理。作为企业效益一直看好的石油行业退休人员，面对突如其来的改革浪潮，无论是离退休工作者还是退休职工都表现出了不同程度的不适应，对转入社会化管理虽然大部分支持和拥护，但还是抱有消极态度居多（特别是为油奋斗一辈子的油一代），因为他们觉得自己为企业劳心劳力半辈子，企业有负责他们晚年生活的义务。这就需要油地双方为老服务部门，在改革推行初期和三年过渡期内，更多地去努力思考和积极去做一些有意义、有效果的尝试。

（一）关注心理、赢得理解

任何改革的良好推进，都离不开各个方面的大力支持，更是离不开当事人的配合。因此，获得企业退休人员的理解和支持尤为重要。一是要建立民意诉求通道。政府和企业要积极收集和反馈退休人员对社会化管理的思想动态，对退休职工普遍关心的移交后的各种问题要高度重视并及时给予回复。如在移交的过程中，老同志对当下社会化工作的态度是“三不”，即对社会化政策不理解、对社区服务不信任、对社会化前景不看好，可通过适时的民意知情会，向大家做好上情下达、下情上述。二是要善用换位思考。政府和企业要站在退休职工的立场上，加强社区和企业之间的沟通协调，体谅退休职工的难处，主动为退休职工提出切实可行的，如类似企业党费收缴标准与地方政府的差异化等相关问题解决的方法和路径，本着以退休职工为本，简化各种手续流程的原则，满足他们的需求。三是要做好服务保障。完善配套设施和制度，最大限度为退休人员提供良好的活动场所和各类管理服务资源，让他们在移交后感受到双重关爱，从而消除各种思想顾虑，让他们心情舒畅。

（二）利用“互联网 +”，营造良好氛围

一是政府和企业可以在公共场所悬挂标语，设立宣传栏，广泛宣传推进社会化管理的重要性和必要性，引起全社会对改革移交必然性和必要性的关注与支持，营造推进社会化管理的良好氛围。二是政府和企业要利用自媒体和重大节日组织退休职工代表进行座谈、重点走访等多种形式，向退休职工讲清、讲透政策，让他们充分认识实行社会化管理是国家改革的方向，增强他们对社会化管理的认同感。三是政府和企业要强化工作人员的政策、文件学习力度，掌握政策，领会精神，统一宣传口径，做好正面解释工作，避免退休职工出现偏听、偏言行

为。如中央今年连续三场的《离退休干部网上专题报告会》的视频收看与学习，就为离退休工作者提供了很好的素质能力提升学习参考，同时也为老同志了解国家对离退休职工的关心关注吃了定心丸。

（三）规范管理，明确各方职责

根据《指导意见》，地方各级党委和政府应承担推进国有企业退休人员社会化管理的组织领导责任，街道和社区承担接收服务职责，国有企业承担具体工作责任。此次国有企业退休人员实行社会化管理服务工作涉及政府和企业。就目前出台的相关政策和方案来看，对政府社会化管理和服务工作内容虽然明确界定，但对企业的转社会化后的工作内容和职责的界定比较模糊。这让企业在实际工作中承担管理责任由“主角”变为“配角”，身份转换后不知如何管理。政府和企业相关部门要深入基层，准确了解掌握此次退休职工社会化管理的工作现状，明确并制定过渡期内政府和企业各自的具体职责和工作内容，为真正实现企业退休人员社会化打下良好基础。与此同时，还有许多来自不同群体、不同区域的不可预知的偶发的个体事件，都会为退休人员社会化工作带来风险和挑战，我们政企双方要做到不推诿、不扯皮，共同担责。

（四）统筹兼顾，提升服务水平

社区是接收退休职工的单位，社区管理服务水平的高低直接关系到退休人员晚年生活质量的优劣。国有企业退休人员群体具有文化素质较高、经济独立、需求多样等特征，因此，目前大部分从事社区服务工作的人员需进一步提高工作水平，以满足退休人员日益增长的物质文化需求。一是要在人员配备上给予保证，应按照新增的社区工作职责任务配备工作力量，为提高社区管理服务水平提供人员保障。二是政府要出台专门的政策文件，在退休人员活动经费上予以保障。三是对社区工作者从国家政策掌握、理解和解读、养老服务与管理、老年人心理学等方面进行专门培训，提高社区管理服务能力。之前中央两会委员提案中，养老成了两会的最热门话题之一，企业退休人员社会化管理服务，推动了庞大的社会养老问题成为核心要素。街道社区应尝试建立智慧养老平台，将软硬件建设纳入共同建设与管理。政府应鼓励和配合建设多元化养老服务体系和养老产业，尽快推动和落实养老服务体系规范化建设。

四、结束语

退休人员社会化是党中央国务院的重要决策部署，是全面深化国有企业改革的必然要求，是提升社会治理能力的重要举措，也是适应老龄化提升退休人员管理服务水平的客观需要。当下，辽宁省盘锦市辽河油田公司国有企业退休人员社会化管理工作已经接近完美收官，期间先后完成了人员居住地址的移交、退休场所设备资产的移交、退休人员档案数字化工作移交、党员组织关系转接至街道社区的移交，以及退休人员管理服务工作与油田的分离实现社会化管理的移交。

未来三年过渡期，在推进退休人员社会化管理的工作中，尽管还会存在一些困难和挑战，但因为有了党中央的坚强领导、各级政府的政策支持以及油地各级领导维护和谐稳定的决心，我们相信这项工作一定会朝着总体向好的趋势发展。

试论信息化、精准化、规范化在平稳有序推进退休人员社会化管理工作中的作用

◆ 辽河油田 王 萍 郭 举

退休职工社会化是全国所有国企贯彻党中央国务院决策部署的大方针，油田退休人员社会化管理更是落实集团公司、辽宁省、盘锦市、油田公司文件精神，为企业减负所做的安排部署。党的十九大做出了中国特色社会主义进入了新时代等重大政治论断，深刻阐述了新时代中国共产党的历史使命，对新时代推进中国特色社会主义伟大事业和党的建设新的伟大工程做出了全面部署，为石油系统离退休部门做好各项工作提供了根本遵循。一年来，油田公司离退休管理中心动员各级领导、相关部门同志、全体离退休工作者，全部参与这次人员、资产、党员关系的移交，特别是这项工作作为一场要坚决打赢的攻坚战，广大离退休工作者做出了重要贡献，特别是在油田公司上下“毫不松懈抓好疫情防控”的大形势下，更显尤为重要，退休人员社会化管理更要抓好信息化、精准化、规范化。

一、信息化、精准化、规范化推进退休人员社会化管理的思考与立足点

辽河石油勘探局有限公司辽河工程分公司为顺应辽河油田公司改革趋势，早在 2019 年 4 月，就将原离退办（一）、（二）整合为离退休服务管理部。班子整合后，用一年半的时间稳局面，全力解决合并后的新团队大而不强的问题，服务好 1.1 万名老同志。把服务目标确定为信息准确、服务精准、管理规范，成了班子共识。如何做好上述工作？立足点放在首先要精准掌握情况。新班子组建后快速将集团公司离退休工作平台完善，做到信息精准、及时更新，同时班子变压力为动力，缩短磨合期，迅速行动，在第一时间班子成员顶着大风到十多个站点调研、熟悉情况，与在职员工见面，与退休处级干部座谈，与钻一、金海、兴油和

处领导，与公司离退休管理中心领导汇报沟通，及时解决了站点上的十多个历史遗留问题，合理调配岗位员工，解决了机关、基层岗位员工的有效配置，为有效开展工作奠定了坚实的基础。

二、信息化、精准化、规范化推进退休人员社会化管理的几点做法

2020年年初的会上，辽河油田公司离退休管理中心下发了《辽河油区推进退休人员社会化管理工作方案》《国有企业退休人员社会化管理热点难点问题解答》《辽河油田公司2020年离退休工作要点》《关于进一步做好退休人员社会化管理信息采集和移交确认工作的通知》，中心领导进行了详细的安排。新冠肺炎疫情打乱了既定的工作部署，所以班子把重点转移到全力抗击疫情、全力做好退休职工社会化管理的移交工作中来。

一是克服困难准确交接。按照“四个移交”内容，大量的数据统计将成为移交依据，基层基础数据“牵一发而动全身”，准确率尤为重要，保障数据准确，移交工作才能顺利进行。该中心要求各站召开座谈全面征求退休人员意见，让退休人员从企业所在地、户籍所在地、实际居住地中选择一项作为自愿移交地，并组织退休人员签字确认。通过艰苦的努力，让老同志深刻感知到：这既是政府移交工作的要求，也是维护老同志权益，促进融入社区的有效途径。该中心工作人员根据退休人员队伍随时变化的特点，动态掌握退休人员关键数据的变化，确保各项数据及时准确；通过指标分解建立和完善基层基础数据统计责任制，将工作分解、责任压实到人头。

2020年4月开始，该中心分别组织不同离退休职工代表的专题座谈会，征求他们对社会化管理的意见和建议，宣贯上级有关政策和解读文件，使与会人员能理解和支持此项工作，并通过他们进行身边人的宣传和解释工作，确保离退休群体稳定，顺利完成移交工作。全员参与加班加点，历时43天完成了全部退休职工的移交确认现场签字工作，涉及20个街道104个社区，外省市居住退休职工600余人；多次配合盘锦市和油田离退休管理中心以及兴油及处资产部门，做好资产核查、清查工作；派出10名员工到处档案室进行退休人员档案数字化归档整理；对退休职工党员进行核实，完成3000多名退休职工党员的转交社区工作，现在正对个别特殊情况开展工作。

二是老年大学线上授课。受疫情影响，老年大学课程没有按照计划全面展开，而是鼓励和倡导大家创造性地开展相应教学活动和课程，经过多次研究与探讨，书法、国画班通过手机视频“手把手”教学辅导60课时；快乐英语口语班张明媚老师第一时间主动开展钉钉网上课堂，得到了学员们一致好评和参与，累计课时达40节；柔力球、舞蹈、太极班把课堂放到公园、广场，边学边练，其乐融融。自4月起，天天都有组织、有计划地进行活动，老同志玩得开心，退休

队伍和谐稳定。到下半年疫情稳定时，该中心又开展了十多次健步走活动，参加的老同志逾千余人次。

三是走访慰问一如既往。今年该中心班子走访离休干部20多人次，每个季度班子成员都会前往离休干部家中进行探视慰问，了解他们的健康状况，陪他们聊天，将当前油田公司和辽工处的现状和发展改革形势讲给他们听，为他们送去杂志和慰问品。离休（局级）干部许世英去世，班子成员对其家人进行了慰问，并与钻一党委副书记取得联系，共同编写修改了许世英的生平简介并完成许老遗愿，将其生平登报。为无家可归的患有精神病的退休职工提供生存保障，在新冠肺炎疫情期间该职工于精神病院去世、在没有一个家人到场的情况下，带领班子成员为他全程操办丧事。为2019年新退的职工发放面油慰问品、纪念品，以信件的方式与新退休职工进行汇报和沟通，并将《致新退休人员的一封信》《退休服务指南》和《便民举措公告》送到每一位新退职工手里，把组织的温暖送到他们心中。8月份历时22天组织兴油片区退休职工进行三年一次健康体检，每天安排值班干部和站长在医院帮助老同志顺利体检，负责与院方沟通协调，取、发体检报告。历时6天，钻一片区退休职工在美年大体检中心免费进行肺部CT检查，共查出15名老同志肺部有重大健康隐患，第一时间与他们取得联系，督促他们尽快进行复查并科学合理地进行有效的医学诊疗，确保身体健康不受影响。

四是党建工作绝不滞后。该中心班子深入研究改革工作中的重点难点，跟踪掌握退休人员思想动态，提前做好风险研判，充分发挥离退休职工党支部的战斗堡垒作用，及时化解矛盾纠纷，坚决守住不发生系统性、区域性不稳定风险的底线。结合油田公司形势任务教育，用好《国有企业退休人员社会化管理热点难点问题解答》，引导老同志正确认识改革形势，深入做好解疑释惑、理顺情绪工作。按照给退休人员吃好“三个定心丸”（退休人员统筹外费用等合理待遇不降低、街道社区管理服务水平有保障、国有企业和退休人员的感情纽带不会断）要求，维护好退休人员合法权益和合理待遇，努力消除退休人员的担忧疑虑。他们要求各站点要积极主动与社区联合搞好思想发动，做到党建工作标准不降。完成了对参加抗美援朝的离退休职工的登记上报；组织在职职工学习《民法典》、两会精神以及相关安全知识；开展节约挖潜工作，制定节约挖潜措施，对办公电话进行缩减，合理配置活动器材。

五是文体工作引入网络。开展“致敬辽河五十年”原创作品征集活动。以“辽河油田纪念成立五十周年”为主题，以“战严冬、转观念、上台阶、勇担当”形势任务主题教育为出发点，以歌颂离退休职工晚年幸福为落脚点，通过网络征集原创作品电子版，开展网络投票评奖，体现企业温暖和幸福生活，现已征集100多幅作品，组织网络投票，分别评出一、二、三等奖50多人次。八一建军节，中心组织在职退伍军人开展“回忆军旅生涯，增强革命斗志”座谈活动，回忆军旅生活、喊口号、唱军歌、走队列、看部队题材电影等活动。开展“情暖金秋 花样年华”艺术作品汇展，征集书法作品、绘画作品、刺绣、编织、剪纸等手工作品原件。征集的作品以近三个月本人创作，集中体现离退休文化内涵、老年大学办学特色和离退休职工生活风貌为核心，他们还将把刺绣、编织、剪纸手工作品作者请来，在现场进行创作展示。

六是在职职工心理安抚。在该公司党委副书记、工会主席李守东到该中心工作调研时，职工黄瑶瑶对职工的安置问题表现出忧虑，她也代表着广大油田离退休工作者对未来何去何从的彷徨。辽河油田离退休管理中心提出：对企业从事退休人员管理服务工作的职工，可与地方政府协商由街道和社区聘用，继续为退休人员提供服务，在尊重本人意愿的基础上，依法妥善处理劳动关系。仍留在企业的职工，通过内部转岗、交流任职等多种途径妥善安置。经与职工协商一致，可执行内部退养、离岗歇业等关于结构调整中人员分流安置有关政策。在转岗安置过程中，要充分发挥退休管理服务人员专长优势，为职业发展创造条件。经过中心班子成员对政策的解读和对处领导的思想汇报，及时传达了职工的心声，得到该公司班子成员的高度重视，领导班子经过多次协商，表示要慎重安置这些员工，让他们无后顾之忧。

三、信息化、精准化、规范化推进退休人员社会化管理的几点思考

2020 年年底，是社会化管理移交的关键期，2021 年开始就是三年过渡期，必然导致员工思想状态不稳定，如何将公司离退休管理中心和分公司党委的工作要求落实好，实现平稳过渡，将做好以下几点思考：如何积极转变工作理念，尽快适应新的工作思路，完成由原来的管理服务到服务配合？如何及时发现矛盾，化解问题，让老同志们在新的模式管理下能够尽快适应？对此中心班子成员号召全体离退休工作者要努力提升学习力，全面提高对离退休老同志的服务质量；强化执行力，实现离退休老同志待遇落实有保障；形成凝聚力，巩固离退休老同志老有所乐的文艺阵地；迸发创造力，激发离退休老同志老有所为的强大动能。

离退休工作任务艰巨、责任重大，更需要全体员工审时度势，缜密思考，在各级领导的大力支持下，加快改革创新的步伐，认真履职、踏实工作，用前瞻的思维、饱满的热情、包容的态度，不断开创离退休工作的新局面。

辽河油田退休人员社会化管理工作之探索与实践

◆ 辽河油田　王金永　张丽杰

国有企业退休人员社会化管理，是党和国家坚定不移推进落实“四个全面”战略布局、全面深化改革的重大部署。为国有企业高质量发展注入了新动能，为国有企业退休人员进一步提高了社会保障能力，是利国利企利民的重大决策。做好退休人员社会化管理工作，不仅是辽河油田公司落实党中央、国务院、集团公司深化国有企业改革，剥离企业办社会职能和解决历史遗留问题决策部署的必然要求，也是维护好每一名退休职工切身利益，维护好企业和谐稳定发展成果的必然要求，这项工作意义重大、影响深远。

一、国有企业退休人员社会化管理工作的意义

国有企业退休人员社会化管理，是指国有企业职工正式办理退休手续后，养老金由地方政府主管部门指定专业银行机构发放，人事档案、党员组织关系转地方管理，日常管理服务与原国有企业分离，由所在地的区县、城镇街道或社区实行属地化管理。

（一）退休人员社会化是国有企业改革的必然结果

中国加入世界贸易组织以后，国有企业面临着国内和国际两个市场的竞争压力，既要保证在市场竞争中不被淘汰，又要承担大量社会责任。特别是大量的退休人员的管理，企业承担很大数额的退休人员统筹外费用，消耗大量自身财力，严重影响国有企业的活力与发展。负重前行，终将不行。实施国有企业退休人员社会化管理，能够使国有企业从烦琐的社会事务性工作中解脱出来，释放压力、轻装上阵，能够最大限度激发活力，提高竞争力，保障企业健康发展。

（二）退休人员社会化是政府职能转变的必然要求

随着国有企业退休人员社会化工作的逐步开展，国有企业退休员工大量流向社会，恰好与政府转型在时空中交汇。建设服务型政府，国有企业退休人员社会化管理必然要纳入政府职能转变清单，国有企业退休人员作为社会公共事务重要管理服务的组成部分，必然是政府重点关心和服务的对象。

（三）退休人员社会化是保障退休生活的重要手段

国有企业职工退休后，养老金由专门机构按月及时足额发放，不再受原企业经营状况影响，经济有稳定收入、生活上有可靠保障，可以共享就近社区为其提供的日常管理与服务，服务贴心、机制灵活。国有企业退休人员社会化管理后，养老由依靠企业变成了依靠国家，实现了老有所养、老有所医、老有所教、老有所学、老有所为、老有所乐，这正是人民对生活的美好向往。

二、辽河油田退休人员社会化管理工作的重难点分析

2019 年 11 月，辽河油田退休人员社会化管理工作已经进入实质性操作阶段。在全面落实各项移交工作中，各种难点问题接踵而至。一是企业与地方政府部门的沟通协调问题，对于各类文件没有明确的很多细节，都必须进行有理有据的沟通对接。二是退休人员的认识理解问题，他们在情感上对企业信赖，在思想上对企业依附，对社会化管理担心多、畏难多，担心社会化管理后遇到问题时企业不能解决、政府解决不了等，都必须进行入情入理的解释。三是同一企业退休人员分布在不同省市的现象比较普遍，退休人员居住地、户籍地、社保缴存地不在同一地区的情况非常多、异常复杂，工作任务非常繁重，涉及退休人员调查摸底、信息采集、人事档案整理、组织关系转接、社保关系衔接等大量基础性工作，相关资产的盘点、划转等具体手续，以及妥善处理人员安置、统筹外费用等，都必须进行周密周到的部署。

三、辽河油田退休人员社会化管理工作应对措施方法

辽河油田认真贯彻落实中共中央办公厅文件和集团公司文件精神，将退休人员社会化改革作为一项政治任务来抓，科学部署，快速推进。

（一）强化组织领导，压实工作责任

加强学习，提高站位。国有企业退休人员社会化管理是党中央国务院为推进国有企业深化改革采取的重大举措，事关退休人员幸福安康，事关油区和谐稳定。辽河油田克服时间紧、任务重等困难，提高站位、明确责任，成立了专项领导机构，建立党委负责、分管主抓、部门落实、维稳保障等工作机制，严格按照工作方案安排，认真落实工作责任，为平稳快速推进退休人员社会化创造了组织领导条件。

统筹协调，整体推进。退休人员社会化是一项系统工程。需要各部门加强沟

通协调，相互支持、形成合力。辽河油田各职能部门在增强与集团公司、辽宁省、盘锦市等有关部门协调的同时，积极主动做好与盘锦市政府个性化问题和共性化问题的沟通对接、政策研究、方案制订、政策宣传等工作，避免因政策掌握不准或不全面造成移交工作出现偏差和反复，确保政策落实到位、工作衔接到位，平稳推进。

精心组织、严格要求。退休人员社会化管理工作千头万绪，需要确保每项工作都做到精准规范，提出的每项措施都符合有关制度和上级文件要求。辽河油田认真组织开展了退休人员情况调查摸底和档案规范化整理等前期工作，为签订移交协议、编制移交方案打下了坚实基础。同时，辽河油田对时间进度安排、组织保障措施、稳定风险评估等工作进行精心安排，既要维护好企业利益，也要为街道和社区实现“接得住、接得稳、接得好”目标提供必要的保障。

（二）强化工作力量，讲究方式方法

摸清移交底数，夯实基础工作。辽河油区坚持做到“六个逐一、六个为零”：对退休职工党员逐一进行确认，实现退休职工党员“零失联”；对退休人员人事档案逐一进行核实，实现基础数据“零误差”；对退休人员管理服务移交的基本信息逐一进行采集，实现数据报送“零疏忽”；对退休人员专用资产逐一进行清查，实现资产设施“零遗漏”；对 12 项统筹外费用逐一进行梳理，实现统筹外费用“零遗失”；对 35 个二级单位离退休管理服务机构、人员、服务内容逐一进行统计，实现了管理服务机构、人员、内容“零缺失”。

加强舆论引导，促进和谐稳定。提前制订维稳工作方案，全面开展事前风险评估，把稳定风险降到最低。根据评估结果，有针对性地大力开展宣传工作，用宣传促稳定。组织离退休管理人员认真学习《集团公司退休人员社会化管理工作宣传手册》，编制下发《社会化管理工作热点难点问题解答》，分层面开展老领导、退休人员骨干座谈会，选取六家试点单位与街道社区联合举办交流会，分重点采取一对一、面对面对话等方式及时向退休人员解疑释惑，消除老同志顾虑担忧，争取理解支持。建立有效的联动机制，线上密切监控舆情信息，线下及时跟进退休人员思想动态，线上有异动，线下有行动。

加强沟通对接，形成移交共识。辽河油区与盘锦市相关部门反复沟通对接，达成四个共识：辽河油区负责人事档案规范化整理和数字化处理；辽河油区将退休职工中党员的党费缴纳基数进行统计造册，提供给盘锦市委组织部，为今后缴纳党费提供依据；留在辽河油区的不可分割资产，继续无偿提供退休人员使用；社会化管理后，辽河油区继续做好情况通报、参加重要会议、春节团拜、走访慰问、困难帮扶等工作。

（三）把握方针政策，坚持工作原则

坚持整体移交原则不动摇。不在个性化问题等方面做纠缠，先行承诺或在协议条款中明确，移交后油区继续配合属地政府分类处理个性化问题。在党组织关系转接工作中，针对异地居住党员，一方面由工作人员分组承包，协助办理党组织关系转出，减少问题存量；一方面全力争取地方理解支持，承诺在此类党员移交后仍将协助街道社区共同开展工作，打消地方政府顾虑，努力达成整体现状移交共识。

坚持服务质量不降低原则。认真研究接收政策，梳理服务管理移交内容，明确企地双方职责，确保过渡期内各负其责。油区承诺，退休人员社会化管理后，将继续承担统筹外费用，承担相应工作，采取党建共建、活动联办等方式，加强油区党组织与街道社区退休人员党组织的对接联系，让退休职工持续感受到辽河油田关怀和温暖。

坚持资产应交尽交原则。退休人员专用场所、设备设施等相关资产，采取调整置换等方式，做到了整体无偿划转，达到了资产应交尽交的工作要求。

（四）争取各方支持，破解难点问题

争取全体离退休工作者支持。退休人员信息采集和移交确认工作，是移交的前提和基础，涉及退休人员 6 万多名，需要采集详细地址、联系电话等各种信息 120 多万条，并且每名退休人员都要签字确认，工作量巨大。油区克服疫情影响，组织动员 800 多名专兼职离退休工作者全员参与，机关干部、保安、司机等一起上手，举全油区之力，创新采取挂图法（盘锦市城乡社区管理住宅小区统计表）、分箱归类法等措施，集中大干 30 天，加班加点，全面完成了退休人员信息采集和移交确认工作，为人员移交创造了条件。

争取驻矿单位支持。由于历史原因，辽河油区退休人员人事档案一直保存在辽河油田、长城钻探、辽河石化、中油测井、渤海装备等单位，人事档案收集整理和信息化处理难度大。各驻矿单位协调联动，积极配合。辽河油田公司牵头，制定下发《关于加快推进退休人员人事档案规范化整理和数字化处理工作的通知》等文件，细化运行计划。采取“以培促干、以干代培”的现场培训方式，累计培训 268 人次；采取指导与检查同时推进的方式，深入 30 多家单位进行业务指导，积极帮助他们协调场地、筹措设备，推进工作进度。采取自主开发方式，自主开发批量重命名、数据校验等软件，特别是自行开发的高效扫描软件，扫描量由每台每日 300 页幅提升为 1500 页幅，大大提高了工作效率，此项工作累计节省费用 500 万元左右，历经 3 个半月时间，辽河油区 9 家单位全部按时完成，得到辽宁省档案局领导专家的高度赞扬。

争取地方政府支持。第一时间与盘锦市建立了联络沟通机制，多次组织召开退休人员社会化管理工作移交专项会议，及时督办各县区政府加快推进相关工作，帮助解决移交中存在的问题。为高效率推进退休人员党组织关系移交，积极向辽宁省委组织部提出整建制移交党组织关系的申请，得到省委组织部的大力支持，为全面完成党组织关系移交创造了条件。

争取集团公司支持。我们在推进过程中遇到很多困惑和不解，在积极与集团公司汇报工作进展的同时，改革与企业管理部等有关部门给予了充分指导，对我们工作中遇到的问题耐心解答，对有关政策进行了详细解读，消除了我们工作中的困惑。特别是向集团公司申请资产移交报批过程中，集团公司财务部很快就下达了批复意见，为油区开展实物资产移交赢得了宝贵时间。

（五）抓住主要矛盾，形成重点突破

集中力量，重点突破主要地区。兴隆台地区的退休人员社会化管理工作量占辽河油区总任务的85%以上，突破兴隆台区，就是胜利在望。油田公司领导亲自出面与盘锦市和兴隆台区领导沟通对接，争取地方政府理解支持。领导小组办公室主动与兴隆台区接收部门沟通移交具体内容，形成统一的移交协议模板，签订移交协议，避免了因分散协商难以达成共识的问题，为重点突破兴隆台地区的移交工作提供了保障。与兴隆台区签订整体移交协议后，我们及时总结经验，加强推广应用，积极向其余3个区（县）宣传和介绍兴隆台区在接收方面的做法，以点带面，示范推动，促进了移交工作整体加速推进。

顾全大局，重点突破个别问题。退休人员社会化管理工作是一项系统工程，我们注重工作进度总体平衡，不让一项工作“掉队”，不因个别问题影响整体进度。地方政府对于“五地不统一”的退休职工党员一度拒绝接收，致使退休人员党组织关系移交陷入僵局，多次协调无果。在这种情况下，我们采取“函商”的办法向地方政府提出移交请求，并不断沟通，地方政府终于复函同意接收，阻碍党组织关系移交的“最后一公里”被打通，顺利完成党组织关系移交工作。

立足长远，重点突破胸怀全局。退休人员社会化管理是躲不开、绕不过、必须完成的政治任务。退休人员无论移交到哪里都是油田的贡献者。油田上下形成了“宁可暂时吃点亏，也要坚决完成移交工作”的共识。勘探开发研究院退休人员活动室位于院内中心位置，移交街道社区后，会给研究院正常管理工作带来困难。领导们现场办公，研究解决方案，在充分沟通赢得老同志理解的情况下，采取资产转换方式维修改造了一个新活动场所，退休老同志们非常满意。

国有企业退休人员社会化管理工作是一项没有终点的工作，在企业与地方政府的管理交接过程中，如何落实好国家政策，如何保障退休人员利益，如何完成平稳过渡，考验着我们每一位国有企业离退休管理者，三年过渡期内我们还有许多问题需要深入探索与实践。

浅谈基层工作者在退休人员社会化管理工作中如何发挥积极作用

◆ 辽河油田　王丽丽

一、退休人员社会化管理工作面临的困难

退休人员社会化管理工作，既要做好“四个移交”，又要确保平稳移交，困难存在于方方面面。基层工作者与退休人员广泛深入地进行沟通交流，全面分析大部分老同志不希望社会化管理的主要原因，为后续移交工作的政策宣传和推进方法找准切入点。

退休人员管理机构的“变化”，与老同志的“安土重迁”，形成改革的突出矛盾。主要原因有以下两点。

一是退休人员与企业的情感纽带不想断。退休人员是辽河油田的开创者和建设者，他们来自五湖四海，因“我为祖国献石油”的理想相聚在一起，为油田的发展建设奉献了青春与热血。今天，他们光荣退休。多少个午后阳光下，他们在凉亭里讲起抢险井喷时的争分夺秒，抗击洪水时的日日夜夜；多少次华灯初上时，他们在遛弯路上谈起顶着严寒酷暑修桥铺路，靠着手拉肩扛运输设备。转眼间，沧海变桑田，盐碱地变成了美丽的家园。他们带着各自口音讲起当年，心中的家乡早已变成了辽河油田。这份情感与牵绊，无法割舍！

二是退休人员担心福利待遇有所降低。一方面是物质上的待遇。退休人员是企业的功臣，辽河油田在多次面临经济危机、油价暴跌、新冠肺炎疫情等重重困难情况下，依然努力保持退休人员的福利待遇不降低。节日慰问金、健康体检、疾病疗养、困难帮扶、报纸杂志等各项福利待遇一直有所保障。另一方面是精神上的依赖。基层工作者中，有很多都是油田子女。他们对老一辈石油人是由衷地敬仰的，对看着自己长大的叔叔伯伯和阿姨是有着深厚感情的。因此在工作中，

他们是带着这份敬仰和感情去服务的。分内的事也好，分外的事也罢，工作时间也好，休息时间也行，只要老同志们找到他们，他们都会尽力帮忙解决困难。帮助老同志安装 QQ、微信等社交软件，与国外子女聊天；帮助老同志进行手机认证、电商平台购物；帮助老同志修理水管电灯，送书送报……这份温暖与依靠，难舍难分！

二、如何推进退休人员社会化管理工作

国有企业退休人员社会化管理是党中央、国务院做出的重要决策部署，其意义重大。基层工作者要认真学习、深刻领会各级组织关于推进退休人员社会化管理工作的文件精神，全面做好宣传，正确贯彻执行，确保平稳移交。

一是政策宣传消疑虑。面对新冠肺炎疫情的肆虐横行，以及老同志居住分散的实际情况，积极思考行之有效的宣传方法。可以召集党支部书记、自管组组长进行小规模宣讲，再通过党支部分层、自管组划片，扩大宣讲范围。利用网络群组、电话联系等方式加强对外地居住老同志的宣讲和答疑，确保政策宣传全覆盖。

面对退休人员人数多、想法多、问题多的实际情况，要勤沟通、多联系，密切关注老同志的思想动态，讲清讲明给退休人员的三个“定心丸”，消除老同志的顾虑疑虑。设立咨询办公室，开通电话专线，热心接待每一位来访者。通过面对面的交流、心贴心的沟通答疑解惑，获得老同志对移交政策的理解和支持。

二是用心服务解难题。面对退休人员社会化管理，基层工作者要加强学习，提高认识，统一思想，坚决做到：无论改革怎么变，用心服务永不变。

退休职工赵秉学患有骨髓增生异常综合征，化疗期间因血红蛋白指标极低，需要反复阶段性输血。但受新冠肺炎疫情影响，医院血源紧张。无奈之下，老人的儿子联系离退休管理部门，提出希望为其父亲献血的特殊诉求。了解情况后，工作人员立即向工会组织报告，请求援助。获得上级批准后，迅速发起献血倡议，积极与献血机构沟通，协调车辆。两天时间，组织 16 人献血 5600 毫升，成为赵秉学老人的专用血。工作人员克服新冠肺炎疫情期间的种种困难，很好地保证了献血职工的安全，尽最大努力挽救了老人生命。

用心服务不是搞宣传、不是喊口号，而是要在推进工作的方方面面中体现，要在日常服务的点点滴滴中彰显。重阳节发放米面油慰问品的过程中，考虑到有的老同志行动不便、子女又不在身边，工作人员将米面油送到老同志家中。党组织关系移交过程中，工作人员积极与老党员、社区党组织沟通联系，做通老党员思想工作，协调组织关系转接，帮忙把组织材料邮寄到省外市外老党员手中。日常工作中，工作人员经常跑腿接收外地居住老同志邮寄过来的医疗费单据、物业采暖费发票等各种快递材料，最大限度地为老同志提供方便。

三、退休人员社会化管理后，基层工作者的工作重点

退休人员社会化管理以后，离退休管理部门还保留的主要业务有：企业补充的医疗保险报销工作；退休职工健康体检工作；退休职工物业费采暖费的发放以及帮扶工作；退休职工的困难帮扶和走访慰问工作。基层工作者在做好这四项工作的同时，要积极发挥退休职工与街道社区之间的桥梁纽带作用，加快彼此熟悉过程，让老同志适应社区的管理模式，使他们在组织上有依赖感，政治上有归属感，精神上有寄托感，生活上有安定感。

一是继续保持与退休职工的紧密联系，用心用情提供优质服务。退休人员社会化管理后，心理上的落差和社区管理的不适应，使老同志易产生失落情绪。因此基层工作者要更加关心关注老同志，有针对性地做好思想工作。同时，可以线上线下多渠道收集老同志的意见建议，需要完善整改的要及时进行，需要反馈给相关部门的要及时报告，为管理决策和服务开展提供有力依据。此外，老同志遇到困难时，可能习惯性地找到离退休管理部门帮忙解决。这时候，工作人员绝不能推脱搪塞，不能说出“你们不归我们管啦”“不知道，这不是我们工作范围啦”这样不负责任的话。应该在职责能力范围内，继续为老同志提供帮助，或者帮忙联系相关部门，寻求解决办法。

二是加强与街道社区的有效沟通，融洽油地关系，做好衔接工作。协助社区做好退休职工党员组织关系和人事档案的接收工作，开启党建共建、活动联办模式，协助社区开展好组织生活和文体活动，丰富退休职工的文化生活。协助社区做好退休人员队伍建设工作。为社区提供组织能力强、身体条件好、热心公益事业的退休人员，担任自管组组长、老同志联络员、活动队带头人等职务，积极发挥老党员、老同志传播好声音、传递正能量、健康领头雁的作用，建立起自我管理和互助服务的组织模式，构建和谐稳定、积极向上的退休人员队伍。要一如既往地关心关爱老同志，做好节日慰问和生病探望、临终送别等工作。重点关注高龄、空巢、大病等特殊群体，将上级领导的关怀、各项惠老政策送到老同志家中，努力帮助解决老同志的实际困难，让老同志感受到组织的温暖。

国有企业退休人员社会化管理，具有完善社会保障体系、减轻国有企业经济负担，保障退休人员生活质量等重大意义。因此，面对改革的新形势、新任务、新要求，基层离退休工作者，特别是党员干部要履职尽责、担当有为，顺应改革大势，助推平稳移交，以优异的工作业绩向建党百年献礼。

以信息化平台为载体，推进退休人员社会化管理工作更加精准、高效、有序

◆ 辽河油田　周琳琳

众所周知，2020 年是退休人员社会化移交的关键一年。在移交过程中，所有数据信息以“集团公司离退休职工管理办公平台”的数据为依托。信息化平台在推进退休人员社会化管理工作中起着至关重要的作用，并能使离退休职工管理服务工作更加精准化、规范化、高效化。

随着社会经济的快速发展，传统的离退休职工管理方式和服务方式难以适应新时期服务管理的要求，社会化精准服务是新时期离退休职工管理的重要方向，深入了解离退休职工的思想和需求，不断提高社会精准化服务质量，通过多样的活动方式，运用信息化平台更好地做好离退休职工社会化服务管理工作，满足离退休职工的文化需求，实现文化健康养老。而信息化是实现离退休社会化管理工作科学化、制度化、民主化的重要支撑工具之一，社会化精准服务插上信息化“翅膀”，可以使离退休社会化服务管理工作提质增效显著。

一、运用信息化平台可以建立信息资源体系，掌握精准信息，推动信息一致、共享

由于离退休职工人员数量庞大，居住地较为分散，管理较为困难。解决各单位标准、流程、方法不一致，上下沟通不畅通等问题，实现以信息系统为基础，统一平台、统一标准，规范流程、固化制度、上下互联，一体化管理。实现离退休职工信息、党员信息、信访信息、综合信息等各类信息整合与动态共享，为解决“数据不一致”“不对称”“多次数据填报”等问题提供支撑，各单位实现“统一数据规范、统一数据交换、一点录入、全网共享”，为保证上级部门和工作人员及时、准确、全面地获取信息提供可靠、便捷的手段。

二、运用信息化平台深度支撑业务，促进离退休工作效率和管理水平提升

信息化平台支持离退休管理、党员管理、组织信息和自身建设等各类业务，为提高工作效率和提升工作水平搭建了工作平台。解决了各单位信息分散、各个阶段信息不连续问题，全面记录离退休系统管理工作信息和离退休职工基本信息、变动信息，实现大数据统计和综合情况分析。通过信息化平台可以开展精准快捷服务，扩大工作内涵，提高工作效率。离退休职工工作信息化服务管理体系可以为我们提供一个网络自主宣传、服务的阵地，结合老同志需求，将服务信息及时送达老同志，实现个性化服务，打造多层次、多载体、高频次、全覆盖的宣传、教育体系。把党和上级部门的各项政策，正能量模范典型，工作动态广泛、及时、深入地向老同志展开宣传。引导老同志始终保持政治坚定、思想常新、理想永存。还可以拓展服务渠道，丰富工作外延。信息化服务管理体系以老同志和工作人员的实际需求为出发点，设立多个服务模块，将沟通交流方式从“面对面”逐步拓展到“在线服务”，比如“石油党建平台”APP，可以使离退休职工党员服务管理的外延变得更为丰富；可以降低工作成本，提高服务效率。信息化服务管理体系可以随时不间断提供服务，可以有效减少信息传递的时间，不但实现了信息查询、检索等功能，方便工作人员随时查阅，同时共享每位工作人员获取的老同志信息，避免信息不对称，便于协同开展工作。信息平台针对考核数据采集，业务数据审核，包括离退休自然队伍建设情况、班子结构情况，党员党组织信息等综合信息，统计数据自动生成，提供丰富的信息服务，为上级决策提供支撑。

三、运用信息化载体搭建平台，使退休人员社会化管理服务更加精准

一是搭建联系服务平台。通过信息化平台逐步将离退休管理各类业务口由模糊型数据通过及时录入变为精确型数据。随着信息技术的飞速发展，各类办公平台、手机 APP 不断深入，在工作内容、协同工作范围、信息利用程度上都发生了很大变化，信息化逐步从辅助性工具向着业务运行平台方向发展，从局部信息化向全局信息化的组织系统方向发展。大多数实现了业务协同，向着系统内纵向数据汇聚。通过设立微信公众号、微信小程序，引导老同志提前了解办事流程，使面对面沟通时效率更高，缓解部门工作压力，节约时间，降低工作成本。微信使用不受时间和空间限制的特点，可以减少时间和地域限制，增强了与老同志的互动。信息化服务管理体系可实现即时信息互动，老同志与工作人员可以随时随地沟通联络，工作人员也可以利用闲暇和碎片时间解决老同志问题，两者的联系更为紧密、便捷，对于构建和谐服务管理关系具有积极意义。以前由于离退休职工较多、工作人员少，对有些离退休职工会缺少及时沟通。现在利用信息化建设

平台，可以坚持工作人员划片区联系离退休职工制度。工作人员可以通过信息化工具，一月至少和离退休职工沟通联系一次，还可以利用走访日走访上门探望，做到重大节日必访，家庭有困难必访，及时跟踪掌握，使退休人员社会化管理服务更加精准精细。

二是搭建分类服务平台。通过信息化平台录入的个人情况数据分析，对于身体好的离退休职工，提供学习、文体活动等服务，对于不能参加会议活动的离退休职工主动上门通报情况，提供学习资料，进行精神慰藉，对异地安置居住的离退休职工坚持每月电话或微信联系一次，及时全面掌握他们身体、家庭等情况，协调解决好相关困难问题，了解思想动态。

三是搭建健康管理平台。在组织离退休职工每三年开展一次的集中健康体检中，“一对一”向老同志反馈体检结果，利用信息化平台为每名老同志建立健康档案，开办健康讲座，邀请经验丰富的医生为老同志进行保健辅导，讲解疾病预防和日常护理知识，提高防范意识。

总之，我们要始终着眼新时代，善于、合理运用信息化建设办公平台，把握离退休工作的政治性、创新性、政策性、示范性、服务性、奉献性，一体推进离退休社会化管理工作精准化、信息化，组织引导老同志发挥优势作用，用心用情，精准服务，不断提高退休职工社会化管理工作的质量和水平。

完善社会养老服务体系的思考

◆ 辽河油田　王　萍

伴随着中国社会人口结构的不断变化，老年人口基数大、增长快并日益呈现高龄化、空巢化趋势，同时，人口老龄化的加速对我国全面建成小康社会、实现社会主义现代化强国带来了巨大的挑战。2017 年，我国 60 岁及以上老年人口已达到 2.4 亿人，占总人口比例超过 17%，其中 65 岁以上老年人口近 1.6 亿人，占总人口的比例达到 11.4%。老年人口正以每年 1000 万的速度增长，预计到 2020 年将达到 2.55 亿人左右，占比升至 18%；到 2035 年将达到 4 亿人，占比超过 25%；到 2050 年将达到 4.87 亿人，占比将超过 1/3。目前，中国已经进入老龄化社会，养老已经不再仅仅是家庭内部的事，而是全社会的共同责任，加快构建和完善适合我国国情的社会养老服务体系已经成为现实和未来的需要。

面对老龄化加速和未富先老等现实国情，党中央高度关注并采取了一系列的政策措施，特别是十八大以来，党中央、国务院先后下发了关于老龄事业发展和养老体系建设规划的相关政策措施，我国养老服务体系逐步完善，养老保险保障水平逐步提高，基本形成了以居家养老为基础、社会养老为依托、机构养老为支撑的服务体系，养老服务水平和质量不断提升，老年居住环境得到改善，老年文化、体育、教育事业快速发展，老年人的各种生活日益丰富，敬老、养老、助老社会氛围日益浓厚。但是，从总体上来看和与其他国家对标，对照我国养老服务体系建设的目标要求，养老服务体系还存在和面临一些问题和不足，主要表现在：养老服务体系建设滞后，缺少长远规划；养老服务观念陈旧，工作机制尚不完善；养老机构和服务供给不足；医疗服务还不到位；养老事业的投入不足；服务标准监管体系建设滞后；专业化、职业化养老服务人才缺乏；养老服务管理体系应用“互联网 +”在信息化建设上不能适应发展的需要，等等。以上问题的存在严重制约了养老服务事业的健康、可持续高质量发展。

党的十九大明确指出，要抓住人民最关心最直接最现实的利益问题，我国社会主要矛盾已经转化为人民日益增长的美好生活需要和不平衡不充分的发展之间的矛盾。对养老服务体系的建设，结合我国现实国情，提出以下几个方面的建议。

一、加强组织领导，形成工作合力

构建养老服务体系是政府维护社会公平、提供公共服务职能的体现。因此，必须坚持政府的主导作用，明确政府的职责和任务。要把加快发展养老服务体系建设列入保障和改善民生的重要议事日程，纳入当地经济社会发展总体规划和年度计划，建立健全党政主导、老龄工作机构组织协调、相关部门各司其职、典型引导和重点示范与全力推进相结合、社会广泛参与的领导体制和运行体制。各级发改、财政、组织人事、老干部部门，尤其是老龄委和民政部门，要充分发挥组织协调、检查指导职能，做好规划部署，落实相关法规政策，切实解决实际问题，努力形成举各方之力推进养老服务发展的工作体制和运行机制。

二、健全政策法规，加大资金投入

由于养老服务业是一项带有公共性、公益性和微利性的产业。因此，在养老服务体系建设的过程中，制定和落实扶持政策显得尤为必要。要进一步完善政策法规，加强政策引导、信贷支持、税收优惠和市场监管等。要建立发展养老服务业正常经费投入机制，加大资源配置力度，合理安排财政资金，加大对新建、改建和扩建社会养老服务设施的资金投入。相关政府职能部门要在土地划拨、信贷政策税收减免、争取捐赠等方面给予优惠照顾和支持帮助。发行的福利彩票公益金要按一定比例用于发展养老服务业。养老服务机构要按照保本微利的原则，根据当地老年人的经济状况，确定适当的收费标准使广大老年人能够住得起、留得下、养得好。

三、完善发展规划，健全服务体系

要结合“十三五”发展规划，在充分调研的基础上，认真制订地方养老服务体系建设规划，建立公开、平等、规范的社会化养老服务准入制度。围绕实现养老服务全覆盖的目标，加强以社区为重点的居家养老服务体系建设、以敬老院为重点的农村保障型养老服务机构建设、以代养型老年公寓为重点的城市养老服务机构建设和以康复院疗养院为重点的休闲疗养型养老服务机构建设。逐步形成以居家养老为基础、社区服务为依托、机构养老为补充，投资主体多元化、服务对象公众化、服务方式多样化、服务队伍专业化、城乡发展一体化的养老服务体系，不断满足广大老年人日益增长的养老服务需求。

四、突出发展重点，推进居家养老

据调查，目前居家养老是最符合大部分地方老年人的生活习惯和心理特征、为广大城乡老年人所接受的养老方式。应把发展居家养老服务作为今后养老服务体系建设的重点，依托城乡社区搭建养老服务平台，建立居家养老服务信息系统、老年人个人信息和居家养老需求信息库，设立阅览室、健身房、日托室、聊天室、电教室、棋牌室、餐厅等居家养老服务设施，组建居家养老服务队伍，为辖区内老年人提供洗衣、做饭、保洁、购物、聊天、护理及心理咨询等服务。要充分发挥社区老年人协会在居家养老服务中的作用，把社区老年人协会中那些低龄健康的老年人组织起来，与社区内的高龄空巢老人结成帮扶对子，开展上门理发、生活照料、精神陪护、纠纷调处等服务，提高老年人的自我服务能力。

五、加强协同，完善医疗结合机制

老年人健康直接关系到老人的生命质量和生活质量，是一个社会大问题。“医养结合”是一种有病治病、无病疗养、医疗、康复和养老相结合的新型养老模式，其优势在于整合养老和医疗两方面的资源，提供持续性的老人照顾服务，这种养老模式非常契合老年人的需要。要深入开展医养结合试点，建立健全医疗卫生机构与养老机构的合作机制，促进医疗卫生资源与养老服务需求的融合发展。鼓励医疗卫生机构为养老机构开通预约就诊绿色通道，为老年人提供治疗期住院、康复期护理、稳定期生活照料以及临终关怀一体化的健康养老服务。发展社区医疗，鼓励社区医疗卫生机构为辖区内老年人建立健康档案，定期为老年人提供健康管理服务；完善家庭病床医疗模式，鼓励社区医疗卫生机构与老年人家庭建立医疗契约服务关系，开展上门诊视、健康检查、保健咨询等服务。支持养老机构开展医疗服务，鼓励养老机构按照规定申请设置或与医疗卫生机构合作设立医疗服务站点，依法开展医疗卫生服务，并推动医疗卫生服务延伸至社区、家庭，为居家老人提供连续性的健康管理服务。

六、运用“互联网 +”工具，实现养老服务智能化

加快养老机构信息化建设和管理。以推广信息化管理系统为保障，加速养老服务管理科学化、现代化。积极开发养老服务信息数据库建设，推广应用包括机构养老服务信息管理、社区居家养老服务、养老需求评估、数据统计分析等系统在内的养老服务信息管理应用系统，基本建成覆盖城乡的养老服务信息管理网络，实现养老信息科学管理。借助现代信息手段和互联网技术，以虚拟养老服务热线为平台，按照养老院养老服务规范和标准，在对接老年人服务需求和各类社

会主体服务供给的基础上，为老年人提供网上和电话预约挂号、紧急呼叫、家政预约、健康咨询、物品代购、服务缴费等适合老年人的服务项目，提高养老服务效率，建成互联网 + 医养结合的智能养老体系。

七、加强规范化管理，切实提高养老服务水平

在政府层面上，应加强对养老机构的监督管理。要建立统一的服务质量标准和评价体系。要制定出台居家、社区、机构等各类养老服务标准，不断完善养老服务领域标准体系。要建立养老服务评估制度。建立科学化、专业化、制度化的评估机制，通过对标准规范的准确引用、第三方力量的引入和评估专家库的建立，确保养老服务财政补贴、养老服务质量评价、绩效考核、等级划分评定等工作更具公正性、客观性。要加强养老机构诚信体系建设，建立养老机构黑名单制度和养老机构退出机制，对严重违法违规的养老机构，依法依规严肃查处。

在养老机构层面上，要不断提高管理能力和水平，增强服务质量管理意识，对入住老年人实行分类管理、分区居住。进一步提升养老服务人员整体素质，加强对养老服务工作人员的职业培训，逐步推行专门服务人员职业技能等级证书和持证上岗制度，提高服务队伍的专业化水平。积极引进高等院校培养的养老服务人才，拓展服务内涵，从传统的生活护理和医疗护理向心理护理、康复治疗等全方位、深层次发展，形成生活护理、医疗护理、心理护理和康复训练一条龙服务。要壮大养老服务志愿者队伍，倡导社会各界志愿者积极参与为老服务工作，鼓励低龄健康老年人参与养老志愿服务。要积极探索自助互助服务途径，进一步调动和发挥社会志愿者的参与热情，定期或不定期组织票友会、歌友会、棋友会、牌友会、球友会等丰富多彩的娱乐宣传活动，满足老年人不同层次的养老服务需求，努力实现由经验管理到科学管理的转变。

在行业发展层面上，对接政府“放管服”改革，可以考虑成立养老服务行业协会，通过协会承担起规范行业管理的职责。协会组织作为行业代表和服务机构，可以更有效地与政府部门和社会各界沟通，使国家鼓励促进社会化养老服务的各项政策得到更有效的落实，也便于有效地整合和合理配置资源。同时，行业协会要积极为会员单位服务，维护行业权益，规范行业从业行为，承接政府转移的相关职能，协助政府部门加强行业管理，促进养老服务行业实现科学化、规范化、专业化和有序化发展。

总之，社会养老服务体系的建设是一项庞大的系统工程，需要动用各方面的力量，应用各种方法和手段，在相当长的时间里不断推进、不断完善，把体现社会主义优越性的这项千秋大业、民生工程做好、做实、做优，增强人民的幸福感、共建和谐的社会主义现代化国家。

新时代离退休职工党组织开展思想政治工作面临的问题及对策研究

◆ 长庆油田 黄 睿 李瑞华 王 媛 杨云瑛

离退休职工作为老年群体的一个重要组成部分，是具有独特的政治优势、经验优势、威望优势的群体，是党和国家的宝贵财富，是建设中国特色社会主义的一支重要力量。党中央历来把思想政治工作放在十分重要的位置，《中共中央关于加强和改进思想政治工作的若干意见》指出，要认真做好老年人特别是离退休人员的思想教育工作。在企业退休人员实行社会化管理的新形势、新要求下，如何平稳有序推进服务管理职能移交，落实好给老同志的“四个定心丸”，努力提高企业离退休人员的归属感、获得感、幸福感，共享全面建成小康社会新成果，成为新时代离退休职工党组织开展思想政治工作的新课题。

一、充分认识新时代离退休职工党组织开展思想政治工作的重要性和迫切性

（一）新时代离退休职工党组织开展思想政治工作是继承和发扬党的优良传统和政治优势的必然要求

人民有信仰，国家有力量，民族有希望。我们党历来高度重视思想政治工作，始终坚持思想建党、理论强党，在领导全国人民完成和推进革命、建设、改革三件大事过程中，思想政治工作凝万众于一心，发挥了巨大凝聚、感召和动员作用，使全党的凝聚力、战斗力得到空前提高，为我们党夺取解放战争最终胜利，开辟中国特色社会主义道路，实现从站起来、富起来到强起来的伟大飞跃提供了坚强保障。离退休职工思想政治工作是职工思想政治工作的一部分，而职工的思想政治工作又是党的思想政治工作的重要组成内容。新时代离退休职工党组织开展思想政治工作是全面落实党的离退休政策，增强党在群众中的吸引力、凝

聚力的需要。党的历史和实践一再证明，思想政治工作是我们党团结一致、迎接挑战、克服困难、夺取胜利的优良传统和政治优势，必须长期坚持并不断强化。

（二）新时代离退休职工党组织开展思想政治工作是贯彻落实习近平新时代中国特色社会主义思想的政治要求

习近平总书记指出，要把思想政治工作作为企业党组织一项经常性、基础性工作来抓。思想政治工作要因事而化、因时而进、因势而新。新时代，国有企业思想政治工作不能走僵化的老路、套路，必须与时俱进、不断创新，准确把握形势变化、时代脉搏，清醒认识思想政治工作的政治性、群众性、创新性、文化性。离退休职工党组织开展思想政治工作要坚持把习近平新时代中国特色社会主义思想作为一切工作的根本遵循，把社会主义核心价值观作为凝聚力量的道德滋养，把为离退休职工解疑释惑作为关爱他们的重要职责，把引导激励作为教育离退休职工的重要举措，切实筑牢企业思想政治工作这条“生命线”。

（三）新时代离退休职工党组织开展思想政治工作是维护意识形态领域安全的客观要求

意识形态工作是党的一项极端重要的工作，是为国家立心、为民族立魂的工作，事关党的前途命运，事关国家长治久安，事关民族凝聚力和向心力，而抓实思想政治工作就是牢牢掌握意识形态工作主动权，维护意识形态领域安全的根本前提。特别是在当前中国特色社会主义主流意识面临诸多冲击和挑战的严峻形势下，离退休职工党组织更加需要抓紧、抓实、抓细离退休人员思想政治工作，有针对性地解决老同志思想问题，引导思想观念、凝聚政治认同、推动文化传承，为维护和巩固国家意识形态安全、促进党和国家事业顺利发展提供坚强思想政治保证。

（四）新时代离退休职工党组织开展思想政治工作是推进油田高质量二次加快发展，积极稳妥做好退休人员社会化管理工作的现实需求

思想政治工作是团结离退休老同志实现和完成企业各项目标任务的重要环节。离退休工作的一个很重要的特征，就是政策性强。最近几年来，从中央到地方各级党组织和政府以及有关部门制定了一系列离退休工作的方针、政策和规定。特别是2019年，中共中央办公厅、国务院办公厅《关于国有企业退休人员社会化管理的指导意见》以及国务院国资委的要求和集团公司党组的安排部署，这些方针、政策和规定涉及落实医疗保健、生活待遇、政治待遇等各个方面。在离退休职工党组织开展思想政治工作中，既要维护党的政策的严肃性和权威性，又要根据实际情况掌握适度的灵活性。如果稍有疏忽或处理不当，必然引起老同志的强烈反应，在这种背景下，需要离退休职工党组织强有力的思想政治工作作为基础和保障，充分发挥其化解矛盾的“清道夫”和调整心态的“稳定器”作用，巩固和发展广大离退休老同志推进油田二次加快发展的共同思想基础。

二、新时代离退休职工党组织开展思想政治工作面临的问题

（一）复杂性

离退休人员的思想行为、个人行为很大程度上受自己的思想认识水平和利益得失影响，具有较大的起伏性、变化性和随意性，部分老同志思想观念还不能完全适应当前新形势、新常态，习惯于用传统思维模式认识和考虑问题，增加了思想政治工作的难度。

（二）艰巨性

开展离退休思想政治工作和党组织建设等工作的力度与新时代党建工作要求还有一定差距，致使少数老同志忽视了理论学习，组织纪律观念淡薄，加之由于年老体弱，出入不便沟通难，这也给思想政治工作带来较大的困难。

（三）难控性

油田离退休人员生活在各小区以及其他市县或农村，居住分散集中难，彼此缺乏有机的联系和配合，致使相关政策和精神传达不及时、不到位，也不能够及时倾听呼声、答疑释惑，增加了离退休人员思想活动和个人行为的难控性，给工作带来被动。

（四）敏感性

由于部分老同志存在着或多或少的“自足感”，认为退休就是“船到桥头车到站”，不在其位，不谋其政，对老有所为、发挥余热、再立新功、增添正能量缺少必要的精神动力和思想准备，这样在管理方法、手段上如果沿用过去的来做思想政治工作不仅难以奏效，而且会适得其反。

（五）局限性

随着油田的深化改革和持续发展，离退休工作人员出现了较大的调整变动，使离退休管理服务工作也受到了一定影响，专职离退休工作人员配备不足，加之个别人员政治素质低、业务能力差，工作力不从心，责任心不强，最终导致离退休思想政治工作与上级要求有一定差距。

三、新时代离退休职工党组织开展思想政治工作的对策途径

（一）坚持开展思想政治工作与离退休职工党支部建设结合起来

离退休职工党支部建设是党的基层组织建设的重要组成部分，是新时期加强离退休职工党员队伍建设的必然要求，也是做好党员思想政治工作的重要组织保证。

一是完善和落实离退休职工党员组织生活的各项制度。选配党性强、威信高、讲奉献的老党员担任离退休职工党支部书记，无私奉献、责任心强的党员担任支部委员，增强党支部的凝聚力和战斗力。制定完善支部工作职责，组织生

活、报告工作、流动党员管理、监督评议党员学习、“三会一课”、党小组活动日等制度，并要做到工作有部署、有检查、有总结。二是制定切合实际的离退休职工党支部建设长效机制。加强离退休职工党员教育管理，保障离退休职工党员对党内事务的知情权、参与权和监督权，增强离退休职工党支部和党员队伍的活力。坚持定期组织离休职工党员进行政治理论学习。利用座谈会等形式向老同志宣传油田公司形势任务、传达党的方针政策。利用重大节日组织老党员开展主题党日活动。定期走访困难离退休党员活动，针对实际，开展“一对一”帮扶活动，帮助他们解决思想上和生活上的困难。三是做好离退休老同志情感关怀工作。做好离退休工作不仅要带着一份责任，更要带着深厚的感情去做。离退休职工党组织要充分认识到离退休队伍的共性和个性问题，既要抓主流、抓共性，更要抓个性、抓重点、突难点，要善于发现离退休人员思想上苗头性、倾向性的问题，善于突破离退休人员思想政治工作中的难点、热点问题，把开展思想政治工作与老同志的切身利益结合起来，做好思想政治工作的同时做好对他们的服务工作，定期召开座谈会，了解老职工所思所想，在思想交流中明辨是非，对确有实际困难的老职工要通过走访慰问，解决实际困难，做到知情答疑、排忧解难、聚力暖心，以诚待人、以理服人、以情感人。

（二）坚持开展思想政治工作与落实好老同志“两项待遇”结合起来

落实好老同志的政治待遇和生活待遇，是党的一贯政策，也是最现实的思想政治工作，应坚持两个原则。

一是保证生活待遇略为从优的原则。深入落实中办国办文件中“国有企业退休人员原享受的补充医疗保险、医疗互助帮困等相关待遇仍按原渠道解决，确保待遇水平不降低”“要继续关心关爱退休人员，做好走访慰问等工作”等要求，及时按规定发放退休人员统筹外费用，及时按规定报销医药费，确保退休人员统筹外待遇得到有效保障。健全与退休人员的联系机制，继续做好走访慰问、健康体检、生病探望、困难帮扶、临终关怀等工作，细化走访慰问、困难帮扶等专项经费保障，及时把油田公司党委的关心关爱传递给退休人员。及时了解退休人员的所思所想、所需所愿，探索建立企业、街道社区和退休人员代表之间的三方沟通机制，配合做好养老惠老政策咨询解释和执行落实工作。妥善处理好退休人员的历史遗留问题和信访舆情问题，切实帮助他们解决生活中的燃眉之急。

二是政治上关心尊重的原则。深入落实中办国办文件中“鼓励采取党建共建、活动联办、场所共用等多种形式，加强国有企业党组织与街道和社区党组织的联系对接”“积极创造条件，保证国有企业退休人员能够按有关规定阅读文件、了解情况、查阅信息，参加相关会议和活动”等要求，积极配合街道社区开展好退休人员党建工作，教育引导退休人员树牢“四个意识”，坚定“四个自信”，坚决做到“两个维护”。对退休人员居住集中的社区大院，可采取活动联办、场所共用等多种形式，加强与街道社区的对接合作，继续发挥好退休人员党支部和党员的重要作用。尽快建立社会化管理后保障退休人员政治待遇的工作机制，积极创造条件，落实好阅读文件、听报告、通报情况、参加重要会议和重要活动等制度，确保政治待遇不受影响。

（三）坚持开展思想政治工作与适应社会化管理新形势结合起来

党建共建是实现党组织和党的工作横向拓展、纵向延伸、全面落实的有力保障，也是深入贯彻落实党的十九大、党的十九届五中全会精神的有力举措。

按照“地域业务相近、资源优势相融、联建互促共进”原则，油田离退休职工党支部与地方街道、社区党支部开展以政治理论联学、优势资源联享、实践活动联办、党员队伍联建、基层治理联促、作风纪律联抓为核心的“六联结对共建”。政治理论联学，围绕重要时间节点、重要讲话、重要会议精神开展理论联学，增强党性修养和政治理论水平。优势资源联享，设立“铁人先锋”等党建活动基地，定期共同开展各种党内理论及实践，发挥双方党组织党建优势资源集聚共享效益。实践活动联办，开展“党建＋中心工作”等党建实践活动，组建老党员志愿服务队伍并开展理论宣讲、文明建设、法律服务等志愿服务。党员队伍联建，各党支部班子成员互学建设经验，互通党员教育管理经验。基层治理联促，通过结对共建、“社区吹哨、党员报到”、党员志愿服务等形式，主动参与基层治理。作风纪律联抓，开展党组织建设互学观摩、廉政警示教育学习等，改进作风、培育良好家风、弘扬清风正气。

（四）坚持开展思想政治工作与“老有所学”“老有所为”结合起来

在新的历史条件下，离退休老同志在思想认识上面临着考验。使老同志保持一种对共产主义理想不懈追求的信念，发扬优良传统，不断奋发进取，正确处理新问题、新矛盾，把思想统一到党的路线、方针、政策上来，把作用和力量凝聚到落实党的中心工作上来，这是做好老同志思想政治工作的应有之义。

一是组织老同志不断学习，更新知识，用新科学、新理论、新思想、新技术充实自己，把思想政治工作与“老有所学”有机结合起来，充分发挥老年大学的作用，坚持从长期教育入手，提高老同志的政治站位，使老同志的政治理论、经济思维、法律观念、生活保健等知识更加丰富充实，真正做到思想常新、意志坚定、理想永存。二是充分发挥离退休人员在“围绕中心、服务大局”中的作用。引导离退休人员把思想统一到企业的中心工作上来，把思想政治工作与“老有所为”有机结合起来，充分发挥离退休人员在关心教育下一代工作中的积极作用，组织老党员、老石油等深入学校、社区对青少年广泛开展革命传统、理想信念和石油精神等教育活动。同时，充分发挥离退休人员的独特优势，在提高社区治理能力中发挥聪明才智、奉献余力。三是加强油田退休人员社会化管理服务宣传工作力度，通过召开座谈会、举办政策宣讲会、登门走访、书面宣传、组织观摩等多种形式广泛宣传社会化管理工作的背景目的和意义、法律法规政策措施，安排工作人员答疑解惑，打消油田退休老同志的各种疑虑，确保退休人员群体和谐稳定。

（五）坚持开展思想政治工作与宣传先进典型结合起来

榜样的力量是无穷的，一个正面的典型就是一面旗帜。在开展离退休人员的思想政治工作中，树一个典型，让典型深入人心，比起说教式的思想政治工作，能起到事半功倍的作用。

一是根据离退休工作的思想政治建设面临的新情况、新问题，创新工作内容，拓宽思想政治建设的领域，创新思想政治工作的活动方式，坚持做到思想政治建设的内容与时俱进，实现寓教于乐的教育效果，增强思想政治建设的新颖性和吸引力。二是始终把树立、宣传正面典型为抓手，用典型事迹教育人、打动人。在充分发挥典型的作用、榜样的力量同时，还应必须做好各类典型的发现培养和宣传工作，使总结典型经验与指导面上的工作结合起来，表彰与促进结合起来，保证老同志思想政治工作持续、健康发展。三是改进传统的思想政治工作方法，综合运用老年心理学、教育学、美学等多学科的理论，运用现代的教学设施，提高思想政治建设的趣味性、有效性和针对性。持续做好《中国石油报》《中国石油报·金秋周刊》、离退休管理中心网站，特别是“石油金秋”微信公众号、中油即时通信、微信群等新媒体的建设推广，强化对离退休工作的宣传引导，充分展现老同志良好形象，持续营造和谐向上的舆论氛围，着力构建好老同志的精神家园。

（六）坚持开展思想政治工作与离退休系统自身建设结合起来

组织离退休工作人员深入开展“大有大的样子大讨论”活动和“讲党性、重品行、做表率”活动，不断加强工作人员思想作风建设和职业道德建设，努力提高思想政治素质和服务水平，着力锻造过硬离退休工作队伍，全面做好离退休工作，更好地为油田离退休老同志服务，为高质量推进油田二次加快发展服务。

一是坚守对党忠诚的政治品格。认真组织学习习近平新时代中国特色社会主义思想，教育离退休工作者忠诚党的纲领、忠诚党的核心、忠诚党的事业、忠诚党规党纪，切实做到政治上坚定自信、思想上同心同力、行动上高度自觉。二是坚守不断充实提高的专业追求。加强学习培训和实践锻炼，引导和帮助离退休工作者开阔眼界思路，了解大局大势，熟悉中心工作，精通政策业务，弥补知识短板，不断提高履职尽责的专业精神和专业素养，不断提高制定政策、运用政策、落实政策的能力和水平。三是坚守严谨细致的工作作风。坚决贯彻习近平总书记关于力戒形式主义、官僚主义的重要指示精神，带着对老同志的深厚感情，带着对党的事业的强烈责任，敬爱致恭、用心用情做好离退休工作。坚持严管与厚爱相结合，切实关心离退休工作者身心健康，及时表彰奖励敢于负责、勇于担当、善于作为的干部，让大家安心工作、静心工作、舒心工作，使他们感受到组织有温暖、事业有奔头、发展有空间。

浅析信息化、精准化、规范化对国有企业退休人员社会化管理移交的重要作用
——以长庆油田退休人员社会化管理移交工作为例

◆ 长庆油田　任坚强　万　欣　侯晓东　刘　迪

党的十八大尤其是党的十九大以来，党和国家出台了一系列政策文件，以剥离国有企业办社会职能为主要举措，增强国有企业国际竞争实力。2019 年国家下发文件，明确了 2020 年完成国有企业退休人员社会化管理的总体目标任务。为此，国有企业积极利用各类信息管理平台和互联网技术，为国有企业退休人员社会化管理移交提供信息化、精准化、规范化的信息资料，对确保党和国家重大改革决策部署落实到位，国有企业总体工作部署顺利实施，广大退休人员合理待遇有效落实等诸多方面具有重要作用。

一、加强“三化”建设的背景

1999 年，党的十五届中央委员会第四次全体会议通过的《中共中央关于国有企业改革和发展若干重大问题的决定》文件中，提出逐步国有企业退休人员社会保障的社会化管理和服务，后由于诸多条件所限，工作进展较缓慢。

党的十九大后召开以后，随着新一轮国有企业改革深入推进，剥离企业办社会职能和解决历史遗留问题得到了加速推进，从 2015 年到 2016 年，国家先后出台一系列文件安排部署工作，2017 年在上海、重庆、大连、鸡西、长沙 5 个城市开展推进试点运行，积累经验，探索有效途径。

2019 年，中共中央办公厅、国务院办公厅印发文件，对推进国有企业退休人员社会化管理全面安排部署，提出 2020 年年底前集中力量将国有企业退休人员移交当地街道、社区实现属地社会化管理，明确了管理服务、社会保险、人员

档案、党员组织关系、专用资产设施等五大移交任务。党和国家领导人高度重视国有企业退休人员社会化管理工作，习近平总书记在2019年年初亲自把关审定了指导意见。2020年6月，国务院国有企业改革领导小组专门召开全国国有企业退休人员社会化管理工作电视电话会议，明确提出了关于给老同志吃好“三个定心丸”的要求：退休人员统筹外费用、补充医疗等合理待遇不降低，街道社区管理服务水平有保障，国有企业和退休人员的感情纽带不会断，同时国家财政按照地方政府接收人数给予财政支持。

2019年8月，中央组织部老干局在深入贯彻习总书记关于老干部工作的指示精神，学习领会中共中央精神、综合研判新时代老干部工作的新形势新任务、不断总结经验与做法的基础上，针对老干部人数、结构及需求等发生变化的情况下，提出“以一化带两化促三性”的总体思路，及以信息化建设为突破口，带动精准化、规范化建设，推动老干部工作的时代性、针对性、有效性。运用科学方法，总体谋划、顶层设计，推进“三化”建设工作任务，为新时代老干部以及离退、退组等人员的管理服务工作转型发展、融合发展及创新发展等方面提供了新思路、新方法。对此，集团公司老干局于2018年也已经提前着手推进工作，建立集团公司离退休职工管理办公平台，为推进“信息化、精准化、规范化”打下了坚实的基础。

2019年12月底，为贯彻落实党中央、国务院关于国有企业退休人员社会化管理要求及国务院国资委部署安排，中石油集团公司改革与企业管理部组织召开大庆油田、长庆油田、新疆油田、大港油田、西南油气田等五家上游企业退休人员社会化管理工作座谈会，长庆油田在会议召开后及时贯彻会议精神，及时与驻地政府做了前期沟通工作，为切实做好长庆油田退休人员社会化管理工作打下基础。

开展国有企业退休人员社会化管理移交工作，是党和国家重大决策部署，事关油田广大离退休职工切身利益，是当前绕不过去、躲不开的任务，长庆油田必须集中人力物力资源，有效利用 各类管理平台，切实发挥好“三化”建设作用，坚决完成党和国家既定目标任务，向集团公司、油田广大退休职工交上一封满意的答卷。

二、长庆油田退休人员社会化管理的基本情况

长庆油田成立于1970年，地域横跨陕西、甘肃、宁夏、内蒙古、山西5省（区），虽然油气资源丰富，但地质条件复杂，勘探开发难度大。50年来，几代长庆人坚持立足盆地“三低”实际，攻坚啃硬、拼搏进取，推动油田一步步发展成为中国陆生第一大油田。

长庆油田成立伊始，后勤服务特别是油田离退休职工管理服务工作始终围绕

着油田开发建设展开，生产生活条件比较艰苦。20世纪90年代，随着国民经济发展及油田建设需要，长庆油田逐步在陕、甘、宁三省区各大中城市建设了后勤生活基地，职工群众各方面条件得到极大改善，尤其是油田矿区实行专业化管理服务以后，形成了一套行之有效的离退休管理服务模式，油田广大离退休职工充分享受到了国家改革成果和企业发展的红利。

目前，长庆油田在长期工作实践摸索中形成了“区域化管理、专业化服务”模式，推行两级管理服务组织形式，在公司层面设立直属部门离退休管理中心，负责总体工作业务指导。在基层单位分片设立4个区域性工业服务处和培训中心等5个二级单位，负责离退休人员具体管理服务工作，其下设14个离退休管理站，做好离退休人员的基层党建、待遇落实、走访慰问、文化娱乐等服务项目，并配合开展后事处理、维护稳定等工作。同时，按照国家有关文件精神和甘肃省政府相关文件规定，长庆油田在职员工及退休人员的社会保险关系纳入甘肃省省级统筹范畴。

三、“三化”推动退休人员社会化管理的主要措施

2020年，长庆油田认真贯彻落实国家相关文件精神及中石油集团公司关于国有企业退休人员社会化管理总体安排部署，强化工作组织领导，加大企地对接力度，有效利用各项信息管理平台，发挥信息化、精准化、规范化在推进工作中的重要促进作用，确保油田近3.3万名退休人员移交地方政府实现属地社会化管理。

（一）加强工作组织推进力度

加大对工作推进力度，设立两级工作机构，在油田公司层面成立长庆油田退休人员社会化管理领导小组，由公司主管领导担任组长，11个机关部门、5个基层单位负责人担任成员，明确机关部门和基层单位工作职责，全面负责推进工作。同时在公司企管法规部设立领导办公室，抽调专人组建工作专班集中办公，建立“周总结、月通报、年考核”工作机制。基层五家责任主体单位建立相应工作机构，单位主要领导人挂帅，明确工作职责和责任人，构建自上而下、横向到边、纵向到底、一级抓一级的工作格局，为推动工作顺利开展提供了强力的组织保障。

（二）全面开展调查摸底工作

针对长庆油田退休人员居住地分散、身份复杂、跨区域移交等问题，由离退休管理部门牵头组织，基层各单位离退休系统负责实施，全面开展退休人员摸底调查工作，按照陕、甘、宁三省区驻地政府不同要求，以退休人员户籍所在定、长期居住地、社保关系所在地、政治面貌、联系电话等为要素，合理设计退休人员基本情况登记表和明细表。同时按照管理单位、所在区县、长期居住地、社保

关系、专用资产情况等情况，制定各类统计表，在中石油集团公司离退休人员管理办公平台中认真核对、比较人员信息，对存在问题信息进一步调查确认，及时修改、完善，确保调查摸底资料信息的准确性和完整性，历时两个月时间全面完成调查摸底任务，做到退休人员相关基本情况全掌握、资产家底全摸清，为推进长庆油田退休人员社会化管理移交工作奠定了坚实的基础。

（三）制定移交工作规范标准

按照陕甘宁三省区驻地政府对人员档案、组织关系等不同移交要求，结合长庆油田退休人员的实际信息情况，由公司人事部门牵头、档案馆负责，向油田基层各相关主体移交单位下发文件，制定了三省区油田退休人员人事档案、党员组织关系规范整理标准和移交程序，明确退休人员各类材料要素信息必须齐全，如有缺项尽力补齐完善。针对陕西地区退休人员移交档案规范整理后实现数字化管理的工作要求，制定长庆油田退休人员人事档案数字化具体标准，依据政府确定的人事档案全宗号编制退休人员档案编号，以及纸质档案数字化成果移交清单等。将《兰州市国有企业退休人员人事档案移交标准及流程》作为甘肃地区油田退休人员档案移交依据，为推进油田退休人员人事档案、党组织关系等移交提供操作规范和标准。

（四）推进人事档案移交工作

依据与地方社区和街道签订的人事档案协议，全力做好退休人员人事档案移交工作。对人员档案涉及的多种材料信息全部进行扫描，防止出现人员信息遗漏现象。为加快数字化加工速度，将第三方公司由 4 家增加到 6 家，督促加大人力与设备配备，扫描设备由 50 台增加到 70 台，人员由 80 名增加到 130 名，工作效率提升了 30% 以上。同时积极协调西安市国资委及档案管理等部门解决好地方档案管理系统输入端口少等问题，10 月底前全面完成陕甘地区退休人员人事档案移交任务。多次与宁夏国资委、人社厅等部门协调沟通退休人员人事档案移交不畅问题，积极向集团公司汇报工作情况，推动宁夏地区退休人员人事档案移交工作稳步推进。

（五）推动党员组织关系转接

在党员摸底调研基础上，利用中石油集团公司党建平台进一步核实党员组织关系信息，全面搞清长庆油田陕甘宁三省区及其他地区退休职工党员党组织归属地、基本情况及移交街道社区等情况。在开展油田退休人员人事档案规范化整理和数字化工作中，严格按照党员组织关系归档材料清单要求逐人、逐项详细核查，对缺失入党申请书、党员转正申请书等关键信息材料，通过本人补齐、组织认定、其他旁证等方式确保资料信息齐全。在具体移交党员组织关系当中，积极协调陕西省政府国资委等部门，解决好少数街道、社区不予接收异地党员等问题。同时，针对中石油集团公司党建系统与陕西和宁夏党员党组织管理系统不一致的情况，在党员党组织关系资料齐全的基础上，组织人力及时将移交陕宁地区退休的党员组织关系进行系统导入，确保油田退休职工党员组织关系全部转入三省区党员管理系统。

四、强化“三化”推动退休人员社会化管理工作的建议

随着退休人员社会化管理阶段任务的全面完成，后续工作中，要继续发挥好“三化”促进作用，加强信息平台建设，落实好离退休人员的合理待遇，让广大离退休人员及其他服务群体吃好“三个定心丸”，为集团公司建设世界一流综合性国际能源公司创造和谐的发展环境。

（一）进一步出台相关政策

要出台集团公司离退休人员后续管理服务指导性政策，明确离退休业务管理职责定位、费用渠道、服务项目、服务标准、服务机构等。同时进一步强化信息系统建设，规范相关工作流程、建立相关工作制度、完善相关发放途径，确保退休人员及其他服务群体合理待遇落实到位，不断提升“三化”管理水平，促进油田后续退休人员顺利移交街道、社区管理，实现属地社会化管理。

（二）进一步提升服务水平

按照集团公司“吃好三个定心丸”的要求，要保障离退休人员了解企业改革发展、提出建议和意见的权利，继续开展春节茶话会、团拜会及传统佳节慰问等走访慰问活动；做好日常帮扶、生存认证协助、丧葬费和抚恤金及医疗费、物业费、采暖费发放等工作。同时，在地方政府管理服务缺位的情况下，及时补位、有序衔接、逐步过渡，开展企地党建和活动共建等工作，履行好政治责任和社会责任，打造企地和谐共建的典范。

（三）进一步强化保障机制

在后续离退休工作中，统筹考虑离退休组织机构设置，原则上继续保留现有离退休工作组织机构，不减现有人员。地区公司确需调整机构，要报集团公司批准实施，同时要明确管理服务机构、工作职责等；给予集团公司离退休管理办公、党员组织关系、档案管理等平台系统管理运行及经费方面的保障；加强平台系统操作人员培训，加大专业维保力量。

（四）进一步加大后续应用

针对油田退休人员社会化管理后期服务情况，有效利用集团公司离退休办公平台等载体，特别是在新增退休人员移交方面，包括人事档案关系、党组织关系和服务管理职能等，注重企地相关平台数据有效对接，努力做到信息要素相同、信息口径一致、信息资料齐全，促进后续常态化移交工作顺利开展。

（五）进一步完善管理平台

认真总结各系统特别是集团公司离休办公平台等运行优缺点，按照当前互

联网 +5G 技术的发展趋势，完善管理服务功能，优化平台界面，简化操作程序，解决好人员信息查询精准化、数据信息批量导入、浏览器访问受限等问题；积极研发离退休信息系统 APP，逐步促进各个平台趋于兼容、信息共享，进一步提高办公效率，推动企地相关系统有效衔接。

长庆油田退休人员社会化管理的实践与思考

◆ 长庆油田　刘庆龙　李双学　杨卫卫　张　敏

党的十九大以来，党和国家加快全面深化国有企业改革步伐，剥离国有企业办社会职能，增强市场竞争力。党和国家高度重视深化国有企业改革工作，习总书记亲自审定工作指导意见。2019 年，国家出台国有企业退休人员社会化管理指导意见，提出 2020 年年底前，全面完成国有企业退休人员社会化管理任务。开展长庆油田退休人员社会化管理工作，既是贯彻落实党中央重大战略决策部署的具体体现，也是促进长庆油田高质量发展的现实需要。

一、长庆油田退休人员管理服务现状

多年来，长庆油田在发展油气生产的同时，在实践摸索中形成了离退休职工“区域化管理、专业化服务”的模式。在机构设置上由公司层面设直属部门离退休管理中心和基层四个区域性工业服务处及所属 16 个离退休管理站，全面负责油田离退休职工待遇落实、走访慰问、文化娱乐等工作。目前，长庆油田共有退休人员 3.3 万余人，其中，党员 1.1 万余人。

二、长庆油田退休人员管理社会化管理的主要做法

2020 年以来，长庆油田认真贯彻落实党和国家、当地政府相关文件精神及中石油集团公司总体部署，努力克服疫情防控和油价暴跌等诸多困难，圆满完成了 3.3 万名油田退休人员社会化管理移交任务，为进一步深化油田改革创造了良好条件。

一是加强组织领导工作。设立两级工作机构，公司成立领导小组，由主管领导担任组长，相关机关部门及基层单位负责人担任成员。下设领导办公室，建立

“周总结、月通报、年考核”的工作制度。基层相关单位相应成立组织机构，形成横向到边、纵向到底、一级抓一级的工作格局。同时，还由离退休系统组织政策宣讲会议 55 场 3000 余人次，为开展工作提供了组织保障。

二是构建内外联系机制。对内建立驻陕 7 家企业区域协调联络机制，共享资源信息，共商问题对策。公司主管领导带队专程赴宝鸡 2 家企业调研，形成协调联动共识；对外与陕甘宁三省区政府部门及所属街道、社区建立联系沟通渠道，加强企地工作协调，积极争取当地政府对中石油企业同一标准、同一政策。

三是开展调查摸底工作。以相关文件精神为基础，结合油田退休人员实际情况，组织专人按照不同退休群体，统一设计汇总及各类明细调查表。由基层相关单位负责实施，全面摸查退休人员相关信息，历时 2 月充分掌握了油田退休人员各项基本情况，做到“底子清、情况明、数字准”，为推进工作打下坚实基础。

四是强化顶层设计筹划。依据退休人员摸底调研情况，认真研究学习相关文件精神，加强与试点企业及油田内外单位交流，按照中石油集团公司指导意见，组织编写了《长庆油田退休人员社会化管理工作总体方案》，多方征求意见修改完善，履行相关程序上报中石油集团公司备案。各基层单位依据总体方案编制分区方案，实施稳定风险评估和法律审核，保障依法合规推进工作。

五是有效破解工作难题。围绕社会化管理五大移交任务，加强内部移交工作督导，突出与陕甘宁三省区当地政府部门及街道和社区沟通，按照国家和政府相关文件精神，先后解决了陕西省相关地区档案数字化加工和异地党员移交，甘肃省相关地区社保关系省级统筹，宁夏地区人事档案移交等问题；严格规范统筹外费用项目，制定企业年金实施办法，保障退休人员合理待遇。

三、长庆油田退休人员社会化管理后续问题分析及建议

随着长庆油田社会化管理阶段任务的完成，后期面临退休人员合理待遇落实，新增退休人员移交等一系列问题，既需要中石油集团公司政策上支持，也需要油田公司认真落实，确保企地和谐稳定，为长庆油田高质量发展、中石油建设世界一流综合性能源公司创造良好条件。

一是要落实退休人员合理待遇。油田退休人员现有待遇是在油田壮大发展过程中，根据当时条件体现企业对退休人员的关心和爱护，既有其合理性，也有其历史性，涉及老同志切身利益，处理不好极易诱发不稳定因素。建议在集团公司层面，要依据中央政策要求，结合国有企业实际，出台离退休人员后续管理服务指导性意见，明确费用渠道、服务项目等。地区公司层面要依据指导意见，建立相关工作制度，完善相关待遇发放途径，确保退休人员及其他服务群体合理福利待遇落实到位。

二是要建立专项服务费用渠道。退休人员社会化管理改革三年过渡期及过渡

后期，油田企业还承担一定管理服务补位职能，以及留存业务开展等，都需要费用予以保证。另外，新增退休人员社会化管理移交过程中，如人事档案数字化加工、专用资产设施评估及审计等工作，需要对专项资金及渠道予以明确。建议中石油集团公司根据国家相关文件政策要求，参照其他央企经验做法，出台专项经费保障政策，确保退休人员移交及管理服务工作的延续性。

三是要建立统筹协调工作机制。退休人员社会化管理情况复杂，政策性强，涉及面广，后续新增退休人员将常态化移交街道和社区，同时现移交人员在政府职能未完全到位的情况下，单靠一两个部门难以独立完成。建议中石油集团公司应对内明确牵头部门及配合部门等工作机构及职责；对外建立长期沟通协调机制，妥善处置退休人员后期相关业务工作，构建企地长效工作机制。

四是要保持现有管理服务力量。由于本次移交工作仅涉及国有企业退休人员，离休人员、20世纪60年代精减下发人员、职工遗属等群体不属于移交范围，还需要企业继续履行管理服务职能。目前，油田从事离退休管理服务工作人员普遍年龄偏大，近两年面临退休。鉴于这些情况，集团公司层面应明确保持现有服务机构，地区公司层面适时增加人员，需机构调整要经集团公司审批后实施，保障管理服务工作主体力量及企业内部政策的一致性。

五是要提升离退休管理服务水平。油田广大退休职工在岗期间坚持"我为祖国献石油"，为国家能源安全和石油工业壮大发展做出了不可磨灭的贡献，落实好老同志的政治待遇和生活待遇，是国有企业不容辞的责任。为此，地区公司在后续工作中要通过开展茶话会、团拜会及传统佳节慰问等形式，让老同志了解企业生产经营情况，提出工作建议和意见；开展日常帮扶、生存认证协助及各类费用发放等工作。同时要坚持做到政府到位、企业让位，政府缺位、企业补位，活动共建、党建工作，履行好国有企业的政治责任和社会责任，打造企地和谐共建的典范。

综上所述，推进国有企业退休人员社会化管理既是一项政治任务，也是国有企业生产经营和职工个人的现实需要，不可能一蹴而就，不可能一交了之。长庆油田必须认真贯彻落实党和国家决策部署，按照中石油集团总体部署，强化企地无缝对接，实现无感移交，促进街道和社区"接得住、接得稳、接得好"，努力提高油田退休人员的幸福感和获得感。

退休人员社会化管理新形势下离退休从业人员队伍建设的实践与思考

◆ 塔里木油田　李金鹏　王周国　刘昌凤

2016年2月，中共中央办公厅、国务院办公厅印发了《关于进一步加强和改进离退休干部工作的意见》，对做好新形势下离退休干部工作提出明确要求与部署，强调离退休干部党员要牢固树立纪律和规矩意识，始终严守政治纪律和政治规矩，严格用党章党规党纪规范自己的言行，在大是大非面前旗帜鲜明、立场坚定；坚决拥护党中央的重大决策部署和方针政策，理解和支持全面深化改革，正确对待利益调整。2018年修订的《中国共产党纪律处分条例》增写了“两个维护”的内容，即“坚决维护习近平总书记党中央的核心、全党的核心地位，坚决维护党中央权威和集中统一领导”。以党内基础性法规的形式明确“两个维护”，不仅是对党员思想认识上的强化，更是在政治上、纪律上的明确要求。

一、坚持问题导向，把脉离退休人员队伍思想现状

随着越来越多的企业员工退出了工作岗位，面对从“小社会”到大社会的转变过程，退休人员的思想状况呈现出了不同的思想趋势。

（一）正向表现

大部分退休员工关注社会经济发展形势，关心油田建设和发展。特别是退休员工中的党员由于长期以来受党的教育和培养，具有良好的政治思想素质，尽管离开工作岗位，仍然会通过电视、报纸、自媒体等关注油田形势和国家大事、国际国内形势。这些退休人员，一方面能够积极参加组织生活、重要会议和活动，关注企业发展的热点，敢于讲真话说实话，为企业建设献言献策的愿望比较强烈；另一方面积极参加老年文体活动，参加老年大学的学习、参加社区组织的各

类活动，丰富自己的精神文化生活，思维更活跃，积极养老意识也更强，对晚年生活有着更多的向往和追求，能够影响身边的其他退休人员。

（二）负面表现

个别退休人员由于离开工作岗位，退休后没有具体工作任务，思想不受约束，想说什么、想做什么都不计后果，对油田的和谐稳定、快速发展造成了一定的影响；一些退休人员中的党员、干部退休后不同程度地放松了政治理论学习，忽视政治素养的提升，不与时俱进，涉及企业改革、涉及自身待遇及子女利益时心态不正，总是以个人的得失去衡量，说怪话、讲歪理，妄议大政方针，缺乏全局意识、规矩意识，不讲政治纪律，“四个意识”不够强、“两个维护”不到位。

二、“五个强化”，筑牢践行“两个维护”的思想根基

塔里木油田退休人员中党员占四分之一。抓好离退休职工党支部政治建设、抓好离退休人员中党员的思想教育，发挥党员的示范引领作用，有着得天独厚的优势。

（一）强化离退休职工党支部政治功能，提升党员政治站位

通过离退休职工党支部开展学习党史、上党课、主题党日活动等组织形式，解决个别党员对“两个维护”的认识问题，引导退休人员中的党员干部理解“两个维护”的内涵，自觉践行“两个维护”。让退休的老党员深刻领悟中国共产党的核心领导地位不是自封的，而是由党的性质宗旨、党的使命任务、我国国体政体的性质、国家发展的根本任务等决定的，是历史和人民的选择，也是实现民族复兴的必然要求。正因为有了中国共产党的坚强领导，中国人民才从根本上改变了自己的命运，中国发展才取得举世瞩目的伟大成就，中华民族才迎来了伟大复兴的光明前景。让退休的老党员深刻明白习近平总书记为党中央的核心、全党的核心，是在伟大斗争中形成的。党的十八大以来，习近平总书记带领全党全军全国各族人民开创了中国特色社会主义伟大事业和党的建设新的伟大工程新局面。确立习近平总书记为党中央的核心、全党的核心，是我们党的郑重选择，是众望所归、当之无愧。让退休的老党员深刻理解维护党中央权威和维护习近平同志的核心地位是统一的，维护习近平总书记的核心地位，就是维护党中央权威；维护党中央权威，首先要维护习近平总书记的核心地位。我们退休人员中的老党员，受党教育多年，为党工作多年，具有扎实的政治基础和政治素养，更要有高度的政治自觉和行动自觉，忠诚于党，讲纪律、守规矩，在维护党中央权威、维护党中央和全党的核心上始终保持清醒头脑、做到坚定不移。

（二）强化离退休职工党员政治学习，落实“两个维护”根本政治任务

结合“两学一做”学习教育常态化、制度化，推进“不忘初心、牢记使命”主题教育。把“两个维护”与学习习近平新时代中国特色社会主义思想结

合起来，深刻认识其重要性、必要性和迫切性。不断提高退休人员中党员党的理论知识水平和理解吸收能力。开展党史、党纪、党规、党的十九大精神的学习，重点加强《党章》《中国共产党纪律处分条例》《中国共产党支部工作条例》《习近平治国理政》的宣贯，组织重温入党誓词、我与党旗同框、党史知识竞赛等活动，强化退休员工中党员的政治素养和政治定力，筑牢听党话、跟党走的理论根基。

（三）强化离退休职工党支部制度建设，持续加强老党员的党性锻炼

第一，制定《塔里木油田离退休职工党支部实施细则》，规范离退休职工党支部"三会一课制度"，明确党员组织生活、请示报告、党费收缴等内容。建立党员大会出勤率达到 80%；外出主动请假率 90%；党费收缴率达 100% 的管理机制，从严加强对离退休老党员组织管理，在严格的党内生活中自觉地经受考验。

第二，通过组织生活会，开展党性分析，问题查摆，围绕政治学习、思想状态、发挥正能量等方面开展自我批评，带头守纪律讲规矩，增强离退休职工党员的身份意识，真正做到"离职不离党，退休不褪色"，切实将推动"两个维护"的政治标尺立起来严起来。

（四）强化退休职工党员的日常监督和宣传引导

第一，通过窗口服务和日常交往，及时掌握退休人员中党员的思想动态和关注的焦点热点，及时发现退休员工中党员干部队伍中存在的苗头性、倾向性问题，做到"听到反映及时提醒、看到错误立即纠正、发现情况马上处理"。针对近两年来"三供一业"改革、医院移交地方、退休人员社会化管理推进、新冠肺炎疫情管控等关键时期，能够及时做好"一人一事"的思想工作，把问题遏制在萌芽状态。

第二，通过微信、QQ 等自媒体加强退休员工社会公德、家庭美德、敬老孝亲的宣传，要求退休员工争做模范；通过优秀党员的评选，树立典型人物，营造尊党爱党护党的良好氛围，发挥党员带动群众的作用。病重临终前主动安排家人交党费的李和、自愿为湖北疫情捐款近 10 万元的退休老党员都成为退休老党员先锋模范的典范。

（五）强化困难党员政治关爱和生活帮扶

第一，建立离退休困难党员档案，时刻挂念着一些患有重病失能的老党员，为满足老党员政治学习的需求，主动送学上门；在党员患病或有困难时第一时间主动进行家访，送去党组织的关心和问候，为他们排忧解难，让他们充分感受到党组织的关怀与温暖。

第二，建立党员双慰问制度，对于党性强，积极参加组织活动，表现优异的老党员，在生病住院时不仅作为退休人员进行日常慰问，党组织也同时进行慰问，激活老党员在政治角色中的荣誉感。

三、“四个注重”，占领践行“两个维护”的思想阵地

不断克服只关心生活、不关心政治的现象，避免离退休人员思想政治工作“谈起来重要，干起来次要，忙起来不要”，引导离退休人员践行“两个维护”的方向，搭建平台载体。引导老同志以积极的心态、历史的眼光、辩证的思维，正确看待国家的发展变化，自觉做改革开放的支持者。

（一）以老年文体协会为纽带，注重正面疏导教育

持续发挥老年书画、摄影、乒乓球、门球、台球等老年文化体育协会作用，借助老年文体协会的组织网络，构建离退休人员思想政治工作网络。把思想素质过硬并擅长做思想政治工作作为推举各老年文体协会、分会负责人的重要条件，不仅担负着领导组织各老年文体协会组织老年文体活动的责任，还形成了以老年文体骨干为主组成的思想政治工作组，有效解决了文体活动中表现出来的不良行为和思想问题，成为离退休人员思想教育的关键力量。

（二）以创建老年大学品牌为抓手，注重思想阵地建设

突出引领、引导作用，发挥特色教学的凝聚作用，将广大退休人员吸引过来，打造特色老年大学品牌项目，促进了油田和谐矿区建设。树立传播正能量的理念，把老年大学作为离退休人员思想政治工作的重要阵地，固化“课前十分钟”常态化教育，将党的方针政策及时宣贯。开展“奋进新时代、助力三千万”“我看改革开放”等主题创作，通过学员书画作品、文艺作品抒发退休员工爱国爱党爱企情怀。

（三）以“塔油夕阳红志愿者”服务队伍建设为支点，注重发挥作用

油田积极推进“塔油夕阳红志愿者”服务队伍建设，为志愿者配置服装、配备保温杯、建立考核激励制度，畅通问题反馈通道，为老年志愿者参与社会志愿服务奠定了基础。除固化石油传统教育进校园、小区不文明现象监督、小区交通疏导、环卫监督等志愿项目外，还开展了陪孤寡老人聊天、邻里互助、社区楼栋管理等服务项目。涌现出了“献身科技”的老党员赵志信，“热心公益、爱管闲事”的周天祥，“见义勇为救助落水群众”的路建设，多次捐款捐物救助灾区群众的秦振超，“关键时刻显身手”的荆德新、刘维富，关心行动不便的老同志的于志华等为代表的优秀老同志。许多退休人员看到眼里、触动心里，纷纷加入志愿者队伍，“塔油夕阳红志愿者”示范效应凸显。

（四）以参观教育基地为契机，注重凝聚正能量

引导退休员工谈体会讲感受，为国家日新月异的变化发声点赞。通过参观石油展览馆，增添了老一辈石油人自豪感和荣誉感；通过参观廉洁教育基地，感受到我们党从严治党的决心；通过参观库尔勒科技馆，深深为国家科技的发展而骄傲。

四、结语

塔里木油田坚持以加强党建引领，发挥离退休职工党员优势、强化阵地建设、做好服务保障为原则，结合离退休队伍人员结构、思想状态、活动方式和服务管理，坚定践行“两个维护”，引导离退休人员始终在思想上、政治上、行动上与以习近平同志为核心的党中央保持高度一致，切实增强离退休人员中党员的思想自觉、行动自觉。通过卓有成效的“两个维护”的实践活动，离退休人员队伍“两个维护”的政治思想更加坚定。

一是充分利用思想教育阵地，有效解决了退休员工中党员的思想教育问题。

二是老党员的思想觉悟得到进一步提升，能够理解支持国家和企业改革，能正确处理个人利益与国家利益的关系，更加讲政治、顾大局、守纪律。

三是离退休队伍政治思想建设得到强化，呈现“四少四多”的良好状态：妄议国家政策的少了，为祖国强大点赞的多了；发表不良议论、表达不满情绪的少了，传播正能量的多了；传播企业小道消息的少了，为油田建言献策的多了；维护个人利益的少了，维护国家和企业利益的多了。政治环境更加清新，政治站位和政治定力进一步得到提升，听党话、跟党走的信念更加坚定，为加快塔里木油田现代化大油气田建设，营造了和谐稳定的良好局面。

关于国有企业退休人员社会化管理工作的思考

◆ 新疆油田 刁 燕 安 军

国有企业退休人员社会化管理，是指国有企业职工在办理退休手续后，其管理服务工作与原企业相分离，养老金实行社会化发放，人员移交城市街道和社区实行属地管理，由社区服务组织提供相关的管理服务。做好国有企业退休人员社会化管理工作，对于保障广大企业退休人员晚年生活的安定，提高生活质量，维护社会稳定具有十分重要的意义。

一、国有企业退休人员社会化管理的现实意义和必要性

（一）企业退休人员社会化管理是大势所趋

推进国有企业退休人员社会化管理工作是党中央、国务院的一项重要改革部署，也是全面深化国有企业改革的一项重要内容。随着社会事业的发展，离退休人员的社会化趋势日益明显。早在2003年，中共中央就发布《关于积极推进企业退休人员社会化管理服务工作的意见》努力实现退休人员老有所养、老有所医、老有所教、老有所学、老有所为、老有所乐，共享改革发展成果。

（二）国有企业退休人员社会化管理有助于减轻企业的负担

企业最主要的责任是创造经济效益，国有企业在缴纳养老保险后，仍然要负责企业退休人员的管理服务工作和诸多福利待遇费用等，经济负担和管理责任都很沉重。随着国有企业退休人员队伍日趋庞大，使相关管理等工作不断增多，过重的社会负担影响了企业改革的深化和市场竞争力。实行国有企业退休人员社会化管理工作，有助于国有企业从沉重的社会事务中解脱出来，集中精力地谋求企业发展。

（三）国有企业退休人员社会化管理有利于保障退休人员的利益

实行养老金社会化发放后，企业退休人员晚年生活有了经济上的保障，在这

个基础上，通过积极推进社会化管理服务，其晚年生活不再与企业生产经营的风险联系在一起。同时，退休人员社会化管理，有助于发挥政府职能作用，协调解决退休人员最关心、最现实的利益问题，可以更好地实现退休人员“六个老有”（老有所养、老有所医、老有所教，老有所学、老有所为、老有所乐），使他们的晚年生活质量得到组织管理和服务上的保障。

二、新疆油田退休人员管理历程与退休人员社会化管理的优势

（一）边工作、边摸索，探索集中管理新体制

作为中国石油集团公司唯一一家实施离退休职工集中管理的单位，1998 年 7 月 1 日，新疆石油管理局离退休职工管理中心正式成立，成为新疆石油管理局下属一个独立的二级单位。按照“划分区域，就近活动，有利管理，方便服务”的原则，在克拉玛依地区和乌鲁木齐地区先后成立了 6 个总站和干休所，管理着覆盖全石油管理局的近 50 个单位的 53 个退休站点，约 3 万名离退休职工实行了集中管理。

离退休职工管理中心党委科学审视全局近 3 万名离退休职工管理所带来的矛盾和巨大压力，牢牢把握保持离退休职工队伍和谐稳定这个第一要务，不断总结，积极探索，制定健全各项离退休管理制度，规范明确服务工作流程和标准，有效解决了离退休职工中存在的普遍矛盾和大量具体问题，专业化、规范化、精细化的集中管理工作体制初步建立。

（二）强管理、细服务，不断提升离退休管理服务质量

一是管理制度不断完善。制定了《离退休服务工作规范》《退休站活动场所保洁质量规范》《离退休信息统计工作规范》《退管中心工作流程汇编》，不断优化“老同志之家”的考核机制，通过了 ISO9001 质量体系第三方认证。

二是服务质量不断提升。坚持亲情化、个性化、人性化服务，践行“日常服务到位、重点服务到家、特殊服务到人”的服务宗旨，在离退休职工生病住院慰问、丧葬后事处理协调、离退休职工来信来访办理、政策宣传解答、节日走访慰问、文体娱乐等方面做深做细。

（三）办实事、解难事，保证离退休职工队伍和谐稳定

坚持为离退休职工办好事、办实事，通过代收粘贴医药费单据、办理住院转院手续、办理大病救助、开展定期家访等工作，切实解决离退休职工实际问题。开展行之有效的思想政治工作，通过讲道理、讲政策，及时为离退休职工释疑解惑。通过搭建老有所为平台、举办各类文化体育活动，积极引导离退休职工保持阳光心态、正确看待企业改革，发挥正能量。现在，离退休职工管理中心管理的离退休职工已从最初的石油管理局身份，转变成隶属于油田公司、西部钻探、克拉玛依石化公司、测井公司、CPE 等 5 家单位，离退休职工队伍一直保持稳定。

三、推进国有企业退休人员社会化管理过程中需要关注的问题

（一）退休人员对既得利益减少的疑虑

部分退休人员担心社会化管理被移交社区后，原企业给予的既得利益得不到保障，相关待遇发生变化，特别是统筹外费用被取消，存在一定的疑虑。

（二）部分退休人员一时难适应的“差异感”

因单位与社区的管理模式存在不同，部分退休人员对服务模式变化有“差异感”，而产生不适应、不习惯。

（三）部分退休人员存在“失落感”

虽然新疆油田已经实施了22年的集中管理，但管理的主体依然是企业。大部分退休人员依然认为自己是“单位人”。进入社区管理之后，“单位人”的“优越感”不复存在，“失落感”涌上心头。

四、国有企业推进企业离退休人员移交社会化管理工作的思考

（一）国有企业离退休机构工作人员是确保移交工作稳定开展的关键因素

他们具有丰富的离退休管理经验，具备较强的沟通协调能力，能够站在企业离退休人员的立场上思考问题，是地方政府接收移交部门与企业离退休人员进行沟通的桥梁和纽带。

（二）做好宣传思想工作，增强离退休人员接受社会化管理的信心

一是通过宣传栏、板报、新媒体等多种形式，广泛宣传推进社会化管理的重要性和必要性。二是通过开展形势教育、座谈讨论、走访慰问等多种形式向离退休人员讲透相关政策，让离退休人员充分认识实行社会化管理是大势所趋，是我国养老服务体系改革的发展方向，增强离退休人员对社会化管理的认同感。

（三）加强“精神慰问”，消除离退休人员接受社会化管理的顾虑

在移交过渡期内，国有企业离退休管理机构及工作人员继续履行好职责，发挥已有的制度、服务理念意识、专业素质的优势做好离退休人员的服务管理工作。在离退休职工生病住院、遭遇变故等遇到困难时，及时关怀、解决实际困难。把解决离退休人员的思想问题与解决实际困难结合起来，消除离退休人员的顾虑，实现平稳过渡，积极稳妥推进企业退休人员移交社会化管理。

国有企业退休职工社会化管理的转变是完善社会保障体系的重要体现，是减轻国有企业社会化职能的重要举措，同时也是保障退休人员根本利益的一个重要保障。我们要严格按照国家的政策，确保这一转变的顺利实现，为社会的稳定、企业的发展、职工的安心而努力。

对做好国有企业退休人员社会化管理工作的思考

◆ 新疆油田　熊晓丽　陈　群

随着我国改革的深入和社会的发展，国有企业的退休职工形成了一个庞大的队伍，因此，也给国有企业带来了一定的“负担”。为此，国有企业退休职工社会化管理已经成为社会发展的必然趋势，这同时也是提升我国国有企业竞争能力以及解决历史遗留问题的重要举措，对于减轻国有企业压力，深化国企改革具有深远的影响。

为了贯彻落实中共中央办公厅、国务院办公厅《关于国有企业退休人员社会化管理的指导意见》和《中国石油天然气集团有限公司关于储企业退休人员社会化管理工作的指导意见》，新疆油田公司离退休职工管理中心加快了改制步伐。一方面，在离退休职工中以“三颗定心丸”为基础做好相关宣传；另一方面，以“四个不变”稳定在职队伍，确保管理服务工作不松懈，质量不退步，维护两支队伍的和谐稳定，实现离退休人员社会化管理工作顺利推进。

针对当前新疆油田钻井退休一站离退休职工队伍及在职员工的现状，就如何做好国有企业退休人员社会化管理工作、当前推进过程面临的难点和热点等提出思考。

一、退休人员社会化管理的意义

一是企业退休人员实施社会化管理能够完善社会保障体系。社会保险是一项管理面宽广、政策性强、涉及人员众多的体系内容，更是维护社会稳定的主要途径，需要得到高度重视。尤其国有企业退休人员管理服务存在很多历史遗留问题和现实问题，急切需要建立符合国有企业发展的服务管理体系，同时也需要尽早划分政府和企业职责，明确各自权利，并在此基础上构建社会保险体系，最大限度保障退休人员利益。

二是减轻国有企业负担。国有企业不仅从事生产经营和参与社会市场竞争，同时还需要承担大量社会服务性工作。以钻井退休一站为例：8 名工作人员要负责 2000 多名退休工作人员的政策解释、入户慰问、报刊发放、相关待遇、日常管理服务以及各项文体活动等工作，以致承担大数额费用。因而，实施社会化管理可以减轻国有企业经济负担，激活企业发展潜力。

三是能够强化基层社区职能，倒逼社区完善功能，加强管理。

二、退休人员现状

目前钻井退休一站管理服务的退休职工有 2000 多人，其中大部分是西部钻探及新疆油田公司的退休职工，少部分是 1998 年 7 月集中管理前从学校、医院和改制单位分离前退休的人员。但这些离退休职工是新疆油田成长、壮大和克拉玛依建设的参与者、见证者，当年他们从四面八方来到克拉玛依，为了共同的信念冒严寒、斗酷暑、顶风沙，没有他们的吃苦耐劳、艰苦奋斗，就没有现在克拉玛依的大好局面。他们不但是党和国家的宝贵财富，也是推动集团公司改革发展，促进克拉玛依和谐稳定的一支不可忽视的力量。

自 1998 年 7 月离退休职工管理中心统一管理后，20 多年来，这些离退休职工已适应了退休站的管理，可以说是达到了老有所养（养老金按时足额发放、重大节日有慰问金及慰问品、后事有协调办理等）、老有所医（药费报销按时、生病有看望、住院有陪护、大病有补助等）、老有所乐（各节假日有文体活动、每日可参与各项健康有益的文体活动等）、老有所学（老年大学春秋季招生、各退休站党总支组织支部开展各项思想政治学习等），生活无忧，享受着国家经济发展后的幸福感、获得感，有很强的归属感。

三、退休人员社会化管理面临的困难

一是政企接轨，管理机制间的不协调确实存在。

二是企业退休职工思想工作没做到位。为了更好地落实好企业退休职工社会化管理工作，中石油全面深化改革领导小组印发了《中国石油天然气集团有限公司关于储企业退休人员社会化管理工作的指导意见》，指导意见明确了指导思想、目标、主要任务、政策措施、总体进度安排等。虽然中心、退休站在前期进行了各层次、各方面的政策宣传，但老同志仍然会产生这样那样的疑问、担心和不舍。这说明社区和企业在宣传和思想工作上还有一定的缺失。

三是移交标准有待完善。街道、社区是接收企业退休人员的“一线”，有执行标准不同的现象，存在一定的矛盾。

首先是在退休职工党员移交方面。虽然退休职工党员的组织关系随所居住社区交接，但存在着部分党员退休后就长期居住内地，有的组织关系转走，有的还留在本地。在移交前，中心已有专人负责要求内地长住党员把组织关系转到所居住地，但目前有的转走了，有的没有地方支部接收，有的转来转去，不知道转到什么地方了。

其次是在内地长住退休职工方面。新疆油田职工退休后部分人员因家在内地，退休后就回到内地；部分人因子女在内地成家立业，跟随子女生活；还有部分人属“候鸟族”。他们大多在本地无居住房屋，这些人如何归属？

四、退休人员社会化管理的思路和建议

目前，新疆油田退休人员社会化管理正有序推进，但也遇到不少的困难，如何加快步伐将传统的企业管理向社会化管理转变，有以下思路和建议。

（一）领导重视是推进企业退休人员社会化管理工作的根本保证

把国有企业退休人员移交政府（社区）管理，使企业与退休人员脱离管理关系，不仅关系到退休人员的切身利益，而且也关系到整个社会的稳定大局。因此，无论是移交方还是接收方的领导都要重视此项工作。一是掌握政策，做好调研；二是统筹规划，分步实施。

（二）社企共同营造良好的舆论环境

国有企业退休职工的社会化工作是一项复杂而系统的工程，牵涉的范围很广，不是靠哪一方就能把工作落实到位的。首先各方要在认识上达成统一，不能简单地认为“企业减负、社区增负”，这就要求多方联动：一是企业和政府加大宣传力度，强化当前社会老龄化意识、社会养老和家庭传统养老有机结合的意识及相关的法律意识；二是企业继续做好退休职工社会化管理的后续工作，宣传好“三个定心丸”（退休人员统筹外费用等合理待遇不降低、街道社区服务水平有保障、国有企业和退休人员的感情纽带不会断），维护好退休人员的合法权益和合理待遇，做实、做细宣传解释工作，努力消除退休人员的担忧疑虑；三是有条件的情况下，可以组织各类退休人员进行学习考察，感受政府及企业的关心关爱，让其充分认识到社会化管理是贯彻落实党的十八大精神的重要举措，有利于促进社会又快又好地发展，对保障广大企业退休职工晚年基本生活的权益和提高生活质量、维护社会稳定都具有重要的现实意义。

（三）加强管理，完善组织机构

没有规矩，不成方圆，制定合理的制度尤为重要。一方面要建立健全企业退休人员社会化管理服务工作领导机制、组织机构，另一方面要建立健全社会与企业接轨的离退休管理制度和措施，对已有的制度也要全面优化、规范。

（四）加强思想政治工作，发挥好党员的模范带头作用

新疆油田公司离退休管理中心对老党员的思想政治工作一直都没有放松，基

层党支部政治学习、意识形态、安保维稳和疫情防控等工作中发挥着重要的作用。社区可继续利用好这支队伍，强化社区老年队伍的政治建设，不断引导老同志在学习上不松劲、在思想上不放松，切实增强“四个意识”、坚定“四个自信”、做到“两个维护”。

（五）统筹兼顾，打造专业化管理队伍

新疆油田公司离退休管理中心于 1998 年 7 月成立，20 多年来，以围绕不断提高离退休职工生活生命质量为重点，落实好思想上关心、生活上照顾、精神上关怀离退休老同志，致力于打造精准化服务、亲情化服务的专业队伍。相较于此，目前社区在接收企业退休职工社会化管理条件上还不完全具备，应与退休站在三年过渡期中相互依托、协助，并选择协调能力强，有良好人际沟通能力，热爱为老服务的人员充实到退休人员管理岗位，以满足社会化管理服务工作的需要。

（六）整合资源，实现信息共享

新疆油田公司离退休管理中心各退休站活动场地、设施完备，而且都在各小区，方便老同志参与各项文体活动；各退休站有完善的离退休职工数据库，要不断更新，并根据数据分析有针对性地开展服务；社区充分发挥群众工作优势，组织退休人员自我管理，开展互助服务，选配好支部书记、楼栋长，发挥其作用，建立有效的服务网络。利用好网络，建立起异地退休职工的微信群、QQ 群，及时发布消息，掌握其动态。

综上所述，国有企业退休人员社会化管理是国家重大改革的一个环节，对于今后一段时期的发展具有重要的意义。无论是哪一方都要做好政策宣传，争取得到广大国有企业退休职工对社会化管理的认识和理解。企业要落实好涉及退休职工切身利益的相关政策，政府（社区）要规划好管理制度，与新疆油田离退休职工管理中心有效衔接，加大服务平台的搭建，成立相关的退休人员服务管理中心，打造一支专业化管理人员队伍，继续发挥好退休职工作用，为克拉玛依的和谐稳定做出新的贡献。

浅谈企业退休职工社会化管理移交中加强党组织建设和党员管理的作用

◆ 新疆油田　赵　凤　秦　娟

2019年3月，中共中央办公厅、国务院办公厅印发《关于国有企业退休人员社会化管理的指导意见》。要求2020年年底前，将尚未实行社会化管理的国有企业已退休人员移交街道和社区实行社会化管理。

新疆油田离退休职工实行社会化管理后，一万多名党员党组织关系逐步向社区转接。这是一项既艰巨又复杂的新任务，不管是在组织关系转接，还是后续的党员教育管理上，油田退管中心党委、各退休站党组织和社区党组织都将承担大量的转接工作。党员移交党组织关系后，对社区党组织建设提出新的要求，增加了社区党员管理工作难度，同时党员自己也有一个适应的过程。如何在顺畅地做好党员党组织关系转接、党支部组建的同时，继续保持和发挥油田离退休职工党员在新时代、新环境的作用；移交后党组织建设和党员管理工作仍然具有配合联系等连续性工作，是我们目前面临的一个十分重要的课题，需要在实际工作中不断地探索与实践。

一、发挥现有党支部作用，加强思想引导和政策宣贯

目前，新疆油田离退休职工管理中心的各级党组织健全完善、坚强有力。一直以来，各党支部积极发挥着党组织战斗堡垒作用，组织好离退休职工党员的学习教育和宣传引导，通过“三会一课”的开展，坚定党员的理想信念，保持党员的蓬勃朝气。特别是持续组织党员开展各种文化体育活动，使他们在离退休以后的岁月里，始终保持着共产党员的优良传统与作风，在退休站、在社会上都能发挥积极的正能量作用。以笔者所在退休站为例，站上管理着近1200名离退休职工，党总支下属12个党支部。各支部都建有微信群，及时上传下达有关政策学

习信息，使大多数党员退休后仍能保持理想信念坚定，紧跟时代潮流，在社会生活中有担当、有作为，在服务他人、奉献社会、传播正能量方面起到重要作用，每年都有一批同志被评为优秀党务工作者或优秀共产党员。本次移交社会化管理仍然需要站党支部协同支持做好各项工作，共同完成党组织建设的有序衔接，保证党员移交社区后继续发挥退休职工党员队伍的先锋模范作用。

离退休职工党员既是企业退休人员社会化管理移交工作的直接参与者，在社会化移交过程中难免会产生这样或那样的思想认识问题。由于这一工作牵扯到退休人员的许多切身利益，自然会引起广大退休人员的关注，大家深切顾虑甚至议论纷纷。

在诸多问题中首先是感情依托上的失落，退休人员感到自己离开为之奋斗一生的企业，是与新疆油田彻底脱钩，产生即将失去家、失去关爱的错觉，表现出对社会化管理的不理解，产生失落的感受。其次是党员还会关心党组织关系移交社区后，党组织的活动和管理能否正常开展，是否能融入新转去的党组织。特别是担心一旦移交街道社区，与企业脱离关系后，原有的福利待遇没有了，甚至去世后没有单位给自己处理后事。由此可见，在社会化管理移交中乃至移交后的很长一段时间里，发挥好党组织和党员的作用至关重要。

如何继续发挥各支部的书记、委员、小组长和优秀党员的作用，利用各种有效手段和方式，带领广大离退休人员，认真学习领会党和国家关于退休人员社会化管理的文件精神，理解克拉玛依市政府和石油企业关于退休人员社会化管理《实施方案》。采用线上、线下相结合的方式，持续开展国有企业退休人员社会化政策宣贯培训、退休人员社会化管理工作视频教育，以有效保障政策执行不走样、不变形。另外，还可以考虑编制《社会化管理工作专报》，面向退休人员及时发放相关政策信息，提高知情度、透明度，打通社会化管理与双方工作人员以及退休人员间的“最后一公里”，积极解决推行移交过程中遇到的思想认识及各种难题。

二、建立组织联动机制，强化组织制度保障

在克拉玛依这座现代化工业城市中，企业退休职工移交社会化管理是一项大工程，从市委市政府、油田党委和各区委区政府都应该重视并建立组织联动机制。借助媒体的作用，通过电视、网络、报纸等宣传手段，让更多的企业与社会机构了解到退休人员社会化管理工作的重要意义与紧迫性。

由于原来社区党员人数有限，党务工作管理范围所限等因素，需要组建新的党员管理组织机构。所以，市各区、街道党组织应研究制定接管企业退休职工党员管理模式与方案，选调素质好的党员干部，增加党务管理人员，搭建接管 1 万多名退休职工党员后的组织架构，学习借鉴原油田离退休职工管理中心管理党员

的有效做法和经验。要优化党组织设置，深化党员分类管理，合理设立党支部或党小组。建立由退管中心、退休站相关人员和社区党务干部组成的党员移交工作小组，明确任务、划分责任，落实党员组织关系移交的实施步骤，形成党组织关系对接协调联动机制，共同完成党员组织关系转接工作，由此逐步完善移交后的党员管理组织制度保障。

三、梳理台账信息，夯实基础工作

据了解，党员组织关系接转，完善档案“信息池”有着严格规定。考虑到涉及人员众多、档案数量庞大，应提前部署档案整理工作，集中力量开展人事档案、党员档案的整理分类，查漏补缺，确保档案完整。社区方面要主动对接退管中心管理机构和组织部门，明确移交党员组织关系的要求，确保党员和党支部移交顺利符合规范。国企方面，要对拟转接党员的各项基本信息逐个进行认真核实，并统一登记造册。要在党员党组织关系转接时，认真核查党员档案，核实党员身份、党员档案存入人事档案中的复印志愿书等要件，并建立一人一档；未存入人事档案的要按照《中国共产党发展党员工作细则》之规定存入人事档案；确实没有人事档案的可与党组织关系一起移交接收县区保管，对档案丢失、资料不全、党员身份无法认定的不予接转。市区、街道方面，要对油田离退休职工管理中心转来的党员档案资料和信息进行核实，重点核实居住地等信息。对符合转接条件的党员，第一时间对接落地，纳入社区党组织管理；不符合转接条件的及时反馈并说明原因。

原属新疆油田的退休职工党员接转关系具有多样性，因为职业生涯结束，退休人员流动性大，党员队伍较之在职显得更为分散。有的党员退休后回内地居住生活，连户口都迁移居住地，在克拉玛依没有固定住房；有的在外地为子女照看孙辈，几年都没有回来；有的过着候鸟一样的生活，大半年都在内地居住；有的年老体衰不能出门，无法正常参加支部“三会一课”等活动。而且原有的党支部不是按照居住地建立的，党员分散居住在克拉玛依的 20 多个小区里，这次党员移交分到各社区，支部就会自然解散；也有一些支部多数党员居住相对集中，可以整体移交社区，仅对居住在其他社区的党员进行调整。还有一种情况是人已经搬到新小区居住，户口或基础资料仍然在原小区。这些情况造成了移交中的一些困难，需要依靠现有党支部提供最基础、最准确的资料，针对各类情况整合后移交社区，形成党员管理“数据库”。

2019 年，新疆油田离退休职工管理中心开展了信息精准年工作，各退休站全面启动了离退休人员信息统计核对填报工作，完成退休人员基础信息的收集、梳理、录入任务，为社会化管理移交奠定了基础。2020 年，又按照上级要求统计了解党员联系方式、户籍所在地、克拉玛依市有无住房、是否将党组织关系转入现居住社区等。退休站各支部配合工作，联系党员说明情况，理清党员接转组织关系的有关信息，建立了支部党员管理信息台账，做到了基础数据心中有数。

按照社区管理的模式，笔者退休站仅有个别支部基本保留在石油及工人小区，600多名党员转入其他社区，工作量之大需要上下紧密配合。现有的党支部要站好最后一班岗，全力配合完成应当做好的工作。要主动与本支部每名党员联系，说明具体情况，做好党员的思想工作，转入社区后必须配合社区党组织开展工作，按照退休工资比例足额缴纳党费，及时参加组织生活。

四、多方整合资源，保证党组织的生机活力

在22年的实践中，新疆油田离退休职工管理中心积累了一整套适合油田及克拉玛依退休职工党员的管理办法和经验，在党建创新方面有很多亮点或品牌，例如广泛开展“党员责任区”、党员承诺践诺活动；加强对离退休职工党员的关心关爱，引导党员在各个活动中发光发热；争先创优年年表彰，鼓励党员退休后有所作为；不断加强流动党员管理，经常开展对流动党员的数量、分布情况及去向进行全面摸排，分类建立党员信息台账等。同时，培养了一批理想信念坚定，甘愿服务奉献的党务管理干部，他们中多数人年富力强，热爱离退休管理工作。社会化移交后，这些好的有效的做法要继续传承，这批人才应当继续合理合规使用，为新的党建工作添砖加瓦。

新疆油田党员移交管理工作必须把握节奏，实现平稳交接，衔接无缝、管理到位。按照目前克拉玛依街道、社区党组织现状，在接收大量国企退休职工党员时，在思想准备、党务管理干部配置、活动阵地等方面略显承载力不足。接管后在合理组建党支部、快速发挥新支部战斗堡垒作用、组织好党员学习教育活动上都必须动一番脑筋，下一番功夫，以适应新形势新任务的需要。油田企业在移交退休职工党员的同时，应向社区党组织开放共享一批文体娱乐阵地、党员教育活动阵地，实现资源整合共享，切实提升社区党员管理服务能力，发挥党员先锋模范作用，保证党组织的生机活力。

石油企业离退休职工实行社会化管理是目前面临的一个十分重要的任务，也是一个新课题。它涉及面广、政策性强，必须有一个过渡期、适应期乃至完善期。一万多名退休职工党员移交社区管理同样也是一个新课题，需要边实践、边研究、边探索。我们应当解放思想，顺应时代潮流，不论在哪里都要保持共产党员的本色，为新疆油田和克拉玛依城市的可持续发展续写辉煌。

对维护离退休队伍和谐稳定的思考与实践

◆ 新疆油田　孙　虎　张志勇　姚文建

做好离退休职工工作，维护离退休职工队伍（以下简称队伍）稳定是离退休职工管理中心（以下简称中心）的责任和使命，是克拉玛市委、油田公司党委交给中心的政治任务。中心全体员工不忘初心、牢记使命，始终以习近平新时代中国特色社会主义思想为指导，贯彻落实中央治疆方略，围绕聚焦新疆总目标，将维护队伍的稳定作为第一政治要务，不断探索实践如何维护队伍的和谐稳定，做了大量卓有实效的工作，为公司改革发展营造了稳定的后方环境，为克拉玛依市的维稳工作做出了一定贡献。

一、离退休职工队伍的基本情况

截至 2020 年 10 月中旬，中心直接服务管理着集团公司 7 家驻克企业的离退休职工和中小学退休教师共 3.5 万人左右，数量庞大的队伍给稳定带来了巨大的压力，维稳工作责任重大。2017 年以来，中心党委紧紧围绕新疆社会稳定长治久安总目标和油田公司高质量发展大局，坚决贯彻落实上级维稳工作指示精神、安排部署，从抓离退休队伍总目标意识、涉稳人员管理、意识形态、群众工作、信访矛盾化解等诸多方面，有效保障了队伍的和谐稳定。

二、离退休职工队伍和谐稳定的重要作用

（一）社会和谐稳定的政治需要

油田离退休职工队伍在社会上是一个较特殊的群体，群体的主要身份是社会人员，但又在企业的服务管理下，人员数量庞大，对油田有着深厚的感情，对社会有着多方面的影响，对社会的稳定有着一定的政治责任。队伍整体能否围绕支

持新疆总目标，是老同志政治素质、大局意识、遵纪守法的政治体现。充分教育引导好老同志，是离退休工作的一项重要内容，保持老同志思想常新，大局意识常在，参与党建党务、社区共建、关心下一代、义务监督等工作，释放传播正能量，为社会的和谐稳定奉献余热，发挥积极作用。

（二）油田生产经营的后勤保障

油田离退休职工涉及公司领导到普通员工，他们在多年的工作中，积累了丰富的工作经验，退休后是一笔宝贵的财富，很多老同志退休多年还心系油田的建设与发展，献计献策、耕耘奉献。中心是服务管理这笔财富资源的后勤机构，多年来化解处理了数千件老同志与原单位的矛盾，稳定了提前退休群体、原中小学退休教师群体等。离退休队伍服务管理好了、和谐安定了，各企业才能投入更多时间精力进行生产经营、勘探开发；离退休职工的作用有效发挥出来，对油田企业能更好地发展也有着推动作用。

（三）反分裂斗争的后方阵地

离退休职工是多民族构成的队伍，且还有在职期间涉稳人员不断退休，反分裂斗争和去极端化责任重大。这个阵地的稳固，关系到克拉玛依反分裂斗争的大局，在职期间涉稳人员退休后更需要教育和引导，一个涉稳人员关系到几个家庭、影响着 2 代至 3 代人。离退休涉稳人员的帮教转化是长期进行反分裂斗争的一项工作内容，是必须坚守的后方阵地。中心持续在涉稳人员的关爱帮扶、教育转化上发力，为克拉玛依乃至整个新疆的反分裂斗争赢得最终胜利发挥积极作用。

（四）意识形态领域的宣教阵地

2018 年，中心发生了 11 起离退休职工违反意识形态领域规定的事件，警醒我们意识形态工作在何时何地、何处何人都不能放松。一些员工退休后放松了思想教育、政治规矩、纪律约束，随着年龄的增长，辨别是非真伪能力下降，意识形态教育工作呈现复杂性、多样性、艰巨性。应教育引导离退休职工始终保持清醒头脑，坚持不懈抓好队伍的政治理论、理想信念、形势政策、民族团结和道德规范教育，遵守党的政治规矩、纪律，甄别是非曲直，守住红线底线，大力弘扬社会主义核心价值观，为意识形态领域工作发挥好作用。

三、离退休职工队伍存在的涉稳风险、问题

（一）政治思想要求放松，总目标意识较淡薄

离退休老同志在社会上是一个较特殊的群体，退休后的第一身份是社会人员，且又在企业的服务管理下，对油田有着深厚的感情，对社会稳定有着一定的政治责任。队伍整体政治思想是否能与党中央保持一致，能否围绕支持总目标，是老同志政治素质、大局意识、遵纪守法的体现。一些老同志退休后放松了政治

思想要求和党规党纪约束，总目标意识淡薄，存在一定的风险隐患，如何抓好队伍的思想引领和总目标意识教育，是中心面对的课题。

（二）涉稳人员数量多，管控难度大

队伍由多民族构成，其中有不少涉稳人员，每个涉稳人员纵向横向影响面达10余人，管控难度持续增大，反分裂斗争和去极端化责任重大。中心的涉稳群体去极端化工作是反分裂斗争的后勤阵地，关系到克拉玛依、油田公司反分裂斗争的大局，尤其是在职期间涉稳人员退休后更需要教育引导、帮教转化，是一项须长期坚持的工作。

（三）意识形态工作量大，风险程度高

2018年，中心发生了一些退休职工违反意识形态规定的事件，警醒我们意识形态工作在何时何地，对何人何处都不能放松。退休员工居住在全国各地，极为分散，新退休人员多数采取“候鸟式”养老方式，工作量和难度持续增大，风险程度增高，意识形态教育工作呈现复杂性、多样性、艰巨性。

（四）群众工作涉及面广，有提升空间

群众工作是加强民族团结、民族交往交融的落脚点和载体，做好群众工作是夯实队伍稳定基础的有效抓手。中心一些老同志对“五个认同”、党的民族政策、新疆“四史”和民族团结对新疆稳定的重要意义了解不透彻，理解不深刻，对稳定工作形成了很大的潜在风险隐患。队伍的构成与数量决定了中心群众工作涉及面广，还有可提升的空间。

（五）信访矛盾量大，情况复杂

离退休信访工作具有历史遗留问题多、人员基数大、涉及单位部门广、时间跨度长、诉求解决难等特点，每年处理解决的离退休信访案件达100多起，化解矛盾和稳控责任压力大。一些老同志在职期间遗留的信访问题随着退休带入中心，还有政策制定、改革发展带来的群体利益诉求，过高、无理诉求无法解决的问题引发的积压矛盾，等等，都给中心的信访工作带来了难度和挑战。妥善处理解决信访诉求，稳控好矛盾个体、群体，稳定好队伍，是中心必须完成的任务。

四、实践与做法

（一）围绕聚焦总目标，筑牢共谋稳定根基

1. 开展常态化宣贯工作，抓好思想引领

要以开展好总目标宣教作为队伍思想引领的首要任务，充分教育引导好队伍，保持老同志思想常新、大局意识常在、聚焦总目标常态，将宣教工作贯穿到老同志党组织生活、座谈讲座、文体活动、家访慰问等服务管理工作中。近3年来，237个离退休职工党支部集中学习8200余场次，巡回上党课310余场次，集中宣讲680余场次，举办文体活动1800余场次，参与老同志322余万人次，在统一思想、凝聚共识上下足功夫，确保队伍在思想和行动上始终贯彻围绕总目标，夯实队伍整体的思想稳定基础。

2. 加强机制建设，推进维稳常态化

机制建设是推进维稳工作常态化的有力抓手，中心始终把机制建设挺在工作前端。成立中心党委维稳工作领导小组、维稳指挥部（指挥中心）总览全局，安排部署工作，形成各科室协调联动、基层单位同向发力的工作格局；通过签订责任书、自检自查、绩效考核等方式强化责任落实、压紧一岗双责，上下同心同向、一盘棋运转；按照“六讲”要求，以事不过夜的精神，将稳定工作贯穿到各项会议中，重点敏感时期召开专项会议，研究部署制订工作方案；深化信息舆情采集研判，加强对收集涉稳信息舆情及时研判评估，及时发现甄别风险隐患、不稳定苗头，及时采取应对措施。

3. 发挥老同志优势，参与维稳工作

要充分发挥老同志的优势与作用参与维稳工作，营造队伍围绕聚焦总目标的氛围，同时也可以减轻中心工作压力。组织召集政治素质过硬，年富力强，热心服务管理工作的老同志，建立一支 550 名义务联防员队伍，参与单位的门岗值守、小区巡逻等任务，三年来参与维稳活动 18.6 万余人次；成立了 86 名老同志义务信息员队伍，深入群体中收集涉稳、敏感信息，3 年来共收集信息舆情 960 余条，有效信息 340 余条；关工委老同志深入社区、街道、学校、企业为青少年和青工开展爱党爱国主义、民族团结、去极端化等教育，为下一代的健康成长提供精神食粮，3 年来参与活动的老同志有 220 余人次。

（二）抓细涉稳人员管理，突出去极端化成果

1. 建立管控机制，加强关爱帮教转化

涉稳人员的管理，核心要点在让人员感党恩、知党情，了解极端化的危害，了解民族团结对新疆稳定的重要性，中心在关爱帮扶、教育转化上持续发力，精准发力。成立了 180 余个帮教小组，一人一档逐人登记造册，包联到各级领导进行管理，定期上门走访慰问，入户入住，开展“五个认同”、新疆“四史”、民族团结思想教育，解决存在困难，人员帮教转化率达 100%。

2. 建立联动机制，开展研判评估

联动机制、评估研判是管控涉稳人员的有效手段，是实时掌握工作主动的措施。中心加强与人员所在社区、街道、派出所日常沟通联络，建立“四位一体”的联动机制，每周互通信息情况，进行信息比对核实，共同评估研判，实时掌握人员思想状况和行为动态。3 年来入户和电话联系重点人员 8600 余人次；参加社区研判 4200 余次，解决人员困难诉求 160 余件。

3. 加强风险摸排研判，甄别隐患人员

要充分认识到潜在隐患人员的涉稳风险，对稳定工作可能存在的不利因素，通过查阅档案、日常表现、参与社区活动、原单位了解等方式，加强对风险隐患人员的摸排研判。2018年中心完成了500余名民语系风险隐患人员的摸排研判评估，对不放心人员逐一制定措施，加大观察，定期研判，最大限度降低潜在隐患带来的涉稳风险。

（三）抓牢意识形态工作，严守党规党纪

1. 唱响主旋律教育，突出思想凝聚

要在队伍中唱响社会主义核心价值观主旋律教育，释放传播正能量，坚持在队伍的政治理论、理想信念、形势政策、民族团结和道德规范教育上下功夫，构建队伍遵守党的政治规矩、纪律，辨别是非曲直，守住红线底线的自觉性。2018年起中心先后以改革开放四十年、新中国成立70周年等政治平台，开展宣讲、征文等活动，引导老同志忆往昔看今朝、说发展谈变化，大力宣传榜样人物、先进事迹，凝聚思想，坚定队伍感党恩、听党话、跟党走的行动自觉和坚定信念。

2. 强化责任落实，网络管控

强化责任落实，管控好网络舆情。通过日常活动、入户走访、老年大学教育、打电话等形式宣传网络行为八不准、网络不当言论典型案例等，确保老同志知晓率达到100%。加强网络管控，监督管理好老同志微信群，倡导老同志注册“学习强国”“石油党建”“石油金秋”等学习平台，形成好学、善学、乐学的氛围，最大限度传播倡导正能量，中心已有6000余名老同志注册了“学习强国”等平台。

3. 坚持制度约束，警示教育

要坚持制度的管理与约束，时常开展意识形态警示教育。中心制定下发了《意识形态工作责任制实施细则》《退休职工违反意识形态纪律处理办法》等制度，对违反意识形态纪律的老同志和单位责任人进行问责处理，组织老同志学习违反意识形态纪律案例1.3万余人次，起到警示警醒作用。通过以上多种举措，老同志的党性原则，严守政治规矩、纪律意识得以加强。

（四）抓实群众工作，牢固民族团结基础

1. 推进民族团结一家亲活动，强化交融交往

要持续推进民族团结一家亲系列活动，把群众工作往实里做、细里做、心里做。中心干部与老同志结对认亲，以“五同”“四讲”“四就（救）”要求开展入户入住工作，宣传党的政策、中央治疆方略、新疆总目标等大政方针，了解掌握对子家中的状况及存在的困难，以肉孜节、古尔邦节为契机，开展走访慰问、关爱帮助少数民族老同志，近3年来走访慰问5600余人次。民族团结一家亲良好氛围日渐浓厚，民族交流交往交融不断加强。

2. 开展形势教育，稳固民族团结思想根基

要加强爱党爱国主义、“五个认同”、新疆“四史”、法律法规等形势政策教

育，构建老同志共同团结奋斗、共建美好家园的美好愿景，稳固民族团结的思想根基。通过文体活动、座谈讲座、LED 屏播放等方式，将宣教活动覆盖到每个老同志，中心每年近 1.2 万人次受到教育。

3. 深化发声亮剑等活动，推动去极端化

按照“动真格、发真声、真发声”的要求，深入剖析、正本清源，旗帜鲜明地开展发声亮剑和深挖“两面人”活动，2200 余名老同志进行了发声亮剑，涉稳人员全覆盖。做好老同志“四项活动”管理，将活动管理以全程跟踪服务的形式去开展，充分体现党和政府及企业对群众的关怀，把硬性管理制度化作暖人心、拢人心的实际行动，共处理老同志丧事 112 件、婚事 6 件。

（五）抓准信访矛盾化解，夯实和谐稳定基础

1. 做好日常接访，处置矛盾不积压

化解历史和现有矛盾，稳定信访重点人员，是离休信访工作重点，要始终坚持以矛盾不上交、问题立化解、隐患不漏排、信访不越级为原则开展工作，夯实稳定工作基础。中心践行推动“枫桥经验”，做好日常来信来访接待处置工作，坚持件件有落实、事事有回音，以老同志满意为标准，为他们办实事、做好事、解难事，赢得广大老同志的信任和支持。

2. 关心关爱释疑解惑，责任措施到位

要加大对历史遗留问题、诉求无法解决人员、困难弱势群体的关爱关心，坚持上门入户释疑解惑，变上访为下访，动之以情、晓之以理，将心比心，以情感化。重点敏感时期制订应急方案、稳控措施，稳定信访重点人员，确保不出现越级访、非正常访。这几年，中心通过大量的工作为公司和各企业化解了大量历史问题和积压矛盾。

3. 加强矛盾排查，准确掌握涉稳因素

要加强信访源头的治理工作，定期开展矛盾纠纷摸排化解，重点敏感时期加密排查，对排查出的矛盾隐患和信访苗头，制定稳控措施，实施动态关注，各单位每日向中心汇报人员情况，在中心层面对人员信息逐一进行梳理分析、研判评估，实现了多年违纪违规异常信访“零”目标。

论如何做好企业退休人员社会化管理服务工作

◆ 新疆油田　张志勇　何文清

国有企业为国内的经济持续化发展给予了充分的支持，因此针对国有企业退休人员应予以优质的社会化管理服务，保证其拥有高品质的生活，这也对稳定社会发展起到了不容小视的作用。我国的人口基数排在世界前列，每年退休的国有企业员工人数也相对较多，对于退休工作人员开展社会化管理是最佳的方式，此种举措的全面贯彻可以很好地缓解国有企业管理退休员工的压力，也可以让退休人员受到较为优异的社会化服务。不过，现阶段的社会化管理依然处于持续探究时期，仍有诸多环节值得去不断调控与革新。

一、对国有企业退休工作人员开展社会化管理的意义解析

企业退休工作人员的社会化管理服务指的是员工办理退休的相关手续之后，运用标准化的管理服务实现与所属企业工作岗位的脱离，养老资金开展社会化统一发放，相关的退休工作人员也转交至地方的街道或社区进行专项管理，从而也实现了由企业管理转交至社区服务的自然过程。首先，开展社会化管理，有助于完善社会的整体保障架构。国有企业在日常运作当中需要投入相对可观的人力与物力，因此针对退休人员的管理与服务往往不能做到理想化的深入。这个阶段，就需要政府主管部门以及社会相关机构承担起应有的责任，运用一些职能与权限对退休人员展开细致化的管理，以持续完善社会保障体系，进一步推进社会的和谐发展。其次，开展社会化管理，有助于削减国有企业的运作压力，从而可以让国有企业的工作开展核心放在企业的日常运营及盈利环节，不然则会丧失核心竞争力，引发企业运作中的巨大危机。因为国有企业退休人员的基数相对较大且分布在企业内部的各个岗位，需要通过政府相关主管部门以及社区对退休人员开展

管理，有助于更好地削减企业内部的管理压力。最后，开展社会化管理，也可以更好保证退休人员的生活品质。国有企业退休人员受到国家福利待遇政策的有效保障，因此在经济方面往往不会存在太大的问题。不过对于其心理状态需要展开动态化的关注，企业在此环节往往无法开展相对妥善的工作安排，因此需要有效借助社会化管理，依靠社会为运作平台对退休人员开展心理的疏导与慰问，从而真正实现心理与物质的双重保障，让退休人员切实感受幸福生活，进而全面推进社会的和谐稳定发展。

二、对国有企业退休工作人员开展社会化管理的举措介绍

（一）增强对软硬件的同步投入

如今我国社会发展中有一个非常关键的问题无法回避，那就是社会老龄化问题日益加剧，特别是对国企而言，近年来甚至未来很长一段时间里退休人员的体量逐步增多，难以开展集中化管理与服务，社会化管理服务不能得到全面贯彻执行。现阶段，社会对退休人员的管理中普遍显著存在着软件以及硬件条件不足的情况，不能充分契合退休人员物质以及精神方面的需求。特别是绝大部分养护机构的建设规模相对较小，而如今社会对此行业的需求量却非常之大，这也导致了床位紧张等问题；某些乡镇区域的基础设施相对落后，特别是在道路交通方面，这也在一定程度上给退休工作人员的日常生活带来了麻烦；某些社区相关的养老娱乐活动极为匮乏，生活环境与理想的标准存在着一定差距，导致退休人员的幸福感相对较低。养老服务机构的整体运作投入相对较大，而运作的盈利却相对较少，因此需要政府给予相对充足的资金或给予优惠政策，从而更好地支持社会养老机构以及相关组织的高效、高品质运作。

（二）健全体制的建设

绝大部分国有企业退休人员的日常生活范围与在职时期相比明显缩减，社区成为相关退休人员日常活动的重要场所，因此需要以社区为核心开展社会化管理服务，从而更好地为退休人员提供优质的娱乐活动，充分满足其日常的生活需求。如今，退休人员的社会化管理相关的体制不够完善，有关政策也有待进一步改善，社区对于退休人员的管理经验相对匮乏，往往不能有效开展契合退休人员心理需求的社区活动。政府有关部门需要进一步出台相关的政策，为退休人员提供体制层面的保障，运用规范的体制化管理来积极指导社区工作人员深入开展退休人员心理、生理状态以及实际需求的调研，从而更好开展具有针对性的社区活动，健全社区管理体制以及有关服务内容，给予退休人员充分关注与呵护。

（三）健全队伍的建设

在通常情况下，国有企业退休人员的知识水准与文化素质都相对较高，同时其也有着一定的经济基础，所以对生活的品质要求也相对较高。社区在开展社会

化管理服务时，需要针对群体的真实特征，不断调控已有的社区管理服务体制以及相关内容，切实增强对国有企业退休人员的关爱，特别是要全面明晰退休人员的真正需求。现阶段，我国各地方社区管理服务水准存在着相对较大的差异，因此需要积极组织社区管理以及相关服务的工作人员展开有针对性的培训，以期更好地提升队伍的整体专业水准，例如可联合当地专业的医疗机构，邀请其专家来到社区为相关工作人员展开相关的讲座，更好提升社区工作人员的生活护理等方面的知识。同时，社区也可以切实激励并且大力支持青年人加入志愿者团队当中，为退休人员奉献出自己的一份爱心，让社会服务团队不断地扩张，给予退休人员更为优异的服务。

（四）做好思政方面的工作

国有企业退休人员管理工作的开展过程中，思政工作也是必不可少的重要环节，也需要给予深度的关注。在实际工作中，需要增强对政治理论的专项教育，让退休人员对于当下国家以及社会的发展形势有一个相对正向的认知。积极组织退休人员参与有关的学习活动，让其可以更好地面对如今社会发展中存在的一些问题。在思政工作的日常开展中，需要充分依据先领导后干部、先党员后群众的开展准则。同时，为了提高思政工作的开展效果，也可以创建专属的联络员体制，让思政工作的开展具有更好的覆盖范围。在日常的管理工作中，需要委派专人进行负责，对思政工作的实际开展情况进行探究，第一时间做好沟通工作。

综上所述，对于国有企业退休人员开展社会化管理是考究国内经济与社会的发展现状，以充分保证退休人员的生活品质为目的所开展的服务运作模式。伴随着如今我国人口老龄化的问题日益加剧，国有企业倘若想要继续承担经济发展的关键责任，更好保持其在专业领域的竞争力，则需要妥善做好内部退休人员的安置工作。特别是借助健全有关机制，提高社区服务品质，更好地满足退休人员的生活需求，在更好推动国有企业良性发展的同时，也进一步推动社会整体的和谐运作。

在推进退休人员社会化管理中切实发挥基层党组织作用的探索与实践

◆ 新疆油田　朱凤凤

国有企业退休人员社会化管理是党中央、国务院深化国有企业改革、剥离国有企业办社会职能和解决历史遗留问题的重要任务之一。中共中央办公厅、国务院办公厅印发《关于国有企业退休人员社会化管理的指导意见的通知》，要求2020年年底前，将尚未实行社会化管理的国有企业已退休人员移交街道和社区实行社会化管理，国有企业新办理退休人员管理服务与原企业分离。根据克拉玛依市委、新疆油田公司党委工作部署和安排，新疆油田公司离退休职工管理中心（以下简称中心）党委主动承担起主体责任，在退休职工党员思想政治工作、稳定退休职工队伍、激发退休职工党员发挥正能量等方面，发挥了不可替代的作用，加强对退休人员的组织关爱，解决退休人员社会化管理后的心理顾虑，为顺利、平稳完成退休人员社会化管理打下坚实基础。

一、退休人员社会化管理工作的目的及意义

企业退休人员社会化管理服务是指员工办理退休手续后，其管理服务工作与原企业分离，养老金实行社会化发放，人员移交城市街道和社区实行属地管理，由社区服务组织提供相应的管理服务、基本形式是将企业退休人员直接纳入街道和社会进行管理和服务。如何让企业能够没有"后顾之忧、轻装上阵"，实行退休人员社会化管理服务显得尤其重要。

（一）有利于国有企业减轻负担，保障人员利益

企业最主要的责任应该是创造经济效益，给员工提供生活上的保障和丰富的物质生活。目前，中心管理的退休职工来自克拉玛依市的很多石油企业和改制单位。一些企业，因为经营和管理的问题效益不佳，再加上需要负担的事项过多，

耗费很大的物力、精力、财力在社会功能上，高额的支出（养老金、医疗费用报销等）对企业来说就成为一个沉重的负担，严重影响企业效益和发展。企业退休职工社会化管理后，有效地化解了企业深化改革过程中“人往哪里去”的矛盾，将退休人员由“企业人”平稳地过渡为“社会人”。退休职工管理主体由企业向社会部门转变之后，有力地支持和配合了企业的改革和发展，后盾变成了更强大的政府机关，减轻了国有企业的负担，退休人员的利益能够得到更好的保障。

（二）有利于完善社会保障体系，确保服务质量

随着企业改革深化和破产兼并等企业的增加，一些企业退休职工失去了原单位的依托，迫切要求建立与之相适应的独立于企业单位之外的社会保障体系。社会化管理服务的基本形式是将企业退休人员直接纳入街道和社区进行管理与服务，通过属地管理，可以使退休人员得到更好的服务，就近参加社区文体活动，退休职工党员就近参加党组织活动。建立和完善社会化管理服务体系将为国有企业退休人员提供更好的相关服务。

（三）有利于退休职工晚年生活，提高生活质量

退休职工为企业发展做出了重要贡献，是企业中长期以来重要的建设力量。实行养老金社会化发放，使企业退休职工在经济上得到了保障。退休职工移交街道和社区实行属地管理，部分退休职工退休后或随儿女移居外地或回到原籍生活，还有不少退休职工的子女不能在身边照料，出现“空巢”现象，也迫切需要社区组织给他们以更多的关心和照顾。由社区服务组织提供相应的管理服务，可以更好地实现退休人员“六个老有”（老有所养、老有所医、老有所教、老有所学、老有所为、老有所乐），使退休人员的晚年生活质量得到组织管理和服务上的保障。

二、退休人员社会化管理工作中存在的问题

（一）企业退休人员档案的信息化程度不高

信息化在近些年有了突飞猛进的发展，而由于涉及年代跨度长、保管条件有限的问题，退休档案数字化对于硬件和软件的要求都比较高，而我们管理退休档案的设备不是很先进，不利于电子档案的管理和发展。另外，早期的档案主要由人工管理，即人工进行整理归档，在归档的过程中本身可能会存在一些问题，所以在退休档案电子化过程中即使全部扫描电子化，也可能出现问题，所以说在企业退休人员档案保管及退休档案信息化方面还存在一定的不足。

（二）企业退休人员的思想意识不到位

企业退休人员对进入社区管理忧心忡忡，根据调研时与部分退休人员的谈心谈话了解，退休人员担心离开企业进入社区后在享受待遇方面受影响。以前企业退休职工有句口头禅是“有问题找组织”，生活中遇到困难时，他们首先就会去

找退休前所在企业寻求帮助，怕进入社区管理后不方便，待遇得不到保障。这是由于退休职工对社会化管理存在认识不足，一时间难以接受，从而产生了消极的思想。

（三）社会化管理法律制度方面的问题

虽然我国在近几年先后颁布了关于退休人员社会化管理方面的法律制度，但还是缺少相适应的实施准则或者是实施办法，特别是关于公共政策管理方面的法律制度存在着很多的空白，从而导致了社会化管理工作职能被动开展的情况。退休人员社会化工作涉及职能移交、人员移交、党组织关系移交、人事档案移交、资产移交等多个方面内容，同时由于统筹外费用等内容点多面广，涉及每一位退休人员的切身利益，缺少统一清晰的解读和操作规范说明，对相关政策的理解与执行很难把握。

（四）社会化管理的手段和模式存在着问题

在当下退休人员的社会化服务中，管理服务还存在着不协调的问题，由于单位与社会之间缺乏有效的沟通或者协调，许多相关的政策无法有效地推进。随着知识经济与信息技术的发展，信息化已成为政府管理变革的必然趋势，政府部门作为企业退休人员社保管理的参与者和管理者，其管理信息化的加强有助于发展管理水平和服务功能，将给社会带来巨大的推动力。企业退休人员往往由于缺乏及时的信息化沟通手段，对其本人可以享受的社会化服务不了解，不能及时享受到应有的社会化服务。

三、党组织在推进退休人员社会化管理工作中的主要做法

退休职工管理中心党委目前下设 24 个党总支、237 个退休职工党支部、844 个退休职工党小组。管理的离退休职工有 3.4 万人，其中有党员 1.4 万人，占到退休总数的 41%。党的十九大报告中指出：“党支部要担负好教育党员、管理党员、监督党员和组织群众、宣传群众、凝聚群众、服务群众的职责。”面对如此庞大的党员群众，如何发挥党组织在社会化管理工作中的作用，始终保持党同人民群众的血肉联系，中心党委将党的群众观点和群众路线落在实处，激发广大退休党员群众参与到退休人员社会化改革中，为克拉玛依市的经济社会发展、新疆油田公司高质量推进现代化大油气田增添正能量。

（一）坚持以政治建设为统领，不断夯实改革发展基础

坚持贯彻新时代党的建设总要求，以习近平新时代中国特色社会主义思想和党的十九届四中全会精神为指引，坚决贯彻公司党委各项决策部署，进一步树牢“四个意识”，坚定“四个自信”，做到“两个维护”。2020 年以来，面对新冠肺炎疫情、持续低油价及退休人员社会化改革的复杂形势，中心党委班子成员切实增强忧患意识，牢固树立底线思维，坚持将党建工作与推进改革同谋划、同部

署，主持召开党委会18次，退休人员社会化管理领导小组会16次，研究解决疫情防控、提质增效及推进退休人员社会化管理中“五个移交”“一个规范”等方面议题71项，先后完成3.3万余名退休人员基本信息统计、人事档案清理、党组织关系核查、统筹外费用统计、专用场所及设备设施清查等工作。针对企业退休人员档案的信息化程度不高的问题，中心党员抽调专人组成档案整理小组负责退休职工档案的整理，全力保障了各项改革目标任务的顺利实施，为退休人员社会化改革奠定了坚实基础。

（二）坚持以思想教育为根本，不断凝聚改革发展共识

坚持把学习习近平新时代中国特色社会主义思想、党的十九届四中全会精神和党中央治疆方略作为首要政治任务，建立“不忘初心、牢记使命”主题教育长效机制，切实将主题教育学习成果转化为“为老服务”的动力，体现在“为老服务”的过程中。积极推广“互联网＋党建”典型做法，利用石油党建、学习强国等阵地的载体作用，及时把党的要求、党的声音传达给全体在职员工和退休老同志，教育引导“两支队伍”坚定不移做改革的支持者、参与者与推动者 。离退休职工党总支所属各支部推进“两学一做”学习教育常态化、制度化，每季度召开一次支部党员大会，每月召开一次支委会和党小组会，每季度开展一次主题党课，通过“三会一课”、专题学习会等形式，分别组织学习党的路线方针政策，企业制度规定等内容。各党支部安排党员密切联系群众，做好退休人员社会化管理宣传工作，使大家明白退休人员社会化管理移交后，企业仍将坚持在政治上尊重、思想上关心、生活上照顾、精神上关怀的理念，积极配合属地政府、街道和社区依法保障国有企业退休人员相关待遇，实现退休人员老有所养、老有所医、老有所教、老有所学、老有所为、老有所乐，共享经济社会发展成果。

（三）坚持以党建责任落实为重点，不断激发改革发展活力

牢牢扭住党建责任制这个“牛鼻子”，扎实开展“党建巩固深化年”专项行动，从严从实抓好基本组织、基本队伍、基本制度，制定下发中心两级党组织书记党建责任清单，坚持每月召开党建工作例会，听取和部署基层党建工作；严格落实“三会一课”制度，确保了24个党总支、237个退休职工党支部、844个退休职工党小组，组织健全率、党员纳入组织管理面均达到100%。新冠肺炎疫情期间，党员主动参与社区志愿服务，捐款108.2万元。各退休职工党总支与社区切实开展共驻共建工作，成立社区联合大党委，通过培育社区单位共驻共建意识，提升社区服务水平，优化资源配置结构，形成有困难大家帮、有资源共同享、有问题大家解、有活动大家办的新型社区氛围。退休职工党支部组织有特长的退休职工党员参与到社区精神文明建设中去，在社区举办的各种文化娱乐活动中发挥作用，不断增强退休人员对社区的认同感、归属感和责任感，基层党支部和党员推进改革发展的战斗堡垒和先锋模范作用得以显现。

（四）坚持以推进重点工作为牵引，不断汇聚改革发展合力

中心党委勇担责任使命，聚力攻坚克难，切实推动党建工作与重点工作深入融合。一是坚决贯彻落实公司党委有关疫情防控指示、指令和决策部署，健全中心三级疫情防控应急指挥体系，制定下发《退管中心新冠肺炎疫情防控工作细则》等制度流程 14 项；对 3.3 万名退休职工动态进行全覆盖摸排，为基层配发防疫物资，确保了属地内疫情“零发生”、人员“零感染”。二是深入开展“战严冬、转观念、勇担当、上台阶”主题教育活动，举办关于形势目标任务责任的主题宣讲 7 场，召开座谈会 6 场，征集意见建议 20 条。三是紧密围绕新疆工作“总目标”，不断健全维稳、信访常态化工作机制，坚守意识形态阵地，打造建制度、抓教育、把导向、严问责管控体系，意识形态工作经验在油田公司进行了经验交流，实现了重点敏感时段“零”上访，确保了中心大局稳定，为公司全面深化改革营造良好环境氛围。所属各级党组织认真组织召开专题组织生活会和民主评议党员，通过“忆初心、强党性、做表率”“入户送暖”“上门送学”等支部主题活动，不定期到困难职工家中慰问老人，看望孤寡老人，提供长期持久的关爱服务。积极开展宣传工作，充分展示退休工作宣传的亮点，让老同志、老党员及时了解党的方针政策和企业发展形势，促进社会化管理全面推进。

四、思考和举措

中心党委将通过与街道社区深度沟通，采用党员组织关系成建制集中整体移交模式，将退休职工党总支移交到街道社区。通过以退休职工党（总）支部为依托继续发挥支部战斗堡垒作用和党员先锋模范作用，积极配合社区推进社会化管理工作，在做好政策宣传、舆论引导和共建和谐社会中发挥优势。

（一）做好与街道社区互融互促共建工作

坚持“接一程，送一程”的原则，加强与街道社区交流沟通，积极参加社区活动、促进退休人员过渡期融入融合，引导老同志带头做好政策宣讲，传递支持拥护社会化改革的正面声音，成为维护社会和谐稳定的重要力量。通过深入了解退休人员社会化移交后的思想动态，街道、社区接收后工作开展情况以及为老同志服务管理的具体举措，积极探索社会化管理后，企业深入持久的服务保障机制，做好保障服务工作，履行经济和社会责任，做到管理职能移交而亲情纽带不断，确保老同志社会化管理移交后服务质量不降低，继续引导老同志为党和人民事业增添正能量，彰显新形势下的退休工作价值。

（二）持续完善退休基层党组织管理模式

按照《中国共产党支部工作条例（试行）》中关于党支部人数不超过 50 人的规定，配合社区对退休职工党组织机构进行调整。根据退休职工党员人数及居住地分布，考虑未来几年各支部退休职工党员变化情况，将退休职工党支部按照

《中国共产党支部工作条例（试行）》要求调整为50人以内的党支部。坚持党对一切工作的领导，加强基层党支部建设，配合社区将企业退休职工党员中那些身体好、党性强、威望高、热心为老年党员服务的老同志，充实到社区党组织的各级领导班子中。探索取消原有的党总支片区管理制度，把党支部建在社区，由党支部承担片区职能的管理模式，充分发挥党支部教育、管理、监督党员，组织、宣传、凝聚、服务群众的职能。

（三）推动退休职工党员管理模式与社区党员管理对接

在摸清退休职工党员基本情况、身体状况及居住地的基础上，坚持就近、就便的原则，尽快将退休职工党员纳入社区党支部、党小组中，使退休职工党员尽快融入社区党组织中。配合社区加强对常住外地党员的管理，建立一对一联系机制，采用电话、微信等方式保持外地党员与党组织的联系，做好外地党员的管理工作。对组织关系不对应的党员，在征求党员意见后，调整到与实际居住地相对应的党支部，便于党支部党员管理。对高龄重症党员、孤寡老人，建立一对一的帮扶机制，做好家访、慰问等工作，将党员的动态信息及时报给党支部，并将党组织的关爱及时送到党员的心中，为孤寡老人提供长期的关爱与帮扶，充分发挥党支部服务群众的职责。

（四）继续抓实离退休职工党员的教育管理

加强与社区的联系对接，采取党建共建、活动联办、场所共用等多种形式，加强“微党校”“学习强国”等移动端应用的推广，丰富党员学习的形式和内容。充分利用互联网，如通过微信、QQ等软件与退休职工党员取得联系，沟通交流，增进了解，增强感情，促进企业退休职工党员对社区党组织的融入。根据老党员们的需要，以线上“微信群”、线下“座谈会”等多种形式传达最新党政方针政策，引领企业退休职工党员在思想上和行动上与中央保持一致，并通过他们开展宣传，取得“一传十、十传百”的成效。组织和发动退休职工党员积极做好广大退休人员的思想政治工作，使广大退休人员在移交后很快融入社会化管理之中，以增强他们的归属感、获得感、幸福感。

离退休职工管理中心高度重视国有企业退休人员社会化移交工作，自启动以来，在油田公司党委的领导和有关处室的帮助指导下，中心党委成立专门的退休人员社会化管理领导小组，认真安排部署。社会化管理移交工作完成后，中心将继续巩固工作成果，加强与属地政府的沟通联系，建立顺畅的社会化管理通道，使退休人员社会化管理工作实现制度化、常态化。

企业退休人员社会化管理的思考

◆ 新疆油田　刘林祥

20世纪80年代，钻井公司就建立了钻井职工退休站，后来随着钻井退休人员不断增多，又建了退休二站、三站。钻井职工退休后分别在三个退休站享受退休生活，欢度晚年。

退休站是新疆石油天然气总公司离退休管理中心的下属单位，是专门为石油退休职工服务的机构，退休人员的政治思想、组织生活、物质待遇、生活福利、文化娱乐、医疗保险、药费报销、困难补助、家庭琐事、生老病死、丧葬后事等等，都由退休站全面管理。对退休人员的关心爱护无微不至，工作人员的真心、热心、耐心、爱心、细心的服务态度，充分体现了尊老敬老爱老的中华传统美德，体现了中国特色社会主义制度的优越，体现了党以人为本、以人民为中心的发展理念。退休人员都充分享受到了改革开放、社会发展的丰硕成果。听党话，跟党走，报党恩，这是广大退休人员发自内心的呼声，是真实的思想吐露，都把退休站当成自己的家。

退休站的领导工作人员把退休人员当亲人，退休人员像对待孩子一样疼爱他们，情感十分深厚，退休人员离不开退休站。

为了贯彻落实中共中央国务院《关于国有企业退休人员社会化管理指导意见》的精神和国务院的安排部署，今年国有企业退休人员要移交地方实行社会化管理，广大退休人员虽然不太理解，不大乐意，但是对党中央，国务院的决策部署都非常拥护，坚决执行，有些同志有想法也是正常的。

第一，退休人员退休后一直在退休站，工作人员的关心照料下，参加退休站组织的各项活动，无忧无虑，完全不用自己操心，都习惯了。担心社区管理会不适应，不习惯，不那么顺心。

第二，退休站活动场地、各种设施器材设备等都比较齐全，退休人员担心在社区没有这么好的条件。

第三，退休站对退休人员在政治思想、文化生活上也很关心，退休人员在阅览室能看到全国多种报纸、杂志和书籍，担心社区一时难以满足。同志们的这些想法，有一定道理，但也是没有必要的。退休人员要相信党中央、国务院，既然决定企业退休人员实行社会化管理，一定会在政治上、思想上、组织上、生活文化娱乐上等各个方面做出很好的安排。

企业退休人员社会化管理酝酿多年，党中央、国务院已下了文件《关于国有企业退休人员社会化管理的指导意见》，要求在2020年年底前，稳步推进企业退休人员全部移交街道社区实行社会化管理，说明条件已经成熟。养老机构进社区，所有退休人员将同等享受中国特色社会主义现代化的发展成果。

企业退休人员社会化管理，是党中央、国务院的重要改革部署，是国有企业深化改革的重要内容，是以人为本、改善民生、创新社会管理的重要措施，是中国特色社会主义现代化的创新发展，针对我国老龄社会化的特点，能够更好地关心关爱退休人员，更有利于发挥退休人员的聪明才智，奉献社会，更有利于国有企业的发展。同时，退休人员也要相信新疆油田公司离退管中心会把老同志的政治思想、实践行动以及需求、愿望向社区交代清楚的。我们也应相信街道和社区的党政领导、党员干部、工作人员、志愿者，经过2020年的抗疫斗争，已积累了丰富的管理服务工作经验，营造了社会和谐稳定、长治久安的生活环境，一定能把退休老同志的方方面面管理服务好，更好、更周到地使企业退休人员很快适应社区生活，找到落叶归根、社区就是家的感觉。

企业退休人员应做好准备，从退休站到社区，只是换了一下生活环境，走出退休站到社区，活动范围大，接触面广，看到的东西更多，视野更宽阔，心情会更舒畅。越到决胜阶段，越要发挥奋斗精神，越要坚定理想信念，越要发扬无私奉献精神，退休人员要做到以下几点。

首先，要加强学习，与时俱进，用习近平新时代中国特色社会主义理论武装头脑，不断提高政治思想觉悟，增强自觉性，克服盲目性，坚定理想信念，不忘初心，牢记使命，自觉地融入居民群众，和广大居民群众同心同德，共同建设好社区。特别是共产党员，更不要忘记自己的身份，不要忘记党的宗旨，常温入党誓词，发挥共产党员的先锋模范作用，全心全意为人民服务。

其次，要充分利用社区平台，发挥自己的特长优势，做自己想做的事情，为实现“两个100年”奋斗目标，努力奋斗，向中国共产党100周年诞辰献礼。

最后，要坚定理想信念，增强“四个意识”，坚定“四个自信”，做到“两个维护”，紧密团结在以习近平同志为核心的党中央周围，始终在政治上、思想上、行动上和党中央保持高度一致，做到永远忠于党，忠于人民，听党话，跟党走，感党恩。

在党的坚强领导下，广大退休人员会很快适应社区生活，热爱社区，拥护社区，积极参加社区活动，为社区更加美好而努力奋斗，在奉献中享受幸福，在欢乐中享受晚年。

对企业退休人员社会化管理服务的思考

◆ 新疆油田　李莉红

一、引言

企业退休人员的社会化管理服务，是指职工办理退休手续后，其管理服务工作与原企业相分离，养老金实行社会化发放，人员移交城市街道和社区实行属地管理，由社区服务组织提供相应的管理服务。

我国的企业退休人员社会化管理服务问题的提出，与我国历史上的企业运行机制有关。从1949年到20世纪90年代之间这一段时间，我国的国有企业实行计划经济体制，由于受制于经济发展程度和企业发展环境条件，很多国有企业都采用企业办社会模式。国有企业本身既要搞好生产，又要搞好职工的生活，因此企业建立了属于自己的医院、学校、养老机构和生活福利机构，甚至一些企业为了服务好职工，还要建立自己的市场和商店。

20世纪90年代以后，随着我国社会发展和经济实力大大增强，城市建设得到充分发展，各行业的细化分工也越来越明晰。在这个阶段，回归生产本职成为企业改革的方向之一，企业退休人员的社会化管理服务也就成为推动企业退休人员管理工作改革的重要内容。

为解决以上历史遗留问题，劳动和社会保障部等13部门在2003年6月6日出台了《关于积极推进企业退休人员社会化管理服务工作的意见》，中共中央办公厅、国务院办公厅在2003年6月19日转发了以上《意见》，并要求相关部门认真贯彻执行。

基于以上文件要求，很多国有企业陆续开展了退休人员社会化管理服务的改革尝试，形成了很多好的经验和做法，使国有企业退休人员管理迈出了坚实的步伐。

作为石油工业的长子，克拉玛依市依托于石油工业企业的发展逐步成长起来的，早期的石油石化工业企业在经过整合重组和业务剥离改革之后，退休人员的管理服务也在改革中不断调整。作为国有企业集中的城市，在克拉玛依国有企业的退休人员中，属于从中石油系统退休的人员，目前还是由中石油统一管理，按照中石油的总体规划和改革部署，这些退休人员的社会化管理服务改革势在必行。

二、国有企业退休人员社会化管理服务的必要性

企业退休人员的社会化管理问题，它是我国特定历史阶段的遗留问题，也是我国经济社会发展过程中的一个特色问题。解决这个问题，涉及如果让企业轻装上阵、快速发展，也涉及如何让退休人员享受更好的退休生活，安享幸福的晚年。因此推进企业退休人员的社会化管理，是一项重要和急迫的任务。

在克拉玛依市，国有企业的退休人员，特别是中国石油下属的驻市中央企业退休人员，目前仍旧是处于企业自己管理服务中。按照中石油的要求，这些企业都将陆续把退休人员的管理服务移交到地方政府，由退休人员所在社区承接，这是面向社会化管理服务迈出的第一步。

在目前的企业管理体系下，国有企业退休职工所在的退休管理站依旧归属于企业自身管理，这就意味着企业在生产的同时，还在从事着退休职工服务的非生产性工作。现有的机制转变为社会化的服务机制，具有十分紧迫的必要性：

一是顺应了经济社会发展的客观要求。随着国有企业改革深化和破产兼并企业增加，一些企业退休人员失去了原单位的依托，亟须通过建立和完善社会化管理服务体系为他们提供相关服务。

二是可以进一步保障企业退休人员晚年生活和提高生活质量。企业退休人员的社会化管理服务，能让退休人员进入自己所熟悉的街道、社区生活，将更加有归属感和融入感，能够更好感受社区就是自己的家。在进入社会化管理服务机构中，可以更好实现退休人员的老有所养、老有所医、老有所教、老有所学、老有所为、老有所乐。

三是推进国有企业退休职工社会化管理服务，是完善现有社会保障体系的重要内容，是社会保障发展完善的一个必然选择。

三、企业退休人员社会化管理的思路

针对克拉玛依的企业实际，要推进企业退休人员的社会化管理服务，需要尊重克拉玛依的历史情况和当前的实际情况。既要考虑不同性质企业的退休待遇、人员身份等个性问题，又要考虑社会统筹兼顾的管理需要。为此，街道和社区在接收国有企业的退休人员时，要重点做好以下几个方面的工作，科学统筹、规范移交、平稳有序。

第一，按照属地接收的原则划转退休人员的管理服务方。按照国有企业退休人员居住地确定职能接收机构，也就是说退休人员所居住街道和社区，就是移交之后的管理服务社区，要将国有企业退休人员纳入相应街道和社区进行管理服务。

第二，充分考虑企业管理期间与移交后职能的延续性。由于退休人员在接受企业管理服务期间，已经形成了一定的固有模式和方式，在移交社会化管理服务之后，应充分考虑原企业退休人员管理机构承担的管理职能能否过渡到社会化管理服务中。

第三，应充分考虑移交过程的规范有序、平稳过渡。在移交前，移交方应制订具体可行的实施方案，对移交对象开展调查座谈，对退休人员管理服务的内容要充分征求退休人员的意见建议，做好解释工作，对移交过程要有预案，对可能出现的问题提前分析风险，做好评估，制定好对策。接收方应制订可实施的接收方案，分析承接能力和软硬件条件是否满足需要，与移交企业对接和借助企业人力与资产，建立层级清晰、紧密衔接的运营机制，实现移交过程平稳，接收过程顺利，管理过程良好，退休人员满意的目标。

第四，应确保企业退休人员资料和相关系统完整移交管理。退休人员的档案资料，应由原企业退休管理站直接移交退休人员将进入的所在区档案局集中管理。原退休人员信息管理的应用系统，也应同步移交，确保管理过程平稳。

第五，要将退休人员中的党员组织关系移交到服务社区。社区可以根据实际情况，组建由新接收的退休职工党员组成的社区党支部，并由社区在职党员加入该党支部组织工作，也可以将新接收的退休职工党员与社区党支部原有党员混合编队，重新组建社区的多个党支部，确保所有党员都加入党的一个支部，在一个党的小组中参与组织生活。

四、提升企业退休人员社会化管理服务保障能力

企业退休人员纳入社区管理服务后，需要做好他们的服务工作，让他们快速融入社区。为此需要不断改善服务设施，不断提高服务能力，不断改善服务感受。

第一，将全体退休人员平等纳入关心关怀，及时关注思想动态，积极关心他们在社区的生活状况。在帮扶政策范围内解决他们的实际困难。充分利用好原所在企业的退休人员服务场所和设施设备，打造好基层组织阵地，服务与全体社区退休人员，防止基层组织阵地缺失。

第二，强化和提升社区为老服务能力。加大社区的养老服务设施建设，保障基本的社区为老服务能力，选优配强社区为老服务的工作人员，引导社会组织、市场主体和专业服务团队参与为老服务，做好为老服务的培训。引导退休人员组织和参与公益性组织、志愿者队伍，发挥退休人员为社会服务的余热。

第三，鼓励和支持企业退休人员参与社区决策和议事。可以引导企业退休人员，参加社区议事会、居民代表会等，欢迎他们参与公益事业决策，参加社区各类活动。

五、结束语

企业退休人员的社会化管理移交，是一项关系到离退休人员重大切身利益的大事，也是体现党和政府对离退休人员关心关爱的大事。要做好企业退休人员的社会化管理移交工作，需要企业单位认真组织，政府部门全力推动，退休人员主动配合，社会各界积极支持。相信通过各方的努力，企业退休人员的社会化管理移交工作一定能为退休人员提供更好的晚年生活。

如何做好企业退休人员社会化管理服务工作的思考

◆ 新疆油田　赵淑霞

企业退休人员社会化管理服务工作是社会保障体系的重要组成部分，是深化国有企业改革、建立现代企业制度、完善社会保障体系，维护社会稳定的重要举措。在建立社会主义市场经济过程中，国有企业面临着更加激烈的国内、国际竞争，有些国有企业在竞争中面临着改制、重组、破产等一系列改革任务，企业大量人员因此失去工作岗位，离退休人员离开了终身依赖的企业已成为普遍现象。与此同时，我国人口老龄化的日益加快，高龄老人、体弱多病老人和“空巢”老人不断增加又是企业和社会必须要面对的一个现实。家庭结构日益小型化，导致过去的家庭养老方式已经变化，一种以机构、社区、居家养老的格局正在形成，为今后企业离退休人员管理服务工作提出了新的课题。为此，应抓紧建立独立于企事业单位之外，资金来源多样化、保障制度规范化、管理服务社会化的社会保障体系，继而实行企业退休人员与原单位分离、养老金实行社会化发放，人员实行社区管理已是一种必然，更是大势所趋。

一、企业退休人员实行社会化管理服务的必要性

企业离退休人员是我们党和国家的宝贵财富，他们在长期的社会主义革命和社会主义建设以及改革开放工作中，做出了重大贡献，做好他们的服务管理工作，特别是积极探索社会化管理服务新思路，则有利于坚持以人为本，维护社会稳定，构建和谐社会，保障广大企业退休人员晚年生活质量稳步提高。

（1）企业退休人员实行社会化管理服务是完善社会保障体系的重要内容。

党中央、国务院对建立和完善独立于企业事业单位之外的社会保障体系工作十分重视，1995 年《国务院关于深化企业职工养老保险制度的通知》指出，对

退休人员管理服务社会化，依托社区进行管理。1997年《国务院关于建立统一的企业职工基本养老保险制度的决定》指出，要提高社会保险管理服务社会化水平，积极创造条件将退休人员的管理服务逐步又企业转向社会，减轻企业的社会事务负担。1999年，党的十五届四中全会通过的《关于国有企业改革和发展若干重大问题的决定》指出:“逐步推进社会保障的社会化管理，实行退休人员与原企业相分离，养老金由社会服务机构发放，人员由社区管理。”2000年，国务院《关于完善城镇社会保障体系的试点方案》要求，从2001年起，各地要积极推进企业退休人员纳入社区管理工作，力争3年左右时间完成。2002年，中共中央、国务院《关于进一步做好下岗失业人员再就业工作的通知》，明确要求城镇基层组织要承担起做好下岗失业人员再就业和企事业单位退休人员的管理、服务工作的责任。街道和工作任务重的乡镇，可设立工作确定负责劳动保障事务的机构，并在社区聘用专门的服务人员。2003年，国务院印发的《中国21世纪可持续发展行动纲要》，将实现社会保障管理和服务的社会化列入社会发展的重要内容，同年，中共中央办公厅、国务院办公厅转发劳动和社会保障部等部门《关于积极推进企业退休人员社会化管理工作的意见》的通知，更具体、更全面地对企业退休社会化管理服务提出了明确要求，这充分说明，对企业退休人员实行社会化管理师社会保障体系建设的重要组成部分，也是在新的历史条件下适应社会主义市场经济的必然选择。2016年，国务院下发《关于印发加快剥离国有企业办社会职能和解决历史遗留问题工作方案的通知》，着力解决国有企业家属区“三供一业”分离移交，剥离国有企业办医，对国有企业退休人员实行社会化管理，推进厂办大集体改革等制约国有企业发展的问题。并于2017年在上海、重庆、大连、鸡西、长沙5个城市开展国有退休人员社会化管理试点。2019年3月6日，中共中央办公厅、国务院办公厅印发《关于国有企业退休人员社会化管理的指导意见》。《指导意见》是党中央、国务院重要决策部署，是全面深化国有企业改革、加快剥离国有企业办社会职能和解决历史遗留问题的重要内容，也是保障和改善民生、创新社会治理的重要措施。积极推进这项工作，对于深化国企改革，提高国企市场竞争力，更好保障退休人员法定权益和服务需求，确保退休人员共享全面建成小康社会新成果，都具有十分重要的意义。

（2）企业退休人员实行社会化管理是进一步保障企业离退休人员晚年生活和生活质量的重要举措。

目前我国60岁以上老年人口已达18.1%以上，标志着我国已进入中度老龄化社会。一个国家或一个地区养老服务工作达到一个什么程度，是衡量一个社会进步与文明的重要标志。企业退休人员养老金实行社会化发放，实现病有所医，在此基础上积极推进企业退休人员社会化管理工作，可以更好地实现老有所养、老有所学、老有所为、老有所乐，使他们的晚年生活质量得到提高。

（3）企业退休人员实行社会化管理服务是社会主义市场经济发展的必然要求。

随着我国社会主义市场经济体制的建立，国有企业改革的深化，破产兼并企业的增加，客观上使一些退休人员失去了原单位的依托，在传统的计划经济体制下，企业既要从事生产经营，又要承担许多社会事务，职工进了企业，一生就是企业的人、生老病死伤残都是由企业负责，严重束缚了企业的手脚，在社会主义市场经济条件下，用人单位在依法缴纳社会保险费以后，不应该再承担管理社会保障的日常工作。此外，改革开放以来，我国的家庭结构发生了根本性改变，独生子女家庭，空巢老人家庭，体弱多病家庭日益增多，也迫切希望得到社会的关心、照顾，因此，企业退休人员实行社会化管理服务是必然趋势。

二、国有退休人员社会化管理进程中可能存在的问题

推进退休人员社会化管理工作是党中央国务院采取的一项重大举措，作为各级领导和工作人员要认识到位。但是，也要清楚地看到，在这一进程中一定会遇到这样或那样的困难和问题，把这些困难和问题归结起来无非是物质层面的问题和精神层面的问题，归纳起来有以下几个方面。

一是思想方面的问题。这里从一位在新疆克拉玛依油田工作了几十年的退休人员的言语中可以看出。“几十年来，退休人员为油田发展建功立业，与企业结下了不解之缘……为什么要把我们推向社会？是企业嫌弃退休人员吗？退休人员的养老待遇会不会变？”退休人员担心的问题是思想问题的由来，这些问题不重视，对于推进社会化管理工作会有一定的阻力。

二是精神方面的问题。退休以后的人，一旦无所事事，就会颓废，走向极端，这个时候开展丰富多彩的文化娱乐活动与学习教育活动就显得尤为重要。文化娱乐活动涵盖琴棋书画、吹拉弹唱等诸多内容，学习与教育的途径有三个，一个是组织集中学习，一个是个人自我学习，一个是组织集中学习与个人自我学习相结合，无论哪一种方式都是把退休人员通过文化娱乐活动，以及学习教育方式引导到发挥正能量的方向中来，让退休人员有目标，有方向，有获得。如果精神方面的问题解决不好，势必会给社会化管理工作的推进带来不利影响。

三是住院报销与后世处理方面的问题。退休以后身体状况大不如从前。没有退休之前，在原来单位工作的时候，忙忙碌碌，身体似乎在正常运转，一旦退休后，就觉得身体这也不舒服，那也不舒服，久而久之，身体就会出问题。这种情况下，住院就成了家常便饭，医院成为退休人员除家之外去的最多的地方。退休人员担心，如果社会化管理之后，自己的住院报销会不会正常，按时报销，报销的费用会不会减少，之前的补助会不会取消。尤其是，一旦发生退休人员去世，会不会出现没有组织管的情况。这些实际问题也是退休人员担心社会化管理之后的一种普遍的隐忧，这个隐忧解决的好与否直接关系到社会化工作的推进是否顺利。

三、克拉玛依市企业退休人员管理服务工作现状

全市现有企业退休人员当中，多半人居住在中心城区，其余分布在全市3个区（白碱滩区、独山子区、乌尔禾区）。过去企业退休人员完全由企业自行管理，问题很多，一方面牵扯企业大量的时间、人力、财力、物力，另一方面企业又很难从繁重的生产经营中拿出更多的精力管理好企业退休人员，为此，1998年，作为央企的中国石油天然气集团公司新疆石油管理局实行企业退休人员的集中管理，对上接受集团公司的业务指导，对下实行两级管理，即新疆石油管理局离退休职工管理中心、退休站。通过两级管理形式，将原新疆石油管理局3万多名离退休职工实施了有效管理，同时，建立的老年大学及分校，将离退休职工对精神文化的需求予以了极大的满足。

在退休站设立的党的组织对13800多名离退休职工党员进行了有效管理，离退休职工党员的学习面，教育面达到100%。通过离退休职工党员的示范引领作用，广大离退休职工党员和非党员退休职工听党话、跟党走的政治觉悟日益坚定，在社会积极发挥余热，彰显了正能量，为克拉玛依市的和谐文明与社会进步做出了特殊贡献。

（一）建立离退休人员管理中心

实行两级管理机制，即中心—退休站。退休站承担了离退休职工的学习教育，以及文化娱乐活动的开展、住院陪护，医药费粘贴集中核销，后事处理等工作职能。中心在制度层面对退休站的工作进行规范，在业务上进行指导。集中管理以来，这种管理与服务形式对于保证退休人员队伍稳定，促进社会的进步与发展起到了很重要的作用，意义重大。

（二）以社区为单位设立退休站

集中管理以来，退休站为离退休人员提供了包括体育、健身、文化、艺术、咨询、科教、党员活动等不同形式的服务内容，这些服务内容全面促进和提高了企业退休人员的身心健康，退休站成为退休人员的第二个家，为退休人员“老有所学、老有所乐、老有所为”创造了条件，提供了保障。中心建立了党委，退休站建立党的总支委员会和党的支部工作委员会，通过党的组织经常性活动和学习，充分发挥退休职工党员的作用。利用退休站这个平台，加强与体育、文化、党建、新闻等部门的协作配合，组织开展了多种活动或比赛，不断丰富企业退休人员的生活。

（三）依托社保部门建立养老金的发放，医疗费用的核定报销机制

全市设有社保中心1处，社保所8处。依托社保所对退休人员的养老金进行发放。建立医疗费用所、中心两级报销机制，确保了养老金足额按时发放，医疗费用的按照政策报销。加强与银行养老金发放部门联系和协调，确保企业离退休人员就

近、方便领取养老金。为行动不便的鳏寡孤独老人送养老金上门，确保他们及时拿到养老金。

（四）依托退休站做好退休人员体检等医疗服务保障

目前，全市依 1 个干休所，24 个退休站承担了 3 万多离退休人员的体检等医疗保障服务，协助医疗机构为离退休人员开展体检等医疗保障服务。

四、推进退休人员的社会化管理工作提几点建议

推进退休人员的社会化管理工作要在坚持落实党中央、国务院制定的工作要求中，结合各地实际，有条不紊地开展工作，在时间推进上与党中央、国务院保持一致。为此有这样几点建议。

（一）成立推进克拉玛依市退休人员社会化管理工作领导小组

想要工作顺利推进并取得实效，没有一个强有力的组织不行。在克拉玛依建立退休人员社会化管理工作推进领导小组，小组的任务就是统筹各方力量，明确企业和政府的责任，落实工作任务，责任到人，按照时间任务表有条不紊地开展工作。

（二）落实资金

做好离退休职工的社会化管理工作没有资金作为保障难以有效进行。资金一是离退休职工的管理与服务产生的费用，资金二是管理与服务离退休职工的工作人员的产生的费用。

（三）活动场所的实际使用

房屋资产的整体打包移交以及修缮，是活动场所用于离退休职工开展文化娱乐活动的根本保证。

（四）原有的管理层级与服务内容的保持不变，进行过渡

克拉玛依实行的离退休人员的管理与服务形式经过二十年的实践，证明是行之有效的，在过渡期间保持不变有利于社会化管理工作的有效开展，同时，也符合十九大精神关于人民对美好生活的向往是各级政府的工作方向。

企业退休人员社会化管理之我见

◆ 新疆油田　宋建劳

企业退休人员社会化管理是国务院出台的一项重要举措，今年必须平稳推进落地实施，全体企业退休人员以及为老服务的工作人员都要领会这一决策的精神实质，确保这一工作有序进行，就此，笔者谈谈自己的认识。

何为企业退休人员社会化管理呢？就是企退休人员的管理服务工作与原企业分离，养老金实行社会化发放，人员移交给街道和社区，实行属地管理，由社区提供管理服务，实行这一举措是为了进一步保障企业退休人员享受幸福安定的晚年生活，社会化发放有了经济上的保障。推行社会化管理，可以更好地实现退休人员老有所养、老有所依、老有所学、老有所乐，充分体现了党和政府对企业退休人员的深切关怀。

长期以来，油田上的退休人员在企业的呵护下享受着多方面照顾，特别是1998年成立退管中心以后，企业不遗余力抽出一定人力物力财力，精心为老同志打造优越舒适的活动场所，营造温馨和谐的养老氛围，丰富多彩的老年活动，使退休老人开心愉悦，乐在其中，脸上绽放着幸福的笑容，老年大学满足了不同人群的学习需求和兴趣爱好，思想境界与时俱进。创建老同志之家，活动开展以后，其管理服务如锦上添花，更上一层楼，人性化、亲情化的为老服务工作，更是使老同志赞不绝口。许多老同志风趣地说，退休站是我们第二个家，一天不去就想家，这就是退休站的凝聚力所在，在此应该特别感谢所有为老服务的各级领导和工作人员，是你们殚思竭虑，想老人之所想，帮老人之所需，亲情付出，才有老同志发自内心的肺腑之言。

几十年来，老同志为油田发展建功立业，与企业结下了不解之缘，有人形象地比喻老石油和企业是一根藤上的瓜，生死连在一起，更像是鱼儿离不开水，说明老同志致和企业有着密不可分的深厚情谊和不舍的情结，现在突然和朝夕相处的企业分离，从情感上确实依依不舍，为什么要把我们推向社会？是企业嫌弃我们吗？我们的养老待遇会不会变？这一连串的问号成了部分退休人员心里的疙瘩。

通过学习和认真思考，我对企业退休人员实行社会化管理，是这样认识的：社会要发展，企业要前进，企业要增效，必须进行一系列的改革，机构改革是其中之一，要瘦身减负，卸包袱。企业担负 3 万多名退休人员的管理服务责任，其担子之重可想而知，另外，企业退休人员社会化管理是针对全国所有企业，而企业之间的运行效益千差万别。效益好的暂时可以“负重前行”，效益差的企业举步维艰，自身难保，难以承受额外负担，有的甚至面临破产。针对这种情况，养老金账目入不敷出，势必影响退休人员的养老待遇，而实行社会化管理，企业解绑可以轻装上阵，退休人员的养老金，由国家兜底，养老金始终不会受影响，没有后顾之忧，社会化管理完全可以抵御风险挑战，不是吗？企业退休人员的养老金 16 年连涨，充分说明国家是退休人员养老保险的坚强后盾。

另外，从管理角度来看，过去我们是企业职工，现在是退休人员，身份发生了变化，成为社会居民。因此，由社区管理顺理成章。况且，退休人员融入社会中，投身社会活动，同样能实现老有所为、老有所学、老有所乐、退休生活同样丰富多彩，更有利于发挥余热。比如我们二厂退休站的龚伯祥、来秀英、徐继发等同志，早就与社区打成一片，成为社区活动的骨干，为社区添砖加瓦，并得到社区和有关部门的好评。

企业退休人员管理服务模式的改革势在必行，为企业退休人员晚年生活提供了保障，有利于社会和谐稳定，完全符合党和政府出台这一方案的初衷，夕阳无限好，衷心感谢党！

发挥传统优势，利用网络平台，平稳有序推进退休人员社会化管理工作

◆ 新疆油田　刘佳友

目前在全国推进的退休人员社会化管理工作中，体现出中国共产党领导和社会主义制度的优越性。不论是原先的集中统一管理，还是以后的社会化管理，都要坚持党建引领各项工作原则，把退休职工福利待遇同社会主义制度优越性的展现统一起来，使广大退休人员真正拥护和支持社会化管理工作的有序推进。现就基层党建中如何支持传统优势并利用网络平台谈点自己的认识和体会。

国有企业退休人员社会化管理，也就是说，退休人员由原先的集中统一管理，转为所在社区管理，这是国家治理体系和治理能力现代化的重要措施。我们必须坚决拥护和支持，并积极主动做好各方面的工作，平稳有序推进国有企业退休人员社会化管理工作。

党的优良传统，是我们从小到大，从弱到强，从一个胜利走向另一个胜利的经验总结，是我们的传家宝。不论是战争年代，还是社会主义建设时期，都要将党的优良传统发扬光大。我认为，在党风各项建设中，“三会一课”制度是我们必须坚持和完善的主要制度。在退休人员社会化管理工作的推进中，也要把“三会一课”制度作为党建工作的重要考核内容。

“三会一课”制度是指支委会、党员大会、党小组会和党课，贯彻的关键是要能够坚持下来，并且发扬光大。按照规定，党员大会是一个季度召开一次，支委会是一个月召开一次。我们退休站党总支和各党支部，在全面坚持“三会一课”制度的工作中，重点突出民主生活会和党课教育内容。退休党员管理和在职职工党员管理，在有些方面应该略有不同。如党员大会无特殊情况，按时召开，如有特殊情况可以提前或推后，但总次数不得少于 4 次。支委会也是按照规定并且根据具体情况每月召开一次，每月召开支委会的具体时间不定。小组会相对来

说比在职的要少一些，因为一个小组 10 人左右，有时赶上病休、住院、外出的人比较多，小组会就无法召开。又比如在时间上，由于部分退休职工党员年龄比较大，身体欠佳，开会学习时间长，会存在安全问题，特别是冬季天冷路滑的时候，所以，我们规定遇到冰霜雨雪天气时，年迈体弱的党员就暂时不要参加会议了，会后由支部委员和小组长“送学上门”。

在发挥“三会一课”制度的传统优势工作中，我们为什么要突出民主生活会和党课教育内容呢？第一，坚持理想信念、保持党员本色不变，不存在退休不退休的问题，退休党员退休不褪色，退休后继续发挥党员先锋模范作用，这是对每位退休党员的基本要求。第二，每个季度有针对性地进行一次党课教育，从而了解党内外和国际国内大事，保证每位退休党员从思想上、政治上始终同党中央保持一致，不忘初心，牢记使命。第三，时刻提醒我们每位退休党员，退休了只能说明我们从工作岗位上退下来了，但党员没有退休，仍然应该对自己高标准严要求，继续发挥党员作用。第四，召开民主生活会，开展批评和自我批评，是我们保持自身纯洁的方式方法；虚心听取意见，自觉接受监督，也是自我净化、自我完善的有效途径。

在发挥传统优势的同时，我们要充分利用各种网络平台，特别在今年两次疫情封门期间，对党员的学习教育，传递正能量，起到了作用。

在利用网络平台的工作中，我们退休站党总支和各党支部重点是建立微信群，发挥微信群的作用。第一，发布通知，把日常工作部署、上级工作要求、各级会议精神等，及时传达到各党支部和每位党员，无须再打电话、发纸质学习资料。第二，党员的读书心得、大家的意见和建议等，能及时进行沟通交流，解决了信息沟通渠道不畅的问题。第三，在学习、会议、活动结束后，将开展活动情况汇总，并配上图片或视频传到微信群，充分展示我们工作的形式内容，让病休在家和外出的退休党员能及时了解和掌握支部活动情况，并能利用微信群学习支部安排的有关教育内容。第四，起到督促的作用，病休在家、住院和外出的党员，看到我们在微信群上发的通知内容和具体要求，能及时学习，同时读书心得、学习体会、通讯稿件也能及时报上来，这样就能真正起到督促的作用。尤其是在两次疫情封门期间，微信群发挥了作用，传递了正能量。

做好国有企业退休人员社会化管理工作的思考

◆ 新疆油田 翟大忙

我们要做好企业离退休人员社会化管理工作，首先要建立专责管理机构，做到有制度、有章程、有职责、有专业人员。我们党坚持走群众路线，坚持全心全意为人民服务的根本宗旨，全心全意为人民服务是我们党一切行动的根本出发点和落脚点，党的一切工作必须以广大人民根本利益为最高标准。检验我们一切工作，最终要看人民群众是否真正得到实惠，我们党的一切工作都要依靠人民、相信人民，吸取人民的智慧，尊重人民的创造，接受人民监督，这就是我们共产党人的工作方法。我们要想人民群众之所想、急人民群众之所需，做到为广大群众谋利益，我们想事情想得对不对、做工作做得好不好，都要有根本的衡量尺度，也就是人民拥护不拥护、人民赞成不赞成、人民高兴不高兴、人民答应不答应。

我们要紧紧依靠人民群众，我们的一切工作都必须以最广大人民群众的根本利益为出发点，只有这样才能把人民群众的积极性和创造性充分发挥出来形成合力去完成各项任务。群众提出和反映的问题，我们要满腔热情地去处理，帮助人民群众解决生活中的实际困难，绝不能漠然置之，更不能粗暴地对待群众，也不能只是把全心全意为人民谋利益挂在嘴上，而要实实在在为群众办事。

我们对于离退休职工党员要按照党章要求，经常组织他们及时学习党中央有关文件和中央各种重要会议精神及党的方针政策，使广大党员从思想上做到和党中央保持高度一致，做到能及时深刻理解党中央的各项方针政策和规定要求。我们每个党员必须在党内生活中不断增强党性意识、增强党性锻炼、加强群众观念、每个党员要把加强群众观念同党的群众路线落实到每个党员的实际行动中。做到一丝不苟发扬党的优良传统和优良作风，把我们党紧紧和群众联系在一起，在处理人际关系方面要做到既有人情味又按原则办事，特别是当个人利益同党的原则和私人关系同人民利益相抵触时，要毫不犹豫站在党性立场坚定不移维护人民群众根本利益。

我们党来自人民，要扎根于人民群众之中，服务于人民。我们党的根基在人民群众之中，力量在人民群众之中，失去人民群众拥护和支持，党的事业和各项工作就无从谈起。所以在任何情况下我们同人民群众同呼吸共命运的立场不能变，全心全意为人民服务的宗旨不能忘，我们要经常开展党的群众路线教育，不断加强党和人民群众的紧密联系，我们党如果不能保持同人民群众的血肉联系，就得不到人民群众的支持和拥护，就会失去生命力。我们党的根基在人民，保持同人民群众的联系是我们党无往而不能的法宝，也是我们党保持先进的法宝。我们必须高度重视群众工作、坚持人民主体地位、发挥人民群众首创精神，这是由我们党的性质决定的，也是我们党的根本宗旨决定的。群众是真正的英雄，是我们党的源泉和胜利之本，离开人民群众党和人民事业就不能顺利发展。

我们要经常开展党的群众路线教育和实践活动，解决群众反映强烈、突出的问题，使群众通过学习不断提高对党的方针政策的认识。

我们要充分发挥每个党员先锋模范作用，坚持到群众中去，和群众谈心交朋友、融感情，时常谈谈党的方针政策和有关规定，使广大群众平时从思想上加深对党的各项方针政策的理解。对于群众在平时生活中各方面遇到的问题和困难，我们党员要积极主动热心帮助，特别是那些年老体弱、生活困难的群众，我们更应该时常关心他们。如果遇到解决不了的问题，我们及时向有关人员和部门汇报请求协助解决，做到为群众之所想、急群众之所急、帮群众之所求，使群众在遇到困难时首先想到贴心人共产党员。

我们共产党员不但要做广大群众的贴心人，而且在参加社会活动方面也要起积极带头作用，对社区公共卫生积极参加打扫，特别是遇到刮风下雨时，及时清扫杂物；活动场所公共器材经常擦洗；冬天化雪后地面结冰湿滑，走路很不方便，我们党员要帮忙及时砸冰铲冰、清理人行道；夏季我们党员要帮助绿地浇水，营造小区优美环境。

我们党员要严格遵守党的民族政策，经常和民族同志谈心交朋友，从思想上加强民族团结，筑牢“三个离不开”思想。我们新疆各族人民群众要像石榴籽一样紧紧抱在一起，在防恐维稳反分裂中筑成一道牢不可破的钢铁长城，坚强团结大力发展经济，使新疆各族人民过上幸福生活。

抓好党建抗疫情，志愿服务展风采
——离退处第四退管站党建工作具体做法

◆ 新疆油田　李　成

在全疆各族人民抗击疫情战役中，离退处党委全面部署、精准施策，各基层站所党总支积极响应，做好疫情期间老党员的思想教育和宣传动员，抓好站所老年党支部党建工作，发挥好“一个支部一面旗”的关怀引领作用，以党建支持抗疫，以志愿服务居民，表现了老党员一生奋斗、一心向党的精神风貌，用身体力行、参与抗疫的热情，诠释了新时代离退休老党员的铮铮誓言。

2020年新疆油田离退处第四退管站党组织在两次抗击疫情严峻形势考验和集团公司“战严冬、转观念、勇担当、上台阶”主题教育活动中，立足为老服务工作中心，在实践中探索老年党建工作方法，把为老服务工作融入党建日常管理，树立“走访慰老、生活助老、文化爱老、文艺敬老”的爱心服务理念，肩负爱老之责，深怀尊老之心，恪守助老之责，多办便老之事。党组织坚持不懈运用现场开会、微信群会议、电话会议等多种形式，开展“三会一课”、举办主题党日“三个三”活动，夯实了“12315”爱心慰问走访制度。党组织指导文艺协会，以党建引领文艺、文艺促进党建，开展抗击疫情文艺活动，促进“书法进校园”关心教育下一代活动，在帮扶共建、关教协作活动的广阔舞台上，丰富了离退休职工的文艺活动，展示了离退休老党员在新时代的精神风貌和作为担当。

一、“一个支部一面旗”，党建引领注关怀

从2017年开始至2020年三季度的三年多来，四站党总支带领各支部认真规范开展“三会一课”活动，坚持每月召开党总支、党支部党建工作联席会，今年在两次抗击疫情中，结合实际、克服困难，召开微信线上和线下现场党建工作联席会11次。联席会要求各支部克服疫情困难，坚持每季度微信群与现场召开相

结合的党员大会和党课学习，组织老党员学习习近平新时代中国特色社会主义理论和抗击疫情的重要文件讲话。

在规范各支部线上线下召开的“三会一课”过程中，组织举办主题党日“三个三”活动，即各支部每三个月组织召开党员大会，举行主题党日活动，组织老党员开展民族团结、学习体会、石油故事等三项讲述交流活动。鼓励老党员通过微信群积极参与主题党日活动，党员大会安排老党员发言讲述，支部党员参加谈论，并以书面材料参加每半年的优秀发言材料评选。三年多来，共有4000多人次中老年党员参加了主题党日活动，600多名党员在党日活动中发言，有100多名老党员在主题党日活动中，获得积极分子奖励性慰问。今年受疫情影响，各支部在居家抗疫期间，在支部微信群里召开党员大会、开展主题党日“三个三”活动，以抗击疫情、众志成城的坚定决心，围绕居家抗疫、从我做起的责任担当，体现了“不忘初心、牢记使命”主题教育成果，实现常态化制度化，以“三会一课”为载体，突出主题党日“三个三”活动，把支部党建工作推向深入，为老党员规范党建活动注入新的内容。

党总支从2017年开始进行了支部党建工作季度考核制度，其考核数据作为每年年底党支部总结、评优创先的主要依据。在三年的党建实践工作中，党总支立足具体实际，不断修订完善考核内容条款，紧密与处党委要求和党支部实际相结合，做到了贴近实际、考核有据、公平公正、正向激励。

第十社区协作区党委在接受退休职工党员工作中，希望与我站合作，了解所有在社区党员情况，尽量按原有支部安排党员，并按照我站党总支开展的“三会一课”、主题党日、季度考核等党建活动，党总支毫无保留地全部转交给社区党委，支持社区党支部开展党建工作，使社区党组织在党员管理方面，做到平稳、有序过渡。

二、抗击疫情做奉献，志愿服务展风采

在2020年两次新冠肺炎疫情全民封城居家抗疫中，特别是在夏季三季度长达一个多月的居家时间里，四站40多名退休中老党员，主动报名参加抗击疫情志愿服务活动，很多老党员不顾年高体弱，勇敢参加党员抗疫突击队和社区服务志愿者，有10人获得抗击疫情先进个人称号。

今年67岁的党支部书记吴钦合，在疫情中再次勇当党员突击队员，他面对疫情，义无反顾地主动报名，第二次参加了抗疫党员突击队，为社区站岗守门，认真检查进出上班人员车辆，每天工作10多个小时。63岁的支部书记张翠珍听到疫情消息后，提前在所在社区报名，参加了抗疫党员突击队员，为几百户居民送菜、送药、倒垃圾，一干就是40多天。65岁的支部书记马万迪参加社区党员突击队，协助社区对所在1000多户居家住户贴封条、巡逻检查，每天上下楼几十次，不惧疲劳、甘于奉献。

特别是今年86岁的高龄老党员王树璞，在儿子的陪同下，到社区坚持报名参加志愿者服务三天，与志愿者一道走家入户，为老年居民宣传党的抗疫政策和自治区抗击疫情的部署要求，尽到了一个高龄老党员在疫情面前的责任担当。

在独山子抗击疫情的时期里，四站很多退休老党员不顾年高体弱，积极投入到抗疫洪流中去，协助社区做好抗疫服务工作，很多中老年党员突击队员和社区志愿者，每天志愿服务十几个小时，吃住在社区集中宿舍，舍小家顾大家，不知疲倦、不畏辛苦，为全民赢得新疆第二轮抗击疫情的胜利，付出了艰辛的努力，展现了退休老石油人的时代风采和精神风貌。

三、做好党员思想工作，丰富居家文艺活动

在这次居家抗疫中，四站各支部电话慰问了80岁以上高龄大病独居的老党员60多名，了解他们在居家期间的健康生活情况，向他们传达党组织的关心和问候，劝慰老党员注意居家安全和身体健康，以实际行动做居家抗疫的表率。

在今年居家抗疫中，四站党总支指导离退处老年书法协会与独山子书法家协会一道、发动老年大学和各站的书画爱好者及中青年书法会员共计60多名，联合举办了“抗疫有我，新疆加油”——独山子石化离退处网络书画诗词作品展，于8月4日正式发布，并在8月《石油金秋》和9月《老年康乐报》上见报。

在抗疫书法作品征集活动中，中老年书法爱好者们，居家创作、挥墨书写，反应快速、书写选优以抗疫有我的责任，用新疆加油的信心，参与到抗击疫情的伟大斗争中。很多作品内容都是自己精心创作的诗句和对联，从十几幅中选出满意的书法作品，拍出清晰原图交到书法群里，由评委评论指正，确保了这次网络展从主题内容和质量水平的高度结合，体现了在独山子文化发展中，退休老年书友们弘扬正能量的精神风貌。

今年春季第一次疫情后，四站与所在西宁路第十社区一道，努力打造“民族团结一家亲”和谐文明社区，于5月31日傍晚联合举办了主题为“同心圆梦精彩有约，和谐社区魅力无限”的文艺广场演出活动，四站派出文艺小分队60多人，参加了大合唱和大型舞蹈演出，受到广大离退休职工和社区居民的赞扬。6月24日下午，四站与第十社区联合举办了“永远跟党走”庆七一文艺演出，四站派出100多人的文艺团队参加六个节目的演出，受到社区党委和协作区各单位的一致好评。

四、开工复产抓落实，走访慰问暖人心

四站党总支从2017年开展走访慰老、生活助老活动，建立了“12315”爱心慰问走访项目，用实际行动做好为老服务工作。“12315”项目是指党总支1个月走访2名高龄、大病老党员，每月表彰慰问3名积极开展党建的书记或支委，慰

问 15 个党支部支持党建工作的 15 名老党员，每月走访慰问 20 名老党员，全年 10 个月（春节、七一不计）共计慰问 200 名离退休老党员。三年多来，共计走访慰问高龄大病独居老党员 760 多名，基本实现高龄、大病、困难老党员走访慰问全覆盖。支部书记和支委为老党员送去生活慰问品，走访了解老人身体健康情况，送去党组织的温暖关怀，实现走访慰问常态化和制度化。

2020 年 9 月，四站党总支在疫情后复工复产时期，组织各支部开展三季度慰问老党员活动，安排专车由支部书记带领支委，带着慰问品入户看望疫情期间居家的高龄、大病、独居老党员，了解老党员身体健康状况，送去党组织一片关爱之情。

四站 96 岁的高龄大病老党员王维敬看到支部书记郭小平带着支委来看望他，老人很高兴，他握住郭书记的手，连声感谢党组织的问候。王老谈到了自己疫情期间居家情况，他说："居家有人照顾，社区志愿者常打电话问候并送菜倒垃圾，特别是党支部书记打电话嘘寒问暖慰问，给了我很好的精神安慰。"

各支部共计走访慰问老党员 48 人，送去了处党委和站党组织的慰问品，让老党员感受到党组织的温暖和关心。很多老党员表示永远听党话、一生感党恩。慰问活动收到很好的效果。

唱响主旋律、弘扬正能量，树立新风尚、传播好声音。我们要以习近平新时代中国特色社会主义理论为指引，按照习总书记"政治上尊重、思想上关心、生活上照顾、精神上关怀"的要求，继续做好为老服务工作，凝聚老年之心，共享温暖阳光，展示夕阳风采，谱写美丽篇章。

按照集团公司离退休管理中心的安排，我们正在开展离退休社会化移交工作，面临新的工作要求和全面移交考验。很多老党员、老同志在思想上、情绪上，有很多诉求和需要，作为党的基层组织，责无旁贷地需要做好深入细致的思想教育和引导工作，按照石化公司党委和区委、区政府的工作要求，认真细心地做好各项移交工作，做到平稳、有序移交，让退休老党员、老同志能够安心转到社区、积极参加组织活动，安享幸福晚年。

充分挖掘运用释放好老同志三大优势，为全力建设千万吨级大油气矿增添正能量

◆ 西南油气田　赵维莉　孙　琳

离退休老同志具有坚定深厚的群众基础、丰富的人生阅历和工作经验，充分挖掘利用这些优势，为党和社会，为企业改革发展增添正能量，让离退休管理工作的定位和方向更为明确。为了准确认识、发挥离退休老同志的三大优势，西南油气田蜀南气矿离退休管理部根据企业实际，就气矿离退休老同志发挥正能量作用的基本现状、存在的问题进行了深入调研与实践，对转型期间进一步做好离退休管理工作进行了思考。

一、为什么要进行正能量的挖掘运用释放

"正能量"本是物理学名词，后来这一概念引申到社会领域，将所有积极的、健康的、催人奋进的、给人力量的、充满希望的能量，统称为"正能量"。2016年年初，中办、国办印发《关于进一步加强和改进离退休干部工作的意见》，明确提出全面做好离退休干部工作要牢牢把握为党和人民事业增添正能量的价值取向。"正能量价值取向"理念的提出，赋予了这一概念更深刻的政治含义。截至2020年，蜀南气矿约有1.1万名离退休老同志，有2000多名离退休职工党员，这是一个巨大的人才资源宝库。首先，这些老同志长期受党的教育，经历过各种风险考验，思想政治觉悟高，辨别是非能力强，智慧经验丰富，在他们身上，充分体现了中国共产党人对理想信念的虔诚执着、对党和人民的无比忠诚、对红色基因的传承弘扬。其次，这个特殊群体中有各级各类人才，其中有很多是组织协调能力强的领导干部和油气田专业技术人才、党建人才，具有为党、为国家、为社会、为企业再做贡献的愿望和能力。再次，他们具有丰富的人生经历和良好的道德形象，在职工群众中有着很高的威望，说话

有人听，做事有人跟，对维护社会及矿区稳定，促进企业各项事业的发展有着不可替代的影响和作用，在为党的事业和油气田企业改革发展增添正能量过程中具有独特的优势。

前期，我们结合离退休职工的特点和实际，在围绕中心、服务大局的基础上，把离退休老同志有组织地动员起来，积极探索新方法、新思路，充分挖掘运用老同志独特的政治优势、经验优势、威望优势，尽其所能地释放老同志身上所蕴藏的正能量，在弘扬社会主义核心价值观传递、维护企业和谐稳定，助推气矿改革发展上起到了积极作用。

实践表明：为党做事，为社会做贡献，为企业改革发展添砖加瓦是老同志最大的快乐和幸福。组织引导老同志通过各种方式为党的事业增添正能量，既调动了老同志实现老有所为、老有所乐的热情，得到了老同志的欢迎和赞许，又是新形势下党的事业所需，老同志自身所愿，更是离退休管理工作职责所在。

二、目前制约老同志发挥正能量的因素

在凝聚带动全矿离退休老同志发挥余热、贡献力量、服务发展、为气矿全力建设千万吨级大油气矿过程中，一些新情况、新问题制约和影响着离退休老同志正能量作用的发挥，主要表现在以下方面。

（一）思想认识存在偏差

离退休老同志是社会人力资源重要组成部分的观念还未被社会普遍认可。一些单位和部门对离退休工作转型发展认识不清，简单地把离退休工作定义为落实好他们的待遇，让他们安享晚年，不找单位和组织麻烦就行了，看不到他们身上蕴含的潜在力量，同时对发挥他们作用的重要性认识不够，认为他们年龄大了，作用发挥不发挥都无所谓。从离退休老同志自身认识来说，认为年龄大了，思想跟不上形势，受“多一事不如少一事”的观念影响，不想参加活动。

（二）客观条件制约发挥

有些老同志受身体状况制约，进入了“双高期”，身体状况日益下降，往往心有余而力不足。一部分老同志受家庭影响，退休后要负担照顾下一代、打理家务的职责，无法抽时间参加各类活动。一部分老同志居住远需乘坐公交车，也存在不安全因素。再加上离退休老同志本身生理机能日趋老化，容易出现突发疾病等意外状况，安全风险较高。

（三）社会舆论氛围不足

当前对先进典型的宣传力度不大，往往仅限于离退休系统内部，致使职工对于离退休老同志发挥正能量重要意义的认知度不够高，同时也存在宣传形式比较单一的问题，在一定程度上限制了宣传形式的多样化发展。

三、发挥好离退休老同志三大优势，为企业改革发展增添正能量的具体做法

（一）突出政治引领，凝聚正能量内生动力

始终把政治建设摆在首位，强化政治思维，以党性教育、形势目标任务教育、党纪党规教育、主题教育为重点，把政治建设的各项要求贯穿到整个离退休管理工作中。通过邀请老同志参加列席气矿重大会议、离退休职工情况通报会、“三会一课”和组织收看全国离退休干部网上专题报告会等学习教育形式，深入学习习近平新时代中国特色社会主义思想和党的十九大精神，深入宣贯集团公司改革发展的新形势和新任务，切实把思想和行动统一到中央精神和集团公司部署上来。教育引导广大离退休老同志珍惜光荣历史、不忘革命初心、永保政治本色，充分发挥他们在维护核心、维护党中央权威和集中统一领导等方面的独特政治优势。围绕“展示阳光心态，体验美好生活，畅谈发展变化”主题，引导老同志正确、客观地看问题，用辩证的思维去分析社会各类矛盾和社会风气，正确理解改革、支持改革，用阳光的心态感染、鼓舞、带动周围的群众，共同释放正能量，促进社会的和谐稳定。

（二）加强党建引领，激发正能量有效发挥

一是通过创新离退休“两个建设”载体和活动方式，坚持“党建＋宣传”理念，开展“党建＋公益”行动，搭建发挥正能量的志愿平台。离退休职工党建工作分别在“支部＋协会”“支部＋互联网”上进行了探索和实践。将党支部活动与文体协会活动有机地联合，依托各石油社区老年活动阵地和老年大学优质资源，抓住老同志的兴奋点，55个离退休职工党支部和2所老年大学、20个老年文体协会把正能量活动融入老同志们的各项日常活动，有效地提高了党员参与活动的积极性和认同感。建立了“夕阳党建”“党员之家”等微信群，便于更好地倾听离退休职工党员的呼声和建议，第一时间做好相关政策的解答工作，使正能量通过离退休职工党支部、离退休职工党员向广大离退休人员不断延伸、辐射和释放。通过离退休人员自管组组长以点带面，将蜀南气矿退休职工按照“网格化管理”模式紧密地联系起来，参与社区志愿者服务活动，义务承担小区治安巡逻、环境卫生美化、纠纷调解等。老同志由原来的社区各类活动的旁观者转变为积极的参与者、认真的组织者和有力的引导者。

二是深入挖掘、广泛宣传老同志的典型经验和突出事迹，搭建“老有所为”平台，激励老同志唱响主旋律，传播好声音，释放正能量。把评选、表彰和宣传离退休先进典型作为引导和激励广大老同志发挥好正能量的主要抓手，以“身边人讲述身边事”的形式，开展向荣获中组部“全国离退休干部先进集体”、集团公司离退休系统五好党支部的自贡滨河小区退休职工党支部、集团

公司百佳爱心人物张孝文等先进典型学习活动，引导和激励发挥好典型的示范带动作用，激励广大老同志学有榜样、比有标杆。开展“传承红色基因，共忆初心使命”微视频党课拍摄及党支部书记讲党课活动，55个支部书记以亲身经历和切身感受讲理想、讲传统，为石油人立言、为新时代做传、为全力建设千万吨级大油气矿助力，进一步坚定了石油人在不忘初心中坚定政治方向，在担当使命中实现价值。拍摄《记忆峥嵘岁月，传承红色经典》视频，请新中国成立前入党的老党员讲述革命历史和红色故事，在公司及气矿离退休系统层面进行尊老、爱老、学老的宣传报道，激发了全体离退休职工党员爱党爱国爱企业的热情。通过强有力的宣传，积聚起了为党的事业、为企业改革发展增添正能量的浓厚氛围。

（三）突出活动引领，增强正能量工作成效

以老年大学、老年文体协会等为阵地，积极组织开展形式多样、喜闻乐见、健康有益的文体活动，始终把思想政治工作和学习教育活动贯穿到各类活动中去。结合重大节日开展汇报演出，组织开展庆祝新中国成立70周年文艺晚会、举办诗书画摄影展，组织书法爱好者义务为广大群众写对联等系列活动，传播传统文化，展示老年风采，提高自我价值。

组织老同志就近参观毛主席视察隆昌气矿纪念馆、红村遗址、自2井功勋气井等，实地感受蜀南气矿油气田建设的发展变化，结合改革开放40周年、新中国成立70周年主题，开展“我与改革开放共成长”“弘扬光荣传统，传承优良家风”畅谈建言、征文等正能量活动，引导老同志为党和国家的重大举措点赞，激励广大老同志培育和弘扬社会主义核心价值观，正面发声，为党和人民的事业发展“点赞”、为改革发展成就“喝彩”，为助力蜀南气矿全力建设千万吨级大油气矿增添正能量。

离退休老同志是我们党和国家的宝贵财富，是党执政兴国的重要资源，是推进中国特色社会主义伟大事业的重要力量。随着国家及油气田企业深化改革的发展，需要我们以发展的眼光和全新的视角全面认识离退休工作。把为党的事业增添正能量作为离退休工作的价值取向，使离退休工作紧贴中心，更好地服务党和国家大局，适应企业改革发展，是积极推进离退休工作转型发展的必然要求，充分有效挖掘运用释放好老同志三大优势，为全力建设千万吨级大油气矿增添正能量，是蜀南气矿离退休工作者不断思考和探索的永恒课题。

对加强和改进离退休职工服务管理工作的思考

◆ 西南油气田　刘　峰

近年来，随着我国经济发展方式的转变和产业结构的转型升级，作为骨干央企的中国石油天然气集团有限公司也处在改革发展的新时期。更新换代是企业发展中的必然现象，老职工退休，新鲜血液加入，为企业发展带来新的活力。以习近平同志为核心的党中央高度重视老年工作，提出了“实现‘两个一百年’奋斗目标、实现中华民族伟大复兴的中国梦”的宏伟蓝图，将老年工作作为改善民生和加强社会建设、实施健康中国战略的重要举措。离退休职工作为企业的宝贵财富，曾经为国家的发展和企业的进步奉献出青春岁月，已成为新时期“两个一百年”“中国梦”的重要组成部分。

一、蜀南气矿泸州片区离退休服务管理工作的现状

西南油气田蜀南气矿泸州离退休管理中心作为泸州片区离退休服务管理工作的属地管理单位，现有离退休职工近5000人。居住在以四川泸州、宜宾等地10余个区县为主的区域，还有许多同志散居全国各省区，离退休职工服务管理工作具有点多、面广、线长的特点。

二、离退休职工服务管理工作中存在的困难和问题

近年来，随着社会经济增长的不断加快、企业改革发展的日益深入，社会结构、利益格局的深刻变化给离退休职工的思想观念带来较大冲击，老同志们不再只是在单位领取退休金、办理住院报销费用、参加文体活动，等等，对医疗卫生、居住环境、福利待遇等方面的期望和要求也逐步提高，出现了一系列日益突出的矛盾和问题，增大了离退休服务管理工作的难度和复杂性。主要体

现在以下几个方面。

（一）不良心态导致思想问题

离退休职工群体是一个特殊群体，如果一些矛盾、问题解决不及时、不到位，将直接影响社会和谐、企业稳定。一是随着角色变化，心态调整不到位。从工作岗位上退下来以后，生活环境、待遇发生重大变化，老同志普遍存在“失落感”和“自卑感”。社会交往少了，产生了空虚感、孤独感，甚至有些由此而诱发老年疾病。二是待遇上的差异，导致心理失衡。经笔者调研发现，随着近年来国家社保政策的逐步健全和完善，石油新退休人员的退休工资逐年提高，而退休年限越长的老同志，工资相对越低。同时，由于在职员工的工资水平相对高于老同志，收入上的差距引起了部分老同志的怨言，他们对企业的认同感以及“主人翁”意识减弱已成为不争的事实。另外，部分老同志不能正确对待当前存在的一些不良社会现象，有时在言语和行为上表现过激。

（二）居住分散增加工作难度

老同志从工作岗位退下来以后，不再受工作范围的限制，不再像退休前那样以工作单位为中心来生活，而是住地较分散，有的回老家居住，有的返回农村或是随子女居住，有的分散居住在省内或是全国各地。由于居住分散，一方面造成组织与他们面对面的机会减少，无法对这部分老同志的思想、健康状况进行了解和掌握，使得与他们的信息交流和服务管理无法做到及时有效。另一方面空穴来风或者道听途说的所谓消息，来源广、渠道多、不完全，其中不乏关于单位的负面消息，涉及老同志切身利益的规定、通知等。加上现在通信、网络发达，亲朋好友之间联络便捷，无意中形成一种不安定因素，给离退休服务管理工作带来一定难度。另外，现在一些城市、地区正在逐步推行社区化管理，企业的离退休职工按住地划归地方社区管理，虽然目前这项工作还未完全实行，但一旦全面铺开，那么也可能出现一些新的问题，如单位、地方对老同志进行双重管理，或交予地方管理，由于石油企业属于骨干央企，各项福利相较于一般国企和私企较好，地方社区总是希望在石油企业身上得到各类利益回报，双方期望难以达到一致，可能出现双重管理下的“脱节”“真空”，及由地方管理下的“失位”“缺位”现象。同时，石油离退休职工的养老金、福利待遇较之地方普通城镇退休职工较高，老同志普遍不愿将组织关系划归地方，不愿将自己等同于地方普通城镇退休职工，大政策与老同志期望之间的差距可能使其无所适从，增加了不稳定因素。

（三）个体差异困难状况众多

笔者通过调研发现，随着我国进入老年高龄、高发病“双高期”，离退休职工特别是那些年龄较大、离退休较早的老同志，普遍存在以下困难：一是健康欠佳导致医护费用多。伴随着年龄增长，离退休职工因病住院比例日益增长，医药费上的开支也随之增加。国家、企业对离退休职工的医药费有社保政策支撑，在基本医疗保险以外还有补充医疗保险，但一些无法替代、疗效较好的特殊药、进口药、人工器官等“按规定实报实销”的医药费支出，仍然是大额费用支出。二是空巢生活导致精神慰藉缺。由于石油企业特殊的工作性质，不少老同志的子女常年在野外或者一线工作，或是单位在异地，长期不在父母身边。笔者在走访中发现，有极少部分子女对老同志精神赡养的认识有偏差，认为让老人过上优裕的物质生活就够了，就算是尽到孝道了。此外，有子女因工作繁忙以及自身生活压力等原因也无暇给老人以足够的精神上的慰藉。三是亲属就业困难导致生活质量差。部分老同志的子女失业，年龄普遍较大，特别是年龄处于“40”“50”阶段的子女，求职就业普遍较难，不同程度地存在“啃老”现象，靠老同志的退休工资贴补生活。同时，有部分老同志的配偶、亲属没有工作以及收入，需要救济，增大了这部分老同志的生活压力。

（四）文体活动方式需要创新

离退休活动场所是老同志发挥余热的阵地、传播知识的讲堂、同组织保持联系的纽带。近年来，企业在离退休活动场所建设上下了很大力气，条件明显改善。但是，受老同志身体状况、兴趣爱好、思想陈旧等因素的制约，以及对老年人的人身安全等多方面情况的综合考量，还存在活动内容、方式需要创新的具体情况。同时，在离退休职工党支部建设上，由于离退休职工中老党员数量众多，居住分散，其政治阅历、思想水平、文化层次不尽相同，如果仍沿用“一个方子开药”，只是运用开会、上课、读报等开展学习教育的老办法、老套路，则很难适应社会发展、企业发展的新形势、新变化。

（五）工作人员综合素质有待提高

一是文化素质有待提高。随着社会的发展，新知识不断涌现，老同志的求知欲也不断增长，但受到一些主客观原因的影响，有些离退休工作者的文化素质提高幅度不大，跟不上企业发展的需要。二是业务素质有待提高。离退休服务管理工作，对外要涉及社会保障、福利待遇、财务管理等诸多方面，这就要求离退休工作人员必须有较强的组织协调能力，善于协调各个方面、各个环节的关系，善于调动各方面的积极性；增强调查研究能力，善于观察分析，及时发现和解决层出不穷的新情况、新问题和纷繁复杂的各种矛盾。三是心理素质有待提高。有时老同志对政策和单位工作的不理解，会向离退休工作者发泄，离退休工作者在工作中难免会受到老同志的曲解、埋怨和批评。在这种情况下，有的同志会表现出急躁情绪，不能静下心来做好解释工作，做到正确引导，影响问题的客观反映、及时解决，进而影响整个离退休服务管理工作的开展。

（六）离退休职工党支部建设不平衡

一是支部班子成员选配困难较大。随着老一批从事离退休职工党支部工作的热心老同志年龄逐渐增大，他们的身体状况已越来越不能满足工作的需要，反而存在一定的风险。相对年轻一点的老党员或刚从岗位上退下来的领导干部大多不愿从事党支部工作，给离退休职工党支部书记、支委更替、人员选择带来很大困难。二是党支部作用发挥还需加强。离退休职工党支部在支持企业发展、维护稳定等方面都发挥了积极作用，但也呈现出发展极不平衡的现象。有的支部班子带头人积极、热心、能力强、群众基础好，支委凝聚力、号召力强，支部工作有声有色，党员精神面貌好。而有的支部组织活动少、活动形式单一，支部堡垒作用和党员的模范作用发挥较差，群众威信不高。三是异地党员管理还有缺陷。泸州片区离退休职工党员有很大一部分居住在异地，因政策限制这部分老党员的党组织关系、医保关系等都不能转到外地，造成这部分老党员的管理、学习、组织生活等都受到了较大的影响，党的精神、地方政府政策、企业发展状况等信息都不能及时传达到每位老党员。

三、加强和改进离退休职工服务管理工作的对策及建议

离退休职工服务管理工作政策性强、涉及面广，涉及广大老同志的切身利益和现实问题。犹记得他们在“天当被、地当床、风雪当干粮”的艰苦条件下，以国为重，无私奉献，为新中国石油事业的建设发展奉献青春，贡献力量，使他们晚年幸福，是党和国家赋予的神圣使命，也是企业义不容辞的责任。

西南油气田公司将离退休服务管理工作作为“夕阳红”民生工程，作为落实党和国家离退休政策、促进老同志家庭和睦、维护社会和企业和谐稳定的一项重点工作，下发了《关于进一步加强和改进离退休职工服务管理工作的实施方案》，对做好离退休工作提出了更高标准、更高要求。泸州离退休管理中心作为离退休服务管理的专业化基层单位，更需坚持“对待老同志像对待自己的亲人一样”“老同志的今天就是我们的明天”的理念，积极为他们想问题、办实事、解难题，解决他们最直接、最现实、最基本的合理诉求和具体困难，引导他们为企业的建设发展奉献余热，为社会、企业的和谐稳定保驾护航。

笔者认为，新的形势赋予离退休服务管理工作的内容越来越多、范围越来越宽、任务越来越重、要求越来越高，必须采取对内管理挖潜、对外企地联合的办法，着力应对新形势下离退休服务管理工作中存在的问题。

（一）发挥群众优势，推进自主管理

1. 将自主管理的重点放在扶贫帮困上

老同志的力量是非常巨大的，在社会上也是非常有影响力的，要很好地发挥他们的作用。以蜀南气矿泸州片区为例，离退休人员中，有的曾经担任过各级领导职务，有的是技术专家，有的是以前单位的工作标兵，具有较强的政治优势、经验优势和威望优势。笔者认为，可以发挥他们在传播和谐正能量、营造社

会新风尚等方面不可替代的作用，由企业居中引导协调，按照“自觉自愿、量力而行”的原则，按同居住区域成立互助自管组织，并推选其中热心公益、相对年轻，同时健康状况较好的老同志担任小组长、联络员等职务，给予一定的交通费、通信费等补贴，让他们参与到医疗报销、精神慰藉、住院探望、情绪疏导、生活照料、邻里守望等针对性的老年帮扶工作中来。在具体实施过程中，可以探索实行结对模式，鼓励离退休老党员与家庭困难老人、相对低龄与高龄老人“一帮一”或“多帮一”结对，重点为石油孤寡、失独、空巢老人提供力所能及的服务，从而传递爱心，交流情感，增强广大老同志对石油大家庭的了解和信任，提升生活质量和幸福指数。

2. 将自主管理的重点放在精神生活上

精神生活是离退休职工生活的重要内容，精神丰富了，心态放松了，可以保持良好的身体和精神状态，减轻企业的管理负担。因此，要将丰富离退休职工的精神生活，办好各类文体协会组织和离退休职工活动中心、老年大学作为工作重心，并吸纳有文体特长、责任心强的老同志参与管理，发挥其骨干作用，带动老年文体活动开展。要广泛听取自管组织成员在聘请老师、编制老年大学课程、完善活动形式等各方面的意见，聘请教学方法以人为本、责任心强的优秀老师，创新开设喜闻乐见、群众性强的课程，由企业在宏观上指导，在微观上放开，由自管组织加强内部的资源调配和与地方社区的协调沟通，自行安排或参与地方适合老人体质特点，丰富多彩、有声有色的文体活动，实现企业与地方文体活动“双管齐下”，从而满足老同志不断增长的文化需求，为老同志施展才艺、展示自我搭建平台，真正实现“老有所学、老有所乐”。

3. 将自主管理的重点放在支部建设上

泸州离退休管理中心认真贯彻落实企业关于离退休服务管理工作的部署和要求，选配了认真负责的离退休职工党支部书记和支委，完善了组织生活制度，使离退休职工中老党员的组织生活得到保证。但是也存在学习教育方式单一、枯燥；老党员年龄大、病患多、出勤率降低，行动不便或经常不能参加组织活动的老党员逐年增加；离休干部已不存在“后继队伍”、支部班子成员选择面越来越窄等问题。笔者认为，可以从以下几个方面着手，来有效改进这些问题。一是创新方式，强化思想引领。通过走访革命烈士纪念场所、重温入党誓词等方式，组织离退休职工老党员过“政治生日”，使其牢记党员标准，增强党员意识。推行“互联网 + 党建”工作模式，由在职党员上门，向离退休职工支部书记、支委传授微信、网络、电脑等互联网和新媒体使用方法，协助和引导建立离退休职工“党员之家”“党员教育”等学习阵地。如果老党员因年岁太大、健康状况等因素无法参加学习，就由支部书记、支委单独向其进行远程教育或送学上门，或与其子女联系，由子女代为传递信息。同时依托学习阵地，向老党员传播党的路线方针政策、党章党规、企业发展成果、离退休党建工作等讯息，开展法律法规、健康养生等网络教学，让老党员足不出户便可知“党事国事身边事”。二是丰富载体，促进余热发挥。离退休职工老党员有着较高的政治觉悟，丰富的工作经验和社会阅历。要注重发挥正能量，聘请有文字功底、写作爱好的老党员作为通讯员，他们活动范围广、消息灵通，能够多角度、全方位地反映离退休生活，及时报道其中的好人好事、和谐声音，为离退休服务管理工作有序开展营造强大的舆论氛围。以在职职工、“油”字号人员为主要受众，引导离退休职工党支部开展纠纷调解、法律援助等活动，促进社会和谐、企业稳定。

（二）创新养老模式，助力老有所依

1. 社区养老

社区养老是近年来兴起的一种新型养老模式，是一种受到老人欢迎、符合老年特点的养老模式。其基本做法是：由地方政府民政部门牵头，在城市社区建立养老服务中心，为有需要的老人提供服务，包括上门做饭、照料、护理等家政、医疗护理及心理咨询服务，以及社区日托、短期照料护理等。社区养老是最适应、最符合石油空巢老人晚年生活的一种有效补充。蜀南气矿在泸州华阳、邻玉片区石油小区内引入 2 家社会养老机构，且都具有“日间照料中心”资质，管理机制完善，硬件设施齐全、医护力量较强，根据不同服务内容，每月收费也在离退休职工经济条件允许的范围内。笔者认为，由于一部分石油空巢老人家庭观念强，不愿在养老机构久住，但家中确需各种服务，可由企业居中协调，与地方政府民政部门、专业养老机构沟通，用好用足政府各类惠民政策，使老同志享受相关补贴，减免相关费用；同时，企业可以定期组织上门走访，征求老同志的意见建议，并向民政部门、养老机构进行反馈，督促提高服务质量，使老同志享受到更加细致、周到的社区养老服务。

2. 家庭养老

家庭养老，概括地说，是“在家养老”和“子女养老”的相结合。在中国，家庭养老通常被解读为由子女供养。前面提到，极少部分子女对赡养的认识有偏差，局限于单纯提供经济、应急等赡养扶助。同时，由于我国“勤俭节约”传统观念的根深蒂固，在离退休职工中表现得更为突出，一些老同志在医疗、饮食等方面非常节约，舍不得吃、舍不得穿，生了病也就自己买药不去医院。针对这些情况，笔者认为可以从以下几方面着手，从人性化管理的角度，将家庭养老的触角进行延伸和丰满，在现有条件下为他们提供各项帮助。一是延伸志愿服务网络。由企业居中协调，与属地街道社区建立联系机制，着力融入地方网格化管理，由属地居委会牵头，企业辅助配合，在离退休服务管理区域内，分片成立由居委会干部、公安民警、法律人员、热心居民组成的志愿队伍，开展维修电器、打扫卫生等志愿服务。同时，探索建立“智能呼叫”“应急救助”等平台，在防范、应对老人日常生活、安全保障、身体健康等方面突发状况，发挥就近、专业优势，第一时间处理各类实际问题。协调引入街道卫生院、卫生所、社区卫生服务中心等医疗资源，为老人提供健康体检、养生咨询、义务诊疗等医疗服务。二是导入地方养老政策。与属地街道社区协作配合，通过问卷调查、进家入户、座谈交流等形式，及时了解老人需求，掌握地方政府各类惠老政策的出台、执行情况，确保高龄老人补贴、交通出行优待、廉租房补贴、离退休遗孀（无业无收入）社保医保等惠民补助落地生根，从而减轻企业的管理压力。

（三）强化服务观念，树立窗口形象

1. 强化对离退休工作队伍的思想教育

具有优秀的思想政治素质，是做好离退休服务管理工作的首要条件。因此，要通过一系列的思想教育，增强离退休工作者胸怀大局、吃苦耐劳的思想境界和忠于事业、无怨无悔的使命感、责任感。使他们热爱老同志，热爱离退休事业，把离退休服务管理工作做深、做细、做好、做活，让老同志舒心、放心、开心、安心。

2. 强化对离退休工作队伍的文化培养

离退休服务管理工作内容繁杂细微、涉及面广，有的老同志兴趣、爱好广泛，有的已经达到了一定的专业水平。因此，离退休工作者除了对党的路线方针政策有深刻理解外，还必须掌握心理学、管理学、社会学等多方面的知识。具有良好的语言表达能力，思路清晰，避免在开展工作、沟通交流中，词不达意、造成负面影响。

3. 强化对离退休工作队伍的心理建设

在具体工作中，离退休工作者往往身处矛盾焦点，既是国家、企业政策法规的宣传执行者，又是老同志“两项待遇”落实的协调督办者，还是老同志反映问题、吐露心声的忠实倾听者。因此，要以吃得苦、受得气的精神，承受住老同志的批评、埋怨和曲解，不计个人得失，始终做好对老同志的服务管理工作。要保持谦虚的态度，平和的心态，乐观的情绪，宽容的心胸，使离退休职工服务管理工作不断创新，不断发展。

国有企业退休人员社会化工作思考

——444 模式推进退休人员社会化工作

◆ 西南油气田　涂红梅

国有企业是我国经济发展不可缺少的组成，国有企业退休人员是企业的重要组成部分，做好退休人员社会化管理工作，不仅是企业的责任，更是对国家的贡献，退休人员社会化管理工作以习近平新时代中国特色社会主义思想为指导，全面贯彻党的十九届二中、三中、四中全会精神，认真落实党中央、国务院决策部署，坚持全面深化改革，坚持社会化方向，坚持稳中求进，科学制订工作方案，依法保障企业退休人员合法权益和合理待遇，把握好节奏和力度，平稳有序实现企业退休人员社会化管理，努力提高企业退休人员移交后的归属感、获得感、幸福感，共享全面建成小康社会新成果。结合本单位退休人员社会化工作推进情况，通过“444”进行阐述。

一、“四个基础”保障退休人员社会化工作

一是扎实数据的基础。按照退休人员社会化管理工作部署和职责分工，相互配合、齐抓共管，结合政府公共管理与服务职能，通过资源共享、企地共建、联手共推、整体合力，核实拟移交人员基本信息的工作，对企业退休人员、托管人员、退休“五七”人员的长期居住地、户籍所在地、联系电话等基本信息进行确认，为后期移交打下坚实基础；核查上述人员档案工作，特别是对退休“五七”人员档案的查漏补缺工作；清理、统计现有离退休活动场所的清理、统计工作，清楚活动场所的房屋性质、资产归属；清理退休人员党员党组织档案清理及党组织关系现状；收集退休职工户口和身份证复印件资料；配合托管单位整理移交资料；开展异地居住人员移交地确认。

二是组织保障的基础。成立了以党政主要领导为组长的领导小组，下设办公

室，明确工作职责，落实工作责任；制定并完善《退休人员社会化管理工作实施方案》，明确工作内容和要求，制定了具体时间节点和工作目标，形成了有章可循、按章操作、有序推进的良好机制。

三是强化宣传的基础。采取“请进来做指导、走出去学经验、坐下来抓推进”等方式，深入学习，查找不足，取长补短，着力培养一批退休人员社会化工作的“明白人”，不断传播新理念，构筑退休人员管理新框架；利用网络开展退休人员形势任务宣讲活动，并组织专项宣讲活动，邀请退休人员听讲；参加地方政府组织的退休人员社会化专题会议，主动与各区县进行沟通、协商，理解退休人员社会化政策的内涵和要求；开展退休人员社会化管理工作“三个定心丸”等相关政策进行宣讲，对收集到的老同志的诉求一一做了解答，明确“退休人员社会化管理后，企业支付的统筹外费用按原渠道列支，继续发放”，解除了退休人员的后顾之忧；下发退休人员社会化管理工作宣传手册至退休职工党支部、自管组长，并通过支委会、党小组会、自管小组会，以及 QQ、微信、电话等沟通方式对退休老同志宣传相关政策，实现全覆盖。

四是风险控制的基础。按照统一规划、整体推进的原则，在退休人员社会化实施推进过程中，识别风险、控制风险，确保退休人员群体和谐稳定。通过专题会议、专项工作调研、退休人员座谈会、发放宣传资料等方式进行了调查摸底，充分听取了退休人员对社会化管理的意见和诉求表达，并收集问题，配合相关部门对这些问题进行分析，排查出中级不稳定风险，排查出主要风险群体；按照“谁主管、谁负责”和属地管理原则，制定防范、化解、控制风险的措施；通过问题调研、建言献策、结对帮带等多种方式，随时了解老同志的思想、学习和生活情况；针对不同身份、不同职级、不同年龄、不同健康状况的老同志反馈的共性和个性化问题，有明确政策规定的，紧抓快办，对不符合政策规定的，耐心细致做好解释工作。

二、以“四化”为标准，推进退休人员社会化工作

坚持以“疫情防控管理常态化、文体活动多样化、服务精准化、党建工作动态化”为标准，不断深入推进退休人员社会化工作。

一是疫情管理常态化。组织老同志成立疫情防控督导队，把防控措施、在岗履职、日常巡查、薄弱整治作为督查重点，专人对离退休干部、空巢老人、独居老人、子女不在身边的特殊群体老人开展每日电话询问健康情况、上门送药、上门送防护用品和消毒药品等具体关怀措施。利用“老支书来啦”微信群、“离退休职工自管小组”QQ 群、江油宝石花医疗有限公司手机 APP 等网络手段，向离退休老同志及家属宣传普及防控疫情的相关知识；动员自管小组、志愿服务组积极参与疫情防控工作，帮助高龄、行动不便等有困难的老年人做好个人防护。

二是文体活动多样化。深化拓展增添正能量活动，遵循“小型化、就近化”原则，坚持“月度比赛、季度交流、年度总结”，通过地方协会、上级单位、协作片区、单位和基层单位等5个层面，开展形式多样的文体交流活动；组织开展主题征文活动，“决胜千万吨级油气矿”主题文体活动，“传承石油情，笔墨颂英雄”抗击疫情主题书法、美术、摄影作品展评活动等文体交流活动；通过“学、谈、演、展、讲”等喜闻乐见的方式，深化拓展正能量活动内涵。

三是服务精准化。邀请离退休老同志召开座谈会，召开情况通报会；春节前分别召开迎新春座谈会，邀请老同志参加座谈会；开展“形势教育 政策通报”教育活动，宣讲退休人员社会化政策及工作要求，严格落实离退休人员待遇等有关政策，特别关注那些重病、高龄、失能、失独、空巢、独居、家庭困难的离退休职工，采取困难救助、义工服务、爱心关怀等措施，建立健全困难帮扶机制，确保离退休职工在特殊困难时有人管有人帮。

四是党建工作动态化。把学习贯彻十九大精神与做好“三项建设”紧密结合起来，以“浩荡川中党旗红”特色党建品牌创建活动为主线，以国企退休人员社会化移交工作为结合点，组织“展示阳光心态、体验美好生活、畅谈发展变化”座谈会、“弘扬石油精神、重塑良好形象”等丰富多彩的主题党日活动；针对疫情，采取分组学习、线上学习、与建立党员结对联系制度以及送学上门等方式，开设学习贯彻十九大精神等主题党日活动月；组织收看“全国离退休干部网上专题报告会”；开展“精品党课”讲述活动。

三、“四个关键”助推退休人员社会化工作

一是坚持贯穿“主线”。把“资源整合、全员参与、持续改进”贯穿推进过程，有效整合内外人力、物力、财力资源，结合政府公共职能为退休人员社会化工作服务，凝聚退休人员、辖区单位、周边单位共同参与退休人员社会化工作。

二是实施“135模式”。通过“1个主体，3个区域，5支队伍”模式，推进退休人员社会化工作，以离退休管理部为主体，副矿长带队与遂宁、南充国资委对接，结合两地文件要求和现状就人员移交地确认、党组织关系移交、档案资料移交等提出意见和建议，达成了共识；针对南充、广安、遂宁3个区域确定责任，明确工作任务；根据各地工作要求不同，成立了5个移交小组，分别与遂宁、南充、广安、眉山等下辖各接收区县建立联系，根据各区县要求组织填报移交人员明细表、档案清理表等报表，主动与社区核实，目前管理职能、人事档案、党组织关系全部移交完成。

三是坚持主动预警。在实施退休人员社会化过程中从现状分析、依据、目标、措施方案、效果、改进意见等方面精心策划，及时督导，追求实效，并建立具有可追溯的实施过程记录；通过开展信息收集、问卷调查、走访座谈，了解辖

区单位退休人员需求，掌握退休人员对社会化工作的知晓情况和接受程度，对于可能造成重大事件的情况，立即立项，限期解决，在做好预防的基础上，不断修订完善相应的应急预案，不断提高突发事件处置能力。

四是强化过程监督。成立监测和监督机构，有效发挥离退休职工管理部、退休人员志愿者的积极性，通过群众性自查、自报等举措，鼓励退休人员参与监管；制定不同层次和不同形式的监测方式和监督形式，建立由各职能部门执行的行政监督和群众组织的公众监督机制，形成共推共管的氛围。

结合国有企业特点，充分发挥离退休业务管理的优势，努力提升综合管理能力和自我发展能力。集政府公共服务、社会专业服务、综合服务和志愿者服务于一体，提供全方位离退休优质服务，满足离退休人员的需求；推进文体协会和各类文艺组织活动机制，发动离退休广泛参与文化体育活动，基本形成孝道感恩、健康安全、团结友爱、文明和谐的核心理念，不断增强居民生活在社区的认同感、归属感、自豪感和幸福感；通过夕阳红关爱、志愿者服务、邻里互助和亲情祝福等方式推动服务工作转型升级，用心用情为老同志办实事、做好事、解难事，把企业改革发展成果体现到老同志的生活中，努力提高老同志的幸福感和获得感；探索建立离退休工作制度落实情况的评估反馈机制，收集老同志意见和建议，及时发现和处理新情况和新问题；全面建立维护稳定、扶贫帮困、综合治理、医疗卫生健康服务保障、夕阳红关爱长效机制。

国有企业退休人员社会化管理工作初探

◆ 西南油气田　石晓梅

国有企业退休人员社会化管理工作作为国企改革的一项重要内容，是党中央、国务院在经过全面调查研究后才付诸实施。作为离退休服务管理部门的工作人员，我将结合本职工作谈谈自己的见解。

一、国有企业退休人员社会化管理，是党中央、国务院深化国有企业改革的重大决策部署

2015 年 8 月，中共中央、国务院印发《关于深化国有企业改革的指导意见》，第二十八条明确要求，加快剥离企业办社会职能和解决历史遗留问题，完善相关政策，建立政府和国有企业合理分担成本的机制，多渠道筹措资金，采取分离移交、重组改制、关闭撤销等方式，剥离国有企业职工家属区“三供一业”和所办医院、学校、社区等公共服务机构，继续推进厂办大集体改革，对国有企业退休人员实施社会化管理，妥善解决国有企业历史遗留问题，为国有企业公平参与市场竞争创造条件。2016 年 3 月，《国务院关于印发加快剥离国有企业办社会职能和解决历史遗留问题工作方案的通知》要求，对国有企业退休人员实行社会化管理。国有企业职工办理退休手续后，其管理服务工作与原企业分离，统一交由当地社区实行社会化管理；集中力量将尚未实现社会化管理的国有企业已退休人员移交社区实行属地管理，由社区服务组织提供相应服务。从 2016 年开始，采取先试点、后推广的方式，将国有企业退休人员逐步移交社区实行社会化管理，2020 年年底前完成。2019 年 3 月，中办、国办联合印发《关于国有企业退休人员社会化管理的指导意见》，全面阐述了推进国有企业退休人员社会化管理的指导思想、工作目标、工作任务和要求、政策措施和组织保障，为国有企业推进退休人员社会化管理工作提供了指南。

党和国家领导人高度重视国有企业退休人员社会化管理工作，习近平总书记

在2019年年初亲自把关审定《关于国有企业退休人员社会化管理的指导意见》。2019年6月，全国国有企业退休人员社会化管理工作电视电话会对国有企业退休人员社会化管理工作做出全面部署，明确了任务要求。

国务院国资委按照党中央、国务院决策部署，积极开展国有企业退休人员社会化管理工作。2017年开始组织在上海、重庆、大连、鸡西、长沙5个城市试点，积累了经验，探索出了有效途径。2019年7月，国务院国资委副主任孟建民在剥离国有企业办社会职能和解决历史遗留问题工作培训会上指出，国有企业退休人员社会化管理工作是剥离企业办社会职能最难啃的硬骨头，要充分认识国有企业退休人员社会化管理是全面深化国有企业改革的必然要求，是提升社会治理能力的重要举措，也是适应老龄化提高退休人员管理服务水平的客观需要。要认真总结好试点宝贵经验，准确把握工作要求，深入细致做好退休人员社会化管理工作；要紧扣完善管理服务功能、社会保障管理服务有效衔接、做好党员组织关系转移接收、人事档案实行属地集中管理、分类处理统筹外费用五大任务，细化工作流程，强化无缝对接，到2020年年底按期实现退休人员社会化管理。同时，要加强政策宣传，消除退休人员的顾虑疑虑，给退休人员三个“定心丸”：一是退休人员统筹外费用、补充医疗等合理待遇不降低；二是街道社区管理服务水平有保障；三是国有企业和退休人员的感情纽带不会断。国有企业也要继续关心关爱退休人员，做好走访慰问等工作，采取多种方式使退休人员能够继续了解企业改革发展情况、提出意见建议、发挥余热。

二、本企业退休人员社会化管理工作推进情况

2020年3月18日，集团公司全面深化改革领导小组审议通过《关于推进企业退休人员社会化管理工作的指导意见》(以下简称《指导意见》)。《指导意见》明确，2020年年底前，集中力量将尚未实行社会化管理的企业已退休人员移交街道和社区实行社会化管理；2021年1月1日起，企业新办理退休人员管理服务工作与原企业分离，常态化移交地方政府实行社会化管理服务。移交范围是：“企业管理服务的退休人员移交街道和社区实行社会化管理；企业离休人员原则上保持现有管理方式不变；地方政府对移交人员范围有特别规定的，按其规定执行。”

退休人员社会化管理工作的核心是做好“五移交”“一规范”。“五移交”，一是人事档案移交。企业退休人员的人事档案移交属地实行集中统一管理。二是党员组织关系移交。对由企业管理的退休人员中的党员，将其党组织关系转移到相应街道和社区党组织。三是社会保障管理移交。企业退休人员基本养老保险、基本医疗保险全部纳入地方管理。四是专用活动场所移交。企业现有专用于退休人员的服务场所、活动场所、设备设施等资产，报集团公司审批后，无偿划转给街道和社区，继续用于退休人员管理服务。五是管理服务职能移交。企业退休人员

实行社会化管理后，退休人员管理服务工作与原企业分离，由驻地街道和社区提供。“一规范”，即清理规范统筹外费用。按照新人新办法、老人老办法、统筹兼顾、逐步消化的原则，根据国务院国资委及集团公司有关要求对统筹外项目进行清理规范并妥善处理，不再新增统筹外项目，不再提高发放标准。

为确保2020年年底前基本完成改革任务，《指导意见》明确了操作步骤和每一步的时间节点。2020年4月底前是前期准备、沟通对接阶段，各企业要按照《指导意见》要求，完成成立领导小组、落实工作责任，与地方政府沟通对接，调查摸底和档案规范整理等移交准备工作；5—6月是编制方案、形成协议阶段，要完成移交协议协商一致、移交方案编制；7—10月是政策宣贯、组织实施阶段，要完成政策宣传、平稳有序组织完成移交工作，同时向集团公司报备移交协议；11月是收尾总结、验收考核阶段，要完成资料收集归档、验收评估准备，以及上报工作总结等工作。

川西北气矿离退休管理中心按照上级部门工作部署，于2020年4月启动退休人员社会化管理工作，在半年多的时间内，完成了资料清理核对、移交志愿摸底、街道社区对接、档案整理上传、人事关系及党组织关系移交等一系列规定动作，同时为确保片区大局稳定，中心先后组织召开各类座谈会、交流会，宣传政策、答疑解惑，讲深讲透三个“定心丸”，让退休老同志理解社会化管理的必要性、优越性，消除他们的顾虑疑虑，取得他们的理解支持，确保社会化管理工作平稳有序推进。

三、常态化移交后企业退休人员管理工作的几点思考

集团公司《指导意见》明确，2020年年底前，集中力量将尚未实行社会化管理的企业已退休人员移交街道和社区实行社会化管理；2021年1月1日起，企业新办理退休人员管理服务工作与原企业分离，常态化移交地方政府实行社会化管理服务。这就意味着，从2021年开始，企业退休人员管理部门的大部分服务管理职能随着社会化管理工作已经移交地方，企业在退休人员管理工作中，将退出主导地位，立足协助、配合、补位。在移交过渡期间，社区人员、服务等保障不到位的，退休服务管理部门及从业人员如何思考、如何应对？笔者认为，应从本企业目前管理的退休人员实际情况出发进行具体分析。

（一）分析居住情况

按人员长期居住地分析，川西北气矿退休人员居住情况呈现非常明显的集中居住特点。由于居住集中，老同志们在思想上、生活中的一些特点也集中大量显现，由此产生的矛盾更易凸显。

（二）分析年龄结构

川西北气矿目前管理的退休人员年龄跨度从46岁到95岁，绝大多数年龄在

80 岁以下，占比接近 85%，其中又以 60~79 岁年龄段人员最为集中，占比接近 70%，这个年龄段的老同志，身体机能减弱加快，儿女也大多处于为自己的小家庭“爬坡上坎”努力奋斗自顾不暇的时期，出于对衰老本能的恐惧和拒绝，情感的需求会增加，他们希望得到来自亲人、朋友的关心照顾，希望有人与他们沟通交流，渴望有安全的渠道倾诉心声。

（三）分析思想动态

根据笔者在工作中的所见所感，退休人员随着年龄的增长、身体的变化等，如果缺少正面、积极的引导，容易出现如下一些消极片面的思想状况。

第一，大部分老同志长期工作和生活在计划经济条件下，受传统观念的影响较多，出于“今后会不会没人管我们”的忧虑，对企业改革特别是涉及自身权益部分诸如退休人员的社会化管理等方面，缺乏深入客观的理解，产生不适应甚至是抵触情绪。

第二，退休后个人与外界的接触半径变小，原有的正常生活秩序、经济收入发生改变，在与身边人比较时心理上容易产生失落感，内心有更为强烈的寂寞和疏离。

第三，老同志家庭结构小型化致使家庭养老功能弱化，老年人的养老问题日益突出。迅速增长的高龄、带病、“空巢”、失能老人的数量，使一般独生子女的家庭越来越难以承担照料老人的责任。退休职工特别是进入高龄期的老人身体愈加衰弱，依赖性更强，除了担心经济收入和健康状况外，更担心晚年生病或不能自理后的生活照料问题。

为了走出这种困境，老同志也尝试着做出努力，主动改变生活方式、打开心结、直面未知，但也有部分老同志落入保健品营销套路，人财两失。

（四）常态化移交工作思考

企业退休人员作为企业的奠基者和建设者，曾经为企业付出大量心血和汗水，是企业的宝贵财富，他们中大部分人的子女如今也仍然是企业的员工，关心这个群体，为他们排忧解难，在国有企业退休人员社会化管理全面实施后，依然对这个群体给予持续的关注，及时消除和化解矛盾，不仅有利于帮助老同志愉快地安度晚年，也对在职人员安心工作起到极大的推动作用，确保退休人员社会化管理工作积极稳妥推进，确保片区和谐稳定。因此，可以说，顺利地将退休人员社会化工作平稳地由今年的一次性大规模移交过渡到今后的常态化、分散化移交，意义重大。笔者认为，主要应从以下几个方面着手。

第一，退休人员社会化管理工作不是一蹴而就的事，执行过程中出现的各类问题时刻考验各级领导和工作人员的能力与水平，这一工作涉及每一名退休老同志的切身利益，是他们非常关心的一件大事，要高度重视、认真对待政策宣传解释工作，加强工作人员的政策培训和学习，要求他们掌握熟知相关政策并继续向退休老同志宣传退休人员社会化管理政策的政策措施，以及如何保障退休老同志的切身利益不受损害。

第二，持续加强与移交地地方政府、街道、社区等各级部门的沟通交流，及时了解掌握相关政策制定和出台情况，并及时跟进，畅通渠道，配合地方政府建立有效的运行机制，理顺常态化移交程序，确保企业职工在退休时由企业到地方这一步想得明白、迈得踏实、交得愉快。

第三，按照“退休人员统筹外费用、补充医疗等合理待遇不降低”的指导精神，对各项统筹外费用发放以及补充医疗保险、工伤费用、异地就医基本医疗保险费的报销等流程进行全面梳理和优化，尤其是实行常态化移交后新退休人员的各项待遇发放报销的程序，要注意与接收社区的衔接核实，确保待遇落实。

第四，按照“国有企业和退休人员的感情纽带不会断”的指导精神，继续采取多种形式持续关心关爱退休人员，强化情感纽带联系。继续做好春节团拜、传统节日走访慰问和有实际困难老同志的帮扶等工作，让退休人员继续感受到企业的关怀和温暖；继续做好老同志作用发挥工作，采取邀请退休人员参加相关会议、召开情况通报会、座谈会等多种形式，使退休人员能够及时了解企业改革发展情况，提出意见建议，让他们继续为企业改革发展建言献策、发挥余热。

第五，采取党建共建、活动联办、场所共用等多种形式，加强企业党组织与街道、社区退休人员党组织的联系对接，跟进做好党组织关系接转和有关服务工作。

第六，企业退休人员原有的由自管组、文体协会等组织搭建的管理和活动平台虽然随着移交工作的推进被打破，但是企业依然可以协调地方街道社区做好老年文体工作，努力提高退休老同志移交后的归属感、获得感、幸福感。

积极稳妥地推进退休人员社会化管理工作

◆ 西南油气田　邓育明　杜安立　彭　忠

退休人员社会化管理工作是党和国家提出的一项重要改革举措，这项改革不但对企业有利，更有利于退休人员的规范管理，也是为退休人员及时享受地方发展、社会发展成果的惠及。这项工作是集团公司、分公司、川中油气矿今年的一项重点工作，中心是把国家这项改革举措在企业基层贯彻好、落实好、执行好，为此，中心党委、中心高度重视，从去年底一直在思考如何宣传好政策、稳妥移交的事宜，纳入了中心今年头等大事来准备、来思考、来谋划、来实施。

一、退休人员社会化管理阶段运行及工作情况

中心退休人员社会化管理移交各项工作按照油气矿党委、油气矿提出的指导思想和“五个坚持”的工作原则，在矿离退休管理部的指导下，稳步有序地推进。一是积极做好移交前摸底基础工作。在 7 月底前，中心已理清完成 3000 多名退休人员档案、1000 多名退休职工党员档案；对川中片区 29 个活动室的房屋属性、设备设施全面清理掌握和造册。对油气矿退休人员移交社会化管理方案进行张贴公示，开展了线上和线下宣传国家企业的相关改革政策，利用中心自建的微信群、QQ 群进行政策的宣传，中心组织集中宣讲和分散宣讲相关政策十多次，解开了退休人员心里的疙瘩，破解了存在的疑虑。二是主动对接做好实质性移交。从 9 月中旬中心分组主动与遂宁当地 8 个县区 61 个社区及其他县市签订移交人员名册协议，并应用全国党建平台将党员转到所在的街道社区党支部，按时保质保量完成移交工作。

二、以问题、目标、结果为导向，扎实做好调研及分析处理

强化问题导向。为确保退休人员移交社会化管理工作有序顺利完成，中心成立了相关领导小组，并要求中心班子成员以主题学习教育为契机，全方位做好问

题收集及 21 条政策的宣传。

（一）开展问题收集，以问题为导向开展工作

一是多渠道、多形式收集问题。利用走访、困难慰问机会、参加各党支部开展的活动；利用中心组织开展的自管小组会议、支部书记讲党课、七一表彰会暨专题党课、宣传工作会、打电话或找个别老同志、老领导收集意见等形式收集意见建议；利用 QQ 群、微信群等现代工具了解收集意见想法和心声。

二是多渠道、多形式解惑释疑。针对收集到“一政策、六担心”（一政策：网上谣传某些油气田是整体移交、集中成立石油社区来管理，建议我们也要样做。六担心：一是担心企业把他们“嫁了”，今后不管了；二是担心现有福利和统筹外费医疗费用报销要改变；三是担心福利费用按平均年龄一次性发放；四是担心福利费用按年逐年减少；五是担心福利费用转地方地方要克扣；六是担心医疗费用报销界定和办理有变化）。中心请分公司离退休管理处领导来川中宣讲三个定心丸、21 条政策，不但消除了他们的担心，而且对未提到、中心从事离退休管理工作人员服务的要求进行了说明；中心利用各种活动、会议对 21 条政策进行宣讲，对移交方案在中心办公区进行张贴公示等。

（二）以目标为导向，成立了相关领导小组

按照油气提出在 10 月底总体完成退休人员移交地方的目标，成立了中心级的移交领导小组及三个具体工作分组。

（三）以结果为导向，强化职责的落实

中心 3 个小组按照分工合作的思路，积极主动、创造性地开展工作，在 6 月底，在油气矿离退休管理部的主导下，与 8 个当地区县签订了退休人员移交工作总协议。在 7 月底，中心移交的基础人员、活动场地情况，移交人员总数、地点，接收人员、移交当地人员等基础性工作全面完成。于 10 月 24 日，中心就完成了退休职工、党员的整体移交工作。目前，对党员的移交在全国党员平台上发起，正有序地转出。

三、着眼目标任务和时间节点，扎实稳妥有序开展移交管理工作

（一）从退休人员、在职职工的思想担心、顾虑入手，开展宣传思想工作

为切实按照分公司、油气矿的总体安排和要求，中心把破解老同志、在职职工的思想顾虑放在了工作的重中之重。一是强化正面宣传引导，及时消除担心顾虑。4 月 27 日中心党政主要领导参加了由分公司离退休管理处组织开展的专题工作意见收集及工作布置会，会上，中心将收集到退休人员担心、顾虑想法做了汇报，按照集团公司的总要求、总任务、总目标和分公司提出的具体操作办法及完成时间节点目标，中心组织两级领导及相关的工作人员进行了专题讨论，提出了做好适度稳妥的口径宣传，以“三个定心丸”为政策宣传总目标，

在中心离退休管理工作群、中心自管小组管理群进行宣传。油气矿 5 月 19 日、20 日，邀请了分公司离退休管理处一行到遂宁片区进行了 3 场（离退休老领导；退休支部书记、中心各协会负责人、退休老同志代表等；在职工作人员）政策宣讲，通过 21 个方面的讲解，对“三个定心丸”、7 个不变再明确。让在职职工看到岗位服务工作希望、增强了动力，坚定做好服务工作的信心，退休职工彻底消除了顾虑、担心。二是着眼总目标任务，强化工作职责和落实。按照分公司、油气矿退休人员社会化移交的目标及时间节点，中心成立了退休人员社会化管理领导小组，并成立了三个社会化移交管理工作小组（宣传信息收集小组、资料清查小组、资产清理小组）并一一明确了相关责任人员及职责，三个工作小组按照时间节点，坚持做到日运行、周通报进展情况，对工作中存在的问题及时反馈到中心领导小组，通过集中讨论分析，有效解决了日常工作中存在的问题，尤其是在移交成都、重庆两地退休人员中，中心坚持按政策摸底，落实专人一一通知，并要求符合条件的人员按相关要求上报有关佐证资料，在成都截止接收时间前，住在成都的一名老同志由于电话变更，在联系多人不知情的情况下，中心组织人员按照原提供的地址找到了本人，收集到相关所需的资料，通过尽心努力，做到了退休人员符合条件又自愿转到异地的人员一个都不落下。三是集中有序开展退休人员社会化移交。为切实把最后一步、也是关键的一步走稳、走实，中心于 9 月初就拿出了具体移交方案，并由中心主要领导带队与周边市区县街道负责人联系，并征求意见，确立“先易后难、先外散后集中”的移交工作思路，提出了打好“三场战”（外围歼灭战、周边突出战、市内兜底保卫战），通过一周两次移交情况通报会，集中解决协调不畅事宜，确保了移交工作稳步有序地开展。

（二）强化服务功能，用心真心做好服务

为切实把退休人员社会化管理工作落根，我们认为，越是改革越要为老同志做好服务。针对新冠肺炎疫情防控，我们在严格按照上级疫情防控一盘棋要求，在做好阶段要求和常态化疫情防控的基础上，开展以提升“五心”感动服务工作入手，强化“两项待遇”和“两个阵地”硬落实，让老同志看到我们真心诚意服务行动。一是坚持全面落实“两项待遇”不松劲。期间持续开展“夕阳红关爱”系列活动，组织重要会议和重大活动通报情况会 33 余场；组织离退休人员体检；持续开展离休干部、困难退休职工走访慰问活动，中心组织人员分 5 组分别到省内、省外走访慰问，及时将企业的关怀传递到困难离退休老同志家中，看望慰问老同志 45 人次。上门为 510 名 85 岁以上离退休职工送去生日蛋糕、鲜花和诚挚祝福，服务满意稳中有升，服务满意度与去年比增长 1.1 个百分点。二是创新“两个阵地”丰富老同志生活。根据矿离退休管理部的安排和要求，中心不断创新活动阵地和党建阵地，从线下转线上，从集中转向分散，从大型转小型，灵活安排老同志文体协会活动，组织开展了微党课进社区、开展了庆祝建党99周年表彰会暨专题党课、开展了八一建军节座谈会。16个退休支部书记参加了中心党委组织开展的“传承红色基因 共忆初心使命”微党课讲述活动，上报分公司离退休管理处，获得分公司二等奖1个，三等奖1个，优秀奖2个；中心组织创作的3首原唱歌曲获得分公司银奖1个、铜奖1个；组织协会分8个小组开展广场舞比赛录制活动；分片组织了协会15个小组开展了“歌唱祖国”的歌舞比赛录制评比，组织协会摄制上报了10个“携手献礼300亿、同心寄抒石油情”视频，12个协会按照中心的统一安排，分别组织开展了庆国庆系列活动等。中心离退休诗书画摄影协会发挥自身特长，分别在国家级、省级刊物发表作品80多篇，协会对收到的300多篇诗歌、书画，200多幅摄影作品进行了评比，分别评出了30个优秀作品进行了印制传播。在疫情期间，中心与诗书画摄影协会创新联办《怡园战役特刊》，讴歌疫情防控增添正能量，已创办发行了24期。小型多样、喜闻乐见的系列活动受到了老同志的好评。

（三）强化团队建设，稳定在职职工人心

职工队伍稳定是中心做好服务工作的关键。中心于7月10日全面完成了小区改造移交工程，年内又要将退休人员移交社会化管理，中心走向何方、职工今后干啥，面对职工对中心存在价值和个人下步干什么工作的置疑，中心领导高度重视在职职工的思想稳定工作，一方面做宣传解释，移交后相关的一些服务工作仍要开展，比如退休职工的福利费用、药费报销等服务工作仍不变；一方面去争取工作量，让职工看到未来发展，中心领导先后到矿区争取了天星A区办公楼的管理、川中车业中心场地租赁等业务，下步，中心还将紧跟分公司、油气矿矿区业务改革步伐来确保中心员工岗位需求，通过以问题为导向做职工的思想政治工作，中心领导说到做到争取工作量，让职工消除了质疑和顾虑。二是强化团队建设，打造“家文化”。为增强队伍士气，凝聚队伍力量，中心在职工中树立“我靠企业生存、企业靠我发展”的“依靠”理念的认同感，打造“责任、团结、协作、奋进”的工作团队，要求每个岗位员工都要做到“精一、懂二、会三”，提高工作技能，增强工作自信；在全员中树立危机意识、忧患意识和竞争意识，增强全员责任感、使命感。在践行上，中心针对职工兴趣爱好，有针对性、多方式地开展职工喜闻乐见的文化活动，尽力满足职工文化精神生活需求，开展好“五必到、六必访”活动，凡职工生病住院中心领导要关心慰问，职工家里有什么困难问题，领导第一时间了解并帮助解决，1至11月底，看望慰问院职工6人次；倡导抓好“互帮互助”活动，凡职工个人工作生活、家人有什么困难，员工间互相关心关爱渡难关，从而形成“领导关爱员工、员工支持参与、员工互相帮助”的“家文化”。目前，中心职工团队中正形成“着眼共同目标任务、相互珍惜工作缘分、彼此谦让珍重对方”的和谐文化良好氛围。

四、几点体会

第一，在落实退休人员移交社会化管理工作中，我们紧紧把握工作原则和大局，按照上级统一安排和部署，按环节精心做好每一步工作是稳妥做好退休人员移交工作的核心。

第二，中心成立的三个领导工作小组确保了此项工作有人抓，对收集到的问题能集中分析、稳妥处理，因此，成立相关工作领导小组是确保这次工作顺利开展的关键。

第三，中心邀请了上级领导做政策的宣讲，增强了政策执行的可信度，中心利用党支部书记、自管小组组长做政策的宣传，增强了退休职工对政策理解的容易度。因此，有针对性地多形式、多渠道地开展政策宣传是成功移交的重要保障。

第四，为得到老同志对中心工作的支持，中心在服务上强化了首问责任制，创造性地开展服务工作和文化活动，得到了退休职工的认可。因此，服务满意度的提升和有效的活动开展是顺利移交的基础。

第五，摸清了在岗职工所思所想所盼，有针对性地做好职工的关心关爱工作及和谐文化建设，精心打造家文化，职工做到了主动克服困难、并与企业共奋进。因此，确保在岗职工思想稳定是做好所有工作的前提。

聚焦“三力”，稳妥有序推进退休人员社会化管理工作

——西南油气田退休人员社会化管理工作的探索与研究

◆ 西南油气田　严　苓

近年来，西南油气田公司按照国务院国资委有关国有企业改革要求，以及集团公司深化改革部署，以“油公司”模式改革为核心，不断调整业务结构、组织结构，优化和提升治理效能，为公司全面决胜300亿战略大气区营造良好发展环境。全面推进国有企业退休人员社会化管理工作是党中央、国务院的一项重要改革部署，也是“油公司”模式改革的一项重要内容，做好国有企业退休人员社会化管理工作，事关退休人员切身利益，事关企业和谐稳定。西南油气田公司党委（以下简称公司党委）坚持以习近平新时代中国特色社会主义思想为指导，按照党中央、国务院和中国石油集团公司党组部署安排，始终坚持问题导向、目标导向和结果导向，以“顺势而为、积极推动”为原则，有序完成退休人员社会化管理各项节点工作任务，扎实推进4.6万名退休人员社会化管理工作，为企业高质量发展传播好声音、增添正能量、做出新贡献。

一、研究背景

2016年3月，《国务院关于印发加快剥离国有企业办社会职能和解决历史遗留问题工作方案的通知》明确要求，对国有企业退休人员实行社会化管理。从2016年开始，采取先试点、后推广的方式，将国有企业退休人员逐步移交社区实行社会化管理，2020年年底前完成。

2020年4月23日，集团公司召开退休人员社会化管理工作视频会议，深入贯彻落实党中央、国务院关于加快剥离国有企业办社会职能和解决历史遗留问题

决策部署，全面启动集团公司退休人员社会化管理工作。

公司党委在推动过程中，坚持以人为本的原则，把退休人员放在心上，始终把老同志的合法权益和合理待遇放在第一位，研究政策、把握形势、积极推动，对存在问题进行深度剖析。

根据前期退休人员社会化管理工作调研情况，工作推进中存在的主要问题有：一是情感落差较大。退休人员社会化管理工作直接涉及广大退休人员的切身利益，敏感度高，西南油气田是一个有着 60 年油气勘探开发历史的企业，退休人员为四川油气田的发展壮大做出了不可磨灭的贡献，广大老同志对石油企业怀有极其深刻的感情，对目前企业的服务管理非常满意，普遍感到温暖幸福，对退休人员社会化管理工作难以接受。二是稳定压力较大。公司退休人员众多，人员构成复杂、遗留问题繁多，各类群体的诉求随着形势变化不断升级，可能对退休人员社会化管理形成阻力，对公司良好的发展态势造成影响。同时退休人员社会化管理对在职职工的思想波动影响大，既担心父母今后的照顾问题，同时也对自己未来的退休生活感到担忧，可能影响到工作的积极性。三是点多面广较分散。老同志遍布川渝两地 150 余个区（县）、1000 余个街道（乡镇）、3000 余个社区（居、村委会）；大部分退休人员居住在原企业所在地，部分人员高度分散，覆盖 28 个地市州，与地方协调对接的层级多、环节多、事项多、困难多，移交落地难。四是时间紧压力大。公司现有离退休服务管理工作人员 300 多人，分布在下属 6 个二级单位，普遍存在担心工作岗位与未来职业发展的情况。退休人员社会化工作时间紧、任务重、压力大，受新冠肺炎疫情影响，一年的重大改革任务要在半年内完成，同时移交过程中涉及的层级较多，地方街道（社区）执行政策尺度不一，移交过程中存在较多无法预料的情况，存在较大难度。

针对这一系列问题，公司党委聚力“两个到位、两项工作、三个方面”，从提高政治站位、加强组织领导、压实工作责任、强化沟通对接、聚焦重点难点等方面着力，稳妥有序推进退休人员社会化管理工作，切实维护退休人员和企业矿区和谐稳定。

二、具体工作

（一）聚力“两个到位”，全面贯彻落实上级决策

1. 坚持组织保障到位，压紧压实工作责任

一是成立专项工作领导机构。将退休人员社会化管理工作纳入公司党委今年重点改革任务，成立了以公司党委主要领导为组长，公司党委常务副书记、副总经理、总会计师三名公司领导为副组长，公司机关 10 个部门和社保中心主要负责人为成员的退休人员社会化管理工作领导小组，建立党委负责、分管主抓、部门落实、维稳保障的工作推进机制，由公司离退休管理部牵头组织推进退休人

员社会化管理具体工作。二是提前统筹谋划。提前做好风险评估，梳理、排查各类不稳定因素，有针对性地提出措施建议。针对公司退休人员社会化管理工作特点，组织召开退休人员社会化管理工作业务研讨会，广泛收集片区6家单位、8个离退休管理中心涉及退休人员的相关问题和诉求，制定处理意见或建议。三是强化责任落实。召开公司退休人员社会化管理工作领导小组会议，研究并制订下发《公司退休人员社会化管理工作实施方案》，以片区确定6家移交责任主体单位，明确责任单位工作职责，制定工作运行大表，建立周报告、月检查通报工作制度，通过公文系统发布5期《公司退休人员社会化管理工作情况通报》，督促各责任单位、相关部门平稳有序推进各项工作。

2. 坚持作用发挥到位，协调运作有序高效

一是担当责任。牢固树立一盘棋思想，坚持区域整体协调、一体化统筹，切实担负起片区牵头责任，定期组织碰头会，履行好川渝地区协调组组长单位职责，召开川渝地区石油企业14家协调组成员单位参加的退休人员社会化管理工作协调会，通报工作开展情况、交流经验做法，及时协调解决了成都市部分区县对本区域外居住人员人事档案及管理服务职能地方不予接收等问题。公司对中油国际、规划总院、广西销售公司、塔里木油田公司等12家非川渝籍企业在川渝地区居住的退休人员社会化移交，多次与各区、街道及社区沟通协调，汇报对接，顺利完成移交任务，切实维护了石油企业退休人员的整体利益。二是凝心聚力。各成员单位明确专人对接，建立互通有无、优势互补、信息对称的协作互动工作机制，向各托管单位发函，指导托管单位按要求完善各项移交资料，微信工作联络群做到一事一回复，针对重点问题开展研究，成立管理服务、人事档案、党员组织关系、专用活动场所、社会保障管理五个专项移交工作小组，召开有川庆钻探公司、中油测井公司、华油公司等17家专业化单位参加的联席会，确定托管单位退休人员档案的归集。

（二）聚力“两项工作”，确保工作形成合力

1. 对内做好正面引导，保持退休人员稳定

一是坚持“以人为本”，组成三个调研组分片区、分类别组织召开退休人员社会化管理工作座谈宣讲会37场，覆盖川渝地区退休老领导、退休支部书记、文体协会会长、自管小组长、退休人员代表、离退休工作人员等约800人。充分发挥离退休职工党支部的战斗堡垒作用和离退休职工党员的先锋模范作用，常态化建立“片区责任单位—离退休管理部门（中心）—退休自管小组”三级联动模式，全面宣贯《退休人员社会化管理工作宣传手册》，把“三个定心丸”宣讲到每一名参会人员。二是先后对公司所属川中油气矿、重庆气矿、蜀南气矿、川西北气矿、输气管理处、成都综合管理项目部开展专项调研，督导退休人员社会化管理工作，就移交工作中存在的问题进行研讨与分析，查漏补缺拟定针对性控制措施。建立应急管理机制，开展社会稳定风险评估，认真落实化解措施，完善工

作预案，加强企地联动，确保退休人员和企业矿区和谐稳定。

2. 对外做好企地对接，营造良好工作环境

一是主动对接。在资料移交工作量大，对接政府部门多，各地接收安置政策下发时间晚等情况下，公司离退休管理部门主动作为，强化与驻地政府及业务部门的协调沟通，与川渝两地所辖 28 个地市州中的 150 余个区（县）党委和政府建立了广泛的联系机制，一方面主动到地方政府、相关部门、街道（社区）汇报对接，一方面邀请地方国资委、党委组织部、财政局等部门到公司所属相关单位指导退休人员社会化管理移交工作，对接人事档案、党组织关系具体移交事宜，协同推进退休人员社会化管理工作。二是用好政策。公司退休人员社会化领导小组办公室和责任单位组织专人研究文件政策，认真梳理共性问题，积极主动向驻地政府汇报、沟通和对接，扎实推动退休人员人事档案、组织关系、管理服务等重点业务移交，切实保障退休人员移交后享受居住地社会化管理服务“一项不漏”。

（三）聚力“三个方面”，协调推进各项工作

1. 注重程序规范，夯实移交基础

以“底子清、情况明、数字准”为总要求，在优化管理、完善机制上狠下功夫，统筹加快推进退休人员信息采集、人事档案整理、组织关系清理等基础工作，利用信息化手段完善退休人员台账并建立电子档案，实现“网络化、可追溯”受控管理，圆满完成 4.6 万名退休人员基础信息采集，4.6 万名退休人员人事档案和 1.4 万名退休职工党员组织关系的整理。公司成立由相关业务部门组成的资产核查小组，克服活动场所较多、情况复杂的实际，实地勘察退休人员活动场所，全面捋清资产与活动场所运行状况，结合公司实际情况，因公司专用于退休人员的服务活动场所均位于石油小区或办公场所内，难以分割划转，目前确定专用活动场所暂不予移交，采取场所共用、活动联办的方式开展相关活动。

2. 注重聚焦难点，破解重点问题

针对退休人员企业所在地、户籍地、常住地、基本医疗保险、基本养老保险等“五地”不一致，跨地区异地移交人员较多的情况，认真摸底征求老同志意见，制发退休人员移交地确认工作指南，并与异地退休人员一一电话确认移交地，做好异地移交人员信息收集及档案整理工作，争取在地方接收政策范围内稳妥安置退休人员。公司各责任单位互通有无、畅通渠道，不厌其烦多次上门向辖区街道（社区）汇报请示，针对部分地市州对企业注册地以外人员不予接收的情况，经多次沟通汇报，确定通过出具相关授权委托书等方式，确保了异地退休人员的顺利移交。公司各责任单位积极与各地街道（社区）对接，沟通商讨移交具体内容，通过多轮协商完成《退休人员社会化管理移交协议》签订工作，率先完成退休人员社会化管理协议签订工作的责任单位，积极向其他责任单位分享经验做法，以点带面，示范推动，促进了其移交工作加速推进。

3. 注重“三个统筹”，探索服务管理转型发展

公司坚持社会化管理移交与疫情防控、日常服务管理、常态化移交“四个统筹”协同推进，针对疫情特殊时期，努力创新工作方式，通过视频会议、网络通信、远程办公等工作方式及时传达退休人员社会化管理各项政策，合理做好人员调配及分工；严格执行值班值守制度，通过电话接件、网络收件、上门收件等方式灵活开展新增退休人员的接收、医疗费用报销、政策业务答疑、后事处理等工作，确保在疫情与退休人员社会化管理工作期间离退休各项待遇落实到位。认真做好退休人员困难帮扶与走访慰问，坚持重大节日走访慰问看望离休干部、老红军遗孀、老领导和困难老同志，努力为离退休老同志提供优质精良的服务，公司离退休人员无一人确诊或疑似病例发生。认真梳理退休人员常态化移交工作流程，加强与地方政府、街道、社区常态化联系，努力做好各项管理服务工作的衔接，防止形成管理和服务的真空，确保退休人员服务保障不断档、服务质量不降低。

三、工作成效

公司已全部完成与川渝两地 28 个地市的 150 余个区（县）协议的签订。

离退休职工系统工作人员攻坚克难、勤奋工作，涌现了大量先进感人的群体和事迹，圆满完成了改革任务和各项工作。在集团公司 2020 年 10 月 20 日下发的《退休人员社会化管理工作进展情况通报》中，公司的总体移交完成率和三项主要业务移交进展完成率达到 100%，对公司退休人员社会化管理工作给予了充分肯定。

下一步，公司党委将主动适应新形势新要求，进一步厘清明确企业离退休服务管理职责定位，建立界面清晰、分工明确、补位精准、协同有序的服务管理新模式，以不断提升离退休人员的安全感、获得感和幸福感为目标，采取党建共建、活动联办、场所共用等方式配合街道社区持续加强离退休人员队伍建设，用心用情做好移交后离退休服务管理和转型发展工作，为公司高质量发展提供一个和谐稳定的“大后方”，不折不扣地把公司党委对老同志的关心关爱、对离退休工作的希望要求落到实处，绝不辜负党组织对我们的信任和嘱托，以锐意进取、开拓创新的精气神和埋头苦干、真抓实干的原动力，为中国能源安全做出新的更大的贡献。

浅谈信息化在退休人员社会化管理工作中的运用和作用

◆ 西南油气田　高　雅

当今社会的高速发展离不开信息化技术和手段，信息化已经渗透进企业管理的方方面面。我单位在此次退休人员社会化管理工作中主要依靠信息化技术实现了退休人员各项信息数据精准化、档案数字化。这两项工作的有力推进，大大提升了本次退休人员社会化的工作效率，使得我单位在时间紧、任务重、地方政府政策出台迟等不利因素下走出困局。

一、时间紧、任务重、政策出台迟的退休人员移交现状

2020 年是“国有企业退休人员社会化管理”改革推进的重要年份。上至中央，下到省市，各级文件都要求企业在 2020 年年底前，集中力量将尚未实行社会化管理的国有企业退休人员移交乡镇（街道）、社区实行社会化管理。

我单位现有退休人员分布在四川省各地乃至外省市一共 49 个区县。四川省，特别是成都市的相关政策出台得相对较晚。从成都市 5 月底出台具体移交政策到年底移交工作收尾考核，只有 7 个月时间。在这有限的时间内要完成人事档案、党员组织关系、社会保障管理、专用活动场所和管理服务职能移交五项任务。面对困难和压力，我单位在成都市政策未出台前大量收集、解读中央和各地方退休人员社会化管理相关文件，积极思索此项工作开展流程，关键环节后认为此项工作的关键节点在于建立一套完善准确的退休人员个人信息系统和退休人员档案数字化管理系统。

二、信息化在退休人员社会化工作中发挥的作用

集团公司离退休职工办公平台，是关于离退休职工各类信息的数据采集、数据整理、数据加工、数据发布、数据检索使用的信息化系统，涵盖了离退休职工

和离退休业务的所有信息。通过离退休平台能检索出每一名老同志的基本情况，每一个离退休管理部门的工作开展情况。自平台推广以来，退休管理人员很多工作也从线下移至线上。虽然平台应用成效日益显著，但针对此次成都市“按照老同志长期居住地移交”的移交政策来讲，在进行各省、市、区、街道等筛选时就显得力不从心了。

离退休职工管理办公平台内现有的信息大多是在老同志退休时留下的。退休人员居住分散，更新人员信息时基本靠离退休人员或者其家属主动告知，导致离退休人员信息更新困难，不及时。退休人员社会化推进工作提取的数据可信度必将大打折扣，必然会对后续移交工作产生负面影响。

（一）信息化支撑退休人员社会化管理工作精准移交

退休人员社会化管理工作中，成都政策出台晚，在没有具体指导意见的情况下，我单位参看北京、重庆等地区出台的移交政策，在反复解读上级文件精神后，一致认为落实好退休人员的“长期居住地”是本次移交工作中一项非常重要的个人信息，甚至如何收集整理好退休人员的长期居住地，对整个移交工作都有着至关重要的意义。退休人员分布在成都市 7 区 73 个街道，527 个社区，如何提高移交工作效率？项目部在摸清基本情况后，联系软件公司派电脑专家现场了解情况，有针对性地开发出项目部离退休职工信息管理系统。此信息系统在集团公司离退休职工管理办公平台导出数据的基础上，增加了更多个人信息选项、筛选查询和综合统计功能。我单位离退休管理部和四个基层单位依靠信息管理系统快速地对老同志的最新信息进行录入整理，很快就生成了成都市 7 城区、73 街道、527 个社区的退休人员区划明细表，并在下步工作与各区各街道的紧密衔接中，也很少因为老同志个人数据的问题影响整体工作推进。虽然我单位是西南油气田二级单位中最后一个开始启动移交工作的，但是由于我们使用高效、精准的信息处理系统，在年底退休人员社会化工作考核中我单位的工作成绩排在了前列。

（二）信息化环境下退休人员档案管理提升及意义

在此次退休人员社会化工作中，人事档案移交是实质性移交中非常重要的一环。在党组织关系移交过程中，街道、社区各级地方政府都要求提供退休人员或者党员档案材料纸质文件或者数字化文件。项目部凭借仅有的人力和物力如何提升工作效率？

1. 我单位退休人员档案管理现状

在推进退休人员社会化管理工作之前，我单位整体对退休人员档案管理的水平和效率不高。虽然在档案管理上尽量做到了规范化和标准化，但是在档案信息化建设这块有所缺失，影响退休人员社会化管理工作进度，达不到地方档案移交标准。因为我单位移交人员多，退休人员不仅包括成都地区，全省各地二级单位都有人员参与本次移交，我单位档案管理的复杂性和难度较大。

2. 人事档案信息化

人事档案信息化是提升档案管理水平的法宝，是推进退休人员社会化管理工作的重要推手。目前退休人员档案管理水平整体不高，主要靠手工操作。开展退休人员档案数字化、信息化建设迫在眉睫。在本次退休人员社会化管理工作中，显现出档案信息化、数字化的重要性。很多街道和社区在接收党员时，都要求企业提供党员档案的复印件或者扫描件。我单位退休职工当中有3000多名党员，如果不依靠档案信息化、数字化，光依靠工作人员手工复印，速度慢、效率低、质量差。因此，档案信息化、数字化工作迫在眉睫。

档案管理信息化建设是一个系统工程，必须做好档案管理的标准化、规范化。应统一档案格式文本和种类，提升档案查询和使用效率，在了解其他兄弟单位档案信息化工作和成都市各区档案移交标准后，我单位综合考虑确定使用紫晶档案软件。档案整理标准参考《劳动部、国家档案局关于颁发〈企业职工档案管理工作规定〉的通知》文件要求，分为十大类别，按照纸质档案数字化规范，指导人事档案电子化工作。

退休人员信息化建设工作是退休人员社会化管理工作顺利平稳推进的一个重要前提，是提高退休人员社会化管理工作准确性和进度的一项基础工作。它可以有效提高移交工作的效率和质量，也能在移交工作完成后，企业后续为老同志服务的过渡期内帮助街道、社区准确掌握退休人员的各项数据，实现各种信息方便、快捷地统计分析，让企业更好地为老同志们服务。

在新的环境和形势下，我单位正在积极思考下步退休人员物业费用发放，托管代管单位费用收取等方面怎样有效和离退休信息平台有机融合，在离退休人员费用发放、收取上发挥出信息化管理的优势和效率。

如何在退休人员社会化管理过程中做好稳定工作

◆ 西南油气田　张纯浩

为深化国有企业改革，强化公共服务保障均等化需要，进一步提升退休人员保障服务水平，2015 年和 2016 年中共中央、国务院先后印发《关于深化国有企业改革的指导意见》和《加快剥离国有企业办社会职能和解决历史遗留问题工作方案的通知》，进一步明确了国有企业的改革方向和对国有企业退休人员实行社会化管理。面对改革大势，怎样稳妥有序推进退休人员社会化管理工作，实现退休人员队伍思想稳定，传递主流价值，给企业离退休服务管理工作提出了新的更高的要求。

退休群体是社会构成中的一个特殊群体，他们曾是企业发展的中坚力量，后随着年龄的增长、身体机能的退化，逐渐退出社会生产的一线，但从社会整体结构的角度来看，他们的存在仍会对企业的改革与社会的发展产生不可忽视的影响。他们存在于社会转动的齿轮中，既是当前社会生产创造的受益者，同时也是社会前行的推动者。企业若要顺应社会发展而转型，做好退休群体的稳定工作是其中的关键。基于此，本文就西南油气田在实际管理中如何做好退休人员队伍稳定工作这一问题对维护离退休群体稳定的相关工作展开分析，以供借鉴。

一、国有企业退休人员社会化管理工作中存在的困难

（一）退休职工点多面广基数大，区域稳定工作任务繁重，“一盘棋”难以做到面面俱到

企业职工在退休之后，除留在原住地外，或随子女生活，或去其他城市安养，以西南油气田公司为例，现有退休人员 4 万余人，同时代管四川销售、四川石化、中油工程和宝石机械等单位退休人员，离退休服务管理对象约 6 万人。其

中，老同志遍布川渝两地150余个区（县）、1000余个街道（乡镇）、3000余个社区（居、村委会），仅省外、国外、异地居住的同志就有6000余人。因居所处于分散状态，加大了退休人员配套保障措施的落实难度，难以确保每位退休人员能享受到企业和社会的各项惠民政策。同时，受限于生活水平不同及社区服务不同等因素影响，很难确保服务全覆盖、无盲区，进而造成退休职工生活满意度的差异。

（二）退休职工诉求多样化，极易因个例放大引发群体影响，“一人一策”难以实现全面覆盖

企业退休职工因个体、学历、职级、收入等差异因素影响，对退休后的诉求表达也不尽相同。而退休服务的开展内容缺乏明确性、针对性，常常令人产生“踢皮球”的错觉。在此种情形下，如若相关管理部门未能给予积极回应和满足，则极易导致企业同退休职工之间引发矛盾，矛盾如若未得到解决并持续发酵，则易导致群体事件的发生，进而影响到退休职工队伍稳定工作的落实。

（三）离退休管理呈现“两增一减”和“三高五不”趋势，容易造成管理空当和服务盲区

目前企业离退休管理工作主要呈现“两增一减”的结构性变化，即退休人员逐年增加，离退休总量逐年增加，离休干部逐年减少；企业离退休职工群体也出现了“三高五不”的主要态势，即退休的高峰期、年龄的高龄化、患病的高发期；受生理年龄增长以及身体机能退化的影响，高龄退休人员逐渐出现“五不”的生理特征，即走不动、看不见、听不到、说不清、记不住。退休职工队伍不断扩容，服务工作的多样性与企业现有服务管理能效矛盾凸显。同时，退休人员社会化管理对在职职工的思想波动影响大，使他们既担心父母今后的养老问题，也对自己未来的退休生活倍感担忧，从而影响到工作的积极性。与此同时，就离退休管理从业人员而言，对自身发展和未来规划存有顾虑，他们也同样焦虑地承受着衍变的压力和不适。

二、不稳定因素分析

（一）退休人员对社会化管理服务认知不足，从而产生抵触情绪

实现退休人员社会化管理，退休人员不再分享企业改革发展带来的实惠，必然使退休人员原有的权益和利益发生调整，对权益和利益问题的“只涨不跌、盼涨怨跌”心理极大地降低了退休职工群体的期望值。退休群体也极容易将社会化管理改革错误地认为是被“家”抛弃，是在“移土断根”，从而造成不理解、不习惯等心理波动。虽然企业退休人员社会化管理是大势所趋，企业的退休群体也并非毫无准备，但真牵扯到自身利益，则仍难免心理落差。尤其在推进过程中，如若政策宣传、落实无法做到精准衔接，退休群体的负面情绪将会为企业运转带来很多不利影响。而此时管理部门如能组织领导到位、提高履责效能，则可有效预防上访事件、保持管理稳定，从而令企业平稳度过这一环节。

（二）退休人员与企业的感情深厚，在心理上难以与企业分离

西南油气田是一个有着60年油气勘探开发历史的企业，其发展过程中曾有无数员工前赴后继、奉献青春、挥洒汗水，这些员工见证企业成长，如今被企业移交社会管理，心中难免不忿，但更多的是那份羁绊难以割舍。然而事实上，交由社会养老服务机构管理，退休人员仍能得到应有的物质保障与精神服务，不与“老有所养、老有所医、老有所教、老有所学、老有所为、老有所乐”这一养老理念发生冲突。此外，养老管理责任的移交还能在保证养老服务项目不缩减的情况下规范养老服务的开展，令养老服务分工更加明确、内容更加具体、模式更具针对性、服务更加有序，从而提升退休人员的满意度。

（三）进入社会化常态管理后，担心个人诉求及困难无法得到有效解决

受国有企业性质及历史原因影响，国有企业一度肩负部分社会服务职能，在其内部建立“三供一业”，实现对内部员工的教育、医疗等职能。而企业员工生活、工作均在社会功能相对齐全的生活小区内，享受企业提供的优越生活环境、优质服务、优秀组织工作、优良扶贫帮困措施。作为央企、国有大企业的职工，比一些“社会人”拥有不同程度的优势和优越感，也形成了依赖单位的习惯，形成了有事找企业、有困难找组织的思维定式，社会适应能力相对较差。随着“三供一业”的剥离、退休人员社会化管理推进等国家政策的实施，部分原有诉求便从本质上发生了变化。然而在这一转变的过渡期间，企业依然是职工及退休同志心中“根深蒂固”的依赖，退休同志依然期望企业承担起部分管理职能，从而弥补街道社区、地方政府的部分管理缺失。这种依赖极大地增强了企业的不稳定因素。

三、维护退休人员队伍稳定的途径及思考

（一）推进企业退休职工思想建设工作，助力退休职工队伍安全稳定

持续增强退休人员为党和人民的事业、企业改革发展增添正能量的价值取向，引导广大退休职工充分“展示阳光心态，体验美好生活，畅谈企业发展”，始终将退休同志团结在企业精神弘扬和传承上，积极为企业稳健发展传播好声音、重塑新形象、增添正能量。一是要把送温暖、献爱心等传统活动作为维护退休职工队伍稳定的有效抓手，在政策范围内积极为老同志解决实际困难，使退休职工退休生活得到无缝衔接、平稳过渡。二是通过党建共建、活动联办实现场所共用，对接社区街道继续发挥退休职工党员价值、丰富其退休生活。三是加强对离退休管理工作人员的培训，在实现社会化移交后始终当好老同志的“娘家人”，努力增强责任意识、服务意识、创新意识以及沟通技巧、心理辅导能力等，配合

做好养老惠老政策的咨询解释和政策的落地，妥善解决退休群体的历史遗留问题。四是通过加强离退休人员管理服务信息化平台建设，精准开展服务管理，并为退休管理衔接补位工作提供数据支撑。

（二）探索服务管理转型发展，为退休职工提供优质服务

在当前社会条件下，大多数退休职工的基本物质生活需求均能得到保障。随着社会化管理逐步完成，企业对于退休职工的管理服务职能也发生相应改变，持续做好各项管理服务工作的有机衔接，避免形成管理服务盲区，保障退休人员服务保障工作不断档、不掉线。企业服务职能也满足精神需求保障转变，更加侧重对退休人员的心理和精神上关怀。基于此，准确把握退休职工群体的年龄、家庭状况、兴趣爱好等差异，以增强思想认同和心理认同为目标，有的放矢地开展思想工作，可以为队伍稳定构建基础。企业在保障退休人员“两项待遇”基础上，可以建立起心理干预工作机制。同时，可以充分利用现代化信息技术手段，克服退休群体地域跨度大等问题，针对心理和情绪问题开展心理讲座、推送微信公众号、进行线上心理问卷调查，继续促进企业与退休职工之间的交流和互动。同时，企业可以通过利用和加强离退休人员管理服务信息化平台建设，通过信息技术推动相关工作对离退休职工的全覆盖，为后续服务工作的开展提供可靠的数据渠道。

（三）探索党建共建活动形式，持续为企业发展持续传递正能量

积极探索与社区党支部、各类组织党建共建形式，通过座谈会、活动共办等方式，坚持企业改革发展重大问题及时向老同志通报，重要会议请老同志参加，重要决策充分听取老同志的意见和建议，为退休干部发挥作用搭建平台、创造条件，引导广大老同志当好企业发展的“参谋员”，为企业持续贡献余热。充分利用发挥退休职工骨干作用，引导离退休干部当好企业发展的“宣传员”，组织老同志讲好企业故事、传承企业精神，大力弘扬主旋律、唱响正气歌、增添正能量，展现企业退休人员的好面貌、新风采，更好地汇聚团结奋进的精神力量。

关于做好退休人员社会化管理移交工作的思考与做法

◆ 西南油气田　贺　宏

2019年3月，中共中央办公厅、国务院办公厅下发《关于国有企业退休人员社会化管理的指导意见》，2020年3月集团公司下发《关于推进企业退休人员社会化管理工作的指导意见》。两个文件的出台，预示着广大石油退休职工社会化管理工作的正式启动。

输气管理处作为成都主城区以外接收退休人员最多、接收单位最多、退休人员居住地域最广的单位，深感责任重大、使命光荣。笔者在广泛与退休人员、离退休从业人员的交流中掌握了大量第一手资料，通过思索与探讨，对如何稳步推动输气管理处退休人员社会化管理工作有如下认识与应对措施的思考。

一、社会化管理对象的当前心理与存在的问题

输气处离退休管理部下设基层单位离退休管理中心，6个基层服务部分管离退休工作。退休职工主要集中分布在华阳、成都、新津、广汉、龙泉、资阳、资中、内江、合江、自贡、泸州等地。公司所属单位通过输气管理处移交的退休人员约1500人。

第一，退休人员对社会化管理的心理准备不足。一些退休人员对转入社会化管理抱有消极态度，因为他们觉得自己为企业劳心劳力半辈子，企业有负责他们晚年生活的义务。退休之后就要和企业分离，并被交由地方管理，容易让人产生负面情绪。尤其是经营情况较好的企业的退休人员，其十分担心进入地方社区管理后，其待遇会与在企业时相差过大。同时，他们也担心一旦纳入社会化管理，之后出现的一系列问题和困难，就没有能依靠的组织了，成为无人管的“社会人”。

第二,一些地区退休人员社会化管理的专业性不高。退休人员社会化管理并非口头工作，也不是某一项具体的管理工作，而是需要考虑地域特征、人文差异，以及经济发展水平等多种因素。这就要求有较高专业水平的人员来从事这一工作。但实际上，当前不少地区的社会化管理团队整体素质不高，难以高效地完成政策性较高的社会化管理工作。而企业离退休管理部门，通过多年高要求、高标准发展，无论是硬件、软件都不输地方管理，尤其是在党支部建设、医疗保险服务、文体活动开展、空巢孤寡老人关爱等方面，有不少亮点特色。企业退休人员担心进入社区后，服务广度与深度都无法与企业的管理相提并论。

第三，企业原有历史遗留问题会重新找到宣泄的渠道。四川油气田在发展中，由于历史长、单位多、发展不平衡，退休人员数量庞大，也存在各种矛盾与历史遗留问题。如果实行社会化管理，这些矛盾与历史遗留问题势必会带入街道（社区），并再次旧事重提，尤其是企业工作人员的退出，对这些问题的解决会相当困难。

二、如何做好退休人员社会化工作

第一，讲清楚退休人员社会化是完善社会治理体系的需要。坚持完善中国特色社会主义制度，推进国家治理体系和治理能力现代化，是党的十九届四中全会的重大决策。推进退休人员社会化管理，理顺企业与社会和政府的关系，让社会公共服务回归社会、回归政府，有利于完善国家治理体系，整合社会资源，提升政府社会治理能力，是深化国有企业改革、剥离企业办社会职能的需要，是保障企业退休人员待遇、共享经济社会发展成果的需要。

第二，进一步提高思想认识，加强工作组织。退休人员社会化管理移交单位要进一步提高政治站位，切实增强责任感和紧迫感，成立由单位主要领导任组长的退休人员社会化管理工作领导小组，建立主要领导牵头、分管领导负责、相关部门协同配合的工作机制，组建工作专班，分解落实责任，倒排工作进度，加强协调对接，确保按期完成退休人员社会化管理工作。执行过程中要认真执行国家、地方政府和集团公司相关政策规定，严格工作程序，规范组织实施，对于统筹外费用清理规范、专项资产划转等重要事项，要严格按照集团公司有关管理制度及程序进行申报审批。对推进过程中遇到的重点、难点问题，及时加强与地方政府沟通对接，确保退休人员社会化管理移交工作安排要求落实到位，确保规范操作实施。

第三，按要求妥善处理退休人员统筹外费用。根据国务院国资委及集团公司有关要求对统筹外项目进行清理规范并妥善处理，不再新增统筹外项目，不再提高发放标准。集团公司发放或执行政府标准发放的项目按原渠道列支，继续发放；属于四川油气田保障类项目继续由企业负担，按原渠道列支，原方法发放，让退休人员合法待遇不降低。

第四，妥善确定移交地。离退休工作人员要兼顾退休人员企业所在地、户籍所在地、实际居住地（集中居住地或长期居住地）、养老保险所在地、医疗保险所在地，争取整体移交或相对集中移交。对于需要跨省级或地市级政府移交的，要做好与相关地方政府的沟通协调，尊重退休人员意见，明确移交地意向，妥善确定移交地。相关移交手续要由企业统一办理，原则上不应由退休人员自己办理，增加退休人员的负担。

第五，妥善做好走访慰问和困难帮扶。退休人员移交地方管理后，企业要继续关心关爱退休人员，发挥好工会、老年协会等组织作用，按照《中国石油西南油气田分公司扶贫帮困送温暖工程实施细则》相关要求，做好走访慰问和困难帮扶等工作，可采取邀请退休人员参加相关会议、召开情况通报会、座谈会等多种形式使退休人员了解企业改革发展情况、提出意见建议、发挥余热，确保退休人员与企业的感情纽带不会断。

第六，妥善衔接党建工作。在社会化管理移交工作中，更要坚持党的全面领导，充分发挥输气管理处 62 个基层党组织战斗堡垒和党员先锋模范作用，让近 3000 名党员成为社会化管理移交工作的理解者、支持者。扎实做好党的建设各项工作，确保党建工作妥善衔接。移交后可采取党建共建、活动联办、场所共用等多种形式，加强企业党组织与街道和社区退休人员党组织的联系对接。

第七，营造良好氛围，确保企业稳定。在坚定不移推进退休人员社会化管理工作中。要加强政策宣传和舆论引导，深入细致做好思想政治工作，争取广大退休人员的理解支持，营造良好工作氛围。要强化风险意识，坚持底线思维，提前研判移交工作过程中可能出现的各类风险，制订相应预案，有效做好矛盾化解和各项稳定工作，稳妥有序推进退休人员社会化管理工作，切实维护退休人员和企业矿区和谐稳定。

三、输气管理处社会化移交中的具体做法

（一）抓急抓大，把握问题主要方面

2020 年 3 月 19 日，输气管理处离退休管理部、维稳信访部前往资阳市国资委、资阳市雁江区人民政府相关部门，就输气管理处退休人员社会化管理和人员、档案、活动场所移交等相关事宜进行了洽商，拉开了输气处退休人员社会化管理移交准备工作的帷幕。资阳市是四川省最早启动社会化移交工作的城市。

输气管理处向资阳市相关部门介绍了本单位退休人员基本情况、日常服务与活动场所，以及前期政策学习与对退休人员的文件解读等情况。资阳市相关部门对社会化管理工本地区的工作方案进行了说明。通过沟通，我们了解了地方政府对移交工作的态度、工作流程、工作进程要求，地方政府也知道了企业的积极态

度，为下一步工作起到了积极引导作用。

与此同时，输气管理处积极与成都市天府新区国资委等相关部门，就输气管理处退休人员社会化管理及人员、党组织关系、档案、军队转业干部移交等相关事宜展开洽商工作。拟移交天府新区退休人员近5000人，占输气处整体移交人员的一半以上，是单一移交人数最多的地方。

输气管理处格外重视与天府新区的工作对接，多次向天府新区相关部门介绍了我单位退休人员基本情况、日常服务与活动场所分布，以及前期政策学习与对退休人员的文件解读等情况。天府新区对社会化管理本地区的工作方案进行了说明，彼此在尊重移交原则的基础上，对输气处存在的具体问题给予了特别处理。天府新区原则上同意输气处居住在异地、不方便移交当地的退休人员，以输气处营业注册地为由向天府新区移交。输气处全权处理天府新区直管区所有四川油气田退休人员的移交工作，双方确立移交工作联系机制。

（二）以宣讲为契机，做好舆论导向

5月14日，西南油气田公司离退休管理部一行，到输气处就企业退休人员社会化管理工作进行政策宣讲，华阳片区离退休老同志和工作人员近70人参加宣讲会。随后又前往新津、广汉、资阳等地进行政策宣讲。

宣讲结束后，输气处离退休管理部、离退休管理中心、6个服务部多次召开宣讲会，分别组织退休处干部、一般离退休职工和工作人员三个层面，就集团公司《关于推进企业退休人员社会化管理工作的指导意见》多次进行了宣讲。重点围绕退休人员社会化管理工作移交人员范围、相关待遇和费用如何保障、社会化管理后老同志和企业之间的情感纽带等重点关切问题进行了政策解读，并对退休老同志提出的问题进行了一对一解答。

根据输气处在退休人员社会化管理工作推进过程中遇到的问题和困难，针对下步工作，制定工作措施：一是发挥离退休职工党支部的战斗堡垒作用，做实做细宣传工作，确保老同志吃下“定心丸”；二是做好离退休职工基本情况摸排，通过电话、微信等多渠道采集老同志信息，并做好分类建册，准确摸清退休职工基本情况，确保准确无误，为退休人员社会化工作打好基础；三是及时准确掌握企业退休人员社会化管理工作推进过程中的问题和矛盾，畅通信息渠道，资源共享，确保平稳有序推进企业退休人员社会化工作。

通过细致入微的思想工作，下一步的工作中我们得到退休人员的理解与支持。

（三）全面人工清核退休人员人事档案

5月28日，与输气处人事科协商，次日起对8000余份退休人员档案开始清理、核查。人事科、离退休管理部、两中心将严格按照时间要求进度，力争在半个月内完成该项工作。

本次清理、核查工作是退休人员完善相关资料的配套工作，涵盖全部退休人员、退休五七人员，根据人事档案相关要求全面推进。一是清理人事档案的完整与完好性，包括档案内容与档案袋。二是清理档案排放次序是否按照汉语拼音姓氏排序存放，保证调取的准确性与迅速性。三是清理档案中是否有未装订入册的资料，确保人事档案的完整性与连续性。四是清理核实缺失档案人员名单，做好相关情况登记。

与此同时，将向输气处相关退休人员托管单位通报人事档案清核工作要求，对400余份留存托管单位的退休职工人事档案，敦促托管单位相关部门同期开始清理、核查。

6月15日，人事档案清理工作顺利结束，通过清理发现220份档案缺失，7月以后抽调人员陆续从川中、蜀南、重庆等兄弟单位取回150份人事档案。

（四）加快完成退休人员资料的完善与收取工作

根据西南油气田分公司退休人员社会化管理工作推进时间要求，从6月1日开始，到6月18日结束，输气管理处离退休工作人员已收取8251份退休人员相关资料，提前两天完成该项工作。

输气管理处所管理与服务的退休人员数量庞大、居住高度分散，人数超过100人的居住地有12个县市，从6月1日起，工作人员投入大量精力，加班加点，为了确保在时间要求内完成该项工作，采取了一系列措施与方法。一是通过62个党支部、自管小组、微信群、电话等方法方式，通知到所有退休人员，加速信息的传送。二是与上级主管部门反复确认收集信息内容与方式，在得到确认后，制作信息收取模板下发6个服务部的离退休管理部门，确保了收取资料的完整性与准确性。三是在疫情期间，采取灵活多样的收取方式，以便捷、快速、准确为工作基点，提倡使用现代办公设施递交资料。四是离退休管理部、两中心、6个服务部投入最大人力，保证资料收取工作的推进力度，确定专人保管相关资料，防止退休人员信息泄露。五是做好维护稳定工作，对离退休工作人员做好正面宣传与引导工作，做好个别有顾虑与情绪的退休人员的思想工作，确保资料收取工作顺利开展。

（五）加强与成都周边县市的移交协商

我们在成都主城区以外的青白江、崇州、彭州、都江堰、温江、郫都、大邑、蒲江、眉山地区8区县，德阳6区县，乐至、安岳等20个区县有200余位退休人员，个别区县就一两位退休人员。人数虽然不多，而且也可以移交企业注册地天府新区，但考虑到退休人员就地移交可以享受到更好的地方待遇，我们以“好事办好”的责任心，积极与上述区县移交对口单位联系，采取责任分包、各路出击、重点突破的战略战术，个别区县经过多次、反复、不断提高层级的谈判，全部达成国企退休人员移交协议的签订。我们还解决兄弟单位上述地区300余人的移交难题，实现了退休人员就地移交，确保了退休人员的利益最大化。

（六）积极对接省外国资委，争取省外移交有所突破

2020年上半年我们多次与北京、上海市、江苏省、陕西省、贵州省联系，本着老同志自愿、我们积极配合的原则，努力争取跨省移交，但效果不佳。10月我们多次与贵州赤水市国资委、街道、档案馆联系，表明退休人员的真实意愿，11月中旬局势迎来了转机，他们请输气处提供人员资料，近期研究。12月1日，输气处与赤水市正式签署退休人员移交协议，实现了首例跨省移交。

截至12月1日，输气管理处全面完成与贵州省赤水市、四川省成都市天府新区、成都市高新区、资阳市、龙泉驿区等31个市县国资委与相关部门，就输气管理处退休人员社会化管理及人员、党组织关系、档案、军队转业干部移交等相关事宜的洽商工作。

可以说，输气处是与地方政府，签订移交协议最多、移交区域最广、进度较快的单位，这与上级的督导、自身的努力密切相关。

国有企业退休人员社会化管理工作是2020年输气管理处的重点工作，牵涉两个省、31个县市地方政府，以及为四川油气田奋斗过的8000余退休人员。以上思考与措施还将在具体工作中因地制宜、稳步推进，也需要输气处举全力攻坚克难，共同做好这项千头万绪的工作，赢得退休人员最后的全面移交。

关于做好国有企业退休人员社会化管理的几点思考

◆ 西南油气田　罗忠敏

退休人员社会化管理是国有企业改革发展的必然趋势，是贯彻落实党中央、国务院部署的一项重大改革任务。切实做好这项工作，对于保障广大国有企业退休人员晚年生活的安康，提高生活质量，维护和谐稳定，具有十分重要的意义。为充分实现退休人员“老有所养、老有所为、老有所乐”，加快构建针对国有企业退休人员的社会化管理服务工作体系，提高社会化管理服务工作水平成为当务之急。

一、国有企业退休人员社会化管理的意义与必要性

（一）退休人员社会化管理是完善、健全社会保障体系的重要措施

广大国有企业退休人员为企业发展和建设辛劳大半生，应当享受幸福、安定的晚年生活，积极推进社会化管理服务，可以让他们晚年生活质量得到组织管理和服务上的保障。另外，现在不少退休人员的子女不能在身边照料，出现很多留守老人，迫切需要临近社区的组织管理，以给他们更多的关心和照顾。社会化管理正好可以解决这类问题，由国家和地方政府弥补退休人员家庭养老的不足之处，为他们晚年生活提供人力、财力等方面的保障。

（二）退休人员社会化管理是经济、社会发展的客观要求

过去，国有企业不仅从事生产经营，参与社会市场竞争，还需要负责退休人员的政策解读、养老金发放、福利待遇、日常管理服务以及各项老年活动等工作。上述经营管理模式，不利于企业的长远发展，严重影响企业经营效益。推进退休人员社会化管理有助于减轻企业负担，从而可以让企业把更多精力用在主营业务发展上，营造积极的工作环境，增强企业整体活力，以便更好地参与市场竞争。

二、国有企业退休人员社会化管理工作现状和问题

第一，各街道、社区移交接收规则不一，退休人员信息库收集整理没有统一、规范的标准模式，既增大了工作量，又降低了工作效率，企业疲于应付，移交链条过长，任重道远。

第二，退休人员对社会化管理服务认识不足，从感情上与企业难舍难分，同时也担心被纳入社会管理之后遇到问题能否得到解决，对社区、街道的管理服务水平有所质疑，部分退休人员产生一定抵触情绪。

第三，移交过程中部分地方街道、社区提出一些敏感要求，工作上不便操作，甚至极个别街道和社区提出超出政策范围的个性化需求，给社会化移交工作带来一定阻力。同时，退休人员年度生存认证工作的开展，对社会化移交工作有一定负面影响。

三、做好退休人员社会化管理移交工作的措施

（一）强化组织领导，严格落实执行

2020 年 5 月以来，重庆气矿南桥寺离退休管理中心按照中央、重庆市政府、集团公司、西南油气田分公司、重庆气矿的政策部署和文件精神，统一思想、提高站位，广泛宣传发动，紧扣目标、统筹兼顾，精准编制社会化管理方案，对标文件、清理规范，理清核准移交要素基础信息，组织力量、明确责任，迅速推进移交工作。成立了移交方案草拟组、人员资料完善组、企业内部条款审核组、地方政府接洽组等 5 个工作小组。主动与地方政府对接，坚持“政府主导、企业配合”的原则，借力各属地作业区实现资源的最大效用，极力拓宽渠道，忍辱负重迎难而上，对超出政策范围的个性化需求反复接洽，力求取得共识。以“先易后难、先边远后主城”“成熟一个、引领一片”的工作思路，全力保障移交工作进度，确保把党中央、集团公司的决策部署执行到位。

（二）坚持底线思维，维护和谐稳定

重庆气矿南桥寺离退休管理中心负责 5000 多名退休人员社会化移交工作，针对部分退休职工对社会化管理移交工作的疑虑和担忧，力求讲清政策，化解矛盾存量、杜绝增量，细化“五个”移交主要内容，即人事关系、组织关系、管理与服务、活动场所及社会保障业务移交。剖析“三个定心丸”，定性服务与管理“标准不降、渠道不变”，明确移交人员范围，努力维系企业与退休职工的情感纽带。中心集中宣讲计 10 场次约 3000 人次。制作《退休职工社会化工作手册》4000 余份，及时发放到每一个退休职工手中，做实做细宣传解释工作，引导退休职工及时了解企业改革政策，争取广大退休人员理解、支持，为后续移交工作打好了基础，维护了企业改革发展和谐稳定大局。

（三）吃透政策方针，措施精准到位

中心多次组织召开专题会议，专题分析川渝区县政策差异，采取一地一策的人事档案、党组织转接、四川区域档案数字化综合统筹，力促实效。一是资料收集与审核阶段。中心三个工作组以集团公司离退休平台为基础，协同各区域 28 个党支部、12 个自管小组收集身份证、户口簿等复印件约 1.1 万份计 5 万余页信息资料，逐条核对无误后，分区域加班加点录入系统平台，及时准确提供成华区、德阳、绵阳、泸州等代移区县 200 多人基础信息资料，选派机关骨干到工作组包干区域督促做实基础资料，为有序平稳移交创造先机。二是签订社会化移交协议。自 6 月 3 日中心退休人员社会化移交工作正式启动以来，移交团队克服各种困难勇往直前，哪怕七月酷暑，移交团队仍然头顶 40℃的高温炙烤奔波在各个区县。一位工作人员中暑后仍带病坚持往返万州完成手上的移交任务，一天时间乘坐长途汽车 600 公里。移交团队通过适时优化移交方案、逐一实地宣传化解矛盾、及时处理改革过程中的复杂问题、利用仅有的资源和灵活沟通渠道建立了与地方政府的沟通协调机制。历经 80 余天艰辛付出，8 月 26 日全部完成涉及 13 个移交点的退休人员的协议签订工作，为持续推进社会化移交奠定了坚实基础。三是党员组织关系转移阶段。中心负责 1570 名退休职工党员移交，分布在川渝 13 个区县 ，105 个街道，400 余个社区（含村庄）以及一些外省区域。党组织转接要求每名党员点对点到区域街道、社区、村社组织关系转接，中心采取同步分区对接、相对集中移交、平稳有序和成熟一个移交一个 4 个原则，党组织转接采取以差异化管理实现目标工作。

（四）做好企地有效衔接，开展共建共治

国有企业退休人员社会化管理是社会发展的必然趋势，退休人员在思想观念上的转变需要经历一个过程。加强与各街道、社区的沟通对接，本着“党建共建、活动联办、场所共用”的原则，进一步加强思想宣传工作，结合实际加强政策宣传和舆论引导，耐心、细致做好宣传解释工作，帮助他们从根本上认识到退休人员社会化管理的必要性和优越性，转变固有观念，尽快走出传统管理思维模式。依托企业自管活动场所，联合当地街道、社区开展丰富多彩的文体活动，满足退休人员精神文化生活的需求，不断改进活动方式和方法，做到长抓常新。

总之，国有企业退休人员社会化管理移交是完善退休人员保障体系的重要体现，是减轻国有企业经济负担的重要措施，同时也是确保退休人员根本利益的一个重要保障。我们要严格按照国家政策，有条不紊、平稳有序推进社会化管理移交工作，为企业发展、社会稳定积极努力，确保移交工作顺利完成。

关于国有企业退休人员社会化管理工作的思考

◆ 西南油气田　张雨华　孟　浩

一、背景

根据中央和国家政策，重庆气矿遵循重庆市政府、集团公司、西南油气田分公司的部署，统一思想、提高站位，广泛宣传发动；紧扣目标、统筹兼顾，精准编制社会化管理方案；对标文件、清理规范，理清核准移交要素基础信息；结合实际、因地制宜，明确移交路线图和时间表。在2020年年底以前全面完成退休人员移交，2021年正式开始纳入属地政府社会化管理。

国有企业退休人员社会化管理工作涉及人员关系、资产、管理服务职能、党员组织关系，一头连着政府，一头连着企业，一头连着退休群体，是党中央、国务院的重要决策部署。关乎深化国有企业改革、加快剥离企业办社会职能和解决历史遗留问题的成效，关乎国企提升市场竞争力、实现高质量发展的能力，关乎退休群体对美好生活追求、保持社会和企业和谐稳定的愿景，内涵丰富、意义重大、影响深远，是一项极具挑战、必须完成的系统工程。

近半年，笔者在学习文件、理解政策、编制方案、摸清基础、核实信息、宣传发动、对接沟通、汇报反映等移交过程中，广泛与老同志接触、与属地地方政府接收单位洽谈，感受到各方对中央政策的迅速响应，企业和地方对移交工作的使命感责任感，以及老同志对企业改革的支持，形成了良好的工作合力和氛围。

二、主要的问题

国有企业退休人员社会化管理工作涉及政府、企业和退休人员三个层面的政策、利益和意愿，实现移交社会化管理还有诸多需要破解的问题和困难。

（1）从退休人员群体来看，主要存在情感不通、思想疑虑和无谓担心，一些人表现出不理解、不认同甚至抵触等消极认识和负面情绪。

国企退休人员长年工作生活在企业，许多老同志的亲属和朋友尚在企业工作，加之过去以厂为家理念和石油人社会文化心理的深刻影响，导致老同志不能接受社会化，无法割舍对企业的眷恋，从而产生失落感。同时，中央企业敬老爱老的传统、贴心的管理服务体系、完善的利益保障机制和相对较高的福利待遇，让老同志形成优越意识，从而对企业生成明显的依赖感。再者，新人新办法对即将退休的人员也有一定的心理冲击。这些因素的叠加，在当前及今后一段时间可能会制约影响社会化管理工作的进程。

（2）从地方政府层面来看，经过前期的试点，对中央政策的理解没有障碍，对接收的态度鲜明，但从实际操作上来观察，还是存在前期准备不足、工作主动性不够、政策认识不全面、思想顾虑较多、个别还有本位主义等问题。

笔者所在的重庆市，前两年试点主要接收的是市属国有企业退休人员，与市属国企退休人员相比，央企退休人员接收和社会化管理存在明显的区别，如群体规模较大、居住地高度分散、社保关系分离、组织关系隶属不同、心理归属感较低、社会期望值较高。这些特点从宏观上形成政府对社会化移交管理工作的不利因素。而在微观上，各级地方政府也面临一些具体问题。如：如何将国企退休人员纳入街道和社区管理，实现政治经济政策统一和各类文化、社会活动的覆盖，并在心理上切断退休人员对企业的过度依赖，将企业人变成街道人、社区人，同时实现与所在地其他退休人员在心理平等、服务均等、管理对等上的趋同，实现公民权益的公平正义；如何建立一套清晰的管理服务界面和责任边界，有效解决央企退休人员的合法权益保障，包括对弱势群体的救济扶助、对涉稳群体利益诉求的管控；如何形成一套机制，应对退休人员档案查阅利用、存量整体移交后企业退休人员的常态化移交流程、党员组织关系的转接规则等问题；如何加强央企退休职工党员管理，有效组织央企退休职工党员学习、活动、发挥作用，在社区建设中发挥主心骨和生力军的作用；如何加强活动场所的管理使用，既发挥资产的最大经济效益，又兼顾不同群体之间的需求，避免引发社会矛盾。

（3）从企业层面来看，退休人员社会管理后，企业退休管理服务业务的内容、方式、渠道都发生了巨大变化，随之而来即将面临众多问题。

具体来看，可能面临的问题包括企业离退休管理部门和工作队伍已从主体变为从属，如何确定并界定这一角色定位，建立与之相适应的考核、分配、组织机构和运行体系；如何配合地方街道、社区实现管理服务工作的有效性、及时性，具体探索配合的方式、载体以及费用分摊和列支渠道，确保合规；如何助力地方政府发挥管理服务主体作用，协助属地管理部门解决历史遗留问题，化解矛盾，帮助政府切实将中央的改革精神落实到位，同时调动老同志的积极性、发挥老同志的正能量以及部分专业技术人员的优势，支持企业的改革和发展。

三、工作思考

随着社会化移交管理工作的推进，国企退休人员管理服务工作出现了新情况、新形势、新任务和新要求，需要各方系统思考，精心设计，有序推动，平稳实施，形成合力。

（一）引领认识，巩固成果

国有企业退休人员社会化管理，是党和国家的顶层设计，是历史的必然和现实的选择。在这一重大事件面前，要引导老同志树立改革意识，提高认识。第一，改革是强国之路，要站在全局的高度和长远的角度，服从大局，顺应时代，响应党和国家的号召，为国企深化改革持续发展做贡献，为中国石油建设国际一流的综合性能源公司赋能，这是每个石油人的义务。第二，改革是国家以人为中心的体现，是在更大范围、更高水平上实现全体公民平等权、公平正义的体现，是社会主义国家尊重人民主体地位的本质要求，要从政治上与党保持高度一致性。第三，正确对待利益调整，社会化管理是在保持原企业合法合规待遇的基础上，将国家和企业的改革成果惠及老同志，叠加享受更加普惠、更有保障的国民待遇，老同志要看到实实在在的改革成果。第四，社区工作者、企业退休服务工作人员主动贴近老同志，多渠道了解他们的所思所想所盼所虑，真心尊重、真诚沟通、真情服务，帮助他们打消疑惑、消除误解、化解不满，真切赢得老同志的理解。

（二）构建机制，有效合作

退休人员社会化管理后，国企退休人员管理服务工作从单位管理过渡到政府管理，从集中管理转向分散管理，从内部管理演化为社会管理。企业的退休服务工作将从管理主体转变为管理从属，从主导到配合，从主角到配角。企业的主要任务是充分向接收属地的政府、街道、社区介绍企业情况，协助政府进一步理清、捋顺、做实，要促成属地主管单位部门，基于有利、有理、有效原则，尽快呼吁重点出台一系列内容明确、界面清晰的工作机制和运行机制，主要包括：企业退休人员平等享有属地普惠政策、参与属地各类活动的保障机制；企业履行落实改革政策责任，积极参与属地共管、共建、共创、共办的响应机制；企业在合规范围内，承担合理的费用分摊和核销机制；企业履行社会责任，协助参与困难扶持、救助和利益群体诉求管控化解的责任机制；企业参与党建工作，协助属地街道社区党组织对党员的日常管理、教育机制。

（三）加强设计，完善制度

退休人员移交社会化工作，中央出文件、地方定政策、属地管执行、企业搞配合，为使整体系统有机衔接，融合呼应，需要地企结合、相互支撑，对一些工作再审视、再研究，真正让改革工作落地见效、行稳致远。企业要主动向政府汇报，与地方沟通，对一些管理和操作层面的问题进行制度设计。重点要在一些影响老同志具体利益和企业工作的盲点和难点问题上有所突破，争取到有利政策，主要的有：对已存量移交到档案部门管理的档案，可由企业派出工作人员查阅，或一般性证明材料认可企业留存的电子档案；明年开始进入常态化移交，建议政府牵头主管部门继续以企业注册地、户籍所在地、居住地为基础，按照有利于老同志管理服务又兼顾企业配合便利性的原则，进一步简化接收手续、放宽准入审查条件；对于明年拟移交的党员，结合企业退休手续办理的不连续性和退休管理服务的不对称性实际，优先按常驻地原则转接组织关系，再逐一转接人事档案、管理关系，确保党员参加组织生活的无缝衔接，避免党员管理出现断档；在党员的组织建设方面，可以采取分散与集中相结合的灵活方式组建党支部，分散的可以加入属地党支部，相对集中的可以专门成立石油退休职工党员党支部，规模较大的可以划分小单元分散或集中成立党的支部；针对现代社会流动性大的特点，针对“候鸟式”党员较多的现状，建议地方成立流动党员党支部，企业利用有利条件与属地街道社区共同管理，避免出现党员脱管、失管、失联等现象。

四、几点建议

在国企退休人员移交社会管理的新形势下，企业退休管理服务将承担非统待遇落实、常态移交、协助管理等基本任务，在社会化管理的框架下，企业落实规定的责任是搞好退休人员社会化管理的重要一环。企业要主动作为、跟踪跟进、全力协助，扶上马送一程，确保企业退休人员交得出、接得稳、管得好。

第一，企业要全面梳理现有管理和服务工作的内容、形式、载体和流程，与属地街道社区衔接，针对差异性以及属地管理的需求，自上而下，自下而上，系统性提出解决方案，确保形成地企合作共赢、互利共进的局面。建议对企业专用退休人员活动场所，按照应交则交的原则无偿移交政府，既减少企业的管理成本、安全风险，又满足退休人员的实际需要和政府对必要活动载体的需求。

第二，企业要以“三颗定心丸”为指针，做好规定动作。按照集团和公司的既定政策，持续关心退休人员，强化情感联系，做好春节团拜、节日走访慰问和困难帮扶工作，让退休职工继续感受到企业的关怀和温暖；继续做好老同志作用发挥工作，邀请退休人员参加相关会议、召开情况通报会、座谈会等多种形式，使退休人员能够及时了解企业改革发展情况，提出意见建议，让退休人员继续为企业改革发展建言献策、发挥余热。

第三，企业要创新工作方式方法，主动向属地街道社区介绍管理和人员情况，推荐人才，推选领头人，继续发挥原企业退休自管小组组长、文体骨干、党支部负责人的先进性、号召力和正向作用。探索建立党建联系人制度，将担任支部负责人的企业退休职工党员聘用为“企业党建联系人”，发挥他们在组织群众、协助政府、沟通企业方面的桥梁纽带作用。

第四，企业阶段性保留离退休管理部门和管理服务队伍的组织架构，联系政府、服务老同志、协调地企关系，强化队伍素质建设，提升从业人员政策水平、协调能力、处置能力、办事能力，主动识变、科学应变、积极求变，及时响应地方政府的需求和老同志的诉求，切实将改革向纵深推进。

如何正确认识并做好国有企业退休人员社会化管理工作

◆ 西南油气田　周　珊

在我国社会经济中，国有企业占据着极为重要的位置。自改革开放以来，国有企业基于市场导向，逐渐融入国民经济，在企业法人治理、激励制度以及产权结构等方面获得了显著成效。相比较而言，国有企业退休人员管理制度改革仍比较滞后。尽管最近几年，国有企业退休人员社会化管理开始实施，但实际案例仍不多，经验总结和可以推广的有效措施较少。怎样开展国有企业退休人员社会化管理工作，是值得深思的问题。

一、国有企业退休人员社会化管理的内涵

立足于《企业退休人员社会化管理服务宣传提纲》，企业退休人员社会化管理，即职工办理退休手续后，其管理服务工作不再由原企业负责，社会保障待遇实施社会化发放，人员移交社区和街道实施属地管理，相应的管理服务由社区服务组织提供。完善管理服务功能、有效衔接社会保障管理服务、转移接收党员组织关系、属地集中管理人事档案、分离处理统筹外费用、无偿划转实施设备和活动场所等资产是其主要工作内容。

国有企业退休人员社会化管理是转移管理服务职能，也就是职工退休之后，其管理服务职能由企业承担变成由街道社区承担。以西南油气田川中油气矿南充离退休管理中心（以下简称中心）为例：需移交退休人员 5000 多人，移交后将继续负责相应的管理服务职能，给予退休人员关心和爱护，如党组织活动开展需采取场所共用、活动联办、党建共建等方式，密切联系街道社区党组织；退休人员所享受的补充医疗保险待遇不发生任何改变，确保不降低待遇水平；原专门为退休人员提供的设备设施、活动场所和服务场所等，无论是否分割移交都继续供老同志活动使用。

二、国有企业退休人员实行社会化管理的意义

国有企业退休人员社会化管理工作，不仅是重要的政治任务之一，同时也是和民生问题息息相关的重大工程，切实落实这项工作，有利于深化改革国有企业，使退休人员的合法权益得到保障。

首先，国有企业退休人员社会化管理，可以使国有企业办社会问题得到有效解决。国有企业办社会是计划经济时期遗留的历史问题，其中退休人员管理的经济负担、运营费用过重以及管理责任大等问题，对国有企业的改革发展造成了极大的阻碍。国有企业退休人员社会化管理工作的开展，对彻底剥离国有企业办社会职能十分有利，可以减轻企业负担、集中精力和资源不断增强自身实力。

其次，国有企业退休人员社会化管理，有利于促进退休人员晚年生活质量的提高。我国当前实施的社会保障制度，其主要目的都是为了使企业退休员工的切身利益得到维护，大部分退休人员均已步入晚年阶段，提高社会化管理质量，有利于确保其晚年生活质量。

最后，国有企业退休人员社会化管理，是对社会保障体系进行优化的有效手段。党中央国务院对国有企业的改革发展极为重视，尤其是怎样在完善的社会保障体系中纳入企业退休人员管理的相关工作。国有企业退休人员社会化管理，可以有效解决“人往哪里去”的问题，帮助退休人员从“企业人”平稳地向“社会人”过渡，不仅可以为国有企业的改革发展提供有力支持，同时还能不断提高社会保障水平、完善管理服务网络。

三、本单位退休人员社会化移交的具体做法及取得的成效

南充离退休管理中心通过加强组织领导，自上而下成立由主要领导挂帅，各办公室、班组配合参与的领导小组，形成“一把手”牵头抓、相关人员分工负责的工作格局，做到了一套班子、一班人马、一抓到底；建立“以点带面、三级联动”的协同作战体系，共设置 8 个信息采集点、抽调精干力量，成立临时工作组，分赴各区、县、乡镇跟踪对接、现场办公。

首先，中心按照给退休人员吃好“三个定心丸”（退休人员统筹外费用等合理待遇不降低、街道社区管理服务水平有保障、国有企业和退休人员的感情纽带不会断）的要求，维护好退休人员合法权益和合理待遇，做实做细宣传解释工作，努力消除退休人员的担忧疑虑。

其次，结合退休职工对社会化移交存在的疑问，通过政策宣讲会、支部书记会、形势目标任务宣讲等方式对退休人员社会化管理的好处进行宣传，使其充分了解社会化管理。同时，实行网格化管理，及时跟踪掌握退休人员思想动态，提前做好风险研判，将风险防控贯穿移交管理工作全过程，预判可能出现的风险

隐患，结合实际制订可操作、可执行的风险防控预案，将矛盾隐患消除在萌芽状态，及时化解矛盾纠纷，坚决守住不发生系统性、区域性不稳定风险的底线，切实维护集团公司和公司改革发展稳定大局。

最后，中心通过抓住解放思想、更新观念的“牛鼻子”，摒弃“一交了之”的错误做法，统一思想、凝聚共识，用足用活政策、用心用情工作。通过上门访谈、发送信息、与子女沟通等多种途径，加强政策宣传和舆论引导，深入细致做好思想政治工作，及时掌握退休人员思想动态，提前化解潜在风险，给退休职工吃好“三个定心丸”，消除疑虑，争取广大退休人员理解支持，确保顺利移交。在兄弟单位的协助下已与280余个区、县、乡镇、街道办事处签订了退休职工及退休“五七”职工移交协议。

四、社会化移交工作中存在的问题

第一，离退休人员移交数量巨大，各方面资料移交任务繁重，其中还存在个别人员资料缺失或受损的情况。

第二，离退休人员对社会化管理服务认识不足，他们从感情上与企业难以割舍，对原企业存在一定的依赖性，同时对进入社区管理后遇到问题是否能够得到及时有效解决存在疑虑，容易产生抵触情绪。

第三，由于退休人员居住较为分散，存在与多个地方政府对接，每个地方政府的要求有所差别，导致移交工作进展速度较慢。

五、做好国有企业退休人员社会化管理工作的思考

（一）健全规章制度，落实企业责任

在很长一段时间里，国有企业的退休工作人员均由企业负责管理和提供相关服务。基于此管理模式，退休人员和企业之间的联系极为密切，如此便产生了企业情结。为适应这一情况，还有一些工作需要立足于企业管理进行，企业不能完全不闻不问。在国有企业和社区的退休人员移交工作过程中，需要在相关规章制度中将企业所要承担的责任明确给出。此外，要尽快制定和落实企业年金制度，与实际工作需求相结合创造条件，将一些工作从企业中分离，确保其独立性，如此才可以促进退休人员社会化管理工作效率有效提高，充分保障广大退休人员的日常生活。

（二）健全服务网络，加强街道社区管理

首先，进一步强化管理服务网络的保障功能。国有企业退休人员实施社会化管理后，之前由企业所承担的职能变成由社区和街道承担，各地政府要充分了解社区、街道国有企业退休人员社会化管理服务工作的主要内容，对移交手续和环节予以简化；将机构建设中的经费保障、人员编制和职能问题有效解决；加大社

区、街道各类服务资源以及学习场所的建设力度，确保社区、街道管理服务体系的完善性。其次，加大社区、街道党组织建设力度。要对社区、街道党组织的建设引起高度重视，部分地区党组织活动缺乏充足的经费，地方财政承担着极大的经费压力，需要借助市级、省级转移支付，解决活动经费压力大的问题。对活动场所不多、短期内建设难度大的地区，需要加大社区党组织和企业党组织的联系力度，借助共用场所、党建共建等方式将此问题有效解决。

（三）完善基础设施，加强社区建设

第一，快速加强社区服务力度，立足于现有的工作模式，尽可能确保在国家出资建设的基础设施活动场所中将社会服务问题有效解决，最大化获得和利用国家政策的支持，同时与社区管理服务组织平台相结合，立足于退休人员的实际情况，建立社会化、市场化和多元化的管理服务模式，促进管理服务效果最大化提高。第二，加快社区基础设施建设进程，把地方政府的指导作用最大化发挥出来，快速整合社会各界力量，大力构建各种场地和基础设施，如娱乐设施和文化设施等，确保退休人员拥有丰富的文化生活。第三，社区服务部门、企业和其他管理部门要加大合作力度，第一时间全面掌握退休人员的个人情况，社区服务部门可以给退休人员提供各式各样的日常生活服务，如定期开展社区慰问活动、志愿者活动等，使退休人员享受到应有的福利待遇。同时，因为退休人员通常是中老年人，所以社区要对自身医疗卫生体系建设引起重视，从卫生医疗方面为退休人员提供良好保障，如为特殊人群上门问诊、在固定的时间开展免费社区医疗问诊活动等，提供给退休人员方便、快捷的就医服务。

（四）构建数据网络，确保数据准确

就国有企业保存退休人员资料方法不当的问题，在科学技术的迅猛发展下，一些国有企业应积极运用相关网络技术手段，对本企业的退休人员资料网络数据库予以构建。然后第一时间把传统的退休人员档案数据资料录入其中，借由网络数据库保存相关资料，借助网络信息合法共用、网络资源共享的技术特性，第一时间向退休人员居住地社区发送在数据库中存储的相关信息，就传统文件档案缺失或受损的问题，应第一时间和退休人员居住地社区取得联系，对相关缺失信息进行调查。在和社区联系的时候，应支持社区调查人员的工作，系统、科学地对退休人员基本信息进行搜集，若是和退休人员本人未取得联系，可以运用询问亲友或家访的形式展开核对，主要核对其现居住地详细位置、户口籍贯、户口本出生日期、退休人员姓名等情况，确保网络退休人员资源数据保存库的顺利构建。

（五）统筹兼顾，实现队伍专业化

国有企业退休人员具有需求多样、经济独立、文化素质高等特点，这就要求社区管理人员具有较高的服务水平。为了和时代发展以及管理服务的需要相适应，要注重对高级养老服务和管理专业的人才进行培养。相关部门应加大对各类人才志愿者的引入力度，选择一些院校当作培训基地，培养诸多和医学、心理以及生活护理相关的高级护理员，为社区服务中心等养老机构提供人才保障，将可以熟练操作现代办公设备，具备策划、管理老年休闲活动和老龄产业开发能力的技术管理人员输送到各级养老产业之中。打造老年管理服务专业人才队伍和社会化管理的进程息息相关，必须加大人才建设力度，提高重视，统筹兼顾，合理安排，有机结合培养和使用。

国有企业退休人员在企业发展中所做出的贡献是无法消失的，其退休之后应获得相应的生活保障，使其可以安享晚年。就退休人员开展社会化管理工作，便是确保其退休生活幸福、安稳的重要举措之一，同时也是改善民生的关键任务。现阶段，国有企业退休人员数量越来越多，在此形势下，更需要针对退休人员开展社会化管理工作，以顺利实现养老服务社会化。

关于做好退休人员社会化管理工作的思考

◆ 西南油气田　王　波　赵利荣

从2020年3月开始，蜀南气矿克服新冠肺炎疫情的影响，一手抓抗疫防疫，一手抓退休人员社会化推进。按照“统筹兼顾，先易后难，成熟一个推进一个”的工作思路，通过广泛地宣传动员、细致地走访核实、多方沟通协调等大量具体工作有力推进退休人员社会。已与5个地市36个区县签订《国有企业退休人员党组织关系移交协议》，与各区县签订人事档案移交、党组织关系转接专项协议。本文结合工作推进中对国家、企业相关政策的运用，查找气矿退休人员社会化管理工作中的问题，分析形成的原因、根源，形成了本调研报告。

一、退休人员社会化反映出来的问题

退休人员社会化管理推进中我们发现以下问题，值得在下一步工作中引起重视，改进工作方式和方法，确保退休人员社会化管理交得出、交得好、交得稳。

（一）退休人员队伍中反映出来的问题

1. 对退休人员社会化管理工作认识片面

2020年年初，四川省各地市（州）相继出台了《国有企业退休人员社会化管理的实施方案》，老同志们通过网络、微信、坊间等进行了了解，但由于信息来源渠道的局限，部分老同志对企业退休人员社会化的认识片面。

2. 退休人员对企业有较深的感情，不愿移交

由于历史原因，原蜀南片区石油单位在较长的一段历史时期直接负责了职工的生、老、病、死，已经深入到很多职工的生活中，导致部分退休人员对企业的依赖感很强、情感很深，退休人员不愿意移交。

3. 退休人员担心社会化以后企业待遇取消

石油企业长期将落实离退休人员政治、生活“两项待遇”作为做好和检验离退休工作的前提条件。老同志们担忧企业退休人员社会化后退休人员将由“单位人”过渡为“社会人”，原企业对退休人员的节日慰问、困难帮扶、补充医疗等福利待遇会取消。

4. 退休人员担心社会化以后地方服务质量降低

退休人员在石油企业管理期间，单位有专门的离退休职工管理部门对其进行管理服务，他们在生活中遇到困难时总是会去原单位寻求帮助。广大退休人员担心社会化后地方社区的管理不到位，服务不到位，怕管理方式转变后没有以前企业管理服务得好。

（二）地方政府接收政策中反映出来的问题

1. 移交接收原则不统一

经对比四川省内5个市（州）《国有企业退休人员社会化管理工作方案》对退休人员社会化的接收原则为常住地和户籍地。但有的地方政府在具体接收工作中设了“门坎”，附加了其他条件。如：北京市、上海市不接收养老保险关系不在本地的退休人员；宜宾市原则上不接收企业驻地不在宜宾的退休人员。

2. 总体推进进度不一致

四川各地市签订退休人员社会化管理移交协议的考核时间节点均为6月30日，但具体到各区（县）工作推进的进度不一致。如：隆昌市要求5月31日前审核各企业台账，泸州市各区县要求6月上旬审核各企业台账，而自贡市和内江市的部分区县目前未启动该项工作。确保在6月30日前完成签订移交协议时间紧。

3. 常态化移交工作不确定

气矿存量的退休人员社会化移交工作已进入收尾阶段，与各街道（乡镇）的确认对接正在紧锣密鼓地进行，但新的一年即将开始退休人员的常态化移交工作程序、工作节奏、工作标准各地市各区县不一致，没有一个明确的要求。

（三）社会化后企地管理界面反映出来的问题

蜀南气矿退休人员、人事档案、党组织关系已转接到地方政府所属的街道（社区），管理属地的变化必将带来工作界面的变化，来年蜀南气矿退休人员管理与服务该怎样确定缺乏规范。如：退休人员管理服务对象应该按照退休人员社会化前，还是社会化后来确定。

二、对气矿退休人员社会化移交工作的建议

平稳推进退休人员社会化管理工作，确保气矿退休人员队伍的大局稳定，将使气矿在提质增效和高质量发展中“轻装”前行。

（一）统筹兼顾，确保退休人员社会化“交得出”

退休人员社会化管理“交给谁”“谁来交”是工作中的突出问题和关键环节，只有提前明确才能为后续工作的开展奠定基础。

1.“分三步走”梯次确定移交地，明确“交给谁”

介于各地方和上级对退休人员社会化管理没有提出具体的移交地确定原则和综合托底接收政策，所以结合四川省各地市（州）退休人员社会化方案中以常住地和户籍地确定接收地的要求，形成“分三步走”梯次综合确定移交地的方式。第一步按常住地确定退休人员具体移交地。若由于地方政策受限不能移交、个人意愿不愿移交、其他原因不能移交，转入第二步按户籍确定退休人员具体移交地。若第二步也不能实现移交，则按退休人员的医保所在地进行托底确定具体移交接收地。由于退休人员医保是属地管理，可到每一个地市，所以以此为托底有政策依据，但是医保所在地未落实到区（县）、街道（社区），在考虑托底时，可结合企业注册地分别在自贡毛家坝原川西南矿区注册地和泸州百子图蜀南气矿注册地确定托底移交的具体移交地社区（街道）。

2.“联横合纵”确定集中移交人，明确“谁来交”

与公司“五矿一处”离退休管理部门协调形成互动互助整体集中移交局面，是减轻移交压力的最好方式。可协调各单位按管理属地划分“五矿一处”各单位的移交区域，明确各单位退休人员基础台账报送时间节点，明确各单位社会化工作联系人形成“联横合纵”的移交网络。如：气矿500余名常住地在重庆的退休人员，可委托重庆气矿进行整体集中移交；对长期居住在成都、绵阳、南充、遂宁的退休人员可委托相应的油气矿或当地石油企业进行集中整体移交；其他单位常住地在泸州、自贡、内江的退休人员也可委托蜀南气矿进行移交。

3. 成立“N”个工作专班，确定“谁来干”

气矿退休人员社会化移交涉及的地市多、人数多，地方政府对退休人员社会化管理工作推进安排时间紧，为了确保移交工作的及时推进，可成立多个工作专班，分别由各职能科室、离退休管理中心和与地方联系密切的采气作业区派员参加，承担与各地市、区县的协议洽谈工作，并且签订移交协议，落实人事档案、党组织关系、场地资产的划转和转接。通过业务分区后，蜀南气矿负责移交的地市可成立泸州、自贡、内江、宜宾、乐山等多个专业小组。专业化小组组长可在气矿机关选择几名相应科室副职和未上市基层单位几名副职担任，小组成员可选择熟悉离退休业务、电脑操作熟练的2名员工组成，实行集中办公，统一由退休人员社会化管理办公室指挥并独立完成指定区域范围内的社会化工作。具体工作推进中可采取先行先试的方式，由几个工作专班共同对一个移交地的移交工作进行试点，然后总结经验快速复制。

（二）规范组织，确保退休人员社会化“交得顺”

顺利推进退休人员社会化管理工作需要各责任单位明确“交什么”“怎么交”，有的放矢开展工作，以便打消退休人员的心理顾虑，实现平稳移交。

1. 明确“交什么”，厘清工作内容

气矿各职能科室应提前与地方接收单位沟通明确人员、资产、档案、党组织关系、管理职能五个方面的移交内容细化标准、格式、数量。泸州、自贡两个离退休管理中心要提前摸清本单位在册退休人员、退休“五七”人员、退休大集体人员、托管的退休人员的个人信息和基础情况，形成社会化管理退休人员花名册，内容包括并不限于个人基础信息、党员信息、常住地、户籍地、社保地、医保地、联系方式等，确定移交人员的数量和范围。同时，清理、分析本单位退休人员活动场所情况，加强与属地街道的沟通对接，形成退休人员社会化管理移交资产统计表。

2. 明确“怎么交”，制定工作流程

退休人员社会化的顺利移交须将各项工作程序化、具体化，使之便于各机关科室和责任单位的具体操作，要制定自下而上的情况收集和问题解决流程。泸州、自贡两个离退休管理中心是退休人员和活动场所资产设备的具体管理者，要全面了解退休人员具体情况和退休人员活动场所设备设施情况，明确提出退休人员移交地和退休人员活动场所设备设施的移交建议。党委组织部、财务科、离退休管理部、档案馆、川南社保所等要针对专项对口业务移交工作提出由业务部门归口管理、简洁实用的移交流程，形成基层提建议，部门定规范、审内容的工作流程。

3. 广泛宣传动员，使退休人员“愿意交”

要广泛宣传动员，让退休人员对移交政策、移交原则、移交属地“三个清楚”。在推进社会化管理服务的过程中，加强退休人员社会化管理工作的正面宣传，营造主流舆论。用传统的座谈会、讨论会、情况通报会等向退休老领导、老党员、党支部支委、自管小区负责人广泛宣传动员培育舆论的“种子”，通过他们影响带动身边的老同志。同时，结合泸州、自贡两个离退休管理中心已建立的 QQ 群、微信群等网络媒体发出正面的声音，做到同样主题、多样传播，达到“大珠小珠落玉盘”的效果，形成全方位多层次多声部的正面宣传矩阵，构建舆论引导新格局。在具体工作中，可采取事前集中告知，通过座谈会、情况通报会等告知退休人员具体移交原则，明确将“交到那里”。在移交工作完成后可通过短信、微信、电话方式等分别告知每一名退休人员。避免集中公示造成人员集中而产生维稳压力，同时通过这些方式告知也可留下相应的工作痕迹。

（三）关心关爱，确保退休人员社会化“交得稳”

评判气矿退休人员社会化工作的成败，最终是看社会化移交工作交得稳不稳。“交得稳”就是要打消退休人员的思想顾虑，让退休人员“心稳”；就是要持续落实退休人员合理合规的企业待遇，让退休人员“情稳”；就是要持续加强与地方政府街道（社区）的联系使地方“接得住”，让退休人员“势稳”。

1. 把解决思想问题与落实生活待遇结合起来，增强工作的实效

在推进气矿退休人员社会化进程中，要继续加强和提升对退休人员的管理与服务，加大离退休信息系统办公平台的推广和应用，提升系统数据的及时性、准确性和完整性，做到退休人员管理情况清楚，能准确、及时地提供服务和进行管理。要依据现行政策继续落实离退休人员的健康医疗、生活补贴、节日慰问等生活待遇，保障退休人员合法权益和合理待遇不降低，认真做好退休人员各项政策内补贴的及时足额发放，使退休老同志在社会化移交过程中保持良好的获得感。

2. 把解决思想问题与解决实际困难结合起来，增强工作的实效

退休人员社会化管理后打破了退休人员习惯的以单位为纽带的管理方式，企业退休人员由“单位人”变成了“社会人”。广大退休人员曾为企业做出过贡献，与企业有着深厚的感情，企业不能一交了之。要综合利用社会资源和社会力量，用好各类涉老政策，处理好历史遗留问题，将坚持原则性与灵活性相结合，因人制宜、因事制宜做好遗留问题的处理工作。要健全完善和谐的沟通、咨询、联系机制，退休人员困难帮扶长效机制，持续推进“夕阳红关爱工程”长效运行机制，切实关心“空巢、孤寡、特困老人”，使退休老同志们在社会化移交过程中保持良好的归属感。

3. 把解决思想问题与企地配合联系结合起来，增强工作的实效

退休人员社会化移交过渡期间要积极加强与地方街道（社区、乡镇）的沟通协调工作，密切配合，共同做好退休人员的移交和社会化管理服务工作，及时解决他们的生活和思想问题。可采取党建共建、活动联办、场所共用等多种形式，加强企业党组织与地方街道（社区、乡镇）退休人员党组织的联系，建立起良好的沟通、共享机制，持续跟进处理好移交中出现的未尽事宜，避免出现脱节、断档等现象，努力实现平稳有序过渡，使退休老同志们在社会化移交过程中保持良好的幸福感。

三、结束语

在疫情及低油价冲击背景下，应以“一盘棋”的思路形成合力，多部门、多单位协同配合，平衡推进气矿退休人员社会化管理工作。只有消除退休人员的思想顾虑，争得广大退休人员和社会各方面的充分理解和广泛支持，才能保持气矿内部环境和谐稳定，才能使气矿在提质增效和高质量发展中“轻装”前行。

关于做好国有企业退休人员社会化管理工作的思考

◆ 吉林油田　朱启军　王进财

国有企业退休人员实行社会化管理，是党中央、国务院的重要决策部署，是解决企业历史遗留问题的重要内容，为国企深化改革提高市场竞争力创造条件，也是完善社会保障体系、保障退休人员法定权益和服务需求的主要手段，关系到国企广大退休人员的晚年幸福生活。因此，做好国企退休人员社会化管理工作显得尤为重要和迫切。

一、实行社会化管理的重要意义

国企退休人员实行社会化管理，是指管理服务、人事档案、党员组织关系等与原企业分离，统一移交居住地社区实行社会化管理，由属地社区组织提供相应管理服务。

（一）实行社会化管理，是减轻国有企业负担的重要途径

长期以来，国企承担着退休职工的养老金发放、福利待遇、老年活动、日常管理服务等社会事务性工作。这种管理模式，带给企业沉重的经济负担和稳定压力，不利于企业员工队伍稳定，增加管理难度，影响企业的活力与发展，在一定程度上制约、影响了国企的改革发展和生产经营活动。为提高国企核心竞争力，必须加快剥离企业办社会职能，抓紧推进国企退休人员的社会化管理服务，减轻国企负担，降低国企成本，为国企深化改革增加活力、创造条件，使国企“轻装上阵”参与市场竞争、从事生产经营活动。

（二）实行社会化管理，是完善社会保障体系的重要部署

实行企业退休人员社会化管理，将有效化解企业深化改革过程中“人往哪里去”的矛盾，将退休人员由“企业人”平稳地过渡为“社会人”，将有力支持国

企的改革和发展。但由于历史和现实问题，国企退休人员实行社会化管理需要不断建立完善与之相配套的管理体系。社会保险就是其中一项非常重要的体系，政策性强、管理面宽、涉及人员多，是社会稳定的减震器与稳压器，在政府与企业之间应尽早建立起政企分开、职责明确、责权对等的社会保险体系与机制，确保政府抓好应管的事，国企干好应干的事。

（三）实行社会化管理，是保障退休人员权益的重要手段

国企职工退休后，基本是分散居住。近几年，高龄、重病及孤寡独居老人越来越多，要提高退休人员的幸福指数，企业工作难度越来越大。国企退休人员实行社会化管理，退休职工的养老金可以不受原来企业经营状况的影响，由政府专门机构按月及时足额发放，经济上得到稳定、生活上得到保障，共享社会改革发展的成果。且日常管理可以就近就地接受属地社区组织服务，管理方便快捷，服务贴心舒畅，机制灵活人性化，真正实现老有所养、老有所医、老有所乐，晚年的生活质量得到真正的保障和改善。

二、实行社会化管理的主要问题

国有企业退休人员实行社会化管理势在必行，但是由于认识不到位、制度缺失、政策不配套等问题，大多数国有企业退休人员的管理服务仍然依附于企业。

（一）宣传滞后，思想认识不到位

退休人员认为他们一生在国有企业工作，把人生最美好的年华与岁月奉献给了企业，从感情上对企业有信赖，从思想上对企业有依附，从经济上对企业有割不断的关系，老了退休却要到社会上接受管理，担心的事情多，畏难的情绪多，怕企业一交了之，不管不问，怕社会没有熟人，没人给办事。企业领导认为退休人员与企业同甘共苦多年，没有功劳也有苦劳，低头不见抬头见，不忍心把退休人员移交社会管理。这些都直接影响到社会化管理服务工作的推进。

（二）情况复杂，管理制度不完善

经过十多年的探索，国家虽已出台了一些社会化管理服务体系的相关政策文件，但是仍缺少与之相配套的具体实施办法和细则，特别是公共政策管理规定还很少，导致目前国有企业、街道社区许多工作的开展只是被动地承办和承接，尤其是指导国有企业、街道社区如何实行退休人员社会化管理服务对接的办法更是少之又少。加之国有企业众多，状况各异、情况复杂，也给国有企业退休人员社会化管理的制度建设带来诸多困难。

（三）资金短缺，服务条件不配套

人口老龄化是人类社会发展的自然规律，是我国当今乃至今后相当长一段时间所要面临的重大社会问题。老年人的增多，给社会化管理服务提出了严肃课题和严峻挑战。无论是管理机构，还是服务人员，无论是硬件建设，还是软件环境，都与社会化管理服务的要求相差甚远。加之养老服务行业属于微利产业，前期基础建设投入巨大，在各种优惠政策尚不完备的情况下，建设资金缺口大、服务条件不配套、设施结构不合理的问题短期内难以得到有效解决。

三、实行社会化管理的主要举措

国有企业退休人员实行社会化管理服务，任重道远，需要国家政策给力，也需要企业与退休人员共同配合，并为之而不懈地努力向前推动。

（一）加强宣传，做好政策解读

国企退休人员社会化管理，是党中央、国务院深化国企改革的重大决策部署，国家为此出台了一系列政策和意见，要加强学习，学深悟透，做好政策宣传和解读工作，给退休人员吃好“定心丸”，让退休人员明白，实行社会化管理后，退休人员统筹外费用、补充医疗等合理待遇不降低，养老金由专门机构按月及时发放，晚年生活不再与企业生产经营风险联系在一起；街道社区管理服务水平有保障，退休人员将会得到比原单位更加全面的服务；国有企业和退休人员感情纽带不会断，还会继续关心关爱退休人员。

（二）加强管理，制定政策法规

国企退休人员实行社会化管理的落脚点是社区，社区将成为全面实现退休人员生活、精神慰藉需求的社会最基本保障单元。但目前针对社区的相关政策、办法出台不多，整体管理经验不足。加快国企退休人员社会化管理步伐，要求政府主管部门充分了解社区目前现状，充分掌握社区管理的实际困难和问题，积极探索社区管理概念下的服务模式和途径，尽早出台具有针对性、指导性和操作性的政策、法规，真正形成较为完备的制度和办法，保证以社区为中心的老人服务保障体系健康、快速、有序发展。

（三）创造条件，逐步完善设施

退休人员社会化管理服务工作具有社会性服务特点，服务社区要在政府出资建立基础设施和解决活动场所的前提下开展活动，要以政府优惠政策为导向，以社区组织为平台，围绕退休人员以及社区成员，探索建立社会福利与有偿服务相结合的服务模式，因地制宜、创造条件，逐步完善社区老年人学习、娱乐和体育活动的场所和设施。企业现有专用于退休人员的服务场所、活动场所、设备设施等资产能分割移交的，无偿划转给街道和社区，让退休人员继续使用，充分保障退休人员晚年生活的质量。

（四）统筹兼顾，加强队伍建设

为适应时代的发展和社会化管理服务的需要，要着手培养高级养老服务与管理专业的人才，积极招募各类人才的志愿者，选择一些院校作为培训基地，为社区服务中心等养老机构培养有关生活护理、心理咨询、医护诊疗的高级护理员，为各级老龄产业输送能够熟练使用现代办公设备，具有对老年休闲活动进行策划、管理及老龄产业开发能力的技术管理人才。老年管理服务专业人才队伍建设直接关系到社会化管理的进程，对人才建设必须加强领导，高度重视，统筹兼顾，科学安排，把培养与使用有机地结合起来。

（五）加强沟通，支持社区服务

退休人员虽然移交社区管理，但他们仍视企业为“娘家人”，所以在完成人事档案、组织关系、社会保障管理、专用活动场所等移交的基础上，企业可暂时不撤销退休人员管理服务机构，继续协助街道和社区做好必要工作，继续关心退休人员的身体健康和晚年生活，适时对困难和病老的退休人员开展慰问帮扶活动。积极配合社区做好管理服务工作，在条件许可的前提下提供人力、物力和财力支持，避免出现脱节、断档等现象，实现平稳有序过渡，为和谐社会建设出一份力量、尽一份责任。

总之，国有企业退休人员社会化管理服务是大势所趋，是市场经济发展、人口老龄化的必然发展方向，相信在政府主导作用的发挥下、在社区的积极构建下、在企业的大力协助下、在全社会力量的共同努力下，国有企业退休人员社会化管理服务工作定会持续、健康、快速地发展。

不断完善离退休职工管理办公平台，持续推进新形势下离退休工作信息化建设

◆ 大港油田　宋万华

离退休职工管理办公平台的上线运行，是集团公司信息化建设取得的又一重要成果，标志着集团公司离退休信息化工作迈入了一个新的阶段。平台上线运行以来，在推进集团公司离退休管理工作信息化、规范化和精细化方面的作用日益突出，在夯实离退休管理工作基础，提升离退休管理工作的质量、效率方面的优势不断彰显，在强化离退休管理工作网络思维、促进"互联网+"智慧型离退休管理工作建设方面的引领效应显著提升。随着退休人员社会化管理工作的深入推进，办公平台工作如何立足新起点、着眼新形势、适应新要求，与时俱进，完善服务功能，拓宽服务领域，延伸服务半径，为离退休管理工作持续提供有力的数据支撑和智慧保障，为新形势下离退休管理工作的高质量发展赋能，是我们各级离退休部门和广大工作人员必须面对的一个崭新课题。本文从四个方面对这一课题提出一些粗浅认识。

一、开展调研，全面把握社会化管理对办公平台提出的新要求

调查研究是探求客观事物的真相、性质和发展规律，进而认识社会、改造社会的重要方法。离退休职工管理办公平台本身就是一个新生事物，其诞生初期必然伴随许多不足之处，其成效如何必须通过实践检验，其改进完善也只有从实践中寻求答案，而调查研究无疑是坚持从实践中来，到实践中去这一原则的根本方法，特别是身处信息化建设突飞猛进、一日千里的当今中国，信息化技术正以前所未有的节奏加速迭代，要确保办公平台始终跟上时代步伐，与离退休工作的深度调整同频共振，必须把调查研究作为一项重要工作常抓不懈。当前，按照党中央国务院的统一部署，集团公司退休业务的社会化改革工作进程已完成大半，到

2020年12月底，全国各地政府应全部完成企业退休人员的接收任务。从2021年1月开始，地方政府全面履行对企业退休人员的管理服务职责，企业离退休部门也不再承担已移交政府的工作。基于原有体制建设的集团公司离退休管理办公平台中的部分内容也必然停止运维，如涉及退休人员的党支部工作、文体活动、社保医保以及常规管理和服务等模块信息和数据的输入都将画上句号。面对这一新变化，办公平台的建设方向是否需要调整？指导思想有没有变化？思路如何谋划？以哪些工作为重点？在哪些方面可以为地方政府提供助力，如何保证平台建设持续发展而不是裹足不前？回答这些问题，开展调研工作无疑是当务之急。建议集团公司离退休职工管理中心（老干部局）牵头组织各级离退休部门主动与地方政府、街道、居委会沟通，深入了解地方在退休人员管理服务中的信息化建设现状、相关政策、人财物配备情况以及地方在信息化建设方面的规划；要广泛接触离退休人员，虚心听取他们对信息化服务的意见呼声；要深入基层，和基层离退休工作者面对面，全面掌握办公平台在使用过程中遇到的新情况新问题，特别是在推广使用办公平台工作中创造的新经验新亮点。总之，通过上述三个方面的深入调研，全面把握办公平台的实际运行情况、面临的机遇和挑战、优势和不足，结合集团公司信息化建设的新部署，形成集团公司层面应对社会化改革的办公平台顶层设计方案。

二、突出重点，做精做细办公平台在履行企业保留职责中的功能

企业除了按照国资委规定的内容移交地方政府，还有一些保留职责交不出去，需要企业离退休部门一如既往地做好，如对退休人员的节日慰问、统筹外费用的发放、困难帮扶、查体工作以及与退休人员的联谊座谈等。这些工作将成为企业离退休部门的核心业务，如果企业的离退休工作者能保持现有的人员规模，企业可以投入更多精力把这些工作做精做细，做优做强。但问题在于，未来几年，虽然集团公司有离退休部门三年之内不准撤销的统一要求，但在执行层面，企业的离退休机构的规模压缩和人员调整是大概率事件。因此，即使今后企业保留的职责不多，但在退休人员总量持续攀升的形势下，如果出现工作人员大量分流的情况，也很难保证能够维持原有的服务水平和质量，更遑论把现有服务做精做细，做优做强了。面对这一变局，各级离退休部门应牢固树立守土有责意识，牢记为老同志服务、为老同志谋福祉、为老同志发声的初心使命，及早谋划，超前决策，拿出一套切实可行的举措来迎接这一挑战。窃以为，要充分考虑办公平台在弥补人员短缺方面的优势和潜能，即最大限度地利用办公平台的自动化功能，能通过平台发布、联络、沟通、解释政策、推动落实、检查考核的事项，能在线上办理的尽量不在线下办理，减少重复工作。这就需要办公平台的运维人员、研发人员开动脑筋，围绕企业离退休工作的焦点难点集思广益，瞄准个性

化、定制化等更多样的服务需求，加大科研攻关力度，深度开发办公平台潜能，拿出更多实实在在的成果，为应对即将到来的变化做好充分准备。

三、对接政府，努力打造办公平台与政府信息化业务合作的互补优势

企业把离退休人员的党组织关系、档案、活动场所、社保医保以及日常的管理服务交给地方政府后，地方政府的履责不可能马上一步到位。鉴于企地之间因管理模式、人员配备、政策规定不一致产生的对接困难，有些工作在移交后企业还要暂时承担“扶上马送一程”的任务，如社保医保业务办理工作、活动场所的运维，有的可能要长期与地方政府齐抓共管，形成企业 + 政府的共商共建共享的长效机制，如维稳工作、文体活动等。面对这样一个工作格局，企业的办公平台建设在统筹兼顾的前提下，必须区别不同情况，分类谋划，突出重点，合理布局，精准发力。特别是在与政府配合的工作中，如何扮演好助力者角色，推动双方合作的高效率、高质量、高默契度，确保退休人员的满意率不下降、“三颗定心丸”吃得有安全感和幸福感，是平台设计和开发工作必须瞄准的主攻方向。从这个方向出发，窃以为，办公平台的建设和完善要努力做到以下三点：

一是要建立与政府部门的信息共享机制。即允许政府的部分工作人员登录办公平台，为其授予账号密码等权限，允许其因工作需要查找涉及老同志个人的基本信息，同时也要积极争取办公平台的运维人员登录政府对口部门建立的退休人员管理系统，了解对方的工作动态，特别是要在做好保密工作的前提下，对维稳工作、反恐工作的舆情监控信息、文件通知及领导讲话建立第一时间的信息互通，便于双方按照各自工作职责分工做好不稳定事项排查、隐患化解、矛盾调处等工作。

二是要建立对地方政府部门平台培训机制。地方政府接收企业退休业务后，必然会遇到很多业务问题需要向企业咨询和请教，而企业也有很多成型成熟的经验可以直接拿来使用。然而，这不是上几天课就可以解决的，这种请教与解答必然是未来几年中的常态。所以，为确保政府对口工作人员能及早全面地掌握相关业务，进入角色，推动工作步入正轨，企业可以在办公平台上建立网上课堂，把各类业务相关问题的政策规定、棘手问题的办理技巧、疑难问题的处理策略、新产生问题的实践经验以及各类问题的范例统一放进平台，随时接受政府工作人员的网上查询和学习，对新出现的问题可以指定专人电话解答。

三是要建立与政府数据业务的合作机制。随着企业退休人员大量进入社会，可以预见的是，政府部门在退休管理服务中承担的压力将与日俱增，在不增加政府机构和人员编制的情况下，政府部门对退休人员的部分管理职责也许会通过购买社会服务的方式实现，这其中很有可能包括信息化工作，而最有资格和能力承

担信息化服务的非退休人员原所属企业莫属，因为许多大企业本身就有现成的信息化软硬件资源和队伍。相较而言，中石油的离退休职工管理办公平台这几年在央企中已经跻身前列，所以，利用这一办公平台来帮助地方政府开展退休人员数据的收集汇总、统计分析、研判预警以及数据资料的智能化管理和保护，无论在资质还是在安全保证上，无疑都具有得天独厚的优势。

四、创造需求，为办公平台的作用发挥寻找更多用武之地

社会化改革给企业的离退休业务的走向带来新的变数，最终的归宿无外乎三种可能：一是暂时维持现状，最终通过自然减员自行解体；二是与企业其他部门或单位合并，工作职责融入企业其他业务；三是逐步转型，利用现有资源承担企业其他业务。无论哪一种结果，对离退休职工管理办公平台而言都可能意味着工作量的缩减甚至完全停摆。这无疑是集团公司信息化建设方面的一大损失。办公平台从投入研发到推广应用直至最终正轨运行，凝聚着集团公司各级离退休部门和工作人员的巨大心血、智慧和汗水，如果没有集团公司领导的高度重视和大力支持，没有全体科研人员的忘我付出和顽强拼搏，没有广大工作人员的群策群力和辛勤耕耘，办公平台的建设开发不可能在仅仅两年的时间内取得如此踏石有痕、抓铁留印的成就，发挥如此显而易见、不可或缺的作用的。而且，就目前而言，办公平台的软硬件技术都是吸收了很多前沿技术的最新成果，其先进程度不言而喻，其适应能力和高成长性正逢其时。一旦因为社会化改革，就让办公平台自行走向没落，既是对办公平台的价值和未来认识不足，对集团公司的信息化建设缺乏远见，又是对企业信息化资源的不负责任，对企业资产保值增值的不作为。因此，摆在我们各级离退休部门面前的一项重要任务就是积极为办公平台承接企业的其他业务做宣传，开发新的市场，创造新的需求，利用平台资源和现有运维人才为企业的高质量发展奉献离退休智慧和力量。

大多油气田企业还履行着对一些特殊群体的管理职责，如偿解人员群体和家属工群体，这两大群体的日常待遇发放、困难帮扶、节日慰问和稳定工作都在企业里，是不会移交地方的。这两大群体管理职责的由来是企业出于维稳的需要，有的企业还专门成立服务这两大群体的工作机构，因此，无论其本身的重要程度，还是企业的重视程度，都不亚于退休人员。况且，这两大群体的人员总量与退休人员总量基本接近或持平。随着集团公司专业化业务重组的持续推进，对这两大群体的专业化管理也是大势所趋，而由于这两个群体管理模式与退休人员管理模式的高度趋同性，企业的办公平台完全可以实现对这两大群体信息化业务的无缝对接。大港油田公司离退休管理中心目前已在这方面做出了有益的探索，取得了初步的经验。从 2019 年开始，在集团公司项目组的热情帮助下，大港油田公司办公平台上逐步完善了偿解退休群体的相关数据，下一步，离退休管理中心

将积极建言并努力推动油田公司范围内两大群体的专业化重组，把各二级单位的两大群体全部接收过来。这不仅是为离退休部门的可持续发展下的一步先手棋，也是为办公平台的业务转型使出的关键一招。

综上，着眼党的十九届五中全会为我们擘画的战略愿景和提出的新发展理念，立足集团公司在信息化建设方面提出的新发展目标，办公平台必须以更加积极的姿态拥抱退休业务社会化改革，以时不我待、只争朝夕的精神攻坚克难，开拓进取，在新的征程上再开新局、再攀高峰。

国有企业退休人员社会化管理工作浅析

◆ 大港油田　单岩松　高勃宁

2019年3月，中央办公厅、国务院办公厅在《关于国有企业退休人员社会化管理的指导意见》中强调，2020年年底前，要集中力量将尚未实行社会化管理的国有企业已退休人员移交街道和社区实行社会化管理。实行社会化管理后，国有企业新办理退休人员管理服务工作与原企业分离。退休人员社会化管理工作涉及面广、情况复杂，企业普遍面临时间紧任务重的现实问题，如何保证企业应交尽交、社区应接尽接，是需要积极探索并实践的重要课题。

一、退休人员社会化管理的主要任务

退休人员社会化管理工作主要任务有五项。一是人事档案移交属地集中管理；二是党员组织关系转移至街道和社区党组织；三是退休人员基本养老保险、基本医疗保险全部纳入地方管理，社会保障管理服务有效衔接；四是国有企业现有专用于退休人员的服务场所、活动场所、设备设施等，能够分割移交的，经国有企业集团公司审核批准后，无偿划转给街道和社区；五是妥善处理统筹外费用。实行社会化管理后，国有企业新办理退休人员管理服务工作与原企业分离。

二、推进国有企业退休人员社会化管理移交工作的难点和问题

（一）从“企业化”到“社会化”转变，退休群体顾虑重重

社会化管理移交群体较大，大部分退休人员对进入社区管理忧心忡忡。一是担心一旦离开企业实现社会化管理后在享受待遇方面受影响，怕原有的待遇得不到保障；二是以往一旦在生活上遇到困难，大到工资发放、小到家里管线漏水，他们首先就会去找企业的退休部门寻求帮助，工作人员也会耐心地给予解答和帮助，但将来如果遇到同样的问题，社区居委会是否还会像企业一样，给他们亲人

般的温暖，为他们设身处地地解决问题；三是为油田奉献了一辈子的老石油人，对企业有着割舍不断的深厚感情，他们以油田为家，无论身在何方，都记挂着这片热土，他们不愿意也不舍得与企业分离；四是担忧社区工作人员在一定时间内业务不熟，对退休管理的政策不清，影响办事效率和服务质量；五是担心在交接过程中企业和社区双方交接不清，出现资料遗失，形成遗留问题将来无法解决。

（二）国有企业已退休人员移交街道和社区实现社会化管理工作时间紧、任务重、难度大

社会化管理涉及人事档案、党组织关系、社会保障、场所资产和企业统筹外费用等多项工作内容，按照2020年年底全面完成国有企业退休人员移交任务的既定目标，各企业必须全面落实，加速推进。然而，在退休人员移交街道和社区这一工作上，有的国有企业仍在摸索前行，面临前所未有的现实挑战。以大港油田为例，退休群体数量大，涉及2.2万余人，维稳压力重重；人员分布地域广，居住地遍布9个国家和26个省市，信息收集相对困难；人事档案管理方式复杂，管档单位50余家，档案2.5万余卷，审核难度较大；统筹外费用规范化发放后，老同志更为关心企业待遇问题，政策解释工作量加大；政企对接尚处于起步阶段，缺乏可借鉴和学习的经验，仍需进一步深入实践。由此可见，从移交方案制订到统筹协调推进，每一步都要求国有企业加速任务分解，倒排工期进度，确保按照时间节点完成各项任务。

（三）社区接收力不从心，人员管理服务尚未形成常态化移交

大港油田已完成全部退休人员移交社区工作，但从目前移交的情况看，接收方普遍存在以下问题：一是人手不足、力不从心。大港油田公司专门从事离退休服务的工作人员约300人，而接收方海滨街下属居委会总人数还不到200人，况且这200人的主要精力还用在社区管理和服务工作上。二是对于协议签订后的企业新退休人员，社区尚未形成常态化移交程序，新退休人员的管理和服务目前仍由企业承担。三是现有社区人员对退休政策不了解，对退休群体的问题咨询无法做到释疑解惑，咨询解答远远不能满足退休人员希望及时了解掌握政策、信息的迫切需求。四是社区信息化管理平台欠缺，缺少信息统计，对人员生存状况、个人信息不能及时更新，影响养老待遇发放的准确性，造成群体的不稳定。

（四）退休人员移交后，国有企业仍要负责其统筹外待遇的发放工作，很长一段时间内不能实现完全减负

虽然社会职能移交后，退休职工的管理主体责任发生变化，但国有企业在一定时期内仍需负责退休群体的统筹费用筹集和发放，这些费用的发放和政策解读，仍需要原企业工作人员进行操作解答，若退休人员群体出现相关不稳定状况，同样还是原企业工作人员进行疏导解决。从这一角度考虑，实际上退休人员是由企业和社区双重管理平台承接，社区需要有足够的人力物力承担接收的各项职责，企业还要有充足的人力资源，确保统筹外待遇落实工作。距离移交后实现责任单一、管理简便的移交初衷尚有较大差距，为企业轻装减负的效果也不明显。

三、关于国有企业退休人员社会化管理工作的建议

（一）加强政策宣贯和舆情引导，消除退休群体思想顾虑

推进国有企业退休人员社会化管理，应一以贯之地抓好宣传工作，统一思想认识。企业要利用形势任务宣讲、重要节日座谈会、日常走访慰问等多种形式向退休人员做好政策宣贯，让退休人员充分认识实行社会化管理是大势所趋，是我国养老服务体系改革发展的方向，从而增强退休人员对社会化管理的认同感，取得他们的理解和支持，营造推进社会化管理的良好氛围；要强化对退休人员的心理疏导，对于他们关心的待遇问题，给予充分专业的政策解答，消除他们的后顾之忧；要及时准确把握退休人员的思想动态及合理诉求，解决他们的实际问题，保障国有企业退休群体的稳定。

（二）充分依托离退休职工管理办公平台实现数据应用，为社会化工作提速

2019 年年初，中油集团公司建立离退休职工管理办公平台，对原有信息系统进行升级改造，2019 年 6 月正式投入使用，实现退休人员基本信息、两项待遇、两个阵地、三项建设、办公管理等智能化平台的搭建，使离退休人员日常管理更趋便捷化。在此次退休人员社会化管理移交工作中，办公平台在人员信息提取、待遇信息核实、党员组织关系转移等工作中发挥巨大作用，有效提升了移交效率，推进了移交进度。

（三）提高社区工作人员管理服务水平，保障社区接得住管得好，加速退休人员常态化接收

国有企业退休人员实行社会化管理服务的落脚点是社区，社区管理服务水平的高低直接关系到退休人员晚年生活质量的优劣。提高社区管理服务水平，一是要在人员配置上给予保证。国有企业退休人员实行社会化管理，势必增加社区工作职责和工作内容，社区应按照新增职责任务配备工作力量，为提高管理服务水平提供人员保障。二是要出台专门的政策，在经费上予以保障。退休人员的日常服务、场馆运维等，都需要足够的资金支持方能顺利开展。三是对社区工作人员从政策掌握、社会保障服务、群体管理、老年人心理学等方面进行专门培训，提高社区人员管理服务能力。四是企业要积极配合社区建立健全退休人员的管理台账，支持社区开展工作，主动向社区工作人员介绍过去有效的管理服务方式、喜闻乐见的活动内容等，协助社区在短时间内了解并熟悉退休管理工作，也让退休人员真正找到归属感、获得感、幸福感，从而在企地联动的良好氛围里加速退休人员的常态化接收。

（四）进一步明晰过渡期内政府和企业的具体职责和工作内容，最终实现真正的社会化管理

现有退休人员社会化管理相关政策、工作方案对政府社会化管理和服务工作内容虽有明确的界定，但对企业移交后的工作内容比较模糊，国有企业责任仍不够清晰。如果不能进一步按照分离移交的核心原则，切实明确政府和企业的工作界面，则将使企业和政府之间存在工作交叉或挂空挡，引发退休人员的不稳定。解决这一问题，一是国有企业要暂时保留一定数量的政策把握好、管理能力强的工作人员，确保过渡期内退休群体的服务衔接工作有序开展；二是面对交接双方对政策理解难以达成一致的情况或问题，要及时向上级主管部门汇报，由主管部门提出工作意见或给予政策解释，双方在此基础上积极协商，最终达成一致；三是接收方要切实本着为企业减负的原则，迎难而上，敢于担当作为，努力克服工作量大、人手紧张、既往经验不足等困难，暂时不能接收的，也要设计好分阶段目标攻坚方案，最终按国务院办公厅政策文件要求，做到全面接收，真正意义上实现企业退休工作“社会化管理”，实现“国有企业新办理退休人员管理服务工作与原企业分离”的目标。

浅析如何做好退休人员社会化管理中的维稳工作

◆ 大港油田　熊　丽　王冠玥

一、发挥“枫桥经验”，努力把不稳定因素化解在萌芽状态

（一）基层工作站是解决群体维稳问题的主战场

大港油田公司对离退休人员的管理架构实施公司机关—二级单位离退休管理中心—离退休工作站三级网络管理，离退休群体通常会以上访、来电等方式直接到工作站提出诉求或反映情况，并非像大多数所属单位交由二级单位维稳办处理。每周工作站收到来电来访事项400余件，99%的问题工作站能够很好地处理，对于合理的诉求及时予以解决，不合理的诉求做好解释沟通，本级无法解决的逐级进行上报，充分发挥了“枫桥经验”，很大程度上打消了部分老同志直接向上级信访部门或企业领导提出诉求的念头。

（二）做好思想工作是确保管理群体稳定的关键点

做好维稳工作，就是做好人的思想工作，必须建立共情意识，尤其面对离退休群体，他们的思想相对固执，精神重心基本放在家庭中，儿女陪伴相对较少，对于道听途说的消息难以辨别真伪；传播信息的速度非常之快。因此，做好离退休人员思想工作，面对来工作站发发牢骚、抱怨几句，甚至一时间情绪不稳定的老同志，工作人员要及时做好思想疏导，如亲人般陪伴诉说家常，充分发挥“亲情工作室”的重要作用，创造舒缓、温馨的谈话氛围，让情绪激动的老同志放松心情，让性格内向、心思缜密的老同志侃侃而谈，让孤寡、失独的老人感受到家人般的关心和问候，有效化解退休人员心中的疑虑、不解及偏执，进一步增进与老同志的情感联系，可以说是确保群体稳定的一条“捷径”。

（三）建立沟通联系机制是预防维稳案件的有力手段

开展走访慰问是企业与管理群体建立深厚感情的一项重要服务内容，既能进一步强化及时就地解决问题的责任，减少中间环节，促进基层更集中了解群体诉求、研究解决办法，也能使上级机关更好地发挥督察督办、统筹协调的作用。企业组织对新退、患病、生日退休人员以及去世人员家属进行系统慰问；在春节、中秋节、国庆节、重阳节等重要节日，对离休干部或遗孀、老工人、突出贡献人员及困难家庭等特殊群体开展重点人员慰问，通过日常走访充分了解离退休人员家庭情况和思想诉求；同时，对于有过上访经历的重点群体，企业安排专人定期进行沟通联系，全面掌握其思想动态，有效地减少了维稳案件的发生。

二、突出重点环节，有效落实退休人员社会化管理中的维稳责任

“万山磅礴必有主峰，龙衮九章但挈一领。”维稳信访工作是一个系统工程，在实施国有企业退休人员社会化管理的重要时期，必须把维稳工作放在首位，善于抓住重要时期和关键环节，切实做到牵一发而动全身、落一子而活全盘。根据前期调研结果，大港油田离退休管理中心及时编制了《大港油田公司退休人员社会化改革稳定风险评估报告》，报告进一步明确了抓好社会化管理推进过程中维稳工作的三个关键环节。

（一）抓思想发动环节

将维护稳定与工作落实放在同等重要的位置，从思想上保持高度重视。大港油田公司离退休管理中心就社会化改革问题超前在退休群体中开展专项调研，全面掌握老同志对社会化管理的认识，编写下发《致退休人员社会化管理的一封信》，中心领导带头进行社会化改革形势任务宣讲，突出讲好“三颗定心丸”，工作人员通过电话、微信、入户等方式，积极解答老同志对社会化改革的疑惑，消除退休人员的思想顾虑。对于退休人员在微信群中传播的关于退休人员社会化管理的不实信息，中心及时统一口径、统一回复，第一时间消除并制止转发行为。通过与老同志深入细致地沟通联系，倾听老同志的担忧和诉求，有力营造了老同志理解改革、支持改革的良好氛围，切实从思想上保障了退休群体的整体稳定。

（二）抓措施保障环节

在转党组织关系工作中，对于有思想波动、不愿转出的退休职工党员，建立退休职工党支部、分中心支部、中心党委及公司党委组织部等四级教育帮扶机制，中心党委书记带头入户做通了10余退休职工党员的思想工作。对于退休职工党员接转过程中存在的实际困难，中心坚持以人为本，以方便老同志为出发点，成功协调解决一系列因个性化问题无法接转的组织关系。对京津地区行动不便的退休职工党员，企业派出专车专人，提供一对一上门转接服务；对天津市范围内因疫情在外无法返回的退休职工党员，派出5个工作组，分别到各社区通过

电话或视频方式，解决党员报到问题，得到退休职工党员一致认可。

（三）抓困难帮扶环节

离退休群体基数庞大，具有年高多病、基本养老金偏低、无人照料、部分生活完全不能自理的特点，但很多存在实际困难的家庭难以满足油田公司工会困补条件，近两年来困难帮扶工作给群体维稳带来较大压力。大港油田离退休管理中心从离退休人员实际情况出发，研究编制了《关于规范离退休人员困难帮扶工作的意见》，从离退休经费和工会专项资金两个渠道彻底解决老同志的实际困难。2020年元旦、春节、十一国庆等重大节日前夕，中心对管理群体生活困难情况进行了全面摸查，实施困难帮扶和关心激励1500余人次；在七一建党节前夕，为260余名困难退休职工党员发放慰问金、慰问品。进一步筑牢企业与退休人员的情感联系，确保了社会化管理移交过程中退休群体的整体稳定。

三、提升政治站位，切实履行退休人员社会化管理后的维稳责任

（一）牢固树立大局意识，主动担当，自觉扮演补台角色

国企退休人员社会化管理是国策，是政治任务，是民心工程，是实现企业高质量发展、维护社会和谐稳定的助推器、强心剂。企业必须站在利于长远发展，保障老同志利益的高度去配合、去支持、去完成社会化管理移交任务；必须重新进行自我定位，退出退休人员管理主体责任的位置，对继续实施的业务要以慎终如始的态度去落实，一以贯之地做好走访慰问、待遇落实、困难帮扶、座谈联谊等工作。在三年过渡期间，企业必须高度建立补台意识，不因社会化管理移交工作而影响老同志的管理服务质量和水平。大港油田离退休管理中心在退休职工党员划转地方政府后，为保证退休职工党员教育管理不间断、不走样，继续鼓励原党支部负责人履职尽责、发挥作用，中心主动担当作为，继续按照原渠道、范围和标准继续发放党支部书记补贴至12月底，确保了工作平稳交接，有序过渡，切实保障8000余名党员整体稳定。同时，在企业熟悉、社区街道未涉及领域的业务上，如退休人员社保、医保等方面，必须处于时刻待命状态，积极做好补台工作。

（二）明晰业务范围，担当作为，坚定履行维稳责任

作为退休群体管理部门，无论维稳工作是移交还是保留或是共管，企业都要义不容辞地履行维稳责任。对于已移交业务，企业要继续做好历史遗留问题相对应维稳责任的落实，联系相关部门（单位），协助街道社区共同解决维稳问题。对于政府管理业务，如人事档案查阅，企业要尽量扮演牵线搭桥的角色。对于专用活动场馆移交，企业可根据地方政府的需要，和地方政府共同运维场馆一段时间，待政府工作人员全面熟悉了场馆业务再退出。对于保留业务，企业要按照“属地管理、分级负责”“首办负责制”的原则，把处理信访突出问题和群体性工作的任

务落实到部门、明确责任人，做到敏感时期超前排查，突出问题专项排查，共性问题联合排查，及时识别管理范围内不稳定风险，实施风险管控，确保油区和社会的整体稳定。

（三）达成合作共识，全力配合，企地共筑稳定大局

企地共建、共商、共享是构建和谐稳定企地关系的有效举措。实施退休人员社会化管理后，退休人员的队伍稳定更加需要地方和企业联手维护。在退休人员维稳问题上，企业和政府必须做到“三个一”，即围绕一个目标，形成一个共识，建立一套机制。所谓围绕一个目标，就是围绕退休人员队伍稳定这个目标；所谓形成一个共识，就是形成维稳工作企业离不开政府，政府离不开企业，企业和政府离不开全体老同志这样一个共识；所谓建立一套机制，就是要在企地之间建立相互通报反馈机制、定期协商机制、合力化解机制、资源共享机制。我们相信，企业和政府只要在思想上行动上与上述“三个一”合拍切题，心往一处想，劲往一处使，社会化管理后的企业退休人员维稳工作必然能够迎来一个更扎实、更牢固、更积极向上的新局面。

做好国有企业退休人员社会化管理工作的实践与思考

◆ 华北油田　戎银河　盛颖韬　马　光

实行退休人员社会化管理，是贯彻落实《中共中央关于深化国有企业改革的指导意见》改革部署的重要内容之一，是加快剥离国有企业办社会职能、解决历史遗留问题和减轻企业负担的有效途径。2019 年，中共中央办公厅、国务院办公厅下发了《关于国有企业退休人员社会化管理的指导意见》的通知，按照中央部署，结合中石油实际，集团公司下发了《关于推进企业退休人员社会化管理工作的指导意见》，于 2020 年在系统内全面推行退休人员社会化管理移交工作。华北油田高度重视，周密安排，积极调动各方面因素，进行了有效的探索和实践，全面开展了退休人员社会化管理移交工作。

一、推进企业退休人员社会化管理工作的难点

（一）移交人员群体庞大

截至 2020 年 7 月底，华北油田共有退休人员 6 万余人，人员分布在河北省境内 12 个矿区、天津境内 2 个矿区和内蒙古境内 1 个矿区。按照退休人员社会化管理要求，退休人员需要移交到石家庄、秦皇岛、沧州、廊坊、辛集、天津、内蒙古等地方政府和街道办事处。

（二）移交工作情况复杂

此次退休人员社会化管理涉及移交的内容多、业务多，包括人事档案、党组织关系、服务管理和资产划转等，各项资料整理汇总任务繁重。特别是人事档案需要对接的地方政府对接收企业退休人员社会化管理的相关政策有所不同。有些市、县地方政府由于华北油田退休人员居住地、户籍地、社保、医保参保地情况不一致不予接收。退休人员人事档案管理部门多，油田单位由于多次重组，收集

困难，去世较早人员档案底数不清，信息化处理工作量大。异地居住党员，常年居住地不固定，整体移交难度大。

（三）退休人员顾虑重重

退休人员与石油企业感情深厚，习惯于依附企业享受退休生活。部分退休人员担心移交地方后，原企业给予的既得利益得不到保障，相关待遇发生变化，担心社区街道办资源和人力有限，服务质量和办事效率会有所下降。

（四）移交时间节点紧迫

作为试点单位，华北油田需要在7月底完成移交工作。2020年上半年，新冠肺炎疫情防控工作任务艰巨，离退休管理站工作人员大部分坚守在社区疫情防控一线，人员少加重了移交工作任务。

二、开展企业退休人员社会化管理的主要做法

（一）思想认识到位，积极稳妥开展社会化移交

国有企业退休人员社会化管理是党中央、国务院关于全面深化改革、加快剥离企业办社会职能和解决历史遗留问题的一项重大决策部署，是关系企业改革，关系民生发展、关系矿区和谐稳定的大事，意义重大，责任重大。华北油田按照集团公司的要求，从思想上深刻认识，切实增强责任感、使命感和紧迫感，结合华北油田实际，认真分析整体移交各项工作，全面推进社会化管理工作的开展。

（二）组织领导到位，严密部署社会化移交

华北油田高度重视，加强组织领导，成立中石油驻任丘地区企业退休人员社会化管理移交工作领导小组，建立中油在冀企业工作群，牢固树立“一盘棋”思想，信息共享、问题共商、政策共研、工作共推，做到了区域整体协调、一体化统筹。研究制订华北油田公司退休人员社会化管理实施方案，明确工作任务，细化工作环节，确保了事项到点、时间到天、责任到人。领导小组办公室建立了移交工作周报、双周报、月报、季报等情况收集、报送制度，为领导小组决策、协调工作提供了依据。

（三）任务落实到位，突破重点带动整体移交

退休人员社会化移交涉及地方区、县、市较多，各属地政府、街道办对接情况不同，难度各异。河北省境内的移交任务占华北油田总任务的95%，而任丘矿区的移交工作又是河北省境内的重点，退休人员社会化管理工作任务实际，采取“整体推进，先易后难，分批签协”的方式推进。油田公司领导亲自出面与任丘市政府领导会晤对接，讲清国家政策和集团公司试点工作要求，争取地方理解支持。主动与接收牵头部门沟通移交具体内容，形成统一的移交协议模板，集中签订移交协议，加快了移交推进速度，提高了工作效率。及时总结任丘矿区移交工作经验做法，加以推广应用，以点带面，为促进其他单位加快移交工作推进发挥

了示范效应作用。

（四）协调落实到位，确保移交顺利进行

退休人员社会化管理情况复杂，涉及方方面面，尽管华北油田高度重视，紧抓不放、工作有序有力推进。然而，也存在协调困难的情况。为此，华北油田及时向上级汇报，实事求是反映问题，取得了有力支持。针对某些地方提出对于中石油退休人员户籍不在本市的不予接收，不在本市居住的华北油田退休人员不接收党组织关系、退休人员人事档案搜集困难等情况，华北油田公司积极向上级政府、集团公司反映，得到了上级主管部门的理解和支持，解决了华北油田的燃眉之急，有力支持了移交对接工作。积极与驻矿单位沟通联系退休人员人事档案搜集工作，取得了驻矿单位的积极配合。

（五）工作措施到位，逐项推进移交工作

华北油田公司退休职工人数多，社会化管理工作任务重、时间紧、困难大，情况复杂，富有挑战性。在推进社会化管理工作中，采取有力措施，逐项推进移交工作。在协议条款中明确，移交后企业继续配合属地政府做工作。异地居住党员由工作人员分组承包，协助办理党组织关系转出，减少问题存量。梳理服务管理移交内容，细化协议条款，明确双方职责，建立长效沟通机制，定期相互通报情况和协商解决问题。社区退休人员服务场所、活动场所、设备设施等相关资产按现状整体无偿划转，约定划转资产不能改变用途，继续为退休人员提供服务。

（六）政策宣传到位，保持改革和谐稳定

任何一项改革的顺利推进，都离不开各方的大力支持，更离不开当事人的理解配合。华北油田离退休服务管理部门通过宣传栏、微信工作群、座谈会、重点走访等方式在退休人员中宣传社会化管理的重要性和必要性，让退休人员充分认识实行社会化管理是大势所趋，及时向退休人员解疑释惑，消除顾虑担忧，增强退休人员对社会化管理的认同感。做好工作人员的思想疏导，组织离退休服务管理工作人员认真学习《集团公司退休人员社会化管理工作宣传手册》，深刻理解“三个定心丸”的内涵和意义，提高政策认识水平。

三、开展退休人员社会化管理的几点思考

（一）领导重视是前提

退休人员社会化管理工作时间紧迫，任务繁重，困难和阻力很大。华北油田公司领导非常重视，高位推动，周密部署，精心安排，严格要求，狠抓落实。主要领导亲自抓，靠前指挥，分管领导具体抓，深入一线。专题研究，统筹协调，认真解决存在问题，高度关注实际困难，为社会化管理移交提供了坚强的组织保证。

（二）责任落实是重点

公司退休人员社会化管理工作领导小组认真分析移交形势，制订工作方案，

确定时间节点，明确具体责任。把任务分解到项目，落实到岗位，量化到个人，细化到环节。严格考核，形成一级抓一级，层层抓落实的工作局面，使社会化管理移交工作决策得以实施，目标得以实现。

（三）汇报沟通是关键

社会化管理移交工作千头万绪，困难重重，加强汇报沟通是获取信息，推动工作，解决问题的关键。一方面及时向领导汇报，请求政策、资源的支持；一方面加强与属地政府、相关部门、责任主体单位、区域之间的沟通，提高工作效率，解决实际问题，确保了移交工作按照时间节点加速推进。

（四）协调配合是保障

在开展退休人员社会化管理移交工作中，公司相关业务部门、移交责任主体单位强化衔接重配合，部门联动齐发力。依照领导小组职责分工，各司其职，责任清晰，齐抓共管，及时协调解决难点问题，为退休人员社会化管理移交的顺利推进提供了保障。

（五）队伍稳定是支撑

集团公司“四个定心丸”稳定了员工队伍和退休人员队伍，企业职工统一思想认识，明确责任目标，提升工作效率。对退休人员做好政策解释，做好心理疏导，注重人文关怀，化解矛盾隐患，取得了老同志理解支持，没有上访人员。两支队伍的稳定在我们社会化推进过程中至关重要。

（六）信息建设是基础

华北油田加强离退休职工管理平台运维工作，及时更新系统数据，规范平台管理，加大推广力度。在退休人员社会化管理移交工作中，平台提供了大量翔实数据，保证了周报、半月报、月报的统计汇总和人事档案、党组织关系、活动场所等移交的准确性。

四、结语

国有企业退休人员实行社会化管理意义重大、影响深远，是一项重要而紧迫的改革任务。华北油田按照集团公司的统一部署，结合矿区实际，立足当前，着眼长远，克服各种困难，在开展退休人员社会化管理工作中进行了探索和实践，实现了平稳移交。新时期新形势赋予离退休工作新的内容，在完成退休人员社会化管理工作后，需要进一步做好离休人员服务管理和退休人员企业补贴发放等后续工作，更有效地保障企业退休人员晚年生活，提高他们的生活质量。

新媒体平台在离退休职工服务管理中作用凸显

◆ 华北油田　盛颖韬　卢海珍

2020年，新型肺炎疫情暴发，全国人民投入了一场没有硝烟的战“疫”中。2020年，也是集团公司全面开展退休人员社会化管理、油地业务衔接的重要阶段。面对疫情防控的严峻形势，面对情况复杂的退休人员社会化管理移交，华北油田离退休系统工作人员充分利用新媒体平台，加强与离退休老同志的交流与沟通，宣传疫情防控，解读改革形势，消除精神压力，传播正面能量，传递美好声音。

一、利用新媒体平台，加强离退休服务管理的重要意义

随着信息技术的深入发展和广泛运用，新媒体平台已成为新时代智能办公的一种有效渠道、快捷手段，让一些工作更加便利可行、高效运转。“微平台”已经日趋成为获取信息、交流互动、发表意见的重要平台。特别是2020年年初新冠疫情暴发，离退休老同志减少外出，居家防疫，不能参加组织学习，不能参加文体活动，给离退休服务和管理工作带来了诸多困难。为了更好地宣传党的路线方针，指导离退休老同志做好自我防护，科学高效利用新媒体、“微平台”，创新离退休服务管理工作方式势在必行。

二、利用网格化信息管理优势，做好疫情防控工作

新媒体平台作为一种新的交流方式，既加强了工作人员与离退休人员的沟通互动，又创新了离退休服务管理工作，使离退休工作有了新的突破和发展。通过图文并茂、音频视频结合的方式，使离退休同志及时了解上级政策、组织动态，改变和提升了离退休管理工作的理念和方法。

疫情期间，华北油田离退休服务管理部门在离退休老同志中建立多个微信群，加强和离退休老同志的零距离沟通和交流。在微信群中正面宣传国家疫情防控要求，及时向离退休老同志发出工作内容、时间节点、老同志所需配合事项，为疫情排查的有效性提供了有力支持。

华北油田华美综合服务处组织建立“团结一心”离退休人员微信群。在群中，离退休管理部门工作人员及时告知疫情期间所须注意事项及所需配合的工作，取得老同志的理解和支持。有的老同志主动提供准确信息，帮助工作人员顺利摸排，为前期摸排防控工作提供了有力保障；有的老同志积极谏言献策，真正上体现了“团结一心”；有的老同志经常在群中发表一些疫情期间居家生活的随笔，与大家共勉，充满正能量的文章，让大家受益匪浅。老同志们纷纷表示配合社区工作，并自觉做到不造谣、不信谣、不传谣。在疫情防控特殊时期，微信平台连接起与老同志沟通的桥梁，社区上下“团结一心”筑起牢固的防护屏障。

三、通过平台信息化管理，实现离退休精准快捷服务

疫情防控工作中，离退休管理部门结合离退休管理办公平台提供的大数据，开展周密细致的疫情防控排查工作，熟悉掌握小区高龄、独居、孤寡残疾等需要特殊服务的家庭。每周定期对高龄、独居老人进行电话访问，缓解老同志情绪，帮忙解决困难。积极做好隔离人员包联工作，采取一对一、多对一服务，每日通过微信、电话交流，耐心倾听老同志的倾诉，及时了解他们身体情况，生活需求及心态。通过微信给大家转发一些积极向上、愉悦身心的文章，鼓励大家安心居家隔离，平复他们烦躁的心情。

在积极做好疫情防控的同时，离退休管理部门还通过微信平台，认真做好服务管理工作，有序组织了 65 岁以下离退休职工体检。为避免人员聚集，离退休服务管理部门通过“离退站通知专用微信群”就此项工作对老同志们进行了详细通知。工作人员前期与社区医院密切沟通，了解每天体检的人数要求及体检须知。把筛选出来符合健康体检的人员进行排列分组，提前一周把两天的体检名单公布在微信群中，并逐一打电话通知到本人，就体检时间及注意事项进行再次提醒，最大限度地配合老同志时间安排体检，有效提高体检效率。

四、利用新媒体平台功能，提升离退休工作效率

为保证服务管理质量不降，离退休管理部门充分利用微信平台，设立多个服务模块，将沟通交流方式从“面对面”逐步拓展到“在线服务”，使离退休服务管理的外延变得更为丰富。

配合相关部门细致做好离退休职工养老金待遇认证工作。3 月底，离退休管

理部门接到局社保中心关于离退休职工养老金待认证的通知，各离退站高度重视此项工作。利用离退工作微信群发布通知，详细说明认证时间节点、认证方法。工作人员手机保持 24 小时畅通，随时解决老同志的疑问。很多老同志不熟悉网上认证的方法，工作人员反复讲解，指导老同志一步一步操作，按照时间节点要求，顺利完成了认证工作。

2020 年，集团公司组织开展了企业退休人员社会化管理工作。离退休管理部门在人员紧张的情况下，开展了资料整理和网上办公，利用微信平台积极向老同志宣传国家、集团公司关于开展企业退休人员社会化管理工作的意义，耐心解答老同志对社会化管理提出的各种疑问，以高度负责的工作态度，真诚贴心的实际行动，取得了老同志的理解，保障了退休职工队伍稳定，为维护社区和谐稳定做出了积极的贡献。

五、发挥新媒体平台作用，凝聚退休人员正能量

当前，退休职工人数逐年增加，他们思想观念活跃，运用现代科技的能力强，需求更加多元化。充分利用现代新媒体平台，有利于发挥出传统工作手段无法发挥的作用，有利于增强老同志的参与度，密切与老同志的联系，更有利于助力老同志体验美好生活、展示阳光心态、发挥正能量。

疫情防控期间，华北油田充分利用微信平台组织离退休人员进行政策宣传，鼓励老同志积极配合社区防控，做好自我防护。通过推送老人关注的内容，引导离退休人员注重身心健康，养老养生；同时在生活中培养兴趣爱好，加强体育锻炼，保持积极心态，安享幸福晚年。

华北油田老年大学各分校坚持停课不停学的宗旨，鼓励老同志减少外出，在家合理安排学习时间。老年合唱班学员们在家里坚持练声，通过微信视频互相切磋，大家学唱抗“疫”公益歌曲，用歌声向坚守一线的抗“疫”英雄们致敬。书法、文学班的学员创作了大量的文艺作品，发送到老同志微信群里，以书法、绘画、诗词等形式主动为战胜疫情鼓劲加油。老年柔力球协会利用微信群每天给学员发送柔力球教学视频，鼓励学员们在家积极练习，强身健体。

每个离退休微信工作群都是宣传阵地。在新时期新形势下，通过建立微信群和微信朋友圈，完成信息共享和交流，拉近了和老同志沟通的距离，提升了工作效率，使离退休服务管理工作得到进一步的创新和提高。

做好国有企业退休人员社会化管理工作的思考

◆ 吐哈油田　刘艳艳

企业退休人员社会化管理服务是指职工办理退休手续后，采取管理服务工作与原企业分离，养老金实行社会化发放，人员移交城市街道和社区实行属地管理，由社区服务组织提供相应管理服务。

党的十八大以来，各地区各部门认真贯彻落实党中央、国务院决策部署，积极推进企业退休人员社会化管理服务工作。2019 年 3 月，中共中央办公厅、国务院办公厅印发了《关于国有企业退休人员社会化管理的指导意见》。2017 年，上海、重庆、大连、鸡西、长沙等 5 个城市作为试点单位，在全国率先推进国企退休人员社会化管理工作，其他地区在 2020 年年底前，将尚未实行社会化管理的国有企业已退休人员移交街道和社区实行社会化管理。2020 年 3 月，中国石油天然气集团有限公司离退休职工管理部《2020 年离退休工作要点》对集团公司退休人员社会化管理工作进行全面部署、提出具体要求，为平稳有序推进社会化管理各项工作指明工作方向。

一、国有企业退休人员社会化管理优势

国有企业退休人员社会化管理无论对于退休职工本人、对于企业、对于国家来说都是好事。

（一）对于退休职工本人而言

基本养老、基本医疗保障覆盖面不断扩大，由街道和社区实行属地管理的企业退休人员比例显著提升，管理服务水平不断提高，居家社区养老、教育文化体育活动等为老服务在社区深入开展，取得明显成效。退休养老金基本都是由社保机构委托银行进行批量代发，所以跟企业没有直接关系，但是每次发生银行卡

丢失或养老金发放不到位的情形时，退休职工都需要到单位进行查询、办理，再由单位同社保机构对接，拉长了办事流程。而移交社区管理后，可以直接在社区查询、办理，有效提升服务质量和服务效率。与此同时，当前城市社区发展比较成熟，几乎每三公里之内就有一个社区，社区的服务质量和管理也日趋完善和规范，这与企业不同，社区的职能就是服务管辖范围内的居住人口，而企业的根本目标是为了盈利。所以两者的服务质量和服务完善性无法比较。

但是，很多老同志可能会有疑问：移交社区管理以后，补充医疗保险、离退休统筹外待遇是否就没有了？对此完全不用担心，国务院下发的《关于国有企业退休人员社会化管理的指导意见》里明确要求，国有企业退休人员原享受的补充医疗保险、医疗互助帮困等相关待遇，仍按原渠道解决，确保待遇水平不降低。对于目前由企业发放的离退休统筹外费用，按照新人新办法、老人老办法、统筹兼顾、逐步消化的原则，妥善解决国有企业退休人员统筹外费用问题。总之，只要是符合政策规定、符合列支范围的，都会正常发放。

（二）对于企业而言

对于企业来说，将退休人员移交社区管理最为直观的好处就在于精力得到释放，活力得以提升，此次移交不仅仅是人员管理的移交，还有社会保障管理、人事档案、党组织关系的移交。吐哈油田离退休职工管理中心管理退休人员 8300 余人，这就意味着至少有 8300 本人事档案需要管理，占据了我们大量的人力物力。同时还建立 11 个老年活动室，活动室的维护、管理都需要企业承担相关费用，每年光是这一项的支出就是很大一笔费用。退休人员社会移交的目的就是释放国有企业活力，提升国有企业竞争力，降低国有企业成本，所以对于企业来说，绝对是一件好事。

（三）对于国家而言

国家提出国有企业社会化移交肯定是经过深思熟虑、反复考究的，肯定是因为利国利民所以才会推动这项工作的进展。首先能够提升国有企业的竞争力，让国有企业充分参与到市场竞争中去，增强国企的自主生存能力和盈利能力；其次能够在一定程度上推进公共设施的完善和公共服务的提升，有利于推进基层社区的健全和完善，从长远来看，对于社会长治久安、秩序稳定有着不可替代的作用，同时可以让退休人员共享改革成果，体会社会进步。

二、国有企业退休人员社会化管理存在的问题

（一）国企退休人员观念转变较难

退休人员的“企业情节”与社区归属感较弱。一是“企业情结”较为严重。国有企业退休人员认为自己一生奉献给企业，最后企业将自己“抛弃了”。二是对所在社区的归属感和认同感不强。目前退休人员对于自己所居住社区的活动参

与程度低，社区成员间互动少，不像原先企业那样能够把大家凝聚在一起，进而无法形成对社区的归属感和认同感。

（二）街道和社区管理服务能力差距较大

街道和社区管理服务能力区域差距较大。一是发达地区街道社区管理服务体系较为完善，管理服务能力和水平较高。如上海市，街道社区服务机构设施非常完善，每个街道配备了街道社区文化中心、街道社区卫生服务中心、街道社区事务受理服务中心，基本可以满足居民群众的文化活动、卫生医疗、社会事务办理等服务需求。二是较发达地区街道社区整体发展水平不断提高，但内部街道社区发展不平衡仍然存在：主城区街道社区发展较好，管理服务能力较强；而远郊区街道社区发展较差，管理服务能力较弱。三是欠发达地区街道、社区管理服务能力较差，街道社区的服务机构设施建设滞后。部分社区基本缺失管理服务能力，既没有活动场地，也缺少社区工作人员，且社区划定范围太大和辖区居民数量太多，街道社区管理服务在调查的大多数居民心中“形同虚设”，这对于原先由企业承担的管理服务职能，街道社区既“接不住”，也“接不稳”。

（三）福利待遇标准不一与过渡期问题成为关注焦点

国有企业退休人员统筹外费用发放是问题的关键，如统筹外费用包括统筹外补贴费用（按月生活补贴、节日补贴、帮困补助）、体检费用、文体活动经费等几个方面，这对于退休人员是笔不小的收入。而社会化管理后，会不会存在企业统筹外费用标准较高，移交街道社区后标准降低的现象。

三、国有企业退休人员社会化管理工作建议

（一）推进国有企业退休人员社会化管理的基本思路

一是管理服务职能转移，企业责任继续承担。要明确退休人员社会化管理是管理服务职能的转移，即原先由企业承担的管理服务职能工作，交由街道和社区统一管理，企业应继续承担应当履行的责任。国有企业在社会化管理推进时，要做好社会保障管理服务、人事档案管理、党组织关系等相关工作的有效衔接，要确保街道和社区“接得住、接得稳、接得好”。在实施社会化管理后，国有企业要继续承担社会化管理服务内容之外的其他经济和社会责任。同时，国有企业还要继续关心关爱退休人员，做好走访慰问工作，采取多种方式使退休人员能够了解企业改革发展情况，让退休人员继续关心企业，老有所为。

二是因地制宜分类处理，合理确定过渡期。要明确由过去的单位养老到现在的社区养老是一个渐进的过程，实行退休人员社会化管理涉及社区管理职能、社会保障管理服务、统筹外费用、企业活动场所等资产问题，要根据当地实际情况因地制宜，不能“一刀切”，允许“南腔北调”。同时国有企业要合理确定过渡期，根据“新人新办法、老人老办法，过渡期过渡办法”渐次推进、减少摩擦。

三是做好宣传思想工作，创造良好社会氛围。实行社会化管理后，退休人员主要关心原有的待遇是否会降低、原有的集体活动是否还会继续、原有的活动场所是否仍然可以使用。这就需要企业和街道社区做好宣传引导和思想工作，注重发挥新闻媒体作用，要明确实行社会化管理是把本应由社会承担的工作归还给社会，由街道社区接收，并为退休人员提供管理服务；同时，通过发放宣传资料、召开政策宣讲座谈会、组织退休人员参观社区等多种形式，详细介绍有关政策、措施，把相关待遇等问题向退休人员讲清楚，打消他们的疑虑。

（二）完善街道社区管理服务职能

一是加强管理服务网络的保障功能。国有企业退休人员实行社会化管理后，街道、社区将要承担原先由企业承担的职能，街道和社区明确国有企业退休人员社会化管理服务工作的主要内容；解决机构建设中的职能、人员编制和经费保障问题；加强街道、社区学习场所和各类服务资源建设，不断完善街道、社区管理服务体系。

二是加强街道和社区党组织建设。要充分重视街道和社区党组织的建设，有些地区党组织活动经费困难，地方财政经费压力较大，需要通过市级、省级转移支付，解决活动经费压力大的问题。对于活动场所较少、短时期内建设困难的地区，需要加强社区党组织与企业党组织的联系对接，通过党建共建、场所共用等方式解决这一难题。

（三）促进社会保障管理服务与福利待遇处理的衔接

一是有效衔接社会保障管理服务职能。国有企业退休人员实行社会化管理后，各类社会保障待遇要按时足额支付。对于已纳入属地管理基本医疗保险的退休人员，继续按规定享受相应的待遇；对于未纳入属地管理基本医疗保险的退休人员，国有企业要和地方协商做好医保关系转移接续工作。国有企业退休人员原享受的大额医疗费用补助、老工人医疗照顾补助、补充医疗保险、医疗互助帮困等筹资和相关待遇仍按原渠道解决，确保待遇水平不降低。社会保障管理服务职能移交后，国有企业要配合街道和社区，做好退休工伤人员的各项待遇申报等工作。

二是分类处理统筹外费用。国有企业要确定 3~5 年过渡期，对现有的统筹外费用要认真清理、分类处理。在现有的基础上不新增、不提高，对于过渡期前退休的人员，其享受的统筹外费用等相关待遇仍按原渠道发放；对于过渡期内退休的人员，根据过渡期办法逐步减少新办理退休人员的统筹外费用；对于过渡期期满后办理退休的人员，要按照企业所在地市级政府有关规定应享受的待遇，由企业一次性支付，不再发放统筹外费用。

对企业退休人员移交社会化管理进程的思考

◆ 吐哈油田　刘洪涛

我国经过多年的努力，基本建立并不断完善社会保障体系，养老金全面实现了社会化发放，在一定程度上减轻了企业的社会事务负担。但在实现退休人员社会化管理方面却略显滞后。因此，要按照党中央、国务院的决策部署，加快推进企业退休人员社会化管理服务，为国有企业深化改革增加活力创造条件。

一、提高对企业退休人员移交社会化管理重要性的认识

（一）企业退休人员移交社会化管理是改革完善社会保障体系的需要

如今，国有企业改革重组、优化结构不断推进，其重要工作之一就是主辅分离和退休人员实行社会化管理任务。这是进一步改革完善社会保障体系的需要，是企业改革的内在要求，是企业参与市场经济竞争的需要。

2015 年《中共中央、国务院关于深化国有企业改革的指导意见》明确提出，要建立政府和国有企业合理分担成本的机制，多渠道筹措资金，采取分离移交、重组改制、关闭撤销等方式，剥离国有企业职工家属区“三供一业”和所办医院、学校、社区等公共服务机构，继续推广厂办大集体改革，对国有企业退休人员实施社会化管理，妥善解决国有企业历史遗留问题，为国有企业公平参与市场竞争创造条件。

2016 年《国务院关于印发加快剥离国有企业办社会职能和解决历史遗留问题工作方案的通知》要求：对国有企业退休人员实行社会化管理。国有企业职工办理退休手续后，其管理服务工作与原企业分离，统一交当地社区实行社会化管理；集中力量将尚未实现社会化管理的国有企业已退休人员移交社区实行属地管理，由社区服务组织提供相应服务。

2019 年《中共中央办公厅、国务院办公厅印发〈关于国有企业退休人员社

会化管理的指导意见〉的通知》，确定国有企业退休人员社会化管理五大主要任务：一是完善管理服务职能，二是社会保障管理服务有效衔接，三是做好党员组织关系转移接收，四是人事档案实行属地集中管理，五是分类处理统筹外费用。

（二）企业退休人员移交社会化管理是企业轻装上阵走向市场谋发展的需要

随着我国进入老龄社会，企业尤其是老国有企业，退休人员越来越多，使退休人员的相关管理等工作不断增多。退休人员的管理工作虽然不是企业的工作重点，但在某种程度上或多或少影响企业的大局。而且大多数国有企业都有一个共性，就是退休人员中有不少子女和亲属都在同一个企业工作，退休人员的衣食住行、生老病养等，都需要企业管理和服务，在管理服务过程中出现的矛盾和问题，都会引起他们子女和亲属的特别关注，都会影响在岗的退休人员子女和亲属的队伍稳定。

企业人员退休后居住分散，他们有的返回老家居住，有的在企业社区或当地城市居住，有的到全国各个城市与子女一起居住等。企业受人力、物力等影响对这部分人的管理服务存在脱节现象，造成他们的思想问题得不到及时沟通，以致他们的困难和需求得不到及时解决。有些退休人员因长时间脱离组织，放松了学习教育，产生了不健康的思想，不利于家庭的和谐和社会的和谐发展。

企业在缴纳养老保险后，仍然要负责退休人员的管理服务工作和诸多福利待遇费用等，经济负担和管理责任都很沉重。养老保险制度作为一项最重要的社会保障制度，其管理对象仍然实行企业化管理，造成制度的不完善，也影响到这项制度社会作用的发挥。同时，过重的社会负担也影响了国有企业改革的深化和市场竞争力。

（三）企业退休人员移交社会化管理是提高退休人员晚年生活质量的需要

广大企业退休人员为国家的建设和企业的发展辛苦了大半生，做出了巨大贡献，应当享有幸福安宁的晚年生活。实行养老金社会化发放后，企业退休人员晚年生活有了经济上的保障，在这个基础上，通过积极推进社会化管理服务，其晚年生活不再与企业生产经营的风险联系在一起，可以更好地实现退休人员“六个老有”（老有所养、老有所医、老有所教、老有所学、老有所为、老有所乐），使他们的晚年生活质量得到保障。

二、积极稳妥推进企业退休人员移交社会化管理工作

（一）做好宣传思想工作，增加退休人员接受社会化管理信心

退休人员由于要面临走进社区生活，他们的思想上有顾虑、有抵触，许多退休人员认为，脱离了曾经工作的企业，也就意味着失去了“娘家”，今后个人的一些实际问题和困难就没有组织去关心，成为无人管的“社会人”。所以，我们要针对退休人员的顾虑做好思想工作。一要开展形势教育，让老同志了解我国发展社会主义市场经济，退休人员社会化管理是必然要求、必然趋势。不少国有企业退休人员已经移交社区管理，已完全摆脱了企业办社会的历史包袱，企业发展

走上了快车道。退休人员顺利移交社区管理是对国家改革发展做贡献，是对企业发展的支持。二要宣传企业退休人员社会化管理的好处，现在企业已经纳入了养老保险覆盖范围，养老金已经全面实行社会化发放，退休人员的“养命钱”不再受企业经营风险的影响。实行社会化管理服务，只是管理服务职能的转移，是把本应由社会负担的工作归还社会，并不是企业把他们甩出去就没人管了，街道和社区都有专门的机构和人员接收，为他们提供管理服务。为应对人口老龄化，党和国家越来越重视，大力发展老龄服务事业和产业，加大对社会社区建设力度，随着社区的蓬勃发展，退休人员在社区将会得到比在原单位更加全面的服务。现代化的退休人员服务管理，就是要变家庭养老为社会养老，变单位养老为社会养老，变分散低质养老为集中专业养老，要把大量由于分散而造成巨大浪费的资源集中起来大幅提高退休人员的老年生活质量，尊重人权，彰显社会主义优越性。宣传思想工作做好了，退休人员移交社区管理工作就能事半功倍。

（二）采取有效措施，确保退休人员顺利移交社区管理

一要企业和政府要加强对企业退休人员移交社区管理工作的领导，结合社区和企业实际，制订好移交工作规划和方案，抓紧组织实施。二要抓紧完善社区保障管理服务网络。目前，有些社区建设不够完善，使社区难以完全承担起对退休人员管理服务的功能。多数地方社区管理服务人员少，经费短缺，难以为大量进入社区的退休人员提供正常的管理服务。政府要加大投入，完善社区的服务建设，完善社区保障管理服务网络和服务设施。要根据移交人数的增多，适当扩大工作机构，补充管理服务人员，解决工作经费等问题，做好退休人员的移交工作。三要加强企业党组织在退休职工党员组织关系转接中的引领作用，做好与当地组织部门、街道、社区的沟通与对接，确保退休人员的党组织关系顺利移交到社区。四要完善社区老年人学习、娱乐和体育活动场所和设施。企业可以把原用于退休人员学习、活动的场所和设施划转给街道、社区，增加社区的活动场所，用于退休人员。五要做好资料、档案、党员组织关系移交工作。为退休人员档案管理规范化管理奠定基础，为退休人员社会化管理工作提供有力支撑。

（三）退休人员移交社会化管理后，企业要当好“娘家人”，支持社区服务工作

退休人员在企业工作、生活了几十年，曾经为企业的建设发展立下了汗马功劳，与企业的领导、同事、工友感情至深。有的退休人员的子女还在企业继承父母的事业，为企业做贡献，亲情关系不断，退休人员的喜怒哀乐都会直接影响子女的情绪，影响职工队伍的稳定。所以退休人员虽然移交到了社区管理，但他们仍然视企业为“娘家”，企业也要继续关心退休人员的身体健康和晚年生活，适时对困难或有病的退休人员开展节日慰问、献爱心活动；积极配合社区做好退休人员管理服务工作，在条件允许的前提下提供人力、物力和财力支持，为和谐社会出一份力、尽一份责任。

新形势下以信息化助推老干部工作精准化、规范化建设水平的实践与思考

◆ 吐哈油田　杨安群　王　萍　李玉生　杨滢山

2019年以来，中央组织部老干局明确新时代老干部工作总体思路是：以“一化带两化促三性”，即以信息化建设为突破口，通过信息化建设带动精准化和规范化建设。近三年来，中石油集团公司认真贯彻落实中组部老干局的指示精神，着力开展信息化建设，以信息化建设促进精准化、规范化工作的提升，取得明显成效。但随着国有企业不断深化改革，退休人员实行社会管理的全面深入实施，以及以互联网、人工智能等为主要特点的新的工业革命的到来，老干部工作“三化建设”面临着新的形势。本文拟结合中石油集团公司吐哈油田近三年来的实践，就新形势下做好老干部工作“三化”建设进行研究探讨。

一、基本情况

多年来，吐哈油田本着让组织放心、让老同志满意的原则，把老同志的事当着自己的事去做，赢得了老同志、老干部的普遍赞誉和一致认可，先后获得全国“敬老文明号”、新疆维吾尔自治区“敬老文明号”、集团公司“离退休工作先进集体”、新疆维吾尔自治区“离退休工作先进单位”、全国“示范老年大学”等多项荣誉。

当今社会，谁掌握了互联网，谁就把握住了时代的主动权。2017年年底，集团公司离退休职工管理局历经五年时间全面建成离退休信息管理办公平台，涵盖了离退休所有业务项目，为中石油离退休管理工作人员构建了一个共享的数据信息平台，实现了信息数据统计、查询、分析及报表系统生成、服务监督等多项功能。三年以来，吐哈油田以离退休信息办公平台推广应用为契机，搭上离退休工作信息化“快车”，让信息化工作与离退休管理工作深度融合，不断提升离退

休管理精准化、规范化工作水平。

（一）全面推广应用，信息化平台为精准化服务提供支撑

集团公司离退休信息管理办公平台累计开发功能模块16个，子功能214项，开发移动办公功能11个，子功能19项，大大充实了离退休职工的个人信息量，确保各用户随时都能掌握所管理对象的第一手完整翔实的资料。吐哈油田统一思想，高度重视离退休信息管理办公平台的应用和推广，牢固树立全员“真学真用”的理念，形成全员参与的信息化建设大格局。日常工作中，将离退休管理服务业务中重点关注的“两项待遇”落实、“两个阵地”建设、走访慰问、老年大学课程等信息纳入办公平台管理，工作人员从办公平台精准提取老同志的待遇落实、思想动态、身体状况、兴趣爱好等数据，对每名老同志从接收到减册过程中所形成的管理和服务轨迹始终做到心中有数。大数据为因人施服、精准帮扶、落实各项待遇提供了有效依据，实现了“让数据多说话，让老同志少跑腿”，工作精准性和高效性明显提升。

（二）丰富信息载体，多元化信息通道助力离退休管理服务

吐哈油田依托互联网平台，实行党建、服务、管理资源共享、信息互通。充分利用“石油党建”“学习强国”APP，开展退休职工党员远程学习教育；辅导老同志、老干部使用“掌上12333”“电子医保卡”进行信息查询，探索“互联网＋党建＋服务＋管理”的老干部工作新模式，以信息化为牵引更新服务理念；通过微信群实时发布老同志、老干部关心的新闻、政策和文件，引导老同志、老干部弘扬传播正能量；通过门户网站宣传、展示老同志、老干部发挥余热和优势，继续服务社会的精神风貌，激励老同志、老干部离岗不离党、人老志不减的热情。

（三）用心用情关爱老人，因人制宜精准服务

一是将老同志的政治待遇落到实处。建立离退休职工党支部、劳动家属管理站以及由退管单位组织领导的老年人自管会，使老同志、老干部有归属感，有组织依靠；及时向老同志、老干部传达上级方针、政策，参与企业民主管理，为企业谏言献策；开办老年人阅览场所，提供活动室，创办老年大学，组建“八会一团”，鼓励老同志、老干部加入组织，自娱自乐。二是想方设法将贴心服务送到老同志、老干部身边。吐哈油田离退休服务工作开展多年来，在落实好日常为老服务各项工作制度的同时，各单位结合自身工作实际，积累了一定的经验，针对不同的服务对象，在服务内容上和服务质量上做精做细，形成了如“5566”、亲情家园、爱心银行、结对帮扶、邻里互助、划片承包等多种行之有效的服务模式，为广大老同志、老干部安享晚年提供了保证。

（四）加强规范党支部建设，充分发挥战斗堡垒作用

“党是领导一切的”，离退休管理服务工作也是如此。油田党委在离退休老同志相对集中居住的地区，成立了9个离退休职工党总支、34个离退休职工党支部、102个党小组，党组织建设覆盖8个省市地区，形成了以党支部为核心，纵向到底、横向到边的离退休职工党员管理机制。一是坚持落实党支部“三会一课”制度，结合“两学一做”学习教育，保证每月至少组织一次集中学习，同时积极利用现代新媒体信息平台，向离退休职工党员推送视听学习材料，持续开展理想信念教育，使广大离退休老同志在增强“四个意识”、坚定“四个自信”、坚决做到“两个维护”方面永远不掉队。二是注重阵地建设，搭建服务平台。按照吐哈油田党委统一要求和标准，先后建成5个离退休职工党支部示范阵地，开展党务公开、心得交流、荣誉展示、工作指引，促进了党支部各项工作的规范化开展。三是强化示范引领，促进作用发挥。党支部积极组织和宣传，发动乐于奉献、主动作为的老同志自发成立志愿者服务团队，在抗疫捐赠、政策宣传等方面积极发挥余热。当油田改革涉及员工群众利益时，离退休职工党支部率先在老同志中进行宣传，取得老同志的理解和支持；在2020年新冠肺炎疫情期间，广大离退休职工党员自发捐款28万余元，纷纷报名担当网格员、劝导员、信息员，配合单位开展重点人员信息摸排，为居家隔离人员提供“一对一”服务，积极参与社区疫情防控政策宣传和社会面管控相关工作，既服务了他人，也体现了自身价值。

二、存在的问题及原因

吐哈油田老干部工作围绕“三化”建设取得了很大的进展，但是在推进过程中，还存在一些问题。

（一）对信息化工作的认识不深，应用能力欠缺

一是对现有信息平台功能缺乏钻研探讨精神，利用不充分，信息平台潜力得不到很好发挥，造成投资浪费；二是随着退休人员社会化管理工作的推进，企业与地方各类信息系统、信息平台资源较多，但客观存在各自为政、“信息孤岛”“信息壁垒”问题；三是退休人员实现社会化移交后，基层信息员队伍力量减弱给信息采集的及时性和延续性带来一定困难；四是老同志、老干部对一些APP、信息平台的使用热情不够，信息化建设存在单方发力等问题。

（二）退休人员社会化管理后，精准化服务面临新挑战

一是多年来，各企业根据工作需要，建立了完善的离退休服务机构和体系，形成了一定的服务模式和服务格局，老同志、老干部对企业有根深蒂固的情感依赖，移交地方政府实行社会化服务，部分地区社会服务能力有限，短时间里不能满足广大老年人的需求。二是当前各种社会服务资源较多，地方政府也在大力扶持和发展社会服务能力，但总体缺乏规范化、系统化的规划。特别是部分经济发展相对落后的地区，社会资源发展极不平衡，老同志急需的养老、就医、精神慰

藉等资源更加匮乏，社会资源没有得到充分整合运用。三是我国已经进入到老龄社会，各类困扰政府和社会的老年问题不断涌现，老同志晚年养老生活需求与社会供应保障之间的矛盾日益突出。

（三）新形势下规范化制度体系有待完善，工作机制有待健全

一是日常工作中形成的一些好的经验、做法，还没有固化下来形成制度。二是全社会对老同志、老干部工作的关注度不够，没有形成齐抓共管的合力，存在业务部门单打独斗的现象。三是离退休职工党支部开展工作难度大。退休职工党员流动性大，有些党员因年龄、身体状况和接收新媒体平台慢等因素，导致组织生活方式单调，参加次数不够等。

三、对策措施

（一）立足长远发展，把信息化建设作为基础工作常抓不懈

1. 用好用活企业现有信息平台

退休人员实行社会化管理后，统筹外各项待遇的落实继续由企业负责，现有离退休信息办公平台的“图表分析”“统计报表”“综合查询”等功用，能够为离退休统筹外费用的发放和困难帮扶、祝寿慰问等待遇的落实提供精准的数据和定向分析信息，这些功能的使用将极大提高工作的准确性、服务的精准性和信息便捷性。要充实信息员队伍力量，加大信息员培训力度，学深悟透信息化平台各项功能，不间断地做好信息数据的采集、维护和完善工作，发挥信息化平台最大潜能，让信息化平台为精准化服务持续发力。

2. 创新信息资源整合共享机制

加强企业和地方信息资源整合，通过系统整合、数据整合、业务流程整合，构建信息资源共享平台；明确职责、合理分工，退休老同志基础数据采集由地方或企业采集提供对方共享，保证数据源头单一性及数据的准确性，既促进资源互联互通、高度共享，又避免重复浪费，相互推诿，从而打破信息壁垒，联结信息孤岛，在新的信息交换与共享平台上实现信息资源最大增值，发挥整体效益。

3. 发挥社会共享信息资源优势

退休人员社会化管理后，人员分散流动性问题更加突出。目前，东部发达地区实现了市、区、镇三级社保机构服务网点、定点医疗机构和社区健康服务中心、国有商业银行所有网点全面联网，极大地方便了老同志。因此要打破长期以来企业离退休老同志、老干部以企业为依托和纽带的管理方式，引导老同志、老干部转变观念，主动与社会资源对接，实现党建、社保、医疗卫生、老年教育、社会养老资源共享，提高服务质量和便捷程度。

4. 关注老同志、老干部的信息化需求

针对近年来新退休的老同志、老干部都有强烈“触网”意愿的特点，协同社区在微信公众号、微信群和工作网站，实时传播正能量，展示老同志、老干部摄影、书画、文学作品，设置互动交流环节，调动他们上网用网的积极性，在“互联网 +”时代，逐步转变老同志的生活方式和习惯，由被动接收变主动参与，让老年群体也能共享信息资源。同时，联合政府相关部门适时开展相关专题研究，结合老同志、老干部的实际，研发直观、好用的为老服务 APP 小程序，方便大家足不出户办理生活所需事宜，逐步实现老干部工作信息化。

（二）综合社会资源，多管齐下共建老干部工作精准服务体系

第一，发挥社会公益组织作用，组建为老服务志愿队伍。目前在经济比较发达的地区，例如：北京、成都等地，由政府购买服务的方式，支持公益组织在社区组建义工、护工、志愿者服务团队，为老同志、老干部居家养老，满足日常生活所需提供就近服务。建议政府加大社区工作者队伍建设，尤其是为老服务的社区工作者和志愿服务者队伍，从技能培训、招用流程、薪酬待遇方面进行规范统一。

第二，政府积极引导房地产企业建设智慧康养社区，通过建立大数据平台，为社区老同志、老干部日常生活提供精细周到的有偿服务，使老同志、老干部老有所养。目前成都有相关的企业已经在开展相关业务，通过发挥大数据平台的作用，实现社区服务“一键通”，为居家养老做出了有益的尝试。

第三，营造全社会关心关注老龄事业的氛围。据民政部统计分析，“十四五”期间，全国老年人口将突破 3 亿，将从轻度老龄化迈入中度老龄化，在我们调研过程中，老同志、老干部反映较多的问题就是慢性病就医问题，建议建立老龄专科医院，在社会的各个服务窗口，专设老龄专柜，配备相关基础设施设备，让老同志、老干部有更多的幸福感、获得感。

第四，常态化开展老同志、老干部作品展览、比赛活动，让有专长的老同志、老干部才能得到展示，增强社会对他们的认同感。健全完善老龄协会，建设好老同志、老干部活动阵地。鼓励有爱好的老同志、老干部组建不同的爱好团队，政府和有条件的企业要办好老年大学，让老同志、老干部退休生活丰富多彩。

第五，企业要加强和地方政府的协作配合，及时做好精准服务补位工作；加强和老同志、老干部的联系，听取他们对企业改革发展的意见建议，邀请他们为在职员工讲授企业发展的历程，为传承企业文化、凝聚人心发挥正能量作用。

（三）以党建为统领，推动新形势下老干部工作规范化运作

1. 探索党建工作新方法

建立离退休职工党员定期联系谈心和工作报告制度，针对长期在外的流动党员，要通过利用微信群、QQ 群和 Wlink、钉钉 APP，实现“面对面”交流和定期进行思想汇报，以实现对流动党员的管理；充分利用现代信息化手段，拓展学习渠道，探索“网络学习”新模式，解决参加组织次数少和组织生活方式单调的问题；建立离退休职工党支部书记、委员、党小组长工作补贴发放制度，提高补贴标准，以此调动离退休骨干的工作积极性；建立适合离退休职工党支部实际的工作考核办法，考核结果与工作补贴和评先选优挂钩，激发离退休职工党员工作干劲和热情，助推离退休整体工作效果的进一步提升。

2. 持续完善制度体系建设

进一步固化好的经验做法，形成完备的制度体系。积极探索制定适应新形势的可行性工作制度，结合退休人员社会化管理实际，整合企业与地方为老服务的工作制度，让每一项工作都有章可循，有规可依；优化业务流程，简化办事程序，为老同志提供便捷服务。

3. 努力构建工作新机制

加强企业与地方之间、各职能部门之间的横向沟通协作，优化职能配置、增强工作合力，真正构建系统完备、科学规范、运转高效的老干部工作职能体系，形成各方面齐抓共管的有效运行机制。

4. 加强思想教育和引导

当前社会处于变革时期，油田也处于改革发展时期，各类改革措施的出台，势必会造成某个范围某个时期的不稳定。但当前我国政治稳定，经济发展势头良好，大的社会环境持续稳固。要加大对离退休人员的教育引导，使老同志的思想紧跟时代潮流，要教育老同志不断转变观念、适应社会，积极配合改革。同时，还要加强对老同志进行社会主义核心价值观教育，引导老同志、老干部端正自己的价值观念，树立阳光、健康的生活态度，发扬优良传统，弘扬社会正能量。

企业离退休职工党支部工作存在的问题及对策

◆ 吐哈油田　江雪艳

企业离退休职工党支部是党在企业离退休职工中建立的基层党组织，是各级党委与离退休职工党员交流思想、沟通情况的桥梁和纽带，是继承发扬党的优良传统，团结教育离退休职工党员的战斗堡垒，也是老同志自我教育、自我管理、自我提高的载体。做好企业离退休职工党支部工作，对于加强党的基层组织建设，提高整个党员队伍素质，对团结教育广大离退休职工党员，认真贯彻落实党的各项方针、政策，发挥离退休职工党员的作用，稳定退休职工队伍，提高党的执政能力，巩固党的执政地位和构建以人为本的和谐社会等都有着十分重要的促进作用。因此要把企业离退休职工党支部工作作为重要政治任务，在抓基层、强基础、补短板上下功夫，推动企业离退休职工党建工作整体水平不断提升。但在离退休职工党支部建设工作实际操作中仍然面临着一些困难和问题，其主要表现在以下几个方面。

一、企业离退休职工党支部建设存在的困难和问题

随着党员年龄增长、子女工作变动、居住条件改善等情况，很多老同志搬离了原居住小区，跟随子女居住，分布日趋分散；还有极少数老党员不愿缴纳或按标准缴纳党费；有的不愿意参加党支部组织活动，认为学习、阅文、开会等都没有意义。无论是集中学习还是开展组织生活，都面临着新的问题和困难。

因为一些离退休职工党员在职时受党教育时间长，经验多、水平高，是前辈、老领导，退休后对学习反而不太重视，存在“松口气、泄股劲”的思想，认为自己退休后应当安享晚年，不希望被人打搅，无须再承担什么工作，更谈不上发挥先锋模范作用；一些党员退休后，注意力发生转移，退休金、医疗费等福利

待遇成为他们关注的焦点；部分党员离开工作岗位后，通过受聘、返聘等形式继续工作，不愿参与党支部活动。

退休职工党员的身体状况各不相同，年龄偏大患病多，很多同志普遍患有不同程度的心脑血管病、肝功能下降、糖尿病、高血压等老年性疾病，因为体质较差而对于党支部组织的一些活动力不从心，行动不便，不愿或不能参加组织活动的老党员在逐年增加，影响了党支部整体活动的开展。而年龄相对年轻的离退休人员体质较好、精力和热情度都相对较高，喜欢参加活动。身体条件的差异，致使很多活动都不能统一全面地开展。

企业党委在布置支部工作的时候，对离退休职工党支部及党员的要求方面还存在"宽、松、软"的现象，从上到下都感觉应该放松标准，不能按照在职党员支部的标准来对待，因此工作任务的内容与执行尺度不好把握，同时缺乏有效的考核机制。党支部书记难挑，工作能力、组织能力有待进一步提升，常常出现青黄不接现象。

二、加强企业离退休职工党支部建设的有效途径

针对以上问题，提出以下加强离退休职工党支部建设的对策措施。

（一）健全完善制度，形成离退休职工党建工作的铁规矩

建立定期走访离退休职工党员制度，主动积极关心，深入了解老党员生活、家庭、健康等各方面的情况，使离退休职工党建工作能更加贴近他们的生活，深入他们的内心。制定和完善离退休职工党支部组织生活、学习、报告工作、流动党员管理、党费收缴和管理、监督检查等制度，形成较为完备的支部工作制度体系。将离退休职工党建工作纳入党建工作考核，与在职干部党建工作同部署、同推进、同考核，提高企业离退休职工党建执行力。

（二）突出思想政治引领，筑牢老同志理想信念的压舱石

以政治建设为统领，注重发挥离退休基层党组织的政治功能，着力打造坚实巩固的思想阵地和战斗堡垒。把同以习近平同志为核心的党中央保持高度一致，维护党中央权威和集中统一领导，作为离退休职工党建工作的首要任务。有针对性地开展理想信念教育、政治纪律政治规矩教育，引导广大离退休职工立根固本、笃信践行。征订《离退休干部学习参考》《共产党员》等报纸杂志，定期向老同志通报情况，使老同志进一步加深了对党的路线方针政策的理解，从而更加支持党委、政府的工作。

（三）创新学习活动方式，增强离退休职工党建工作的吸引力

坚持"一把钥匙开一把锁"，注意从实际出发，把普遍性要求与老同志特殊性需求结合起来。身体好的，继续坚持日常学习交流制度；年老体弱的，开展"送学送教上门"服务；异地居住或出行不便，开展"寄教上门"。依托离退休活动室

建立离退休职工党建共享基地，方便老党员就近学习活动。建立离退休职工党建微信群，即时宣传党的主张、传播党的声音，让老同志真切感到“党组织就在身边”。科学合理地开展活动，坚持室内与室外、分散式与集中式相结合，根据离退休职工党员的年龄、体质、特点等设计周密的活动安排，开展有利于离退休职工党员身心健康发展的活动，拓宽其视野，使离退休职工党员对社会的改革和发展有更多的了解，进一步推动社会的和谐发展。

（四）选准配强支部班子，打造离退休职工党建工作的发动机

“火车跑得快，全靠车头带”，领导班子建设是做好离退休职工党建工作的基础。坚持挑选政治素质高、有驾驭和指挥全局能力，有一定资历和知识面，有较好身体条件的离退休职工党员担任支部班子成员。明确工作分工，齐抓共管，互相支持。定期开展离退休职工支部书记培训，不断提升“头雁”的政治素养与综合能力。支部委员要围绕离退休职工党建工作，经常深入离退休职工党员与群众当中了解与征求意见，有的放矢地开展工作。人数较多，工作量较大的离退休职工支部，及时成立新的支部，确保工作正常开展。

（五）设立临时党组织，实现离退休职工党建工作的全覆盖

打破单位界限，按照有利于教育管理，有利于发挥作用，有利于参加活动的原则，把离退休职工党支部灵活建立在社区、老年大学班级、老年文体协会和老年社会组织中，实行一方隶属、多重管理，确保每名离退休职工党员在党组织的覆盖中。

（六）引导发挥余热，实现退休职工党建工作的获得感

充分利用老党员的政治优势、经验优势、人才优势和智力优势，依托“党建+志愿队”“党建+老娘舅”“五老宣讲团”“大讲堂”等阵地平台，引导离退休老同志在文明城市创建、关心下一代、弘扬社会主义核心价值观等方面积极发挥作用。注意做好结合文章，如结合“不忘初心、牢记使命”主题教育活动、纪念新中国成立庆典、纪念建党100周年等活动，在离退职工休党员中开展“话党史·忆初心”“致敬新时代”等活动，引导老党员谈初心、好党员谈奉献、好支书谈使命，传递红色记忆，传承红色精神。

企业离退休职工党建工作是离退休工作的重要组成部分，需要从组织、管理、引导多方位下手，注重与时俱进，找准离退休职工党建工作的载体和突破口，才能让离退休职工党员既更好地安享晚年，又保持政治坚定、思想常新、理想永存，充分发挥余热，为社会发展做出应有的贡献。

关于国有企业退休人员实行社会化管理服务的思考

◆ 冀东油田　徐　颖

国有企业退休人员实行社会化管理服务，是完善社会保障体系的重要载体，是深化国有企业改革、解决国有企业社会问题的重要途径，也是保障退休人员合法权益的主要手段。它关系到社会保险事业的巩固与发展、关系到现代企业制度的进一步深化，也关系到国有企业广大退休人员的生活幸福。

一、实行国有企业退休人员社会化管理的意义

国有企业退休人员实行社会化管理服务，一是深化国有企业改革的需要，退休人员社会化管理是党中央、国务院深化国资国企改革的一项重要决策部署，有利于国有企业成为真正市场主体，公平参与市场竞争；二是提升退休人员保障服务水平的需要，有利有消除退休人员服务保障水平受企业经营起伏影响，为企业退休人员提供长期、稳定、公平的保障服务；三是强化公共服务保障均等化的需要，将国有企业退休人员管理等公共职能归位政府，有利于完善公共服务体系、保障群众基本生活，促进公共服务均等化，让经济社会发展成果惠及所有退休人员。

（一）实行社会化管理服务，是完善社会保障体系的重要载体

我国市场经济体制的确立需要建立和完善与之配套的管理体系，社会保险是一项非常重要的体系，政策性强、管理面宽、涉及人员多，是社会稳定的减震器与稳压器，必须高度重视和认真解决。特别是国有企业退休人员的管理服务工作，由于历史问题和现实问题并存，迫切需要建立适合于企业生存发展的服务管理体系，在政府与企业之间尽早建立政企分开、职责明确、责权对等的社会保险体系与机制，确保政府抓好应管的事，国有企业干好应干的事。

（二）实行社会化管理服务，是减轻国有企业负担的重要途径

长期以来国有企业既参与市场竞争、从事生产经营活动，又要承担大量的社会事务性工作。目前好多国有独资企业仍然承担着近千名退休职工的养老金发放、日常管理服务、政策解释、福利待遇、老年活动等社会事务性工作，这种管理模式一是职工退休后居住分散，给企业整体管理带来不便，加大了管理难度；二是地方政府为了维稳，不断采取出台政策但不出钱的办法，让企业承担较大数额的统筹外费用，消耗了企业大量的财力；三是同为市场竞争，而国有企业则需要承担本单位退休人员的管理服务，影响了国有企业的活力与发展。退休人员实行社会化管理服务，可使国有企业从沉重的社会事务中解脱出来，减负减压、轻装上阵，最大限度地激发活动和竞争力。

（三）实行社会化管理服务，是保障国有企业退休人员晚年生活的主要手段

国有企业广大退休人员在岗时在国家建设、企业发展中都做出过重要贡献，对国家与企业都有深厚的情感。实行社会化管理服务后，他们的养老金可以不受原来企业经营状况的影响，由专门机构按月及时足额发放，经济上得到稳定、生活上得到保障，共享社会改革的成果；日常管理改变人走编制不动的模式，可以就近就地接受社区服务，管理方便快捷、服务贴心舒畅，机制灵活人性化。国有企业退休人员只有实现了管理服务社会化，才能真正达到老有所养、老有所医、老有所乐，晚年的生活质量才能得到真正的保障和改善。

二、国有企业退休人员社会化管理工作的五大主要任务

（一）完善管理服务职能

地方党委和政府要结合当地实际，明确街道和社区国有企业退休人员社会化管理服务工作的主要内容，为退休人员提供活动学习场所和各类管理服务资源。

（二）社会保障管理服务有效衔接

国有企业退休人员实行社会化管理后，各类社会保障待遇要按时足额给付，已参加基本医疗保险的退休职工按规定继续享受相应待遇；退休人员原享受的补充医疗保险、医疗互助帮困等相关待遇仍按原渠道解决，确保待遇水平不降低。

（三）做好党员组织关系转移接收

国有企业退休人员中党员的组织关系转入相应街道和社区党组织前，国有企业党组织要与社区党组织密切衔接，跟进做好党组织关系接转和有关服务工作，并在党员接转组织关系前负有管理责任，鼓励采取党建共建、活动联办、场所联用等多种形式，加强国有企党组织与街道和社区党组织的联系对接。

（四）人事档案实行属地集中管理

国有企业退休人员的人事档案移交属地实行集中统一管理，由地方党委和政府指定单位做好档案管理工作。档案移交后，退休人员人事档案管理部门应按有

关规定认真做好档案提供利用工作。

（五）分类处理统筹外费用

按照新人新办法、老人老办法、统筹兼顾、逐步消化的原则，妥善解决国有企业退休人员统筹外费用问题。

三、实行国有企业退休人员社会化管理服务存在的问题

国有企业退休人员实行社会化管理服务是大势所趋、是改革发展的方向。但是由于制度的缺失、认识的不到位、条件的不配套等问题，目前大多数国有企业退休人员的管理服务仍然依附于企业。存在主要问题有以下几点。

（一）退休人员对社会化管理认识不足

一些退休人员对转入社会化管理服务抱有消极态度，他们觉得自己为企业奉献了一辈子，把人生美好的年华与岁月奉献给了企业，从感情上对企业有信赖、从思想上对企业有依附、从经济上与企业有割不断的关系，也认为企业有责任和义务负责他们的晚年生活，但现在退休之后要和企业分离，容易让人产生负面情绪，并十分担忧社会管理之后，待遇会与在企业时相差过大，也担心纳入社会化管理服务后，出现问题和困难就没有能依靠的组织了，成为无人管的“社会人”。

（二）退休人员社会化管理服务的专业性不够

退休人员社会化管理服务并非口头工作，也不是某一项具体的管理工作，而是需要考虑地域特征、人文差异和经济发展等多种因素，所以就要求有较高专业水平的人员来从事这一工作。但实际上一些地域的社会化管理服务内容不够全面、流程不够规范，降低了管理的专业性。尤其在经费不足的情况下，很容易使社会化管理和执行不到位、不深入，降低其应对风险的能力。

（三）社会化管理服务体系难以满足发展需求

国有企业退休人员社会化管理服务体系不健全，导致过程中出现了不平衡现象，还因受资金短缺等因素影响，“瓶颈”现象十分严重。有些地区虽然成立了专门的退休人员社会化管理服务部门，也聘请了相关的工作人员，但因为人员编制不足、员工工作水平高低不平、管理制度的执行力度不够等问题，使得社会化管理工作很难适应社会发展的需要。

四、实行国有企业退休人员社会化管理服务的措施

国有企业退休人员实行社会化管理服务是一项系统的工作，既有现实意义又有深远意义任重道远，需要国家政策给力，也需要企业与退休人员共同的配合并为之而不懈地努力推动向前，重点要抓好要以下工作。

（一）加强宣传力度，提升退休人员对社会化管理的信心

要积极开展教育，使其认识到退休人员社会化管理是必然趋势，如今已有一

些企业的退休人员交由社保进行管理，并彻底解决了企业退休人员的“半社会”管理问题，也使企业进行了快速发展的道理。因此要应针对这一发展趋势进行正确教育和引导，使退休人员能够意识到退休社会化管理的科学性和合理性。

（二）提高退休人员社会管理的专业性

国有企业退休人员实行社会化管理服务的落脚点是社区，政府相关部门应聘用专业的管理人员，并加强其岗位培训，使其胜任退休人员社会化管理工作。在人员聘用过程中，要优先选拔管理专业或具备相关工作经验的人员，同时要重高并逐步提高专业管理人员的任用比例，针对现有的在职管理人员，则要从实际需要出发，对其开展定期培训，培训内容一定要与其工作中的不足环节相对应。此外还要对新员工进行基础培训，使其了解本地退休人员社会化管理的现状，掌握退休人员的日常生活习惯与爱好等，有利于更好地开展管理工作。

（三）创造条件，逐步完善设施

国有企业退休人员实行社会化管理，是发展方向、是顺应经济和社会发展要求的抉择，它关系到国有企业退休人员的切 身利益，同时也是维护我国社会稳定、建立和谐社会的重要保证。退休人员社会化管理服务工作具有社会性服务特点，服务社区要在国家出资建立基础设施和解决活动场所的前提下开展活动，以国家优惠政策为导向、以社区组织为平台，围绕退休人员以及社区成员探索建立社会福利与有偿服务相结合的服务模式，因地制宜、创造条件，逐步完善服务设施。

（四）完善体系，强化其权益保障

社区工作人员应改变传统的以“管理”为中心的理念，建立以退休人员为中心的创新型服务理念，真心实意为有企业退休人员提供服务。同时还要提升工作人员主动服务的意识，以及创新意识、采取多种不同的形式来解决离退休人员的各类问题。可以采取召开座谈会、上门走访等形式采集退休人员的需求信息，还要增加管理工作中的创新元素，更新管理体系中具体环节的工作方式与内容，倾听企业退休人员对社区管理工作的意见和想法，从而最大限度地保障退休人员的合法权益，使退休人员享受到高质量的社会保障。相信在政府主导作用的发挥下、在社区的积极创建下、在全社会力量的共同努力下，国有企业退休人员社会化管理服务工作定会持续、健康、快速地发展。

关于做好企业退休人员社会化管理工作的几点思考

◆ 大庆石化　王　丹

社会化管理，指在社会保险的养老保险中，企业退休人员实行管理服务社会化，具体是指职工办理退休手续后，其管理服务工作与原单位分离，养老金实行社会化发放，人员移交城市街道和社区实行属地管理，由社区服务组织提供相应的管理服务。企业退休人员社会化管理是企业改制必然途径，而如何做好这项工作也是我们需要深思的课题。

一、企业社会化管理工作发展的必然趋势

国有企业既参与市场竞争、从事生产经营活动，又要承担大量的社会事务性工作。以大庆石化公司为例，目前承担着约两万名退休职工的企业补贴发放、日常管理服务、政策解释、福利待遇、老年活动等社会事务性工作。这种管理模式，一是职工退休后居住分散，给企业整体管理带来不便，加大了管理难度；二是同为市场竞争，而国有企业则需要承担本单位退休人员的管理服务，影响了国有企业的活力与发展。企业退休人员实行社会化管理是党中央、国务院对社会保障工作提出的一项重要内容，是深化国企改革、维护社会稳定的重要举措。国有企业改革步履维艰，其中包括企业一直承担离退休人员养老及社会福利事业的压力，严重影响了企业改革的进程，退休人员实行社会化管理服务，可使国有企业从沉重的社会事务中解脱出来，减负减压，轻装上阵，最大限度地激发活力和竞争力。退休人员实行社会化管理便成为企业改革的必然选择。

二、全面铺开做好思想宣贯工作

企业退休人员社会化管理是必然的，必行的，这项工作非常繁杂、任务很

重。要想做好这项工作，企业管理者要吃透文件精神，正确解读相关政策，作为离退休管理工作人员也要全员参与进来。例如大庆石化公司离退休管理中心对于这项任务高度重视，在退休人员社会化管理移交工作有序进行的同时，开展全员学习《徐文荣同志在集团公司退休人员社会化管理工作试点单位座谈会上的讲话》《吕波同志在集团公司退休人员社会化管理工作试点单位座谈会上的讲话》《退休人员社会化管理工作宣传手册》这三个文件，并分期、分批对学习情况进行考核，在单位网页上公布考核结果，力争全员满分。这种全面铺开，督促全员掌握相关文件精神的做法效果很好，让机关管理人员与基层服务人员都了解企业退休人员社会化管理相关政策，宣贯工作做到位了才能稳定军心，尤其首先稳定离退休服务工作人员情绪，让政策深入人心，让工作人员深刻认识到，这是大势所趋，是必然进行的重要任务，是社会发展前进的必行之路。工作人员有了正确认识之后才能在退休人员有疑义询问时，做好解释工作，杜绝不懂乱说，引起退休群体产生误解这种现象发生。

三、如何消除企业退休人员对社会化管理工作存在的误解

企业退休人员一生在国有企业工作，把人生美好的年华与岁月奉献给了企业，企业对退休人员多方面帮助照顾，解决难题，退休人员从感情上对企业有信赖，退休后归到社会上去管理，怕企业直接撒手全都不管了，怕有事不知道到哪去办理，原来有难事直接找企业帮助，总觉得是自己的“娘家”，理直气壮。社会化管理后，退休人员怕有事“求助无门”，怕“待遇”下降等，担心的事情多，不满情绪增加，这些都直接影响到社会化管理服务的推进。这就需要企业在退休人员社会化管理移交过程中，考虑全面，制作方案时，对退休人员的待遇方面能够做到“老人老办法，新人新办法”，特殊人员特殊对待的方法，如离休、抗日等就是特殊人群，待遇不能减。福利方面不要“一刀切”，对待有困难人群，企业还是要安排走访慰问，进行帮助。工作人员随时都要做好准备，做好对退休人员的解释工作，不要让退休人员感觉有巨大落差，让退休人员明白社会化管理后能扩大退休群体的接触面，企业与地方街道社区的接轨，整合了资源，让更多的退休人员融入彼此，消除差异感。

四、做好移交的前期准备工作

企业退休人员社会化管理工作移交的前期准备工作是非常烦琐的，需要采集退休人员大量信息，信息采集要精准、及时。由于退休人员居住分散，异地居住人员众多，退休时预留的通讯方式更改后并没有及时告知，这就增加了电话通知采集信息的难度。像大庆石化公司离退休管理中心在进行社会化管理移交前期准备工作时，正处于本年度的疫情期间，很多退休人员身在异地回不来，这就需要

工作人员采取多种方式灵活采集信息，如加退休人员或其子女微信，通过网络传电子照片方式采集。由于疫情期间，工作场所闭馆，很多高龄的退休人员无法进入办公场所确认，怕上当，拒不配合不告知信息，这就需要工作人员细心、耐心进行沟通。采集信息过程中，很多退休人员电话号码变更联系不上，工作人员通过查退休平台亲属电话，或者发放社会保障卡时留的电话信息，或是办理异地就医手续时留的联系电话等多种方式查询出联系方式，工作人员克服种种困难，在规定时间内完成阶段性任务。

企业退休人员社会化管理移交工作已经有多家企业完成，成功经验可以借鉴，但也不能完全照搬。需要根据本地实际情况，制定可行方案，要吸取部分企业移交后出现的一些问题，就如何做好这项工作进行深度思考，稳定离退休服务工作人员群体和退休人员群体，平稳、有序完成企业退休人员社会化管理移交工作这项重要任务。

退休人员社会化后老年大学的前景展望

◆ 大庆石化　庞晓丹　齐　峰

一、大庆石化老年大学基本状况和办学历程

大庆石化离退休职工管理中心（以下称管理中心），怀着对石化公司前期建设者退休老员工的敬意与感念，对终生学习理念的理解和认同，于 2012 年正式成立了老年大学。近十年来，学校不断扩充完善、发展壮大。三个校区，总面积达 5000 平方米。学校开设 23 门课程、113 个教学班、27 名授课教师，有管理服务人员 19 名，在册学员 2210 名，日学习量 700 人次，累计学员达 17270 名。

老年大学本着“政治立校、正气强校、老人管校、周边拓校”的办学宗旨，不断夯实教育基础设施建设，特别注重运用信息技术开展教学；坚持弘扬正能量，充分发挥老年教育阵地的作用，使学员在政治思想上与时俱进；丰富学科内容，提升学员们的文化艺术素养，促进了精神文明建设，提高了退休人员的生活质量。在老年大学创办发展的过程中积累了经验，达到了学员满意，他们的子女满意，同时对家庭和社会都产生积极健康的影响，取得了良好的社会效果，其辐射作用不容低估。

大庆石化老年大学自创办以来，经过不断探索，建立了一整套教学管理体系。

一是因需施教安排课程。根据老年人的需求，有针对性地设置专业和课程，制定科学合理的教学计划。教学中严格执行教学计划，传授知识定时、定量，并兼顾大多数学员的水平，选择适合不同层次的教材。学校创新适合老年人特点的教学方法，采取增设第二、第三课堂，使课堂教学与实际演练有机结合起来。

二是完善教学管理制度。学校制定了《学员管理制度》《学籍管理制度》《校园班级管理制度》等 20 多项规章制度，并不定期修订完善，始终坚持把学校的制度建设与办学过程同步。

三是取得了丰硕的教学成果。自老年大学成立以来，每年在校师生都会参加省市各种比赛和演出，共获得上百个荣誉、奖项。在管理中心的支持下，集萃出版了《刀锋笔韵》手工作品集、《枫叶正红》诗词集、《枫叶溢彩》书画集、《情满夕阳》等9册文集。校内设立了展厅，陈列展出学员优秀的文学和工艺美术作品，并每年进行更新，作品受到了来访媒体和社会各界的一致好评。2019年，老年大学成立了文学书画协会，会员近200人。

自建校以来，老年大学组织了丰富多彩的课外活动。其中大型校庆演出3次；参与中心大型艺术节活动4次；每年参加黑龙江省、大庆市书画艺术展活动；参加社会公益活动；声乐、广场舞、油画、模特等班级经常到街心公园和社区进行表演和展示，吸引许多小区居民的关注，受到了大家欢迎；并经常与社区联合组织文艺演出和书画手工展览等活动。这些平台的搭建，充分展示了老年大学的教学成果和学员的才艺。

四是抓实党建宣传正能量。2018年老年大学成立了临时党支部，自此支部每年定期组织“三会一课”活动；组织党员到铁人纪念馆参观学习，进行大庆光荣传统教育，党建工作促进了教学工作的开展。

建校以来，老年大学十分重视宣传工作。利用离退休中心网站，发布学校简介，办学信息；利用报纸、电视、网络等反映教学动态，宣传老年大学。目前，已报送集团公司、全国老年教育研讨会、大庆老龄委论文23篇，向中石油老干部局、金秋周刊、铁人文学等网站、刊物等投稿508篇；向石化公司报社、电视台、新媒体等投稿500余篇；管理中心网站报道382篇。制作优秀教师事迹展播视频在老年大学电视平台宣传播放。两次参加公司媒体宣传日，向公众展示石化退休人的文化生活和精神风貌。

五是应对疫情，做好防控，开展网络教学。今年疫情来临，老年大学本着“停课不停学，延课不延修”的教学宗旨，为满足广大师生学习需求，丰富老年学员居家生活，发挥云课堂作用，利用网上视频教学。在网上进行新冠肺炎防疫知识讲座，讲解就医指南及疫情期间居家生活心理疏导等知识。今年上半年，石化老年大学通过中国老年大学协会空中课堂和牡丹江老年大学云课堂学习人数803人，在线听课16702次。老年大学教师利用多媒体平台进行授课，教师录制教学视频，学员在家收看，学习效果佳。

然而，企业毕竟是以经济效益为目的，以生产经营为主业。目前推进的退休人员社会化管理，将终结国企办社会的历史，大庆石化老年大学也将翻开新的篇章。

二、退休人员实行社会化管理服务的意义及石化老年大学的社会化准备

第一，企业退休人员管理向社会化过渡，是国有经济体制深入改革的必然趋

势。我国社会保险体制其指导思想和最终目的，就是离退休人员同企业分离，实行社会化管理。

第二，企业退休人员实行社会化管理服务，是建立在独立于企业事业单位之外的社会保障体系的重要内容，也是国有企业改革解决企业办社会的重要措施。

第三，实行退休人员社会化管理，企业除应为在职员工缴纳社会保险外，将逐步从管理社会保障对象的日常事务中解脱出来，使之专心于生产经营和企业发展，以增强企业活力和市场竞争力。

第四，退休人员接受社会服务，没有“条块”的隔膜，可以直接地参与街道社区各种文化活动，进入到社会生活的诸多领域。在参与各种各样的文化体育及社会公益活动的过程中，成为弘扬民族文化、建设社会主义精神文明的重要组成部分，特别是在展现正能量、移风易俗、改善社会风气方面将会起到不可替代的作用。

第五，通过社会化管理服务，管理机构可以一统地整合资源，合理配置，进行统一的组织管理，增强服务保障。更利于退休人员老有所养、老有所教、老有所学、老有所乐。切实做好这项工作，对保障广大退休人员晚年生活的质量，维护社会稳定，具有十分重要意义。

第六，为社会化管理服务所做的前期准备。实行社会化改革是当前工作的重中之重。为此，老年大学已做好师生基本信息和资产交接的各项准备，目前已完善管理信息平台数据，并配合有关部门盘点资产和实物清查工作，确保顺利交接。

社会化管理推进中，还要做好退休人员的思想工作。原体制下，国企尤其是石油石化企业，为国家和地方政府承担了相当一部分社会责任。投入了很多资金、资产和人员，为离退休人员提供了良好的活动环境，为地区的稳定和繁荣做出了巨大贡献。而广大企业离退休人员，也习惯于企业原有的管理体制。面对社会化管理，产生了一定的担忧和落差，心里觉得不踏实，担心地方政府不再投入资金，不关心，不扩大发展等。当前我们也要针对这些问题，及时做好思想工作。改革是大势所趋，我们坚信地方政府和社区，在退休人员社会化后，对企业移交的退休人员管理和服务会做得更好。

三、退休人员社会化后对老年大学的前景展望

十年来，大庆石化以一己之力，从零开始，投资办老年教育，成就了目前的局面。而离退休人员社会化后，各项工作由企业扶持过渡，更有社会助力，政府直管，社区服务，一定会越办越好，上一个新台阶。就社会老年大学的建设和发展，有以下几点设想和展望。

一是扩大老年大学的办学规模，充分利用原企业办学校址和社区活动场所，因地制宜，可以一所大学，设多所分校，实现老年大学社区全覆盖，充分满足老

年人入学的需求，解决一座难求的现象。

二是实行退休人员社会化管理后，政府应加大资金投入，多方创造条件，支持和扶持办学；也可以动员社会团体和有爱心的人士，献出爱心，助力老年大学事业的发展。

三是老年大学办学形式可以更加灵活，既有固定场所集中授课，又可采取参与社会实践教学，还可以网络教学。

四是老年大学的课程设置和授课内容可以在原来的基础上扩充。除文艺、体育、美术等，也可以增加语言、法律、心理等方面的学科，还可以办老年图书馆、文化馆、阅览室等。增强老年大学功能，丰富学习内容和形式。

五是依托政府协调和社区功能，广开人才门路，面向社会选聘优秀的专业人员担当老年大学的老师，由于扩大了筛选面，老年大学的师资水平会更上一个台阶。

总之，实行社会化服务后，老年大学的前景越来越广阔。老年大学有社会多方助力，全社会共同参与，利用社区优势，多元化教学将会随之而来，如雨后春笋。

退休的老年群体，不仅有经济供养、生活料理、精神慰藉等基本需求，随着社会的发展，这一群体对求知、求学、求友、求乐、求为的愿望也会逐步增强，而老年大学能够给予满足与实现。老年大学不仅提供学习知识的课堂，还提供了社会活动的场所和机会。随着市场经济的发展，年轻一代价值观念的改变，家庭规模小型化，空巢家庭不断增加，在老年大学学员中，大多为空巢老人，老年大学对于这个空巢群体，更有着特殊的意义。

企业退休人员社会化管理，是国家社会保障体制改革的需要。功在当代，利在千秋，前景无限光明，社会老年大学的前景也将无限光明。

关于企业退休人员社会化管理服务过程中的思考

◆ 吉林石化 王德安 李铁民 马格政 薛 勇 方 涛 俞 春

国有企业退休人员社会化管理工作是党中央国务院贯彻习近平新时代中国特色社会主义思想、继而全面深化国有企业改革做出的一项重大部署。开展退休人员社会化管理工作，是深化企业改革、减轻企业负担、维护企业退休人员利益的必然举措。如何有效做好矛盾化解和各项稳定工作，才能积极稳妥推进退休人员社会化管理工作。新形势下不断提升服务水平，提供精准化服务对平稳有序推进企业退休人员社会化工作具有重要意义。

一、正确认识企业退休人员社会化管理的意义

近年来，随着我国经济水平的大幅度提升和社会快速发展，老年化成为当前社会发展显著标志，正因如此，使得越来越多的人重视退休人员社会化管理工作。该工作模式可以完善社会保障体系，减轻国有企业经济负担，最重要可以保障退休人员生活质量。

（一）企业退休人员社会化有利于完善社会保障体系

虽然我国确立市场经济体制，但需要建立和完善与市场经济体制相配套的管理体系。其中社会保险是一项管理面宽广、政策性强、涉及人员众多的体系内容，更是维护社会稳定的主要途径，需要得到高度重视。尤其国有企业退休人员管理服务存在很多历史遗留问题和现实问题，急切需要建立符合国有企业发展的服务管理体系，同时也需要尽早划分政府和企业，明确职责和权利，并在此基础上构建社会保险体系，最大限度保障退休人员利益。

（二）企业退休人员社会化有利于减轻国有企业负担

国有企业不仅从事生产经营和参与社会市场竞争，同时还需要承担大量社会

服务性工作。例如某国有企业作为一家独资企业，仍然负责上千名退休工作人员的政策解释、养老金发放、福利待遇、日常管理服务以及老年各项活动等工作。上述管理模式没有充分考虑到退休职工分散的居住情况，也没有考虑到国家政策层面，以致承担大数额费用。再加上市场竞争，国有企业因要承担退休人员管理费用而使其正常发展受到影响。因而实施社会化管理可以减轻国有企业经济负担，激活企业发展潜力。

（三）企业退休人员社会化有利于最大限度保障退休人员利益

某些国有企业因为经营和管理的问题，效益不景气，没有利润来作支撑，强大的支出（养老金、医疗费用报销等）对企业来说就成为一个沉重的负担，在管理主体由企业向社会部门转变之后，后盾变成了更强大的政府机关，相当于更强大了。离退休人员的利益能够得到切实的保障。

二、退休人员思想现状分析

为确保离退休群体稳定，顺利推进社会化移交工作，中心开展了系列调研活动，了解到部分退休人员存有疑虑思想，有的老同志对“社会化移交”工作认识有明显偏差。

一是吉林石化有退休人员 3.7 万余名，他们对社会化管理移交顾虑重重，部分退休人员担心企业一交了之，不管不问，企业给予的既得利益得不到保障，相关待遇发生变化或有问题找不到“婆家”。二是退休人员一辈子在企业工作，对企业感情深厚，有一定的依赖，认为移交后就变成“社会人”，在情感上有一定的失落。三是担心社区工作人员少，经费短缺，难以完全承担起退休人员管理服务功能。四是担忧社区工作人员在一定时间内业务不熟，对退休管理的政策不清，影响办事效率，已经习惯了有问题找原企业的退管部门，以后要到街道去会不会有诸多不便。五是担心在交接过程中出现资料遗失，造成难以挽回的损失。六是担心双方交接不清，今后咨询问题时双方互相推诿扯皮。

原企业已提供管理和服务很多年，担忧实行社会化管理后，是不是企业以后不再管我了？要打消老同志的疑虑，不仅需要耐心的服务，让每一位退休人员准确了解政策，而且需要贴心服务，赢得广大离退休职工的认可。

三、新形势下服务管理的新思路

（一）细化措施，加强宣传引导，消除老同志顾虑

在新形势下，为避免老同志对“社会化管理”工作认识上的偏差，采取了以下四项措施：一是成立信访维稳攻关组。二是落实基层管理服务站属地责任，层层落实责任。三是抓住关键少数人的引领示范作用（这部分“少数人”是指各基层管理服务站的协管员和各类自主管理团体协会的负责人）。四是采取适合老同

志特点的宣传方式，用老同志能听懂的语言，将政策宣讲到位，做到有说服力和实际效果。

（二）强化培训，精准吃透政策，正确解读政策

工作人员的个人素质在社会化管理服务工作中至关重要，为全力维护吉化离退休群体和谐稳定，保障“社会化移交”工作顺利进行，一定要向退休人员讲清形势，讲清责任，讲清进度，讲清目标。2020 年 8 月 1 日，吉化社保中心下发了《关于退休人员统筹外项目三年过渡有关问题的通知》《吉林石化公司过渡年金实施办法》。接到文件后，主管科室立即组织相关工作人员学习，并对相关工作进行了安排和部署。为了高效做好此项工作，保障退休人员统筹外项目的顺利发放，我们邀请吉化社保中心相关领导，针对文件的内容及要求向各基层站做了详细地讲解和解读。同时，对相关工作还面对面地与社保中心进行了有效的工作衔接，保证按文件要求做好退休人员统筹外项目的核发。维护好退休人员合法权益和合理待遇，做实做细宣传解释工作，努力消除退休人员的担忧疑虑。

（三）优质服务，做老同志的“服务员”和“勤务员”

一是提高认识。为老同志服务就是我们的初心，为老同志服务好、让老同志满意就是我们的使命。二是调整思路。只有当好了服务员、勤务员、当好了老同志的贴心人和亲人，才能让老同志有存在感、成就感、获得感和幸福感。三是转变作风。以“为老同志服务”为产品，以“老同志满意”为标准，以“全心全意”为操作规程，按章操作，严格要求自己想事、干事、最终方能成事。四是提升能力。持续开展“两抓两强化”活动，采取主要业务集中培训、不同岗位经验交流、焦点问题随时进行专项培训等多种形式，注重时效性和实用性。

四、抓好“两项待遇”的落实，给老同志吃下“定心丸”

（一）认真落实离退休人员政治待遇

一是组织原公司老领导参加吉林石化公司员工代表大会、春节座谈会以及公司各二级单位的党代会、职代会，使老同志们能及时了解党和国家的时事政策，了解公司的生产经营形势和重大改革措施，感受到企业的关心，从而更加积极地为公司的发展献计献策、发挥余热。在今年的老领导座谈中，吉化公司党委书记、总经理金彦江感谢各位老领导在吉化发展不同阶段做出的贡献，通报了公司近期发展形势和在提质增效专项行动部署中取得的成绩，并回答了老领导对有关社会化管理方面的问题。老领导们对公司提质增效等各项工作安排给予了充分肯定，并对公司离退休人员社会化改革工作充满了信心。二是做好报刊赠阅制度，积极畅通信息渠道，保障离退休人员及时了解中油及公司信息。及时与邮局沟通，保障离退休人员及时阅读报刊。对 2020 年《中国石油报· 金秋周刊》投递及发放情况进行了跟踪调查，对部分老干部提出的暂时停止投递及因搬家更换投递地址的及时与邮局进行了沟通和协调，及时解决出现的问题。

（二）认真落实离退休人员生活待遇

一是生活上关心，做好个性化服务和人性化关怀。对离休干部和公司老领导一人一册建立档案，进一步完善身体状况、家庭情况、子女情况、配偶情况、居住情况等基础信息，使节日期间的走访慰问更具有针对性，及时准确表达组织的关怀与祝福。对特殊人员和生病住院人员走访到户，送去组织的温暖、企业的关怀。对离世人员家属第一时间上门慰问，协助做好相关后事处理，临终关怀到家，解除后顾之忧。二是困难上帮扶，坚持走访到户，结爱心对子，贫有所扶。对特殊人员按月深入家中实际了解情况，升级服务，及时掌握信息，通过家中走访、电话关怀、邻里沟通、亲属了解等多种形式进行跟踪管理，解决老同志实际困难，实施精准帮扶。对老同志关心的事情，盼有所应，做好离退休人员健康的守护者。三是各项费用精准到位。与吉化社保中心配合，对 2007 年以后退休的人员相关信息进行了对接和核对，做好退休人员统筹外项目专项整改工作；对符合条件的独生子女父母核发奖励费；精准完成每年三次的离退休人员“三节”慰问金发放，把各级党组对广大离退休人员的关爱及时准确传递到位。四是加强老领导的体检疗养服务，体检过程中加大服务力度，增加早餐的品种；疗养过程中科学制定疗养方案，注重 2 个衔接：一方面是做好与疗养院的协调沟通，注重房间的安排，多方考虑老领导的感受。另一方面是做好与老领导本人的协调沟通，掌握不同老同志的特点和需求，全面提高服务水平。

国有企业退休人员实行社会化管理意义重大，影响深远，是一项重要而紧迫的改革任务。离退休老同志都是曾经为吉化的发展、甚至为社会的进步和祖国的繁荣做出了巨大贡献的前辈，是公司的宝贵财富，我们只有用心用情做好离退休老同志的关心关爱和服务工作，强化对老同志的政治引领，加强对老同志的政策沟通和正向引导，及时掌握老同志的思想动态，才能确保退休人员社会化管理改革稳妥有序推进。

浅谈推进退休人员社会化管理服务工作

◆ 吉林石化　赵　岩

为贯彻落实党中央、国务院关于国有企业退休人员社会化管理指导意见的精神，按照中油集团公司的统一部署，离退休管理中心积极配合石化公司法律事务与企管处，扎实贯彻省、市、集团公司退休人员社会化工作的决策部署，圆满地完成了退休人员社会化移交工作。社会化管理后，退休人员管理服务工作与原企业分离，许多老同志都心存疑虑：以前享受的待遇会不会发生变化，推向社会管理后没有归属感等等。这就要求我们离退休工作人员要正确解读国家相关政策和方案，化解老同志的疑虑是我们当前急需面对和要解决的问题。

一、退休人员社会化改革的背景

吉林石化公司是新中国第一个化工基地，伴随着公司不断发展，离退休人员持续增加，截至目前共有离退休人员 3.7 万余人。离退休人员是党和国家的宝贵财富，他们在长期的社会主义建设和革命斗争中，做出了显著的成绩，积累了丰富的经验，他们是企业的奠基者和开拓者，没有他们当年头顶蓝天、脚踏荒原开拓进取的不懈追求和辛苦努力，就没有吉化繁荣兴旺的今天。近年来，我国人口老龄化的程度持续加深，根据国家统计局数据，2019 年年末中国 60 岁以上的老年人口数达到 2.54 亿，占总人口比例 18.1%。吉林石化公司也面临着同样的问题，离退休队伍日益庞大，整个老年人的社会保障任务越来越重。因此，如何做好老龄工作，从而为离退休老同志提供优质、高效、便捷的服务与管理，提高离退休人员的整体满意度和归属感，特别是退休人员社会化改革后，做好离退休人员的服务与管理工作，积极探索社会化管理服务的思路，有助于支持企业改革和发展，也有助于离退休人员老有所养、老有所医、老有所学、老有所为、老有所乐目标的实现。

二、退休人员社会化改革的必要性

退休人员社会化改革就是国家为了减轻国有企业负担，使其退出社会职能。退休人员社会化管理服务是指职工办理退休手续后，采取管理服务工作与原企业分离，社保关系和人事档案移交街道实行属地管理，由街道和社区服务组织提供相应管理服务。退休人员实行社会化管理之后，退休人员的养老金实行社会化发放，人事档案由所在区的人力资源公共服务机构保管，涉及医保报销、领取社会保险（保障）待遇资格认证、死亡之后家属申领丧葬补助等事宜，由街道社保所负责办理。简单地说退休人员社会化管理具体内容即五移交、一规范。五移交即党组织关系移交，人事档案移交，社会保障移交，活动场所移交及相应的管理职能移交；一规范即统筹外费用按国家统一规范，退休人员的统筹外费用项目不变，严格按照国家标准政策执行。退休人员实行社会化管理是完善社会保障体系的重要内容。积极创造条件将退休人员的管理服务工作逐步由企业转向社会，退休人员实行社会化管理实现了退休人员与企业的分离，减轻了企业负担，使企业集中精力搞好生产，真正意义上建立了现代企业制度，这也是社会主义市场经济的必然趋势。

三、退休人员社会化改革后退管部门高标准服务的重要性

强化责任意识，提高服务管理水平，让老同志心有所系，情有所属。退休人员社会化后许多老同志都心存疑虑，这就要求我们工作人员要做好政策宣贯工作，提高服务标准，待遇没降低，各项权益有保障，服务还贴心，用心、用情，把老同志们当亲人，消除他们心中的疑虑。社会化改革后，日常工作更要制度化、规范化，处理好管理与服务的关系。管理即是管人与理事，如何提高管理能力和管理水平，这是我们工作人员值得研究和学习的问题，特别是在社会化改革期间更应该加强。提高服务水平和服务质量，又是社会化管理的重点，管理与服务，二者均有联系又有区别，既要大胆管理又要细心服务。社会化改革后我们更要全心全意地为退休人员提供优质服务，如生病住院安排看望慰问，对特困人员和弱势人员坚持上门走访慰问，对病故人员协助家属做好善后处理等等。中心以“当好老同志勤务员和服务员”为宗旨，精心组织，周密安排，用情、贴心制订各项服务方案，退休人员有困难，我们要全力帮助，有疑惑我们要全力帮助消除。作为服务管理部门，我们的服务不能减弱，而是还要继续加大服务管理力度，有效地解决了离退休人员的实际困难和服务需求，把知情、解难、暖心作为工作常态，千方百计地为离退休老同志做好事、办实事、解难事，将亲情化服务送到千家万户的门槛里和心坎里，不断提升离退休人员的幸福指数。所有干部、员工要讲政治、讲大局、讲担当，把我们的行动和思想要统一到集团公司党委的

部署和决策上来，使退休人员实现老有所养、病有所依、弱有所助，解除退休人员的后顾之忧。

化解退休人员社会化改革的疑虑，发挥少数老同志的引领作用。大部分退休人员由于退休后环境条件的变化以及思维的局限，普遍感到精神生活不充实，对社会化改革心存疑虑更加大了苦闷感和失落感，从而影响着他们的身心健康。为了当好老同志的“勤务员”和“服务员”，想老同志之所想，急老同志之所急，从老同志的需求入手，以能让老同志接受的方式，充分挖掘和发挥有亲和力、有责任感、热心、乐于奉献的老党员、老干部的先锋模范带头作用，让他们积极参与到日常管理中。一方面老同志之间以前一起共事，更便于沟通，通过他们传达新政策，同时反映他们的情况和意见，使他们真正起到上传下达的纽带和桥梁作用；另一方面，发挥余热让他们的退休生活更有意义，也是这些老同志们老有所为的价值体现，继而提高退休人员的社会化管理和服务水平。

通过离退休管理中心各项工作的开展，以管理站为基础，使退休人员心有所属，情有所系，精准落实离退休人员政治待遇和生活待遇，深刻领会相关政策精神实质，实现两项待遇精准化，确保各项待遇的有效落实，从而推动离退休人员社会化服务管理工作，传递集团公司党组对退休人员的关怀与关爱，增进了离退休管理人员与离退休人员之间的感情，让老同志在社会化改革后深刻体会到集团公司各级党组织的关心与关爱。

不忘初心，砥砺前行，稳步推进国有企业退休人员社会化工作

◆ 辽阳石化 刘宝峰 范 可 王 琳 闵 钰

推进好退休人员社会化管理工作，不仅是集团公司落实党中央、国务院深化国有企业改革、剥离企业办社会职能和解决历史遗留问题决策部署的必然要求，也是维护好每一名退休员工切身利益、维护好企业和谐稳定发展成果的必然要求，做好这项工作意义重大。按照集团公司离退休职工管理中心（老干部局）“做好国有企业退休人员社会化管理工作思考”课题研究工作部署，辽阳石化公司成立专题调研组，历时六个月，通过采用问卷调查、访谈座谈等形式，深入开展课题研究工作。

一、退休职工基本状况

辽阳石化对离退休人员实行集中管理，由公司离退休中心统一管理。由于鞍山实业公司所属的离退休人员居住地都在企业所在地鞍山市，因此，鞍山实业公司所属的离退休人员在公司授权下由其本单位管理。

本次退休人员社会化管理工作，公司本着全局观念、对管理的全部退休人员负责的态度，按照凡是企业提供管理服务的退休人员都要移交、整体移交或相对集中等移交原则，将本企业管理服务的国有身份、集体身份和有偿解除劳动合同身份的所有退休人员全部移交地方政府，对历史原因形成的托管人员—原辽化设计院、原大连疗养院退休人员全部一起移交。

按照规定的移交数据节点，经与地方政府对接确认：辽阳石化本次实际移交退休人员共计 2 万余人，有偿解除劳动合同身份退休人员 1513 人在解除劳动关系时已经全部实行社会化管理，原大连疗养院 76 名退休人员在重组划转时已转交大连市当地社区管理。

二、存在的主要问题

（一）退休人员信息数据不全

4月份启动此项工作，要求数据截止时间为6月末，这给获取数据带来一定难度，首先在离退休信息平台将3月末人员基本情况导出，并与社区联系按社保原先确定的职工所属街道社区将人员按社区分类，再按照国资委移交要求，为每名职工形成调查表和信息表，按此分类后确定了户籍在宏伟区及两镇的退休职工。

在筛查数据的过程中，发现2000多名职工的户籍不在宏伟区或不能确定，为使工作顺利进行，工作人员发挥个人能力，分别前往所在地派出所，为2000多名员工初步确定户籍所在地。并电话联系到每一名退休职工，完善个人基本信息。

（二）档案录入工作人员业务不熟练

退休人员人事档案规范整理工作时间紧、任务重、工作量大。公司采取抽调二级单位人员集中整理档案信息，先进行集中培训，然后立刻上岗。由于工作人员操作不熟练、对工作流程还处于摸索阶段以及部分单位配备人员少等原因，部分单位完成的档案规范整理质量较差。通过对抽查结果进行分析，存在材料的分类错误、材料序号填写不规范、电子目录格式不准确、材料装订方向倒置等问题。

（三）资产归属部门多、物品数量多

此次移交对离退休中心六个活动站和机关所有资产进行盘点，物品归属于公司工会、人事处和离退休中心三个部门，分在账固定资产和低值易耗等专项资产两种，资产中还涉及部分物品不能使用需报废等，移交涉及财务、规划、设备、人事、工会、矿区、离退休中心等多个相关单位。

三、基本做法

（一）领导高度重视，结合实际制订方案

2019年11月，辽阳石化公司成立了退休人员社会化管理改革工作领导小组，由总经理白雪峰亲自挂帅，总会计师陈玉玺日常主抓，企管、人事、财务、离退休管理等相关部门参与，统一领导、协调改革工作。2020年3月，公司与地方政府主管部门建立了沟通协调机制。4月初，公司召开专题会议，对退休人员社会化管理工作进行了宣传动员和具体工作安排，全面启动退休人员社会化管理工作。采取多种有效形式，广泛宣传有关政策措施，消除退休人员的顾虑，创造了良好的社会环境，营造了良好的舆论氛围。

2020年6月，按照集团公司《关于推进企业退休人员社会化管理工作的指导意见》的部署和要求，根据前期工作进展情况，由企管法规处牵头编制了退休

人员社会化管理移交实施方案，明确了工作目标和原则、移交内容和范围、移交时点安排、工作要求和保障措施等。

（二）认真调查摸底，多次与地方政府沟通对接

2020年4月至5月，公司组织开展退休人员社会化管理摸底调查与统计工作。组织人事处、社会保险中心、离退休中心、鞍山实业公司、亿方公司等相关单位对退休人员信息情况、管理服务情况、专用资产情况、人事档案情况、统筹外费用情况、党组织关系情况等进行摸底调查，厘清准确数据，按照公司和地方政府要求汇总成表或册，作为与地方政府签订移交协议的依据，同时作为公司移交实施方案的基础数据和支撑。

2020年3月以来，公司组织全面与地方政府对接各项工作。与地方政府主管部门辽阳市国资委、鞍山市国资委和宏伟区政府就企业退休人员社会化管理工作建立了沟通协调机制，多次召开专题对接工作会议，研究解决工作中遇到一些实际问题；公司积极、主动与辽阳市宏伟区政府沟通协调，组织相关部门与主管区长、相关部门主管领导、社区主要负责人员等召开专题对接、研讨会议，讨论解决移交涉及的人员、服务、资产等具体问题；公司相关业务主管部门与市、区的对口管理部门也建立了日常沟通联系机制，及时了解相关政策、移交标准，协商解决具体问题；公司离退休中心与主要接收地辽阳市宏伟区工农街道和长征街道保持日常沟通联系，就工作流程、退休人员户籍、居住地等情况进行具体对接，同时与辽阳市其他相关区政府进行了人员情况对接；鞍山实业公司与鞍山市铁西区等相关街道、社区保持日常联系，开展工作对接。通过摸底筛选与对接确认，摸清了退休人员的基本信息和户籍地分布情况，为移交工作打下了坚实基础。

（三）开展稳定评估，维护群体稳定

2020年5月至6月，按照集团公司和地方政府对改革相关工作稳定风险评估的要求，公司由企管法规处会同维稳信访办公室，对辽阳市政法委稳定风险评估成员库中的4家中介机构进行优选，选定1家业务能力相对较强、有改革方面稳评业绩的成员负责开展公司稳定风险评估工作。维稳信访办公室根据公司退休人员社会化管理的实际情况，编制了稳定风险应急维稳预案，针对可能出现的稳定问题制定应急措施，确保出现不稳定苗头时，能够精准施策、及时消除和化解矛盾，维护群体稳定。经公司与当地市政法委组织专家评审，稳评报告通过了评审，并将此项工作风险等级评定为“A级”。公司已按照要求向市政法委备案。

（四）签订框架协议，稳步实施移交

6月下旬，为保证各项移交工作的稳步实施，按照辽阳市政府的要求，公司与辽阳市所属区政府签订了退休人员社会化管理框架协议，明确了人员、服务、资产等移交工作的内容和责任。与辽阳市人力资源和社会保障事业服务中心签订了人事档案移交协议，明确了人事档案移交的内容和责任；鞍山实业公司与鞍山市国资委、各区政府签订了退休人员社会化管理移交协议，明确了人员、服务、资产、档案等移交工作的内容和责任。根据与地方政府的协议约定，公司积极、稳步地组织推进、实施各项移交工作。

1. 人员移交

根据应交尽交、整体移交等原则，公司反复与地方政府和主管部门沟通、协调，取得了当地政府的理解与支持，最终达成一致意见：辽阳石化现管理的退休人员全部移交，包括国有身份、集体身份的所有退休人员；对退休前原企业所在地、户籍地及常住地、社保、医保缴纳地不一致的退休人员，打包移交企业所在地。因此，公司本次退休人员社会化管理移交和接收地确定为 2 个市，即辽阳市（辽阳石化所在地）和鞍山市（鞍山实业公司所在地）。整体移交后，户籍地或居住地在辽阳市、鞍山市以外的其他城市的退休人员拟转出的，将采取个人申请、政府主导、企业协助的方式来办理转出手续。

8 月下旬，公司与辽阳市所属街道（社区）签订了管理服务移交协议，明确了移交人数、管理服务移交内容和双方责任等，完成了实际移交。

2. 管理服务移交

公司退休人员管理服务主要分三个方面：日常管理服务、协会管理服务和活动站管理服务。考虑到当地街道（社区）的人员实际状况和接收能力，本着对退休人员负责的态度，公司与当地政府沟通对接后，达成一致意见并签订了协议：退休人员日常管理、文化娱乐、健身运动、精神文明、社会公益、走访慰问等相关管理服务移交当地街道（社区），与费用管理和发放有关服务暂不移交，在过渡期期间，逐步研究移交。移交后，公司及时做好党组织关系随退随转工作，协助街道（社区）做好人员变动、生存信息调查、丧葬补助待遇申报等工作。

3. 人事档案移交

按照当地政府的要求和安排，辽阳市退休人员人事档案统一移交辽阳市人力资源和社会保障事业服务中心，鞍山市退休人员人事档案移交鞍山市各区档案局。公司人事部门积极与档案接收单位沟通对接，按照接收要求和标准，统一组织、集中了 200 多人，按照单位进行分区分工，对退休人员人事档案进行规范化整理和数字信息化工作。人事部门每周对工作进展情况进行通报督促，工作人员连续奋战、加班加点，比计划提前 1 个多月完成规范整理工作，具备了移交条件。

8 月下旬，经与地方档案接收部门的最终交接确认，公司本次实际移交退休人员人事档案共计 26318 卷。

4. 资产移交

按照集团公司应交尽交的要求，公司组织财务、规划、设备、人事、工会、矿区、离退休中心等涉及专用资产管理与使用的相关单位，在全面摸底统计、现场核查的基础上，考虑到机构办公需要和离休人员服务需要，经公司研究并与地方政府达成一致，确定了移交资产和保留资产。由财务部门聘请中介机构开展了移交资产专项审计，根据审计结果与地方政府签订了资产移交协议，向集团公司上报了资产移交请示。集团公司批复后，公司与地方政府即刻办理资产实物移交。

5. 党员组织关系和社会保障管理移交

公司本次移交的中共党员的党组织关系随退随转地方，已全部转移到地方管理。

公司员工基本养老保险、基本医疗保险、失业保险、工伤保险、生育保险、住房公积金等社会保障管理已全部移交当地政府主管部门辽阳市、鞍山市人力资源社会保障局负责管理。

6. 统筹外费用清理规范情况

根据集团公司统筹外费用清理规范的政策精神和要求，公司组织社保、财务、离退休、矿区等部门对统筹外费用进行了全面排查、统计，同时开展了开展统筹外费用清理规范工作，向集团公司上报了清理规范结果的报告。

按照集团公司要求，经与当地政府对接协商一致，本次退休人员社会化管理工作，退休人员统筹外费用资金渠道保持不变，统筹外费用管理与服务仍由企业负责，在过渡期期间双方再研究协商移交事宜。

四、下一步工作和建议

（一）建立、完善移交后相关管理制度和流程

组织公司企管、财务、人事、离退休服务、社保中心等相关部门与地方政府进一步沟通、研究，明确保留业务和移交业务在移交后的管理机制、办理流程和管理办法等，确保移交后各项业务和工作有序进行。

（二）做好服务衔接

对移交初期地方政府接收后管理服务不到位的，公司将做好服务衔接，主动补位，不降低移交后退休人员的服务水平。对出现的不稳定问题，及时协助地方政府消除和化解矛盾，确保企业地方和谐稳定发展。

（三）继续加强政策宣传

让退休人员怀揣三颗“定心丸”，不信谣、不传谣，消除顾虑疑虑，保证此项改革稳中求进、稳妥有序。

（四）做好管理服务机构与人员安置

根据集团公司的最新工作精神和要求，根据与政府对接情况和确定的移交事项、移交时间，考虑到离退休社会化过渡期需要，离退休管理机构暂时保留，管理服务人员主要从事相应的管理服务工作和过渡衔接工作，待完全实现退休人员社会化管理后，结合人员业务能力和年龄结构，再考虑撤并机构，将离退休管理服务人员在公司内部合理分流安置。

做好企业退休人员社会化管理移交工作的探索与实践

◆ 兰州石化　张子健　马　勤　陶正龙　陈　蕾　王文凤

一、做好企业退休人员社会化管理移交工作的背景

根据中共中央办公厅、国务院办公厅《关于进一步加强和改进离退休干部工作的意见》和《关于国有企业退休人员社会化管理的指导意见》精神以及国务院国资委部署要求，企业退休人员实行属地管理，由社区服务组织提供相应的管理服务已是必然趋势。

稳妥推进退休人员社会化管理服务工作，是不断完善社会保障体系的重要环节，是社会进步的必然要求。企业退休人员社会化管理服务是指职工办理退休手续后，采取管理服务工作与原企业分离，养老金实行社会化发放，人员移交街道和社区实行属地管理，由社区服务组织提供相应管理服务。社会化管理服务养老模式是和谐社会的基础，是经济、城市、农村、人与自然、不同区域的发展和协调的关系互动，是社会发展、公平、公正、和谐的客观反映。

积极探索推进社会化管理服务工作的有效途径和方法，加大工作力度，逐步完善和规范管理服务办法。按照党中央、国务院提出的完善社会保障体系的有关目标和要求，以深化企业改革、维护社会稳定和不断提高企业退休人员生活质量为宗旨，因地制宜，分类指导是做好离退休人员社会化管理决策的基础，是党中央、国务院关于剥离企业办社会，全面深化国有企业改革的重要内容，也是保障和改善退休人员生活服务水平、创新社会治理的重要举措。

平稳有序推进退休人员社会化管理工作，是党中央、国务院做出明确的要求。退休人员社会化管理工作政策性非常强，准确把握政策是做好工作的前提。企业一定要把维护和谐稳定大局作为重点，部署好退休人员社会化管理移交的

方法、步骤、时间和要求，同时要妥善处理好退休人员待遇问题、确保稳定问题、各项工作协同推进问题以及管理服务的衔接问题等，按照党中央国务院统一部署的具体要求，作为企业退休人员社会化管理工作的重点来抓，时不我待，一抓到底。

二、做好企业退休人员社会化管理移交工作对企业和谐发展的影响

退休人员社会化管理，工作非常复杂、任务非常繁重，难度非常大，尤其是一些老企业、特大型企业，必须要把维护稳定工作放在退休人员社会化管理工作的重中之重，不能因为退休人员社会化的工作没有做深做细，而导致新的矛盾产生，激发较大的不稳定因素。退休人员社会化管理，从根本上讲，是有利于维护退休人员长远利益的，是件好事，必须要从维护稳定大局出发，把好事办好。

（一）做好深入细致的思想政治工作，实现离退休职工的释疑解惑

虽然退休人员社会化管理是社会发展的必要趋势，是有利于企业发展和保障员工自身利益的好事。但是，在工作之初，难免会出现一些这样那样的想法，产生一些思想波动：认为企业是在甩包袱，感觉自己被企业抛弃了，心里没有了有归属感；认为自己献了青春献子孙，到最后没有着落，找不到归属；担心活动场馆阵地、群体协会社团组织、报纸杂志及会议活动等具体的精神政治方面的待遇能否保证。这就需要对国家的政策多加宣传，帮助他们从根本上认识到职工社会化管理的必要性和优越性，发自内心地理解政策，让这项工作开展得更加有序。

（二）充分认识“移交”工作对离退休人员影响的因素，把宣传解释工作做到位

工作实践认识到，仅仅从网上、电话与退休职工宣讲交流还很不够，必须针对不同退休群体、不同需求进行面对面交流，一对一交流。从与相关群众的面对面反映问题就可以看到，退休职工对社会化管理的关注度相当高。退休职工需要的是平安、稳定和服务。从企业来说，不做好扎实细致的基础工作，把每个人的基本情况搞清楚，不把宣传解释工作做到位，和谐稳定就做不到，而且凡是符合退休职工需求的，退休职工配合的积极性都比较高。因此，仍然需要在理念上、服务上下功夫。特别是随着人员的流动，社会安全、医疗等社会性的问题会越来越突出，伴随着社会信息化的发展，互联网成为一把“双刃剑”，也给社会化管理提出了新的挑战，比如充斥网络中大量的虚假信息造谣煽动等常常扰乱社会秩序，造成思想混乱。稳定工作很艰苦、很艰难、很艰辛，做好不容易。

（三）针对问题采取切实有效可行措施，确保社会化工作稳定移交

由于一些老企业历史遗留问题多，特别是在退休职工社会化管理大背景下，千家万户的想法不尽一致，各种利益诉求不同，维护稳定的压力很大。负责离退休社会化工作的有关部门要在调查研究、摸清底数、梳理诉求、制定政策等方

面，既要符合国家、省市政府地方的方针政策，又要充分考虑老企业的实际，用好政策，畅通渠道，做好维稳工作，为企业发展创造良好环境。

三、做好国有企业退休人员社会化管理移交工作具体做法

为做好退休人员社会化管理移交工作，必须多渠道做好政策宣传和舆论引导，消除退休人员思想顾虑，让他们理解和支持社会化管理工作，确保退休人员社会化管理移交工作平稳推进。企业负责社会化工作的部门要率先吃透政策、理解政策、掌握政策：做到管理服务水平不降，实现平稳过渡；做到政府暂时不能接手，企业管理服务人员就不撤，地方政府管理不到位的，退休管理服务人员不能调整；宣传解释做到通俗易懂、简单明了，始终强调和突出退休人员社会化管理工作是贯彻落实党中央国务院的部署安排，是一项必须完成的政治任务。

（一）提高政治站位

退休人员社会化管理工作涉及广大退休人员队伍和谐稳定，企业各级领导干部要以高度的政治责任感，熟悉掌握政策，达到统一认识，耐心细致做好工作。负责社会化管理工作的部门要及时分析掌握现场座谈会的效果及问题，及时调整补充相关问题答疑，耐心细致做好释疑解惑工作；加强舆情管控；做好日常接待，对一些社会化移交以外的相关问题等做好收集整理。

（二）加强组织领导

公司成立了由人事处、企业文化处、社保中心、维稳办、新闻中心等单位组成的退休人员社会化管理移交工作领导小组。职责是加强组织领导，密切配合实施，确保退休职工社会化管理移交工作平稳有序推进；定期召开相关会议，汇总分析工作进展情况，查找存在的问题并协商解决；全程参与退休人员社会化管理移交宣传工作，做好政策宣讲和人员接访；按照职责分工加强对退休人员社会化管理移交工作的督促指导，统筹协调解决工作中的难点问题。

（三）落实工作责任

负责社会化管理工作的部门要以集团公司提出的“三保障”和“四个定心丸”为原则基础，合理制定退休人员社会化管理移交工作方案及提纲，经企业文化处、人事处和福利费用管理中心审核确认，并报请企业退休人员社会化管理移交领导小组评审同意后正式进行宣传。离退休工作管理部从 2019 年就开始收集相关资料，编辑了十多期《社会化管理参考资料》；2020 年年初，公司印发了《兰州石化公司推进企业退休人员社会化管理工作实施方案》《退休人员社会化管理相关答疑》等社会化管理移交宣传工作材料。

（四）抓好骨干培训，加强宣传引导

做好负责社会化管理移交工作人员关于政策的培训。通过宣讲座谈会的形式，把退休人员社会化管理政策讲深讲透讲清楚，把退休老同志关注的焦点问题

化解在会场，疑虑消除在现场，并采取线上线下相结合的办法，设立了咨询答疑专线电话和专门接待室，接听来电询问，做好答疑解惑工作。根据人员居住分布情况，采取分片设点的办法，离退休工作管理部先后组织了 5 场培训会、座谈会。对于辖区内鳏寡孤独群体，腿脚不便、身体不好、信息渠道不通畅的，采取“一对一”上门或电话讲解。

四、成效与启示

（一）主动作为，加强与地方政府沟通对接

完成退休人员社会化管理移交工作任务，企业负主体责任，地方政府也负有重要责任，也有时间和工作要求。企业和地方政府的目标相同、方向一致，都希望能按时完成任务，都有一起推动工作的积极性。企业要顺势而为、积极推动，主动加强与地方政府的联系，多交流、多沟通，有些难点问题在沟通中就迎刃而解。特别是企业要从自身做起，要把方案做扎实，措施要细致具体，便于政府接收顺利。离退休工作管理部从 3 月份起就组织开展退休职工信息采集录入工作，以 11 个服务中心和 27 个管理站为信息采集点，进行分批次录入《国有企业退休人员基本信息表》，出表多达 10 万多份；5 月份开始先后 20 余次主动到省国资委、市国资委、城关区、安宁区、西固区人社局、七里河区工信局沟通社会化移交工作各项事宜，7 月份开始主动到各街道、社区对口交流，联络感情，9 月份正式移交工作，2 万多名退休人员平稳移交地方政府的 20 多个县市区，近 500 个街道社区管理。为了使退休人员移交地方管理后，正常生活秩序不受影响，我们采取三年过渡的办法，实现生活补贴、医疗待遇、救助方式、服务工作“四个不变”。同时继续本着关心关爱退休人员，继续做好走访慰问和困难帮扶等工作，采取多种方式使退休人员了解企业改革发展情况、提出意见建议、发挥余热。同时采取党建共建、活动联办、场所共用等多种形式，保证退休人员学习生活不受影响。

（二）保持退休人员管理服务队伍稳定

保持企业管理退休人员服务工作人员这支队伍的和谐稳定，是做好这项工作的前提。负责企业退休人员管理工作的部门要按照“人岗相宜”“德才兼备”的原则，重培养、重锻炼，给机会、给岗位，通过提拔任用、公开竞聘、滚动交流、上下互动等方式，不断提供新机会，让一些优秀的管理人才、取得相应专业技术任职资格的人员，有机会步入关键的工作岗位，有机会挑战更重要的工作，有条件开辟更好的发展空间，实现把合适的人放在适合的岗位上，营造拴心留人的好环境，让大家在社会化改革过程中安心工作，一如既往做好管理服务工作，让企业放心，让老同志满意。

（三）整体谋划布局，分段实施

第一阶段按照退休人员社会化管理移交工作的要求填写《退休人员信息表》，

并对信息进行了收集填报，按照所在街道社区进行了分类，分别送到各个街道进行审核对接；第二阶段是编制方案、形成协议阶段。对社会化管理移交方案进行编制完成，与移交的各社区进行协议移交过程；第三阶段政策宣贯、组织实施阶段。召集召开重点人群的座谈会，进行政策宣传，让退休人员了解企业退休人员社会化到底是怎么回事，已经进行到什么阶段。同时把退休人员的人事档案、党组织关系、活动场所移交到街道进行管理服务；第四阶段收尾总结、验收考核阶段。前期准备工作一定要做扎实，从研究方案到制定措施，考虑得都很细，基础工作比较清楚，统筹外费用比较清楚，接收单位政策比较清楚，退休人员没有重大负面反响，做到队伍要基本稳定。

企业退休人员实行社会化管理，有利于完善社会保障体系，减轻企业负担，以便从管理社会保障对象的繁忙事务中解脱出来，更好地参与市场竞争；有利于提高离休职工的生活质量，解除他们的后顾之忧，通过实行社会化管理服务得到更加充分的保障；更有利于回归家庭，回归社会。基于我国计划生育政策的实施，导致独生子女家庭负担过重，企业离退休人员只有实现了管理服务社会化，企业退休人员日常管理才可以就近就地接受社区服务，才能实现管理方便快捷，才能真正达到老有所养、老有所医、老有所为、老有所乐，晚年的生活质量才能得到真正的保障和改善。要让退休职工充分相信在政府主导作用的发挥下、在社区的积极创建下，在全社会力量的共同努力下，企业退休人员社会化管理服务工作定会持续、健康、快速地发展。

石油精神时代内涵之研究与探索

◆ 兰州石化　闫旭强　马　勤　王玉玲　吴佩怡　吉婉祯

以“苦干实干”“三老四严”为核心的石油精神，是石油企业核心竞争力和独特文化优势的集中体现。在“我为祖国献石油”的历史积淀中形成的石油精神，是激励石油人听党话，跟党走，产业报国、奋勇前行的强劲精神动力。站在新时代的历史起点上，学习习近平总书记关于“大力弘扬石油精神”重要批示，提升对石油精神时代内涵的价值认同，是我们百万石油职工共同的使命与责任。也是我们石油人以崭新姿态，继续新长征，奋斗新时代，夺取新胜利的宝贵精神财富。在新的历史条件下，面对世界之百年大变局，不断研究探索石油精神的新内涵，拓展丰富“我为祖国献石油”的核心价值观，对于国企承担政治经济社会责任，建设具有国际竞争力的综合性能源企业有着十分重要的现实意义。

一、石油精神的历史实践与形成

石油精神的总结概括、提炼升华，形成于大庆。大庆是 60 年代我国工业战线上的先进典型。1959 年 9 月 6 日在东北松辽盆地陆相沉积岩中发现工业性油流。这是我国石油地质工作取得的重大突破和成就，从此，甩掉了中国在西方人眼里“贫油国”的帽子。时值国庆 10 周年，于是，就把这块油田命名为“大庆”。1960 年 2 月 13 日，石油部根据大庆油的发现，向中央提出集中石油系统一切可以集中的力量、用打歼灭战的办法，来一个声势浩大的大会战，一鼓作气，以最快的速度拿下大庆油田。党中央、毛主席热情地支持这一创举。1960 年 2 月 20 日，中央下发文件，批准关于大庆油田勘探开发大会战的报告，指出这次大战“对于迅速改变我国石油工业的落后状况，有着重大的作用”，要求各地区有关部门给予大力支持。大庆石油会战的开展，是中国石油发展史上一次伟大的转折，从此，我国原油产量急剧增长。

在石油大会战的三年困难时期，在余秋里、康世恩等领导下，集中全国 4 万名职工，发动群众，支起帐篷、搭起活动板房，在搞勘探、搞建设、搞生产的同时，挤出时间自己动手挖土打夯，修土房子，建成“干打垒”，解决住宿困难。生活困难，粮食蔬菜供应不上，就打草籽、挖野菜充饥。后来又发动职工、家属集体开荒种地、养猪等，解决生活困难。以铁人王进喜代表的中国石油工人以“宁可少活二十年，拼命也要拿下大油田”的英雄气概，怀着“有条件要上，没有条件创造条件也要上”的雄心壮志，不仅拿下了大油田，为新中国石油工业的大发展，不断满足社会主义建设和人民生活需要奠定了坚实基础，而且积累总结出了企业管理、党的建设、思想政治工作等 9 个方面的体会和经验。形成了“苦干实干”；“当老实人、说老实话、做老实事；严格的要求、严密的组织、严肃的态度、严明的纪律；黑夜和白天干工作一个样、坏天气和好天气干工作一个样、领导不在场和领导在场干工作一个样、没有人检查和有人检查干工作一个样”为内容的石油精神。锻炼培养出铁人王进喜等一批英雄人物群体和一支有觉悟、有技术素养、干劲大作风好、有组织有纪律、能吃苦耐劳、能打硬仗的石油工业队伍。

1964 年 4 月 20 日，《人民日报》发表了通讯《大庆精神大庆人》，报道了大庆人吃大苦、耐大劳，为让祖国抛掉贫油帽子而忘我拼搏的感人事迹。同时，还发表了“编后话”，指出：“大庆精神，就是无产阶级的革命精神。大庆人，是特种材料制成的人，就是用无产阶级革命精神武装起来的人。这种精神、这种人，正是我们学习的崇高榜样。”此后，《人民日报》又陆续发表了许多有关大庆油田的报道。党中央于 1964 年 2 月 5 日发出号召，开展“工业学大庆”运动，要求学习大庆自力更生、艰苦奋斗的精神，以推动全国工矿企业和社会主义建设向前发展。同年 12 月 21 日至 1965 年 1 月 4 日，第三届全国人民代表大会第一次会议在北京召开。周恩来总理在《政府工作报告》中总结了大庆油田的典型经验，指出他们的成绩是突出的，他们的主要经验是值得学习的，并向全国人民发出了“工业学大庆、农业学大寨、全国学解放军”的号召。此后，全国工业交通战线掀起了学习大庆经验的运动。

经过十多年学大庆的实践，全国各条工业线不断总结推广大庆经验，编辑出版大庆经验汇编及学习材料；创作以大庆经验为体裁的文学艺术作品等，掀起了“工业学大庆”的热潮。1975 年 2 月甘肃人民出版社出版了《甘肃省工业学大庆典型经验选编》，收录了兰州化学工业公司《学大庆，抓路线，依靠群众，大干快上》等 16 篇文章。兰炼党委于 1966 年 3 月发布《关于正确对待荣誉、坚持谦虚谨慎、坚持“三老四严”的决定》。由此可见，大庆成为全国工业战线上的一面鲜艳夺目的旗帜。

二、石油精神赋予时代新内涵是当代石油人宝贵的精神财富

社会在发展，环境在变化。在改革开放新的历史条件下，曾经面对要不要继

续坚持大庆精神、铁人精神的质疑，百万石油职工经过痛定思痛，用实际行动做出回答：无论形势如何变化，大庆精神、铁人精神不但不能丢，而且要坚持和发扬，并且以与时俱进，开拓创新的精神，赋予大庆精神、铁人精神的新内涵。把“三老四严”为基本内容的大庆精神、铁人精神作为建设先进企文化，培育优秀员工的主要内容来抓，积极探索，大胆实践。以兰州石化为例，在20世纪80年代初期，当时的兰炼、兰化就以大庆精神、铁人精神为基本内容，总结提炼出兰炼“奋发进取，为国争光的志气；艰苦奋斗，勤俭办企业的传统；严字当头，科学文明的作风；献身石化，爱厂如家的感情”的企业精神和“高、严、细、实”的厂风。1986年11月兰化首次提出“艰苦创业，献身石化，开拓进取，改革振兴。”后经完善，把企业精神确定为：“不畏艰难，开拓前进的创业精神；不敢落后，勇于赶超的攀登精神；文明严细，科学管理的求实精神；团结协作，顾全大局的奉献精神；开拓进取，开发振兴的拼搏精神。”在这一时期，各石油企业都提出了本企业精神和企业作风。综合石油企业的实践，顺应时代潮流，中国石油集团公司党组结合集团公司文化建设实际和时代特点，概括提炼出“奉献能源，创造和谐”的企业宗旨；“爱国、创业、求实、奉献”的企业精神。明确了“我为祖国献石油”的企业核心价值观。石油精神的规范统一，对于提升集团公司文化软实力、增强创办一流综合性国际能源公司竞争力，发挥了先进文化引领作用。体现了石油职工永远听党话，跟党走的坚定政治信念，体现了石油职工投身伟大事业、推动伟大变革的价值追求，体现了石油职工在任何困难挑战面前善于斗争、勇于实践的坚定意志，体现了石油职工打造世界一流企业的文化自信。

2016年6月，习近平总书记作出大力弘扬以“苦干实干”“三老四严”为核心的石油精神的重要批示。习总书记指出：石油精神是攻坚克难、夺取胜利的宝贵财富，什么时候都不能丢！石油精神是在建国初期中国石油工业最为艰难曲折的时期孕育形成的，是中国石油工业精神之火，思想之源，蕴含着巨大的能量。新时代的中国石油人更要深刻理想石油精神的内涵价值，继续发展和弘扬石油精神，指导石油行业良性发展。学习总书记的重要批示，倍觉亲切，深受鼓舞。既是对大庆精神、铁人精神的充分肯定，又是对新时代石油人的巨大鞭策和鼓励，更是对我们石油人提出的新任务新要求。习近平总书记把石油行业优良传统作风集中概括凝练为以“苦干实干”“三老四严”为核心的石油精神，视野更宽广，覆盖面更广阔，具有更强的包容性，更具有历史的纵伸感和厚重感，赋予石油精神的新内涵。

深入学习贯彻习近平总书记关于大力弘扬石油精神的重要批示，不断深化对石油精神先进性的认识，需要我们以高度的政治站位，把其作为中国特色社会主义文化自信的重要实践，深入开展包括大庆精神铁人精神在内的石油精神再学习再教育。这对于强基固本，不断提升人气，鼓舞士气，在危机中育新机，于变局中开新局，把政治文化优势转化为发展优势竞争优势，为引领集团公司创建世界一流示范企业，具有很强的现实意义和深远的历史意义。而且，随着石油退休人员移交社会化管理，一大批“献了青春献子孙”的老石油人必将石油精神和石油文化融入街道社区管理的各个方面，不仅拓展了石油精神的社会影响力，而且为丰富了社区居民文化生活，满足居民文化生活需要创造了条件，提供了能歌善舞的人才保证。为社会主义精神文明建设，促进社会和谐稳定发挥积极作用。

三、石油精神在实践中需要不断完善与发展

石油精神说到底，就是石油行业的企业文化。作为企业文化，它具有很强的实践性、历史的传承、鲜明的时代性和社会发展的动态性。以“苦干实干”“三老四严”为核心的石油精神，就是这“四性”的高度概括和总结。早在1935年，饱经风雨的延长石油厂获得解放。石油职工依靠土法上马，生产出汽油、煤油、石蜡、油墨、擦枪油、凡士林等产品，保证了中央机关和边区军民的用油需求。1944年5月，毛泽东主席为陕甘宁边区特等劳模、延长石油厂厂长陈振夏题词“埋头苦干”予以鼓励，72年之后，习近平总书记为大力弘扬石油精神作出批示，不难看出，石油精神是“石油工业精神之火，思想之源”，蕴含着几代石油人的精神追求。它既反映了哪个时代的历史记忆，又体现了几代石油人“我为祖国献石油”的历史传承。

时代在发展，社会在进步。在新起点新任务面前，对于石油人来说，弘扬石油精神，就是要“真学、真实、真干、真情”。真学：科学理论是行动的指南。各级领导干部和员工要自觉以习近平中国特色社会主义思想为指导，认真学原著，读原文，深刻领会其思想内涵和理论原理，掌握其精髓。在学深悟透的基础上，把学习十九届五中全会精神与弘扬石油精神结起来，弘扬石油优良传统和作风，在任何时候，任何情况下，始终坚持党的全面领导，为贯彻落实十九届五中全会提出的目标任务，开好局起好步做出新成就、新贡献。真实：坚持党的实事求是的思想路线，做到主观愿望符合客观实际，一切从实际出发，做老实人，说实话，办实事。坚决杜绝各级领导干部思想作风假大空；杜绝老百姓深恶痛绝的形式主义、官僚主义。在当前形势下，就是要把中央大政方针和落实五中全会目标任务的措施具体化，贯穿到企业生产经营的全过程，把“六保六稳”落到实处，为“十四五”计划起好步，奠定坚实基础、开启良好局面。以实际行动和工作业绩诠释与党中央保持高度一致的政治站位。真干：就是真抓实干。幸福是奋斗出来的。石油人的艰苦创业史、改革创新史告诉我们：石油精神和作风，是以铁人王进喜为代表的几代石油人，在长期实践中形成的宝贵精神财富，必将激励着一代又一代石油人，敬业爱岗，求实奉献。当下，在以提质增：为目的的“战严冬、转观念、勇担当、上台阶”主题教育活动中，就是要以科学的态度、扎实

的作风，围绕企业生产经营难点、效益增长点和管理弱点，科学决策，精准施策，对症下药，真抓实干，一级做给一级看，一级带着一级干。用“三老四严、四个一样”检验工作实效，防止管理虚化的现象发生。真情：就是以人民为中心，坚持全心全意依靠职工办企业的方针，从思想上确立职工主人翁地位，发挥主人翁作用，使职工自觉自愿做到“在岗一分钟，负责六十秒”。员工的心，企业的根。在企业诸多生产要素中，人是最活跃的要素。虽然随着科学技术的发展，人工智能代替了某领域人力作业，但在目前企业生产经的“人机料法环”诸多要素中，人依然是第一位的，没有人，其他要素只是原材料，而无法生产出量多质好的产品。正因如此，兰州石化公司党委多次调强，职工思想情绪的高低，是提质增效的主要因素之一。作为各级领导干部，弘扬石油精神，就是要坚持“三个面向，五到现场”，深入群众，贴近生产，了解民意，掌握实情，把职工的精气神凝聚起来，为提质增效做贡献。并在企业管理创新的过程中鉴别、确认、废除一些不适应企业管理实际、束缚职工积极性创造性的制度、流程和程序，建立完善符合人的需要、“以人为本”的管理制度体系，激发职工活力和创造力。越是困难的时候，越要依靠职工共渡难关，创造奇迹。各级领导千部要充分尊重人、理解人、关心人、帮助人全面发展。坚持“五必访”，做好一人一事的思想工作。谈心交心，将心比心，以诚相待。实现好、维护好、发展好员工的根本利益。用真情凝聚员工的精气神，促进员工的全面发展。

总之，人心齐泰山移。只要我们咬定目标，扑下身子，上下同欲，以顽强的意志，拼搏的精神，以“三老四严”为尺子，在“我为祖国献石油”的伟大实践中，不断丰富石油精神新内涵，石油精神必将成为石油人，建设世界一流综合性国际能源公司目标的强大精神动力，凝聚百万石油职工为中华民族伟大复兴，助力加油，再创新辉煌。

浅议如何提升退休职工社会化管理后的获得感、幸福感、安全感

◆ 兰州石化 张子健 马 勤 王玉玲 陈 蕾

根据中共中央办公厅、国务院办公厅《关于进一步加强和改进离退休干部工作的意见》和《关于国有企业退休人员社会化管理的指导意见》精神，以及国务院国资委部署要求，企业退休职工实行属地管理，由社区服务组织提供相应的管理服务已是必然趋势。但是国有企业退休职工是一个特殊群体，维护这个特殊群体的和谐与稳定，保证他们在移交后的获得感幸福感和安全感，对建设和谐企业与和谐社会有着至关重要的作用。主动适应退休人员实行社会化管理的新形势新要求，切实做好社会化管理形势下企业离退休服务管理工作，加强与地方政府协调配合，依法保障企业退休人员合法权益和合理待遇，依规补位做好企业退休人员服务管理，平稳有序推进企业退休人员服务管理职能移交，落实好给老同志的“三个定心丸”，努力提高企业退休人员的归属感、获得感、幸福感，共享全面建成小康社会新成果。

一、充分认识“移交”工作对离退休职工影响的因素

企业退休人员在岗期间，兢兢业业，任劳任怨，为国家、为企业、为社会的发展做出了重要的贡献。在其退出工作岗位后，理应得到社会的关怀和保障。做好退休职工的管理服务是党和政府各项工作的重要组成部分。随着老龄化的到来，近几年兰州石化公司退休职工增速很快，退休队伍日益庞大。移交属地和社会，必须充分了解退休职工的现状，采取切实可行的措施，解决他们的疑虑。

（1）群体的差异会产生不同的问题。由于历史原因，离退休职工中包含着不同群体，大致有离休干部、退休职工、“三类家属工”、遗属和退职后退休的职工

等。不同群体因政策的原因所享受的企业和政府的待遇也有不同，因而会出现不同的思想状态，对问题的认识和处理态度也有很大的差别。

（2）政策的实施防止心理失衡。移交后的一些政策或措施人们还不是很了解，凡是涉及退休职工利益方面的，如果考虑不周全或宣传不到位，都可能引起个别群体人的心理失衡，造成群体性的不稳定。

（3）关注的焦点不同问题会千差万别。退休职工总的来看比较关注的是身体、生活方面的问题，诸如医药费报销比例、生活的补贴、房屋出售、水电气补贴、困难家庭救助、子女就业等，稍有偏差就容易产生思想问题。但是，随着生活水平的提高和社会主义现代化建设的发展，老年人对政治领域和精神生活的关注呈上升趋势。

（4）离退休职工“老龄化”带来的复杂性。随着老龄化社会的到来，空巢老人数量呈大幅上升趋势，老年人服务的需求迅速膨胀。由于社会转型、政府职能转变，且子女独生子女较多，随着其就业成家，形成了所谓的“空巢家庭”。部分老年人配偶已去世，客观上造成了老人“独居”的现状。由于社会交往少了，存在边缘化的现象，产生了失落感、自卑感、空虚感和孤独感。

（5）家庭养老功能弱化。从社会层面上看，生活照料、精神慰藉等许多“为老”服务存在着发展缓慢的问题，难以满足庞大老年人群，特别是迅速增长的“空巢”、高龄和带病老年人的服务需求。还有，社会保险体系尚处在发展阶段，社会保障能力还不是很强，老人的医疗费用支出也越来越多，压力也越来越大。

（6）新的管理方式方法的不适应。兰州石化已经形成了一整套服务管理机制、管理理念和管理经验，多年来在退休职工的获得感幸福感和安全感方面的也发挥了很好地作用。退休职工也已经习惯和适应了这种管理模式，对于移交后的新的管理模式情况顾虑重重。

以上这些矛盾和问题，既需要国家和社会高度关注，也需要我们去积极探讨并提出应对措施。

二、做好深入细致的思想政治工作，实现离退休职工的释疑解惑

有的退休职工认为自己将大半辈子的青春年华献给了企业，企业有责任对其晚年生活负起责任，对转入社会化管理抱着一种消极态度，有的退休职工认为，在纳入社会化管理之后，所享受的福利待遇与在企业中所受到的福利待遇相差甚远，甚至，有的退休职工认为，一旦社会化管理出现什么纰漏或者遇到什么困难，就没有可以依靠的组织或个人，担心成为无人问津的社会人。另外，退休职工虽然退休，但是他们对企业有由来已久的感情，退休后仍和企业相互依存，有分享企业改革发展成果的诉求。面对这些问题，无论是离退休职工原来的单位还是社区属地单位，都要承担起在移交过程中的

思想政治工作方面的教育、引导任务，使他们保持良好的精神面貌，做到思想常新，理想永存。

（一）搞好宣传解释工作，解决好退休人员对实行社会化管理服务的认识不足问题

要通过宣传教育解释工作，让广大离退休职工切实明确移交工作的目的意义，不会对其生活、政治待遇造成不良影响。

企业退休人员实行社会化管理，有利于完善社会保障体系，减轻企业负担，以便从管理社会保障对象的繁忙事务中解脱出来，更好地参与市场竞争；有利于提高离休职工的生活质量，解除他们的后顾之忧；更有利于回归家庭，回归社会。基于我国计划生育政策的实施，导致独生子女家庭负担过重，企业离退休人员只有实现了管理服务社会化，企业退休人员日常管理才可以就近就地接受社区服务，才能实现管理方便快捷，才能真正达到老有所养、老有所医、老有所为、老有所乐，晚年的生活质量才能得到真正的保障和改善。同时，也可以减轻独生子女家庭负担过重的现象。要让退休职工充分相信在政府主导作用的发挥下、在社区的积极创建下，在全社会力量的共同努力下，企业退休人员社会化管理服务工作定会持续、健康、快速地发展。

（二）加强企业和社区党组织建设，增强思想政治工作的针对性和有效性

退休职工思想政治工作是党的思想政治工作的重要组成部分，在这些方面，企业和社区要做好衔接补位。目前移交工作虽然看似平静，只是有些问题没有充分暴露，矛盾没有显现，切不可掉以轻心，企业和政府社区部门需要密切配合，把思想政治工作做深做细，以保证移交工作顺利平稳过渡。

1. 加强退休职工党组织建设，发挥退休职工党员的先锋模范作用

退休职工党员是企业多年培养的宝贵财富，他们绝大部分人退休思想没退休，学习没停步，始终关心国家大事。通过加强党组织的建设，党员队伍稳定了，党员的组织观念增强了，全体党员自觉履行党员义务，保持党员先进性，就达到了事半功倍的效果。

2. 企业、社区设立专门沟通协调机构，为做好退休职工思想政治工作奠定基础

退休职工在企业管理期间，在做好日常管理服务工作的同时，也做好了思想政治工作，效果非常明显，广大退休职工给予高度认可和评价。移交之后，社区如何打造一支团结务实、业务精湛、廉洁高效、作风过硬的优秀退休工作者队伍，的确是当前面临的一项艰巨任务。过渡期内，企业要协助街道社区做好相关机构的建立工作。据了解，街道、社区由于相关人员不足，思想政治工作考虑还不是很充分，在管理方法形式内容等方面还很缺乏。可以采取相互交流的形式，逐步建立相关部门机构，并建立起适合街道社区退休职工独特的思想政治工作新路子，切实把思想政治工作融入服务管理的各项工作中去。

3. 运用有关媒体和舆论工具，发挥思想文化建设主阵地的影响作用

退休职工在企业多年，完全从企业走出来，身心上、氛围上、环境上需要有一个适应的过程。刚刚离开企业管理，会感到思想空虚，产生思想、情绪的不稳定，作为企业应该充分理解并给予关心爱护。要充分发挥《中国石油报·金秋周刊》《兰州石化报》、兰州石化电视台、兰州石化局域网系统等媒体的作用，使之成为退休职工信息沟通、学习交流、抒发情怀的窗口、渠道和园地，为建设和谐健康的退休职工队伍营造良好的舆论氛围。既可以使他们感受到企业的信息和温暖，也为宣传党的路线方针政策和企业的生产经营建设发挥应有的作用。

三、采取切实可行的措施，确保待遇不减少，困难有人帮，活动有场所，诉求有人管

采取党建共建、活动联办、场所共用等多种形式，加强国有企业党组织与街道和社区党组织的联系对接，积极创造条件，保证国有企业退休人员能够按有关规定阅读文件、了解情况、查阅信息，参加相关会议和活动。尽快建立社会化管理后保障退休人员政治待遇的工作机制，积极创造条件，落实好阅读文件、听报告、通报情况、参加重要会议和重要活动等制度，确保政治待遇不受影响。积极配合街道社区开展好退休人员党建工作，根据有关政策，做到待遇不减，补贴照旧。但是对退休职工关爱、照顾，不仅包括生活上的关心照顾，而且更包括政治上的关心爱护，精神上的安慰。只有牢固树立为老年人服务的观念，满腔热情地关注他们的疾苦，把涉及退休职工的每一件事情做细，做实，才能让广大退休职工满意，让党和政府放心。为此，在移交档案、组织关系、医保、社保等的同时，还需要注重以下几个方面。

（一）服务管理理念的移交，增强服务管理理念建设

多年来，企业在退休管理服务上，特别是在服务管理理念方面，取得很多宝贵经验，可以为社区提供了很好地借鉴作用。如思想上树立深怀爱老之心，肩负敬老之责，多做利老之事；行为规范上做到“一懂”“二会”“八清楚”“四走访”；服务格言上实现政治上尊重、思想上关心、生活上照顾；视老人为亲人、视满意为收益；有问必答、有惑必解、有事必办、有难必帮，等等。

（二）爱心“爱心互助”组和小组长的移交，延伸为退休职工服务管理的手臂

公司共有500多个“爱心互助”组，500多名互助组长成为不在编制、不拿报酬、密切联系广大离退休职工的桥梁和坚实的纽带，较好地解决了退休人数多、服务人员少、工作量大的问题，成为做好退休职工服务管理工作，保持退休职工队伍和谐稳定不可或缺的政治骨干力量。他们对丧偶、生活不能自理的老职工，经常性地提供精神上的服务。对身患疾病的退休职工，或以电话方式来沟通

思想，或上门探望、谈心等。一定要连同“爱心互助”小组和互助组长以及管理经验完整有效地移交到社区，以利于继续发挥他们的积极作用。

（三）文体协会队伍的移交，以利于开展经常性健康有益的群体性活动

多年来，兰州石化形成了门类齐全的文体学会，诸如文学社、合唱团、舞蹈协会、乐团、书画协会、收藏学会、摄影协会、棋牌协会、田径协会、游泳协会、武术协会以及各种球类协会等，参加人数多达几千人，很好地发挥了离退休职工实现价值的平台作用。在增进身心健康、增加生活情趣、调整心里情态以及树立正确的老年人生观、世界观、价值观，形成积极向上的生活方式上多有收获。这些老同志虽然不在职在编了，但心理上仍然是把自己看作一个群体的成员，心理上有一种鲜明的群体归属依附意识，他们希望自己被接纳进一个群体之中，把这个群体作为自己的心理寄托和精神家园。这些文体学会对石化退休职工是不可或缺的，也是非常宝贵的。通过健康有益的群体性活动，使他们精神充实，生活愉快，身心健康，实现老有所养，老有所学，老有所乐。

（四）活动场所设施的移交，有效履行企业的政治责任和社会责任

退休职工是一个庞大的群体，人数多，兴趣各异。在长期的工作中，兰州石化在退休职工的活动设施上，一直舍得投入，现有活动场所大多宽敞，功能齐全，即展现了兰州石化的形象，也为老同志在家门口搭建了很多学习、娱乐、健身、交友、服务社会为一体的幸福生活平台。让老同志们实实在在享受精神慰藉、思想安抚、生活关爱，满足了离退休职工不同层次、不同类型的科学的合情合理的精神需求，赢得了广大退休职工的普遍认可。比如老年大学，通过各项措施的实施，为退休职工搭建起了学习、健身、娱乐、展示才华的平台。实现了读自己爱读的、看自己爱看的、听自己爱听的、记自己爱记的、练自己爱练的、玩自己爱玩的。做到了“因人而异”“因人而宜”，让每位来学习的老年人都能找到自己活动的舞台。热心体育锻炼成为离退休老同志的一个特点。许多老同志认识到，要实现身体健康，除了治病保健，更需要参加体育锻炼。需要注重的是，除了现有的活动场所外，如果有条件还可以尽可能考虑多建设一些。有的场所已经使用多年，对于陈旧和过时的还需要维修和更换，要确保设施移交的完整完好。

四、需要注意的问题

国有企业退休职工在工作岗位上为国家、为单位做出了很大的贡献，让他们在晚年时享受到良好的待遇是国家和企业应有的担当。实现退休人员全面社会化管理移交，关系着广大退休职工的切身利益，关系着社会的和谐稳定，更是全面建成小康社会目标的重要保证。因此，还要关注以下有关问题。

（一）及时了解退休职工的动向，认真做好疏导工作

尽管企业做到了退休职工利益的最大化，但是不排除部分人员对社会化管理缺乏一定的认识。有的认为自己将大半辈子的青春年华都给了公司，企业有责任对他们的晚年生活负起责任，对转入社会化管理抱着一种消极态度。有的认为一旦社会化管理，家庭出现什么纰漏或者遇到什么困难，就没有可以依靠的组织或个人，担心成为无人问津的社会人。退休职工对涉及自己切身利益的问题产生担忧和疑虑也属正常，如若不能及时准确地将这些问题解决在萌芽阶段，势必会对下一步工作的顺利开展产生不利影响，甚至对企业和地方的信访稳定工作造成影响。除了要求通过多种形式广泛宣传企业退休人员实行社会化管理服务的有关政策、措施，创造良好的社会舆论环境外，还要及时分析掌握有关信息，把解决思想问题与解决实际困难结合起来，消除退休人员的顾虑，争取社会各方面的充分理解和广泛支持。

（二）退休人员实行社会化管理应该循序渐进

企业退休职工群体具有文化素质高、经济独立、需求多样性等特征，这些对社区的管理与服务水平也提出了更高的要求。因此移交工作虽然有时间点的要求，但是社区接手也需要有一个熟悉和了解以及制度不断建立健全的过程，推进退休人员社会化管理工作应遵循序渐进的原则。

（三）对社区基础建设工作给予大力支持和帮助，协助社区提高工作人员政策水平和知识素养

退休职工的移交，给社会化管理与服务提出了严肃课题与严峻的挑战，加强社区基础设施建设及社区管理与服务专业人才队伍建设直接关系到实行社会化管理的进程。现阶段，专门性的社会化管理体系还不够完善，社会化管理人员的整体素质有待提高，很难出色地完成一些具有政策性的社会化管理工作，对管理的内容、流程等信息还不够了解，为此，企业退休管理部门应与地方社区组织互为依托和帮助，取长补短，如有必要，也可以为社区输送专门管理人才。

（四）企业退休管理部门有关机构不要急于撤销，站好“最后一班岗”

企业退休管理人员是确保移交工作稳定开展的关键因素，他们大多具有丰富的离退休管理经验，具备较强的沟通协调能力，能够站在企业退休人员的立场上思考问题，是地方政府接收移交部门与企业离退休人员进行沟通的桥梁和纽带，也得到了广大退休职工的充分信任。所以退休职工管理部门要不要急于撤销，移交后还会有不少事务性工作需要接洽沟通，有些服务需要衔接，有些问题需要协调解决，部门的存在也是让离退休职工舒心、放心、安心的因素，是实现全部顺利移交的坚实基础。

（五）企业退休管理部门在力所能及的前提下，尽量多为退休职工办好事办实事

移交工作虽然基本完成，但是社区服务条件还不是很完善，企业在政策范围内，可以协同社区建立完善服务功能，如老年大学的运行、有关活动的开展、老年人饭桌服务、“居家养老”等。退休职工的生活空间主要在社区，退休管理部门应与离退休职工空巢、独居老人所在的社区取得联系，请社区给予必要的关照，实现老人融入社区，社区关爱老人，使老人幸福安度晚年。同时继续开展好离退休人员的各项文体娱乐活动，这也是对退休职工社会化管理健康发展的一种责任和贡献。

加强信息化建设，持续推进离退休服务应用

◆ 独山子石化　李锡金　李新国　方　晔

一、背景

独山子石化初创于1936年10月，迄今已有85年石油炼制史。公司离退休职工管理处成立于1996年2月，目前有管理服务人员70人，下设一个干休所和五个退管站，服务离退休、分流安置（内退、离岗歇业、协议保留关系、退二线）、遗属、精减等四类人员6000多人。

多年来，公司离退休职工管理处以落实“六个老有”为宗旨，坚持“管理规范化、设施标准化、服务精细化”的管理目标，创新工作方式和方法，全过程、全方位提供精细化服务，保障离退休职工队伍成为独山子矿区和谐稳定发展的坚实基础。离退休管理处针对业务管理和离退休服务特点，建立了行政综合、服务质量、人事党建、经营、文体活动等七个方面的专业管理评价体系，实行定期监督检查，完善员工绩效量化考核制度，细化服务管理指标，责任明确到人，确保离退休服务工作中各个环节的有效管控，积极推进离退休职工办公平台广泛应用，数据信息化管理，将为老服务工作量线上线下有机结合，并纳入月度讲评与考核，实现了离退处、退管站、个人三级绩效，高效统一管理。

二、离退休职工服务信息化工作的必要性

随着大数据时代的发展，实现离退休职工职服务数据信息化管理，将服务理念与服务数据信息化有机结合，将成为提升管理的发展趋势。统计信息化处理作为一门对数据进行整理、分析、描述等的综合性学科，迎合大数据技术的发展。从应用角度出发，对存储大数据进行分类、整合处理和分析，是将涵盖各领域多源性和混合性的数据、大结构数据、非结构数据交织在一起，整合各范畴数据集互相重叠的数据合为一体。信息化系统提取出各自有用的信息，实现其现有信息

的价值，利用不同类型的数据，快速对数据做出分析和判断。做好离退休信息化数据统计分析，提升离退休管理服务质量，是离退休事业的发展需求。

随着我国政府职能的转变以及政府主导下的国有企业改革的不断深化，国有企业退休人员社会化管理逐渐踏上日程，为企业减负，信息化系统的开发应用尤为重要。离退休信息化、数字化建设逐渐引起各单位重视，利用信息化数据系统推广应用，以离退休人员信息管理为起点，集搜集、查询、统计、管理、互动为手段，全方位服务于离退休人员的一体化办公管理软件，对实现离退休管理工作由传统服务向智能化服务转变，高效协同工作具有重要意义。

现就离退休职工管理办公平台的推广应用工作，浅谈离退休管理服务理念与信息化建设工作的融合推进。

三、离退休职工管理系统办公平台的实际应用

依据集团公司离退休职工管理局（老干部局）的工作要求，认真贯彻《关于进一步加强和改进集团公司离退休职工服务管理工作的实施意见》精神，石化公司离退休管理处积极推进离退休职工管理办公平台的应用，以“尊老敬贤、竭诚服务”为宗旨，扎实以“人员管理”为基础，深入落实“两项待遇”，不断加强“两项建设”，持续夯实“两个阵地”，维护信息系统数据确保准确无误，将离退休服务工作量化数据录入，使人员个体服务质量数据清晰界定。拓展离退休管理工作内涵，推进规范化管理、标准化服务，不断提升离退休人员幸福感。

离退休职工管理办公平台职能分配见下图。

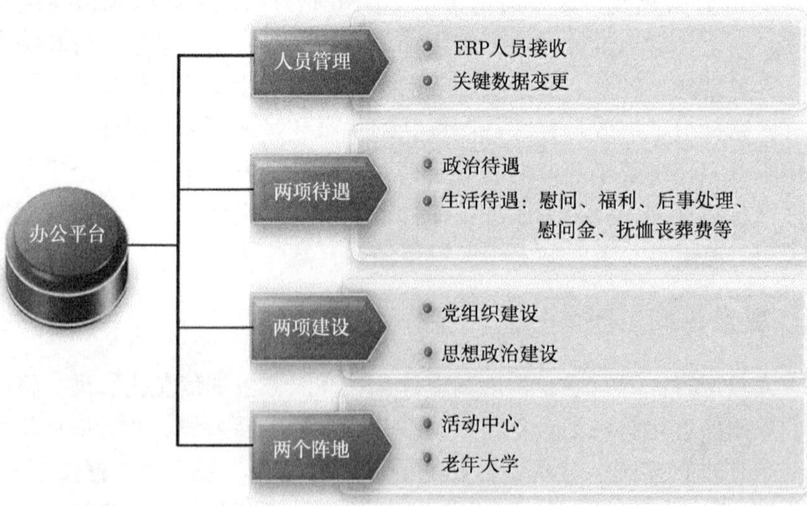

办公平台职能分配图

（一）全面掌控人员现状与动态，发挥基层站所服务管理职能

人员管理作为信息化系统平台的关键点，确保人员信息的及时性与准确性，实施分站所管理与考核评价机制相结合。建立健全站所分流安置人员、外地长期居住人员、短期外出人员、老弱病残、失联等特殊群体人员信息备案和定期联系制度，利用日常走访、节日慰问、文体活动等方式，加强动态摸排，全面掌握人员现状和动态。将服务管理与待遇支付相结合，保障信息化平台数据管理时效性，充分发挥系统平台数据的实用性。

（二）优化机构设置及权限，实现业务数据的整合与共享

依据管理服务分支机构不同，合理分配工作人员各岗位权限功能，规范平台登陆与服务业务数据维护，实现人员档案电子化管理，将系统办公平台信息数据维护的规范性管理纳入评价考核，坚持线上与线下数据相对应的原则，确保数据及时性与准确性，实现业务数据的整合与共享。

（三）统计报表与数据图表分析为服务管理工作奠定基础

离退休职工管理办公平台拥有强大数据报表功能，系统数据信息可依据需要设置报表自动提取，降低了日常服务统计分析的难度，以实现数据实用性、完整性、快捷性、灵活性，为各项服务管理工作提供技术支持。同时验证信息数据的时效性与准确性，为改进服务工作质量奠定基础。

四、信息化分类人员统计，扎实推进离退休服务管理

（一）掌控人员现状，明晰群体差异

1. 人员结构分布情况

截至 2020 年 12 月，独山子石化离退休管理处管理服务对象 6000 多人，服务管理工作主要涉及月度生活补贴、节日补贴发放和较为烦琐年度认证工作；离退休及分流安置人员 6000 多人作为离退处及站所重点服务对象，依据服务对象的个性差异，划分不同的管理层级，积极推进离退休服务管理工作。

2. 异地人员与特殊群体分布情况

充分利用网络信息化工具，合理掌控异地人员生活动态，尤其在 2020 年疫情常态化管控期间，将服务对象责任到每位工作人员，关心关爱、保持沟通联络，做到及时掌握人员动态信息，为切实有效加强疫情防控提供数据保证。对特殊群体人员及其家属的联络沟通，以动态跟踪服务方式，及时获悉相关信息，确保相关待遇的执行。

3. 年龄结构分布情况

离退休及分流安置人员中，50 岁以下约占 11.05%，50 岁至 60 岁以下约占 38.01%；60 岁至 70 岁以下约占 26.03%；70 岁至 80 以下约占 13.06%；80 岁至 90 岁以下约占 11.33%；90 岁以上约占 0.51%。男性约占 43%，女性约占 57%。

从年龄结构分布可知，离休人员16人均达80岁至90岁高龄，属于重点关爱服务对象；60岁以下离岗分流安置人员及部分退职人员的占比居多。由于各类群体人员的年龄差较大，其服务业务则依据各群体人员性质不同，划分不同的特色服务有序开展。建立完善重点困难户、特殊困难户、大病补助信息排查机制，明确重点帮扶对象，定制“一对一”服务，做到日常服务到位、重点服务到家、特殊服务到人。

4. 职务与职称分布情况

职务与职称因涉及服务对象离岗后福利待遇（体检、物业与采暖补贴、报刊订阅等）的执行，做到人员信息底数清，方能做好高质量服务和待遇执行零差错。

（二）以人为本，强化离退休服务管理

1. 以优质服务为宗旨，扎实开展两项待遇

坚持日常家访探病与节日慰问相结合。以“扶贫济困解难事、温暖和谐进万家”为服务宗旨，倡导以儿女般的孝心持续做好离退休人员服务管理工作，努力提供个性化、人性化、亲情化、精细化服务。坚持节日走访慰问和每周常态化的日常家访与探病，全方位关爱关怀高龄、“空巢”、失能、残疾等离退休弱势群体，将关爱及时送到身边。年走访慰问115次，慰问人数达2870人；日常电话询访要求全年覆盖，达19396人次。成立助老关爱、邻里守望等志愿小组，打造专兼职相结合的高素质服务队伍，推进志愿服务常态化。

加强平台线上线下数据的规范化、精细化管理，确保福利待遇的执行和服务质量创优。以细化管理职责，责任层层落实为主线，形成事事上平台、件件查平台、人人用平台的网上闭环管理。

2. 以党组织建设为核心，持续推进两项建设

加强党组织建设，扎实开展思想政治活动。各站所下设党支部共计62个，中共党员2000多人。通过支部委员会、支部书记联席会、党员大会和党课等形式开展系统研读、专题讨论，思想政治教育活动，扩大离退休职工党员活动参与率，促进党员活动阵地规范化。年内各基层党组织开展思想政治活动165次，参加人数1700多人。通过学习与交流深入了解老同志的思想、学习和生活情况，开展意识形态领域的宣传教育、政治思想工作，发挥党组织对老同志的政策沟通和正向引导效力。做到思想波动、生病住院、生活困难、重大变故“四必访”。

3. 以活动为载体，坚持两个阵地常态化

老年大学开设健身球、舞蹈、门球、书法等14门课程，年参训人数达500人。实行项目管理制和教师聘任制，由在职员工任项目主管和班长，在各专业骨干、文艺团体及业务特长人员中选聘选拔教师，并分级认定教师资质。受疫情防控影响，尝试应用多媒体平台、网络教学的新方式，应用网络平台线上、线下结合的方式，培训课时296节，7276人次参加。

表 1　老年大学情况

名称	老年大学														
	合计	门球	太极拳	声乐	柔力球	硬笔书法	戏曲京	戏曲豫	健身球	民族舞	软笔书法	合唱	戏曲秦	舞蹈	绘画
人数	500	20	30	50	30	20	30	30	30	50	30	60	30	60	30

设立了舞蹈、书画、戏曲等 14 个老年协会，组织文体赛事常态化。制定年度专项老年体育赛事，如：门球、象棋、乒乓球、太极等，分站所自主组织日常选拔赛。下设门球场、棋牌室、麻将室、台球室、乒乓球室、健身室等老年日常活动场馆，可容纳 3500 人，每周平均服务人次约 6000 人次。

五、信息化平台服务管理中的薄弱环节与改进措施

（一）增加服务群体多元性，扩大平台管理覆盖面

目前，离退休职工管理办公平台已全面应用于离退休职工的管理工作，而其他群体人员信息仍以传统模式进行自主管理，不能实现系统数据的快速整合和数据资源共享，导致管理数据信息不对等。

建议推广使用现有信息管理办公平台接口，补充完善多种群体人员信息，更好地为服务管理工作提供数据及技术支持。

（二）建立规范化、统一化的信息数据维护标准

由于基层站所维护信息标准不统一，严重影响数据统计效率。因此建议，就日常工作建立规范化信息统一模板，对于临时工作数据，做好上下联动，及时修订对应标准，提高数据上报质量，确保数据准确统一，为后期统计过程奠定基础。实现系统集成数据协同规范，确保统计整合数据更加高效，为管理服务提供数据支持。

六、结束语

通过离退休职工管理办公平台推广应用，结合离退休处基层站所日常管理服务工作，将服务与数据有效融合，推进信息化办公平台的管理，对扎实做好人员基础性管理工作，优化管理、数据分析等具有重要意义。加强信息化建设，规范业务流程，细化业务管理权限配置；制定专业管理评价量化标准，坚持定期督查整改，以确保离退休服务工作各环节有效管控，不断增强团队服务意识，提升各岗位业务管理水平，优化工作人员服务效率。

在离退休群体中开展人文关怀和心理疏导的做法及成效调研

◆ 独山子石化　阮　勇　石福政　李云凯

随着企业不断发展和进步，强化对退休人员群体思想交流、人文关怀和心理疏导的重视成为一个重要课题。

近年来，独石化离退休管理处以思想政治工作为基础，不断加大对退休群体的人文关怀以及心理疏导工作的重视，以党的十九大报告中思想政治工作创新发展的方向全新要求，培养具有自尊、自信、积极向上的离退休人员群体的健康心态为目标，在实际工作中始终坚持人文关怀、开展心理疏导教育、加强对离退休群体的思想重视和心理交流，以在管理上不断创新的方式，优化完善服务结构。以多形式、多内涵的服务理念对离退休人员实施思想沟通、人文关怀以及心理疏导，从根本上保持企业离退休群体队伍的思想稳定，提升企业离退休人员的思想和心理健康，积极推动石化企业整体持续、稳定的发展。实际做法效果明显、成效显著。

一、在实施人文关怀和心理疏导中突出思想政治工作的主导作用

近年来，独石化离退休管理处在面对离退休人员群体上，始终将人文关怀纳入思想政治工作的一项重要内容，也是独石化离退休管理处为老服务始终思考的一个重要课题。实际工作中，该单位将以人为本的科学发展观念融入为老服务工作，立足服务的基础与核心开展工作。在服务工作中不断地强化、改进思想政治工作，坚持以人为本，有效开展人文关怀和心理疏导工作。

思想教育和交流的主要受众就是人，其主要目的就是通过学习教育提升离退休人员群体的思想素质以及道德品质，采取有效途径传达党的政策和精神文明建设的重要内容，不断提升离退休人员群体思想觉悟，为有效实施人文关怀和心理

疏导奠定基础。独石化离退休管理处在实施人文关怀和心理疏导工作中，采取全新角度分析问题、理解问题、看待问题，有效解决离退休人员群体所关心的各种思想问题、民生问题、心理问题，强化人文关怀以及心理疏导，强化思想政治工作的针对性以及人性化，加强对离退休人员群体实际需求实施分析，不断提升服务质量。

在实际做法上，独石化离退休管理处始终把“让党放心、让老同志满意”作为离退休服务工作的出发点和落脚点，充分发挥基层党组织优越性，处党委在年度党建目标指标下达中，将帮扶共建、为老服务、人文关怀等内容纳入年度思想政治教育工作中，基层各个党支部认真遵循党委工作部署，采取多形式的工作方式，以思想教育推动人文关怀和心理疏导，稳步推进“三位一体”帮扶共建居家养老服务模式，深化邻里守望服务力度，充实为老服务志愿者队伍，拓展志愿者服务方式和途径，提升为老服务工作实效。

几年中，独石化离退处党组织在不断实践中探索将人文关怀和心理疏导纳入党建工作中，把为老服务融入党建实践中，树立“走访慰老、生活助老、文化爱老、文艺敬老”的爱心服务理念，形成了特色主题党日“三个三”活动机制，推动“12315”爱心慰问走访项目。同时成立低龄党员帮扶高龄老人的“邻里守望”团队，在职员工成立“助老关爱”团队，实现对重点、困难退休人员个性化服务的覆盖。据统计，仅 2020 年独石化离退处党组织紧贴人文关怀和心理疏导内容，相继开展退休人员喜闻乐见的学习、座谈、讲座、参观等形式学习活动 469 场次，参加活动的离退休人员达 1.5 万余人次。

在 2020 年两次大波动疫情期间，离退休处第四退管站党支部带领离退处老年书法协会与独山子书法家协会一道、发动老年大学和各站的书画爱好者及中青年书法会员共计 60 多名，联合举办了“众志成城，抗击疫情”“抗疫有我，新疆加油”两次独石化离退处抗击疫情网络书画诗词作品展，在《石油金秋》《老年康乐报》等各大媒体上登载，对退休人员群体的思想触动较大。各站所党支部积极组织退休人员群体宣贯《党的十九届五中全会精神》《第三次中央新疆工作座谈会精神》等学习内容，积极开办《红色故事会》活动，讲述石油故事、民族团结故事，组织退休人员群体观看“永远跟党走”等大型文艺演出，使退休人员群体思想不断进步；第一退管站党支部定期将思想活跃的退休人员和老同志组织起来，在党支部引领下创建关爱小组、学习小组、帮扶小组等活动，对生活困难、活动不便的人员和家庭进行贴心服务，以唠家常式的方式在退休人员群体间构建和谐气氛，缓解失落情绪，提升思想境界，在服务中凝聚人心，在关爱中教育群众；干休所党支部在工作中密切联系社区，采取多种形式和手段，加大在退休人员群体中和社会层面的政策解读和正能量宣传，弘扬退休人员为国家、为企业、为社会做贡献，让退休人员群体对社会正能量有正确的认识和肯定，在退休人员群体中树立尊敬之心、崇敬之心，让退休人员群体处处体会到党组织的关怀和自身存在的价值，获得组织和社会的认可。

二、贴心关注退休人员群体冷暖，加大发挥人文关怀作用

人文关怀的核心在于肯定人性和人的价值，尊重人的理性思考，关怀人的精神生活等。独石化公司离退休管理处在推进人文关怀工作中坚持以人为本，旨在尊重退休人员群体的主体地位和个性差异，关心退休人员群体丰富多样的个体需求，激发退休人员群体对生活的主动性、积极性、创造性，促进退休人员群体在思想上、生活上、精神上全面发展和进步。

独石化离退休管理处面对退休群体尤其是老年群体，采取了多方面、多层次的人文关怀和重视。关心退休人员群体，不仅是物质层面的需要，更需要关注老年人的精神文化层面；独石化离退处在日常工作中，不仅创造条件满足退休人员群体的生存需要、享受需要，更着力于退休人员群体的自我发展、自我完善的需要和满足。为此，他们采取了形式多样的人文关怀方式和办法，以贴人心、暖人情、知冷暖、解困惑的工作要求开展各类帮扶共建、入户走访、邻里守望、解困相助的人文关怀关爱工程，取得了较好效果。近几年，独石化离退休管理处在对退休人员群体的人文关怀上投入的服务一直呈上升趋势。

独石化离退休管理处不仅在思想上实施人文关怀，在日常生活上更是注重暖情关爱。每年在节假日来临之际，独石化离退休管理处都组织基层站所退休人员群体送上节日祝福，给每一位离退休人员发放各类米面油等生活用品；针对重病或困难人员家庭，各基层站队，都会统一组织、俯下身子，逐个实施走访慰问，送去组织和节日问候。每逢重大节日，工作人员会带着慰问品、春联等物品走访老、弱、病、困、残、贫退休人员家庭和医院、疗养院，送去困补资金、慰问物品，将春联贴在每个家庭门上，将浓浓的人文关怀和情谊留在家庭，留在退休人员的心中，使退休人员真切地感受到了党和组织的关怀和温暖。

2020 年度，国有企业退休人员按照文件精神，逐步启动推进离退休人员社会化移交，初期诸多离退休老同志对此想法较多、疑虑重重，思想困惑较大。独石化离退处党委针对此情况，精细部署、组织各部门、各基层党组织俯下身子、全力以赴走近退休人员群体中、深入到退休人员家庭中，认真深入细致地做好政策宣传讲解和思想、心理引导工作。通过认真细致的宣讲沟通，100% 的退休人员打消了各类情绪和顾虑，保证了社会化移交工作的平稳、有序，无感移交。

2020 年两次疫情居家隔离期间，独石化离退休管理处各站所带领全体员工，以电话联络、排查、问候的方式，每日不间断与本地和身处全国各地的退休人员保持联络，他们用最热情的服务、最持久的耐心、最温暖的语言与疆内疆外的退休人员积极沟通、用心交心，用真情关注着离退休群体中的每一位人员的信息动

态、健康状况，用电话和微信联系的方式开展着人文关怀，使诸多居家的退休人员舒缓了精神、缓解了压力、放松了心情，并向工作人员讲述着他们的郁闷和压力，完全向工作人员敞开了心扉。

为确保人文关怀扎实开展，独石化离退休管理处长期利用老年大学阵地建设，广泛推进和培养退休人员积极向上的心理健康心态。老年大学在原有培训项目上又新增心理咨询课堂、舞蹈、太极拳、葫芦丝等拓展项目 18 个，参与学习人次达 16.6 万人。2020 年比赛及演出 836 项、35863 人次参加，展示出各族离退休职工健康的心理心态和积极向上的精神风貌。

独石化离退休管理处第一、第二退管站是老龄化覆盖面较大的站所，高龄老人占比率较大，面对诸多高龄、孤寡、重症老人，为他们解决后顾之忧，两个退管站领导不断细化服务举措，在属地范围内有针对性开展“孝心文化”“邻里守望”大走访、大帮扶、大解困主题活动，将独居老人、卧床老人、重大疾病老人和遗孀人员纳入到站所走访关爱服务范围内，详细建立《高龄老人关爱台账》《大病人员帮扶台账》《独居、特殊群体人员台账》等，对困难家庭、困难群体、特殊情况及老弱病残人员细致分类，做到心中有数，定期组织在职人员前往看望，保持联络，加大慰问走访力度，为离退休人员群体带去组织的温暖和心理的慰藉。

据三年来的统计，独石化离退休管理处对退休人员群体中重大疾病、困难家庭人员的困补救助力度持续加大。

长期以来，独石化离退休管理处一直坚持认为：老年人不仅是物质生活的主体，也是政治生活、精神生活乃至整个社会生活的主体。为此，做好人文关怀是改善老年人的生活、提高老年人的生活品质的主要因素。

三、注重退休群体心理疏导，确保退休人员身心健康

心理疏导在社会意义上来说，其主要就是治疗心理疾病，提升和激发人们对生活的热情和希望，提升心理健康向上的意识。而在独石化离退休处退休人员群体开展中合理的应用心理疏导，可以有效地培养退休人员群体的生活意志，让退休人员群体了解自己的自我价值，解脱由于生活、工作和精神带来的各种精神压力和心理阴霾。

独石化离退休管理处始终对退休人员群体的心理疏导工作高度重视，在开展为老服务工作中始终坚持人文关怀、合理开展心理疏导，进而不断提升离退休思想政治工作的内在价值，为离退处为老服务工作的开展提供指导。

实际工作中，独石化离退休管理处各站所在日常工作上不断加强对退休人员群体心理健康进行疏导，对退休人员群体中存在的各种心理问题实施阶段性分析。各站所通过关爱交流、心理咨询、走访疏导、座谈交流、意见征求等方式深入了解退休人员群体中存在的各类心理问题，进行收集整理，加强探究分析，真

正做到对“症”下药，并基于退休人员群体不同的问题与矛盾提出有效的整改措施与手段，及时进行心理疏导和干预，提升了心理疏导在退休人员思想政治工作中的内在作用与价值。

心理疏导工作的介入，体现出独石化离退休管理处对退休人员的尊重，也疏通了退休人员，尤其是内退、离岗人员对企业改革发展中产生的各种矛盾问题的分析与认知，让退休人员群体了解多元化的利益冲突、多元化的需求；同时也及时梳理了退休人员自身的问题与不足，让其以较好的心态积极面对生活困难，形成积极向上的氛围。

在独石化离退休管理处对退休人员群体的心理健康调查中，及时汇集退休人员群体常见心理问题，如丧偶、年老体弱罹患疾病，对生活和未来失去乐趣信心，甚至对生活前景感到悲观及其灰色心理问题；及时有的放矢地开展心理健康疏导工作。如有些老干部退休后收入减少、社会地位下降，感到不再受人尊敬和重视，而产生失落感和自卑心理；还有些人员对退休后无所事事不能适应，认为自己成了家庭和社会的累赘，失去存在的价值，对自己评价过低而封闭自己；再有就是如神经衰弱、焦虑症、抑郁症、疑病症、恐惧症、强迫症或者空巢老人抑郁症和孤独感等。针对上述心理问题，独石化离退休管理处各站所积极开展家庭走访、心理安慰活动，鼓励退休人员多参加各类文体活动，丰富退休后生活，并常年开展帮扶共建青年志愿者服务、与退休人员结成对子活动，促进互帮互助、互相照顾。同时在精神上、心理上给予退休人员更多疏导、支持鼓励。

2020 年疫情期间，独石化离退休管理处肩负着近 7000 名离退休人员、遗孀遗属的疫情防控、流动排查和宣传教育任务。一个多月的居家隔离期，让诸多退休老人心态变得焦躁不安，有些甚至出现了抑郁症状。针对此情况，独石化离退休管理处五站一所工作人员坚持“守土有责、防疫尽责”，以“白加黑”的工作模式昼夜摸排人员信息，对每一位离退休人员健康状况、心理心态、精神状况实施细致了解掌握，及时安抚老人焦躁情绪，让他们安心、放心、静心居家，及时建立网络交流空间、微信圈，开办网络心理课堂、书法课堂、舞蹈课堂，并邀请医院心理专家每日为老人讲解心理调整、心理疏导课，与退休人员实施感情互动，还采用“美篇”、小视频等形式开办“心理调节一问一答”自媒体等互动栏目，大力宣传防疫政策和消除焦虑的心理知识，保证了离退休人员的心理心态健康。第二退管站 85 岁高龄的重症独居老人董盛源，2017 年被诊断患晚期前列腺癌，子女不在身边，老人常年独自一人生活，性格和心态变得孤独抑郁封闭。退管站领导得知后主动承担起照顾老人的义务，每周带着礼物、食品前去探望，帮助老人料理家务，解决老人生活、身体和就医上的疑难问题。为打开老人心理孤独抑郁的心结，工作人员不断陪同老人唠嗑、聊天，有效化解他内心的恐慌和压抑情绪，使老人由沉默寡言、心情郁闷逐渐变得侃侃而谈、欢笑开朗。

独石化离退休管理处通过各种有效的心理疏导方式，将党和组织的关怀送到了诸多离退休人员心中，为他们化解心理问题，送去特别的关爱和温暖。

总之，独石化离退休管理处在近年来的人文关怀和心理疏导工作中，以思想政治工作为依托，坚持在离退休群体中大力开展人文关怀和心理疏导。面对离退休人员群体，该单位持续坚持“三贴近”，把实施人文关怀和心理疏导工作与离退休人员群体的幸福、自由、尊严、终极价值联系起来，立体地对待每一个离退休人员的多层次需求。在实际操作中认真从离退休人员现实处境和切身利益出发，真诚倾听他们的呼声，真实反映他们的愿望，真情关心他们的疾苦，关注他们的价值、权益和需求，关注他们的生活质量、自身潜能和幸福指数，努力满足他们的需求，有效缓解了离退休人员的思想矛盾、心理冲突和情感困惑。同时，在日常工作中注重对他们心理疏导，实施家庭和美、邻里和睦、人际和谐，有效培育离退休人员群体的自尊自信、理性平和、积极向上的社会心态，在企业和社会上形成和衷共济、和谐相处的良好氛围。

细腻的管理方式和温暖的服务关爱赢得了退休群体的回报，退休人员群体思想心态稳定。独石化离退休管理处为了进一步提高人文关怀和心理疏导工作的针对性和实效性，正在不断改进新的工作方式，并充分运用体现人文关怀的教育方法，将人文关怀和心理疏导内容更大程度地纳入日常的思想政治工作中，以确保单位思想政治工作具备多样性、针对性、实效性、吸引力和感染力。这也是基于以人文关怀及心理疏导内涵不断创新思想政治工作的实际需求，以确保离退休管理处今后的为老服务工作有效提升，向高质量和多元化发展。

发挥党委在退休职工社会化移交中把方向、管大局、保落实作用的实践与思考

◆ 乌鲁木齐石化　龙新明　李小娟

退休人员社会化管理是党中央、国务院的重要改革部署，是全面深化国有企业改革的重要内容。2020 年完成退休人员社会化管理工作是集团公司贯彻落实党中央、国务院的决策部署的客观要求，是集团公司全面深化国有企业改革的重要内容，是一项政治任务。

乌石化离退休管理处作为退休人员社会化移交工作具体的政策执行单位及工作实施的责任主体。为了确保工作的有序开展，处党委肩负着把方向、管大局、保落实的艰巨责任。根据工作要求，处党委成立了处主要领导担任组长、分管领导担任副组长的退休人员社会化工作领导小组，建立起了党委负总责、科室保落实、统筹推进、维稳保障的工作推进机制。

一、什么是退休人员社会化管理

企业退休人员社会化管理是指企业职工办理退休手续后，其管理服务工作与原企业相分离，社保关系、党组织关系和人事档案实行属地集中管理，管理服务工作交由城市街道和社区统一管理。

二、为什么要进行退休人员社会化工作

一是深化国有企业改革的需要。退休人员社会化管理是党中央、国务院深化国企改革的一项重要决策部署，有利于国有企业成为真正市场主体，公平参与市场竞争。

二是提升退休人员保障服务水平的需要。有利于消除退休人员服务保障水平受企业经营起伏影响，为企业退休人员提供长期、稳定、公平的保障服务。

三是强化公共服务保障均等化的需要。将企业退休人员管理等公共职能归位于政府，有利于完善公共服务体系、保障退休职工的基本生活，促进公共服务均等化，让经济社会发展成果惠及所有退休人员。

三、现代企业的职责是什么

央企的重要职责就是在安全生产的基础上，创造最大效益，肩负着保障国家最重要的经济高质量发展重任。从这个角度出发，就可以理解国家剥离企业办社会的原因，解决企业办社会化与国家治理体系现代化之间的矛盾。退休人员社会化移交工作，是剥离国有企业办社会职能最重要的一项工作。

四、退休人员管理社会化的做法

2020年国有企业改革进入攻坚阶段，退休人员社会化管理是躲不开、绕不过、必须完成的硬任务。针对可能出现的稳定问题，为了确保在出现不稳定苗头时，能够精准施策、及时消除和化解矛盾，处党委认真落实把方向、管大局、保落实的各项举措，明确要求各级人员提高政治站位，切实增强责任感和紧迫感，分解落实责任，加强协调对接，平稳有序推进退休人员社会化管理工作。在社会化移交过程中加强政策宣传和舆论引导，深入细致做好思想政治工作，营造良好氛围，争取广大退休人员的理解和支持，做到工作有效衔接、政策精准对接，确保积极稳妥推进退休人员社会化工作。

（一）如何把方向

深入学习贯彻中办国办、自治区党委政府、乌鲁木齐市党委政府及集团公司文件精神，加强组织领导，明确职责分工，压实工作责任，平稳有序推进退休人员社会化管理工作，确保把党中央的决策部署执行到位。

及时掌握地方政策，积极与地方政府沟通对接，把握节奏力度，确保程序步骤合法合规，各项工作协同推进。用足用好政策，保障退休人员合法权益。按照老人老办法，新人新办法执行，按照集团公司退休人员社会化推进会领导的指示，给退休人员吃好“三个定心丸”（退休人员统筹外费用等合理待遇不降低、街道社区管理服务水平有保障、国有企业和退休人员的感情纽带不会断），维护好退休人员合法权益和合理待遇，做实做细宣传解释工作，努力消除退休人员的担忧疑虑。

积极与地方街道社区沟通协调，研究界定退休人员全面实行社会化管理后企业退休工作的职责界面，稳妥做好退休人员服务管理职能的移交工作。

坚持底线思维，维护和谐稳定大局。掌握退休人员的思想动态，提前做好风险研判，充分发挥退休职工党支部的战斗堡垒作用，及时化解矛盾纠纷，坚决守住不发生系统性区域性不稳定风险的底线，切实维护集团公司改革发展稳定大局。

做好正面宣传引导，保持退休人员稳定。处党委多次召集退休职工党支部书记、委员会议，利用“形势、目标、责任、任务”主体教育活动，重点对退休人员社会化移交工作的相关政策进行了讲解。要求各支部书记、委员发挥各自的影响力，及时掌握退休职工的思想动态，特别是要充分发挥退休职工党员引领作用，坚持正面引导，营造理解改革、支持改革的良好氛围。

（二）如何管大局

根据2020年3月集团公司下发《关于印发中国石油天然气集团有限公司关于推进企业退休人员社会化管理工作的指导意见》，2020年4月中共乌鲁木齐市委办公厅、乌鲁木齐人民政府办公厅印发《乌鲁木齐市加快推进国有企业退休人员社会化管理的工作方案》的通知，处党委成立了退休人员社会化领导小组，按照统筹计划按时保质完成各阶段工作。根据工作的推进，处党委在退休人员中加强宣传，对退休人员的舆情和思想动态摸排，每周各支部进行反馈，党委会研判后及时跟进解决，最大限度降低由于社会化移交产生的负面情绪，确保整个社会化移交过程做到“平稳、和谐、安全”。

（三）如何保落实

确保退休人员基本信息准确是完成社会化移交工作的基本保障。5月与米东区退管办、石化街道办、石化社区进行了广泛联系、沟通，告知5月起要在乌石化开展退休人员信息化采集工作，5月26日发布信息，5月27日开始进行退休职工集中信息采集。处里动员全处管理人员全部集中进行信息采集。截至6月30日仍有部分在异地、多房、不在系统中人员信息没有采集到。7月1日开始，对由于特殊原因没有采集到信息的人员，处里组织10个攻关组，进行攻坚工作。截至7月15日，仍有个别人员信息不全，处里由处长、党委书记亲自带领6名工作人员进行最后突击攻坚，截至7月30日，应采集退休人员信息全部完成，涉及米东区、天山区、高新区、沙依巴克区、水磨沟区、头屯河区共6个区。相应地完善了党员信息，与各区组织部门反复对接，保证了组织关系的移交。退休职工活动场馆资产的移交也在细致的工作后，与所在区财政局签订资产划拨协议，由属地管委会接受。

在退休人员社会化管理工作实施推进过程中，按照集团公司关于推进改革和确保稳定的要求，离退休管理处党委加强宣传舆论引导，编制了稳定评估报告，依据集团公司政策及退休人员社会化管理宣传册，发挥基层党组织和活动场所窗口作用，扩大政策宣传覆盖面，向广大退休人员大力宣讲党中央、国务院决策部署和集团公司三个“定心丸”政策精神，做到让退休人员“政策清、待遇清、管理清、服务清”，明白实行社会化管理没有割断与企业的感情和纽带，对部分政策不清人员坚持做好一人一事的思想解释工作。在社会化移交过程中，处党委始终认真履行把方向、管大局、保落实的责任，通过细致、扎实的工作，在社会化移交过程中，退休人员情绪稳定，确保了移交工作的稳定推进并最终顺利完成。

浅谈企业退休人员社会化移交工作的开展

◆ 乌鲁木齐石化　李小娟　彭学智

随着国有企业公司制改制的逐步完成，企业中属于社会职能的退休人员的管理工作也亟待转移。退休人员社会化管理是党中央、国务院的重要改革部署，是全面深化国有企业改革的重要内容，是保障和改善民生、创新社会治理的重要举措。国有企业退休职工社会化管理的转变是完善保障体系的重要体现，是减轻国有企业经济负担的重要措施，是减轻国企社会化职能的重要举措，同时也是保障退休人员根本利益的一个重要保障。在具体实施过程中企业退休职工的利益能否得到保障，他们能否安享晚年关系到职工对国企的信心及社会的稳定和谐。在具体实施过程中要求我们严格按照国家颁布的政策，有条不紊地进行，确保这一转变的顺利实现，为社会的稳定、企业的发展、职工的安心而努力工作。

2020 年按照国资委和集团公司要求，企业退休人员社会化管理工作推进时间进度的要求分四个阶段全面完成移交工作：第一阶段，2020 年 4 月底前完成前期准备、沟通对接工作；第二阶段，2020 年 6 月底前完成编制方案、形成协议；第三阶段，2020 年 10 月底前完成政策宣贯、组织实施工作；第四阶段，2020 年 11 月底前完成退休人员社会化移交的收尾总结、验收考核工作；在确保各项离退休服务质量不下降，新冠肺炎疫情防控不放松的情况下按时顺利完成了退休人员社会化移交工作。退休人员社会化管理时间紧、任务重工作，积极按照地方政府部署安排，加大工作力度，加快工作进程，确保按期完成目标任务。

一、企业退休人员社会化移交工作的开展情况

（一）提高认识，稳定职工队伍，确保移交工作顺利开展

通过学习和宣传，使职工意识到，加强与地方政府沟通对接，平稳有序实现

企业退休人员社会化管理，依法保障企业退休人员合法权益和合理待遇，努力提高企业退休人员移交后的归属感、获得感、幸福感，共享全面建成小康社会新成果是全面贯彻党的十九大和十九届二中、三中、四中全会精神，认真落实党中央、国务院决策部署，坚持企业全面深化改革的要求。

集团公司为确保退休人员管理社会化移交的平稳过渡设立了 3 年的过渡期，在三年过渡期内原则上保留各地方企业离退休服务组织机构，地方企业离退休组织机构的撤减必须上报集团公司核准。在三年过渡期结束后，在尊重职工本人意愿的基础上，依法妥善处理劳动关系。对仍留在企业的职工，通过内部转岗、交流任职等多种途径妥善安置。经与职工协商一致，可执行内部退养、离岗歇业等关于结构调整中人员分流安置有关政策，稳定现有职工的思想，确保了社会化移交工作的顺利开展。

（二）成立社会化移交工作领导小组，编制工作方案等前期准备工作

成立社会化移交工作领导小组，进行责任分工，分解落实责任，倒排工作进度，确保按期完成退休人员社会化管理工作。

首先到多家企业学习取经，与市人社局和退管办多次沟通对接，理清工作思路和方向。清理统计了退休人员 2017—2019 年统筹外费用情况，编制了《退休人员社会化管理改革摸底调研材料》《退休人员社会化管理工作方案》《退休人员社会化移交稳定风险评估报告》等前期准备工作。

与乌鲁木齐 7 区 1 县各管委会、社区实地对接退休职工人数和居住详情。为提高工作效率，学习自治区社保三版系统，从系统导出 25 万名退休人员，将初步筛选出 4000 多名石化退休人员具体住址和相关信息与离退休信息系统和银海库信息比对。对 500 多名异地居住人员，通过电话联系获取确定地址和居住情况。第一次新冠肺炎疫情封闭结束后收集退休人员《退休人员居住地调查表》和《退休人员信息登记表》，对没有收集的信息的退休人员，最终通过打电话、小区走访、社保查询、档案翻查、原单位同事、朋友等相关信息联系等方法掌握了所有退休人员的最新信息。并将退休人员信息登记表进行电子化录入。

社会化移交中的党员组织关系移交是个严肃严谨的工作。经查档、ERP 系统和离退休信息平台，和全国党员系统库内党员核实后确定移交 2000 多名退休职工党员。重新划归支部，对欠缴党费人员进行补齐追缴工作。核实修改党员信息，并对 2000 多名党员档案中相关党员信息资料扫描数字化存档。

对专用活动场馆资产进行逐项清理，确保资产台账和实物台账齐全。按照《乌鲁木齐市企业移交退休人员管理服务活动场地、活动器材登记表》登记造册。

（三）签订移交协议，完成退休人员社会化移交主体工作

由于前期准备工作充分，工作质量扎实、详尽。在协议的签订过程中严格执行国家法律法规、地方政府相关政策、集团公司有关规定，按照规范的操作程序，确保了移交协议内容、程序合法合规的按期签订。

（四）移交过程中的稳定推进和风险防范工作

企业职工退休社会化管理是社会发展的必要趋势，是有利于企业发展和保障员工自身利益的好事。但是，在改革之初，难免会出现一些不和谐的声音，某些对企业有着深厚感情的老员工，可能会认为企业是在甩包袱，感觉自己被企业抛弃了，内心里没有了有归属感。这就需要我们加强政策宣传和舆论引导，深入细致做好思想政治工作，营造良好工作氛围。争取广大退休人员理解支持，帮助他们从根本上认识到职工社会化管理的必要性和优越性，发自内心地理解我们的政策，让这项工作的开展更加的顺畅。

在实际工作中按照坚决守住不发生系统性区域性不稳定风险的底线，切实维护集团公司改革发展稳定大局的要求，通过提前研判移交工作过程中可能出现的各类风险，编制《退休人员社会化移交稳定风险评估报告》，针对可能出现的稳定问题制定维稳预案，有效做好矛盾化解和各项稳定工作，积极稳妥推进退休人员社会化管理工作，切实维护退休人员及企业矿区和谐稳定。

充分发挥离退休职工党支部的战斗堡垒作用，对退休人员的舆情和思想动态摸排，每周各支部进行反馈，党委及时掌握退休人员思想动态，提前做好风险研判，及时化解矛盾纠纷，确保出现不稳定苗头时，能够精准施策、及时消除和化解矛盾。确保整个社会化移交过程做到“平稳、和谐、安全、稳定”。

处党委利用今年“形势、目标、责任、任务”主体教育活动、“两优一先”表彰大会等场合，通过学习政策文件、讲党课和新兴媒体等宣传工具，重点对退休人员社会化移交工作的相关政策进行了讲解。让每位退休职工知道集团公司给退休人员三个“定心丸”：一是退休人员统筹外费用、补充医疗等合理待遇不降低；二是街道社区管理服务水平有保障；三是国有企业和退休人员的感情纽带不会断。强化积极正面舆论引导，消除退休人员的顾虑疑虑。

要求退休职工党员在社会化移交过程中，要讲党性，保本色，要遵守党的组织纪律性，要求各支部书记、委员发挥各自的影响力，及时掌握退休职工的思想动态，特别是要充分发挥党支部和退休职工党员引领作用，坚持正面引导，营造理解改革、支持改革的良好氛围。争取广大退休人员的理解和支持，做到工作有效衔接、政策精准对接，确保积极稳妥推进退休人员社会化管理工作。

二、企业退休人员社会化移交工作中存在的难点问题

（一）组织关系转接问题

党员组织关系移交问题比较多，由于退休职工候鸟式的过冬及去内地带孩子的情况非常多，按照党章的要求，离开支部 6 个月就要将组织关系转出，按照这一条，许多区县及社区不管不顾具体在外的时间长短，就根据退休人员现居住地

来接受党员移交。还有长期在外地或其他区县居住，但本人还想把组织关系留在企业所在地不愿意将组织关系迁出。

再就是党员组织关系移交后党费缴纳金额都要求按中组部的标准，按缴费基数5000元以下按0.5%测算，缴费基数5000元以上按1%测算。按照目前退休人员的缴费基数测算，基本在50元以上，乌石化退休职工党员目前按人均5~10元标准缴纳党费，组织移交后党费缴纳金额的大幅上涨是一个风险点。有可能产生比较大的负面事件的。面对以上问题处党委要成立一个专班，逐人进行政策讲解和思想工作，确保党费的足额上缴，积极化解矛盾，确保组织关系的顺利转接。

（二）人员关系的接收问题

退休人员居住地场所不固定，有候鸟式的在多地居住，有照顾小孩和老人多处居住，还有在几个子女之间轮流照顾的不定住处居住或是在不同区县内有房产同时居住的。现在各区县接收的退休人员核对是根据社区保户干部提供现居住人员来确定的，造成部分退休人员的接收在几个区县互相推脱。通过建立与退休人员本人、社区保户干部、区县退管干事共同协商联系机制来确定接收社区。确保每一个人都能够落实到社区。

（三）档案移交方面的问题

人事档案移交目前进度缓慢，主要是政府出台的档案整理的标准和要求较晚，再就是企业在退休人员人事档案数字化方面的工作前期没有基础。现单位正全力按照政府的要求开展对档案进行后期的数字化整理存档工作。

（四）场馆、资产移交方面的问题

按照目前的移交情况，专用于退休人员的服务场所、活动场所、设备设施等资产，已经无偿划转给街道和社区，继续用于退休人员管理服务。但是目前社区在退休人员管理服务上还存在人员、资金和服务水平不到位的情况。按照企业与地方政府相关规定和要求签订的协议，重新界定、规范各自的职责和内容，做到职责分得开、职权理得清、应交交得出。

三、如何做好退休人员社会化管理的平稳过渡

（1）异地居住人员医药费报销和市区医药费二次报销的事宜。在现有政策下，大部分异地医药费报销还没有开通异地结算功能，企业对退休人员还有二次医疗报销的政策待遇，这些工作都需要我们配合社保完成。

（2）协助社区做好移交活动场馆的管理工作。在活动场馆由原先只面对本企业退休职工开放到面对全社会退休职工开放，造成服务对象的激增和服务需求的增加。加强对街道社区在场馆管理上，特别是在安全、消防、特种设备维护等专业性较强方面的协助指导工作。

（3）档案的整理、移交和托管管理工作。已退休人员档案按照政府退管办的要求进行分类整理、并数字化和影像化存档移交。对拟退休人员的人事档案提前按要求做好分类整理和数字化影像化处理，确保退休人员在办理退休手续时能够一次整体移交。在档案没有完成整体交接过程中协助退休人员档案管理、查阅和维护工作。

（4）退休人员信息共享互通的工作。特别是对特殊人群，如劳模、孤寡老人、重病、特困、失独、抗美援朝等人员相关信息分类归档、互通共享，协助政府、企业和社区对他们的关怀慰问和各项待遇的落实工作不留死角、不落空。

（5）继续做好企业发给退休人员的统筹项目相关费用和慰问金发放工作。按照新人新办法、老人老办法、统筹兼顾、逐步消化的原则，企业退休人员原享受的补充医疗保险、医疗互助帮困等相关待遇仍按原渠道解决，确保待遇水平不降低。

（6）继续做好集团公司离退休信息系统的维护和相关政策和要求的贯彻落实工作。

（7）掌握落实退休人员的健康状况和转移流动情况，协助区（县）社会保险经办机构进行领取养老金资格的认证工作。协助死亡退休人员的家属申请丧葬补助金和遗属津贴。

（8）进一步开展公司大集体退休职工的社会化移交工作。

（9）继续关心关爱退休人员，发挥好工会、老年协会等组织作用，建立完善困难帮扶机制，做好走访慰问和困难帮扶等工作，采取多种方式使退休人员了解企业改革发展情况，提出意见建议，发挥余热。

如何做好企业退休人员社会化管理移交工作

◆ 宁夏石化　贾　辉　郭庆华

2020年年初以来，宁夏石化公司离退休管理中心根据集团公司有关于离退休人员社会化移交工作相关指示精神，离退休管理中心结合工作实际，充分认识到国有企业离退休人员实行社会化管理，既是国有企业深化改革的主要途径之一，又是全社会建立健全社会保障体系的关键，还是确保国有企业离退休人员合法权益、维系社会稳定的重要手段。在集团公司统一部署下，落实企业离退休人员社会化管理工作对企业高质量发展就显得极为重要。离退休管理中心通过近一年来的调研与实践，充分了解企业退休人员实施社会化管理的必要性，深刻分析公司退休人员社会化管理面临的困境，同时，深入探讨退休人员社会化管理改革的相关措施，为公司高质量稳定发展做好后勤保障及维护离退休群体稳定工作。

一、研究背景和目的

国有企业既是中国共产党执政兴国的依靠力量与重要支柱，又是实现“中国梦”的政治基础与物质基础。进一步加强中国共产党的建设，坚持中国共产党的领导，确保国有企业能够做到可持续性发展，这是国有企业当前亟待解决的时代课题。对国有企业离退休人员实行社会化管理，既是国有企业深化改革的主要途径之一，又是全社会建立健全社会保障体系的关键，还是确保国有企业离退休人员合法权益、维系社会稳定的重要手段。党的十九大在2017年10月召开，中国已经进入历史关键节点，具有战略里程碑的意义，在这种情况下，加强国有企业离退休人员社会化管理工作就显得极为重要。

国有企业在我国国民经济发展中占据着极为重要的作用但是由于种种原因，

国有企业的改革问题一直以来都是“老大难”问题，尤其是需要面临着一大堆社会遗留问题与社会矛盾，其中就有离退休人员的社会福利与养老；在有些国有企业，甚至出现了离退休人员的数量是在职人员的数倍，给国有企业的发展带来了极为沉重的负担和压力，由此可见，国有企业离退休人员实施社会化管理是历史的必然抉择。此项改革既有利于减轻企业负担，又是社会保障体系建立健全的必需。

二、实行企业退休人员社会化管理的意义

一是深化国有企业改革的需要。退休人员社会化管理是党中央、国务院深化国资国企改革的一项重要决策部署，有利于国有企业成为真正市场主体，公平参与市场竞争。

二是提升退休人员保障服务水平的需要。有利于消除退休人员服务保障水平受企业经营起伏影响，为企业退休人员提供长期、稳定、公平的保障服务。

三是强化公共服务保障均等化的需要。将企业退休人员管理等公共职能归位于政府，有利于完善公共服务体系、保障群众基本生活，促进公共服务均等化，让经济社会发展成果惠及所有退休人员。

三、公司退休人员社会化管理移交工作

公司形成以离退休管理中心为主体，人事处、财务处等相关部门联动工作的形式，积极开展退休人员社会化管理移交工作。经过为期半年的工作实践，离退休管理中心通过人事关系移交、党员组织关系移交、社会保障关系移交、专用活动场所移交、管理服务职能移交五个方面的移交工作，于 10 月 20 日全部按要求完成移交工作，收到预期效果。

（一）退休人员社会化移交

截至 2020 年 10 月 20 日，宁夏石化公司共完成退休人员社会化移交 2000 多人，完成退休职工党员组织关系线下移交 400 多人，全面完成移交工作。

1. 人事档案移交

由于前期工作落实到位，宁夏石化公司于 2016 年将退休人员档案按照宁夏回族自治区社会保障管理局的要求，经全面整理归档后，全部移交至社会保障管理局。自 2017 年起，形成“退休一人交一人”的档案移交模式。这为此次社会化移交工作奠定了良好的基础。

2. 活动场所移交

离退休管理中心共负责宁华园、怡安小区、怡祥小区三个生活区共 7198 平方米的老年活动中心和老年大学活动场地。其中老年大学教室四间、乒乓球室两处、阅览室两间、台球室两处、棋牌室三间、门球场地一处。经公司

财务处等相关部门逐一核实后，分别与西夏区政府及所属宁华园街道办事处、翟靖巷街道办事处等社区进行接洽，活动场所所属物品均进行逐一交接，真正做到能交则交，方便老同志继续在活动室进行锻炼与学习。移交设施设备总计 485 件。

3. 管理和服务项目移交

根据活动场地移交后的服务项目变更，离退休管理中心目前重点做好离休人员的管理与服务、退休人员登记核实和信息维护、补贴发放、医药费报销、健康体检、困难帮扶、等服务工作，所有室内、室外活动服务项目均移交社区组织。

（二）退休职工党员组织关系移交

1. 退休职工党员基本情况

宁夏石化公司离退休管理中心管理的退休人员 2000 多人，其中有党员 630 余人。截至 2020 年年初，还有 400 多名党员未完成党组织关系移交工作，管理中心将按照集团公司和石化公司党委的统一要求和部署须集中完成他们的党组织关系向其居住地或常住地街道和社区移交工作。

部门经过 3 个多月的系统排查，详细查实和掌握了他们的常住地或居住地信息。随后，中心成立组织机构，明确移交任务。按照自治区国资委党委、集团公司党组和石化公司党委对退休职工党组织关系社会化移交工作的统一安排和部署，部门成立了移交工作领导小组，抽调部分党员和管理人员专门负责移交工作。部门先后编制了移交工作具体方案，明确了移交工作的措施、办法和目标，制定了退休人员社会化移交稳定工作防控措施。

2. 移交工作完成情况

（1）人员移交情况。截至 2020 年 9 月 20 日，已完成的移交工作：积极与 11 个省市党员所在区、街道和社区党组织协调沟通，全面完成了 20 名省外常住地党员的线下移交。

经本人申请，组织部门同意，按照政策和组织程序为 2 名长期国外居住的党员办理了暂停党籍手续，待本人回国后续办移交工作。

银川市所属三区一县共计 390 多名党员全部完成了线下移交手续并与党员所在区签署了移交协议。截至 2020 年 10 月 20 日，已完成线上成功移交 350 余人，剩余党员正在陆续办理线上移交手续。

对于 6 名档案中党员入党志愿书缺失的人员，严格按照自治区党委有关党员入党志愿书补办规定和程序，部门派专人上门入户走访，克服种种困难，逐一查找当事人的入党介绍人、所在支部负责人，详细了解入党信息，完善了入党证明材料，按时完成了入党志愿书的补办工作。

（2）活动场地和设施设备移交情况。宁夏石化退休人员活动场所实行共建、共享统一管理。2020 年 8 月 20 日公司组织交接仪式，与西夏区政府和党委组织部正式签订了资产和党员党组织关系移交协议。

（3）党费收缴情况。全部完成了移交党员党费的收缴工作。

（三）移交工作采取的办法和措施

（1）组织离退休管理中心工作人员对社会化移交政策和法律法规的培训，进一步增强对社会化移交工作重要性的认识，进一步提升政治站位，进一步提高工作人员移交工作的能力和水平。

（2）加强社会化移交政策的宣传力度，广泛听取退休职工的意见和建议。退管中心组织，公司主管领导和人事部门领导亲自参加，先后召开两次包含党员代表参加的退休人员大型座谈会，传达精神和要求，详细解答移交政策，进一步化解退休人员思想顾虑，为移交工作的顺利开展奠定了基础。

（3）党委组织部牵头，公司领导高总亲自指导，先后多次与西夏区、金凤区和兴庆区党委组织部以及所辖的街道和社区进行面对面的协调沟通和交底，努力做到了移交资产清晰、移交设施设备完好齐全、党员档案信息准确完整。努力实现移交工作“企业交得出、街道和社区接得住、移交地管得好”的工作目标。

（4）耐心细致地做好了418名党员信息的排查和党费收缴工作。部门工作人员做到了不落一个人和所有党员见面和电话沟通交流，不厌其烦解答移交政策和移交措施。对于部分久病卧床、年事已高、行动听力不便、无子女在身边的老党员，部门先后多次派专人上门讲解和服务，特别是对移交工作有疑虑、思想有抵触的党员，一对一耐心细致地做好了思想和稳定工作，争取了同志们对我们移交工作的大力支持。此项工作的开展同时得到了离退休六个退休职工党支部书记和委员的鼎力支持。

（5）部门派人主动联系走访了几十个街道和社区，就移交过程中出现的问题进行协调和沟通，确保了移交工作的有序推进。

（6）省外20名党员的移交，涉及11个省市和地区，各个地方移交标准不同，移交材料和手续各异，部门工作人员从网上查信息，找街道要电话，逐一和所在区市、街道、社区联系、协调沟通，邮寄档案资料，催办当事人到当地社区报到，直至不漏一人全部移交。针对有特殊困难的5名异地党员，主要是年事已高行动不便子女不在身边、常住地在郊区农村不懂如何办理手续、暂时旅居国外无人帮忙移交等情况。针对这一群体，部门派专人前往西安、汉中、长沙、上海等地协助当事人办理移交手续。工作人员克服疫情风险，不顾旅程劳累，既顺利完成了移交工作，又把公司党委对退休人员的关心和温暖带给了职工，受到了异地老同志们的一致好评。

（7）经公司党委同意，利用公司党建经费为移交的党员购买了印有退休职工党组织关系社会化移交标识的纪念品，既促进了党员积极主动参与移交工作的积极性，又带去了组织的关心和温暖。

（8）积极与街道和社区协调沟通，全面完成剩余党员的线上对接和移交工作。

（9）个别街道和社区存在因当事人体弱多病参加不了社区党组织活动、长时间省内外两地居住、本人在所居住社区无名下住房和子女同住、确有困难不交党费、不及时不主动到社区党组织报到等等多种原因，街道和社区推诿扯皮甚至拒接，需要交接双方进一步协调沟通。

（10）持续做好移交后退休人员和退休职工党员队伍和思想稳定工作，解决好退休人员关心关注的切身问题和诉求，确保离退休政策的连续性和离退休管理工作的持续和稳定。

浅谈如何开好基层党组织民主生活会

◆ 大庆炼化　赵玉梅

习近平总书记强调，“党要管党，首先要从党内政治生活管起；从严治党，首先要从党内政治生活严起”。坚持和完善民主生活会制度，对于新形势下加强和规范党内政治生活，增强党自我净化、自我完善、自我革新、自我提高能力，引导党员领导干部牢固树立“四个意识”，自觉践行“两个坚决维护”，具有重要作用。结合近几年离退休管理中心召开民主生活的情况，以及对如何开好基层党组织民主生活会的探索与实践，我浅谈几点看法和体会。

一、召开民主生活会的重要性和必要性

领导班子民主生活会是领导班子成员沟通思想，消除矛盾，增强团结，提高素质，加强班子思想政治建设的重要举措。是加强党的自身建设、巩固党的执政地位、保持党的先进性和纯洁性、解决党内矛盾的最好方式，也是扩大党内民主和加强党性锻炼的有效途径。是我们党在长期的革命和建设实践中形成的优良作风，是增强党的生机与活力的一大法宝。基层党组织班子成员在工作中接触比较多，平时在思想上、工作上难免有些不同的看法和意见，定期召开班子成员民主生活会，就思想、作风和工作上的问题互相交换意见，沟通思想，开展必要的批评和自我批评，互相帮助，互相监督，总结经验，统一思想认识，尤显重要和必要。及时召开班子成员民主生活会，有利于基层党组织班子成员提高贯彻执行党的路线、方针、政策的自觉性；有利于端正党风，增强团结，密切党群关系，加强集体领导，不断改进领导作风，提高领导水平。

二、基层党组织召开民主生活会存在的不足

开好民主生活会，是完善党内监督，加强基层党组织领导班子作风建设的不可或缺的工作。但从离退休管理中心召开民主生活会的结果来看，还存在以下

不足：一是会前学习不够深入，在召开民主生活会前没有针对性的学习安排，或有安排，但学习不深，效果不明显；二是会前征求意见不充分。在召开民主生活会前，征求意见流于形式，党员与群众一般也是很少能提出有建设性的意见和建议；三是对民主生活会认识不够深刻，停留在“不开会，完不成任务和应对考核”的应付状态，走过场的现象比较普遍；四是存在“开了开了，开过就了”的思想，对会后的整改工作不够重视；五是思想政治工作和自身学习抓得不紧等作为“老生常谈”，每逢民主生活会都少不了做批评与自我批评，会后总要搞几条整改措施，但效果均不明显。

三、召开基层党组织民主生活会要注意的几个问题

（一）召开基层党组织民主生活会目的要明确

党内开展批评与自我批评的目的是围绕主题交流思想认识，总结经验教训，达到统一思想，增强班子团结，相互监督，共同提高的目的。开好民主生活会要杜绝出现跑题现象。造成跑题的一个重要原因就是议题范围不明确，或任意扩大、缩小议题范围。有的同志在发言中，把本单位问题扩大到单位以外，由于超越了本单位权限，解决不了问题，批评与自我批评只能是空洞的，甚至变成了发泄牢骚与不满，影响了会议开展批评与自我批评的积极性，同时不能引导大家重视本单位的问题。

（二）统一思想认识、勇于看到自身不足

要开好民主生活会，就必须解决好统一思想认识的问题。要使每一个领导干部都能认识到：客观地对待自己，勇于开展自我批评，是个人政治上成熟的表现。统一了认识，大家就能胸怀大局，就能从讲政治的高度考虑问题，达到心底无私的境界，做到真诚地解剖自己和帮助批评别人，勇于同各种不良现象做斗争。

（三）重视平时交心，敢于开展相互批评

习近平指出，批评和自我批评是一剂良药，是对同志、对自己的真正爱护。民主生活会中的批评，应该是出于公心，对同事间的功过是非，长处短处，要做出客观公正的评价。批评与自我批评要虚实并举，深刻剖析作风不正、工作不实、行为不廉等问题，分析研究加强作风建设、反对“四风”的改进措施。此外，还要注意批评方式方法，既要坚持党性原则，严肃认真，又要和风细雨，动之以情，晓之以理；既要坦诚地指出同志间的缺点错误，又要帮助分析产生问题的症结所在，提出建设性意见。这样，才能让同志接受批评，达到“团结—批评—团结”的目的。

（四）防止应付差事，查摆问题避重就轻

领导班子成员要进行对照检查，把自己摆进去，既要认真查找问题，又要深刻剖析问题根源，提出具体的改进措施。领导班子成员都要进行深刻的批评和

自我批评，查找问题要具体，不避重就轻、不大而化之、不遮遮掩掩、不强调客观，不说流水账。要针对存在的问题，分析原因，吸取教训，提出具体的改进措施。相互批评要紧紧抓住贯彻执行党的基本路线和事业全局的重大问题，从团结的愿望出发，坚持实事求是，以理服人，不无中生有，不乱扣帽子，不闹无原则纠纷。相互批评要直截了当、直奔主题，帮助分析原因，提出改进的建议。

四、开好基层党组织民主生活会的有效途径

抓好“会前准备环节，会中过程管控，会后及时反馈”三个环节，是开好基层党组织民主生活会的有效途径。抓好以上三个关键环节，就能达到勤沟通、多补台，心往一处想、劲往一处使，共促进，同提高的目的。

一是抓好会前准备环节，为开好高质量的民主生活会做准备，这是开好会议的切入点。首先要把群众最关心的问题和领导班子存在的主要矛盾列为会议的主要议题。同时，议题要有针对性，应着重解决个人和班子的思想、组织、作风建设等方面的问题；其次，要认真学习贯彻党的十八大和十八届三中、四中全会精神，仔细研读《习近平总书记系列讲话读本》，深入学习党章和中央关于严格党内生活的有关规定，学习《中国共产党党员领导干部廉洁从政若干准则》《关于领导干部报告个人有关事项的规定》等文件，提高自身理论修养；三是广泛征求意见。要采取“面对面”“背靠背”等多种方式认真听取群众意见。重点听取职工群众对基层党组织领导班子及其成员在坚持原则、敢于担当、遵守党的纪律、深化作风建设等方面的意见和建议；四是深入开展谈心活动。党员领导干部要安排充足时间，逐一开展谈心活动，充分交换意见，真正把问题谈开、思想谈透，消除隔阂、增进了解，统一思想，形成共识。不搞会上“突袭”，进一步增进班子的团结与互信，有助于问题的解决，为开展批评和自我批评打下坚实的基础。五是认真撰写对照检查材料。特别是党员领导干部要按“三严三实”要求，对以“群众提、自己找、上级点、互相帮”的方法，查找出来的突出问题，自己动手，撰写对照检查材料。对照检查材料要开门见山、直奔主题，不谈成绩、只讲问题，并对产生问题的原因进行剖析，同时，制定今后的努力方向和改进措施。

二是注重会中过程管控，以达到“团结—批评—团结”的目的，这是开好会议的关键点。习近平指出，批评和自我批评是解决党内矛盾的有力武器。全党同志要大胆使用、经常使用这个武器，使之越用越灵、越用越有效。为此，基层党组织领导班子要以树立标杆、向我看齐的态度带头检查自己，带头开展批评与自我批评。要注意方式方法，既出于公心、实事求是，态度诚恳、与人为善，又坚持原则、敢于较真，红脸出汗，达到“团结—批评—团结”的目的。领导班子的每名成员都要进行深刻的自我批评。要明确摆出执行民主集中制、遵守党的纪律和中央八项规定精神、坚守责任、敢于担当等方面存在的问题，明确回应群众意

见和上级点明的问题，深刻剖析问题根源，提出具体的改进措施。同时，领导班子成员还要开展诚恳的相互批评。要从党性强不强、工作实不实、要求严不严等方面指出对方的问题和不足，帮助分析原因，提出整改建议。

三是注重会后及时反馈，提出整改方案和措施，并限时整改，这是开好会议的落脚点。会后，各基层党组织要由一把手负责，亲自抓落实，及时反馈，针对查找出来的问题，逐个进行研究，明确整改重点，有针对性地提出整改方案和措施，逐一落实，限时整改，对需要整改的项目，建立相应的台账，完成一个销号一个。不断增强基层党组织成员自我净化、自我完善、自我革新、自我提高的能力和掏心见胆、并肩奋斗的真正团结，达到心往一处想、劲往一处使，大事讲原则、小事讲风格，勤沟通、多补台，共同为促进公司健康持续发展做贡献。

多措并举，为离退休人员提供优质服务

◆ 哈尔滨石化　冯　伟

由于企业离退休管理服务工作具有极强的政策属性，且工作开展难度较高，工作中出现的问题会演变化为严重的社会问题，会对社会秩序的和谐构建与稳步发展起到破坏作用。因此，笔者在自身工作经验基础上对当前企业离退休人员管理服务现状进行了阐述，并针对离退休管理服务水平的提升方面提出了几点建议。

一、当前企业离退休人员管理服务现状分析

我国企业离退休人员服务管理虽取得了一定成效，但仍不容乐观，存在着各种各样的问题和不足，制约着我国企业离退休人员服务管理水平的提升。目前，我国企业离退休人员服务管理存在的问题和不足集中体现在以下几个方面：

（一）硬件设施不完善

现阶段，社会结构也呈现出老龄化发展的趋势，退休人员数量持续增长。然而离退休人员服务的硬件设施建设并不完善，远远满足不了当前退人员数量增长情况下的服务需求。部分企业并未建立专门的活动场所或服务设施并不完善，活动器材及设备较为了陈旧，限制了离退休人员管理服务效果的提升。

（二）离退休人员较为分散，管理服务难度高

近年来，城市改革及建设发展不断推进，商品房建设数量不断增加，部分离退休人员搬至其他区域生活，或远离工作单位而到子女所在城市居住。由于跨区域或跨城市服务与管理难度较高，因此企业针对离退休人员的管理服务难以正常开展，管理服务效果受到了影响。

（三）身体状况不佳，就医条件需要改善

企业离退休人员年龄多为六七十岁，其中不乏超过八十岁的高龄老人，因此离退休人员的整体身体状况不佳，存在着各种疾病问题。部分离退休人员因疾病等原因而未能过上憧憬的晚年生活。同时，企业医疗机构针对离退休人员所设置

的专用病房建设标准并不高，不仅数量较小且面积狭小，且医疗室的硬件设施并不完善，医疗设备更新速度慢，致使部分医疗救助需求难以得到及时满足。

（四）空巢老人数量增加，亲情关爱不足

现阶段，部分离退休人员中存在一定数量的独生子女家庭，且子女大多与离退休老人分开居住，或是子女在外地发展无暇照顾老人，致使部分离退休人员因行动不便等原因而降低了与外界的沟通，致使其倍感孤独，进而逐步出现心理自闭的情况，对离退休老人产生了一定的困扰，空巢老人极度渴望得到子女或他人的陪伴与关爱。

二、企业离退休人员服务管理高效开展的几点建议

上述问题的存在使离退休人员所憧憬的晚年生活化为泡影，也使之出现心理失衡，出现孤独和失落情绪。因此企业应做好以下几个方面的工作，以切实提高自身的离退休管理服务水平。

（一）加强管理服务机构的建立，提高管理服务人员的专业性

企业离退休人员在岗位上兢兢业业工作了一辈子，在企业及社会发展方面贡献了毕生的心力，贡献极大，因此，其退休后企业及社会应对其予以充分的尊重，为其提供优质的关爱及服务。企业应建立专门的离退休管理服务部门，并筛选出服务意识强、服务态度好、服务能力强且具备高效责任心的专业人员负责离退休人员的管理及服务工作，同时，企业还应加强管理服务工作机制的建立与完善，对所有工作人员的职责及义务进行明确，进而确保上级制定的政策及发布的指令可得到有效的贯彻与落实，确保离退休人员享受到应有的待遇，获得充分的尊重，感受到来自企业的关爱。

（二）加强离退休活动场地建设．完善医疗设施

企业应投入充足的资金确保老年活动中心的建设，结合当前离退休人员的实际需求合理进行活动场所的规划设计，完善基础设施，配备充足的设备，为离退休人员于此场所开展各类文化娱乐活动创造条件，比如，文化活动、绘画班、书法班、刺绣班等，使离退休人员退休后的文化生活更加丰富，使之可安度晚年。同时，企业应对医疗环境进行优化，完善医疗设施，及时进行先进医疗设备的引进提高病房建设标准，进而使离退休人员的疾病可得到及时有效的救治，使之远离疾病的困扰。

（三）定期开展离退休人员关爱活动

离退休管理服务人员应重视此项工作的开展，深刻认识到此工作对企业发展所起到的作用，进而不断进行管理服务品质的优化，以此为和谐社会的构建与发展奠定基础。企业离退休管理服务机构要定期组织对离退休人员的关爱活动，特别是那些子女不在身边、身体状况不佳、年龄偏大的人员，要多给予他们关爱和

照顾，使他们享受到如同子女般的陪伴和呵护，感受到企业带来的关爱，找到当初在岗时的美好回忆。例如，在重要节假日，企业领导组织离退休人员服务管理机构工作人员到离退休人员家中慰问，送上慰问品或慰问金，带去企业的祝福和组织的关爱，使他们孤独和失落感淡化，享受退休生活的美好。此外，定期组织离退休人员健康体检。离退休人员年岁较高，最关心的是自己的健康，企业每年组织健康体检，是福利的延续，更是关爱的延续。

（四）为老同志价值的继续发挥搭建平台

离退休干部虽然离开了工作岗位，但其对企业的发展仍较为关注，且部分离退休人员是企业曾经的技术骨干及管理者，掌握专业的技术及管理经验，因此企业在制定长远战略规划或调整市场战略等重大决策时，可以邀请离退休老同志参加讨论，让他们提出自己的意见和建议。也可以定期向离退休人员通报企业的经营状况，使他们始终“参与”企业的发展中，时刻与企业同呼吸、共命运，继续发挥余热。

企业离退休人员都是了不起的前辈，他们为企业的发展做出过重要贡献。企业一定要高度重视这项工作，明确机构、完善制度、加大资金投入，明确服务内容，多措并举优化管理服务内容，竭尽全力为离退休人员提供最优质的服务。

如何做好国企退休人员社会化管理“两继续”工作

◆ 庆阳石化　张　毅　沈建玲

一、企业退休人员社会化管理实施背景

企业退休人员社会化管理，是指企业职工办理退休手续后，其管理服务工作与原企业相分离，社保关系、党组织关系和人事档案实行属地集中管理，管理服务工作交由城市街道和社区统一提供的管理模式，也称为“五移交”。

2015年8月以来，随着中共中央、国务院《关于深化国有企业改革的指导意见》出台及相关配套文件的陆续出炉，国企改革“1+ N”政策体系全面建成，党和国家深化国有企业改革工作把剥离企业办社会职能和解决历史遗留问题摆上了重要议程。中央、国务院、中办、国办、财政部、国资委针对退休人员社会化管理相继出台政策方案，指导性、操作性不断增强、逐步细化，时点明确，任务清晰，分工具体。

中国石油集团公司适时成立专项工作领导小组，配强领导机构，印发指导意见，按先试点、后推广的思路，倒排工作节点，明确了“五移交”“一规范”“三保障”“两继续”工作任务，落实组织保障，强力推进企业退休人员社会化管理，截至2020年11月份退休人员社会化管理工作已进入收官阶段。

实行企业退休人员社会化管理，是深化国有企业改革的需要，是提升退休人员保障服务水平的需要，是强化公共服务保障均等化的需要。一方面有利于国有企业成为真正市场主体，公平参与市场竞争，另一方面也有利于促进国家公共服务体系的不断健全、完善。

二、企业退休人员社会化管理可能伴随的问题及成因分析

改革是大势所趋，但有改革就伴随杂音，有改革就伴随阵痛。“五移交”的顺

利实施，使国有企业能够轻装上阵，有效参与市场竞争，也有利于消除退休人员服务保障水平受企业经营起伏的影响。但运行多年的管理服务模式变化，使退休员工感觉自己与贡献终身、赖以生存的企业断了联系，因企业而生的安全感、获得感减弱，从心理上觉得企业的发展不需要他们了，企业不管他们了，把他们抛弃了，从而产生巨大心理落差，或者滋生不良情绪、心生牢骚、怨言甚或过激言论。这些退休退养职工种种复杂的心理活动，如果不及时疏导、放任发展到一定程度势必影响个人身心健康、家庭幸福和谐，也很大程度上影响企业或所在工矿区的安定团结。

造成上述情形的主要原因：

一是部分国有企业现有的医疗保险、健康体检、救助帮扶、节庆慰问等福利待遇可能优于社会上其他企业，退休退养员工担心社会化以后失去这些待遇。

二是退休退养员工基于惯性思维，担心社会化以后变成“交而不管”“或两不管”，有事难办，有困难找不到组织等，从而对未来的养老生活产生担忧、恐惧。

三是退休退养职工失去归属感，感觉自己于企业成了外人，产生没有机会再发光发热，没有资格再建言献策，没有条件再享用企业活动场所等顾虑，从而心生巨大落差，产生负面情绪。

四是政策宣讲不深不透，或者部分退休退养员工没有完全领会政策，道听途说或想当然地误解政策，产生不愿被移交的对抗心理，久而久之心生怨愤，影响到企业的生产经营和企业大后方的安定和谐。

三、做好“两继续”解决社会化管理伴随问题的基本路径

对标世界一流企业，大部分国有企业长期以来背负着沉重的历史包袱，肩负政治责任、社会责任、经济责任，大而不强，普遍缺乏市场竞争力。基于全球经济形势，以增强竞争力、创新力为核心的国企改革方案密集出台，彰显党和国家对作为国民经济支撑的国有企业发力改革的决心，落地势在必行。虽说改革会有阵痛，但不改革必将长痛。退休人员社会化管理是党中央、国务院谋划长远、推进改革的重要部署，是全面深化国有企业改革的重要内容，是保障和改善民生、创新社会治理的重要举措。改革的成败事关所在企业生产生活局面的稳定，事关当地政府、社区的和谐稳定，事关区域、集团乃至国家的安定团结。作为退休人员社会化管理的主要执行主体，企业离退休管理部门必须努力提高政治站位，充分认识改革的必要性和重要性，加强对上对下、对内对外的沟通协调，勇挑改革重任，集智聚力，以“继续做好关心关爱老同志工作，继续做好老同志作用发挥工作”为常态化抓手，不断探索、实践和丰富做好企业退休人员社会化管理过渡期相关工作的方法和路径。

（一）坚持以诚动人，提升服务自觉，为做好“两继续”积蓄思想动能

俗话说，心病还需心药医。付出诚心，方能换得真心。离退休老同志虽然从

工作岗位中退下来了，但他们已经习惯将过往工作生活过的企业当作情感寄托，不管人在哪里仍然心系企业发展，同时也需要被关心、爱护。面对因心理落差引起的焦虑，离退休管理部门服务人员更应立足问题成因，强化敬老爱老、助老为老的职业精神，以周到热情、暖心包容的服务态度，勤奋务实、细致高效的工作作风，和满腔真情实感、真心诚意换取他们的理解和支持，用对待家人般的温暖化解他们心理上的孤独、失落甚或委屈，让他们实实在在感受到自己为企业发展做出的贡献不会被遗忘，企业和同事们对他们的关心关爱不会减，感受到企业心系他们安危冷暖的初心不会变。

思想政治工作做起来，敬老爱老活动搞起来，心理隔阂、沟通障碍自然就消失了。需要离退休管理人员努力提升自觉自愿服务的意识，继续发挥好工会、老年协会等组织作用，做好春节、重阳活动组织及传统节日走访慰问和困难、疾病救助帮扶等工作，全心全意、诚心诚意关心关爱退休员工、打动退休员工，创造一切条件为有实际困难的老同志排忧解难，让“老同志”时时刻刻、事事处处感受到温情，体味到温暖，自愿拉近心与心之间的距离，确保企业和退休人员的感情纽带不因管理移交而中断，使退休人员放下包袱，远离负能量。总之，退休管理服务人员应当始终在政治上尊重关心老同志、生活上关怀照顾老同志，通过持续提升服务水平，丰富服务实践积蓄坚持“两继续”的强大思想动能，形成良性循环。

（二）坚持以理服人，提升政策水平，为做好“两继续”扫清思想坚冰

社会化管理给离退休人员带来的最大感受可能就是失去依靠、加剧孤独。由于缺少倾诉对象，情绪、困难、委屈、矛盾、压力、不解、困惑等情绪缺乏倾诉出口，离退休人中极易形成思想坚冰或怨愤。讲理要业务熟练，吃透相关政策、法规、制度、文件，这就要求退休管理人员要埋头苦学，早学一步，深学一些，把政策摸清吃透，了然于胸。不断加强政策学习，提升政策水平，强化政策宣传。同时要讲究方式方法，要有耐心，实现有效沟通。工作中充分发挥各级党组织作用，结合个体实际，把握他们的心理需求，从最迫切、最棘手、最集中的问题入手，通过合理渠道、适当方式、有效办法，面向退休职工进行广泛宣传动员和多轮次政策解释，特别是针对退休职工高度关注的共性问题，有针对性地、尽可能专业、权威性地进行答疑解惑，消除他们的思想顾虑。努力营造浓厚学习氛围，结合实际加强政策宣传和舆论引导，引导退休职工深入学习、了解社会化管理政策出台的背景、适用的范围、包括的任务、实施的目标和节点，正确认识、领会社会化管理工作的总体内容，及其重要性、必要性，以及对于个人、企业及国家的重大意义。通过制作宣传册、召开宣讲会、培训政策宣讲员、群发微信、入户宣讲等灵活方式，使退休人员对社会化管理“一规范”“三保障”等核心政策内容入脑入心，使人人了解社会化管理后退休人员统筹外费用、补充医疗等合理待遇不降低（即原享受的补充医疗保险等相关待遇不变、合规的养老性统筹外补贴待遇不变、合规的非养老性统筹外补贴待遇不变），街道社区管理服务水平有保障，国有企业和退休人员的感情纽带不会断，彻底消除对抗防备心理。

通过党员大会、党员职工大会，广泛宣讲“三个保障”等政策的，深入细致做好思想政治工作，给退休人员吃下“定心丸”，最大限度消除他们的顾虑疑虑，最大范围获得退休人员对政策的理解、认同和支持，确保退休人员平心静气、心平气和、平平稳稳、心甘情愿授受移交地方管理。做到工作有效衔接、政策精准对接，努力提高企业退休人员移交后的归属感、获得感、幸福感，为推进“两继续”、营造良好氛围扫清退休人员的思想坚冰。

（三）坚持以情暖人，提升保障水平，为做好“两继续”赢得理解支持

离退休管理人员一定要提高站位，从视角、胸怀、格局上自我改造，自我提高，在思想认识、沟通交流上下功夫，锤炼服务保障和解决问题的实际本领，提升保障能力和水平。以情暖人，首先要赢得对方的信任。而获得信任的有效途径，其一，要强化换位思考意识，充分尊重、理解退休人员，急人之难，解人之忧，切实提升保障水平，努力用行动打动退休人员、用真情温暖退休人员，使退休人员增强团队归属感、幸福感，理解和支持社会化管理，自觉自愿进入角色，主动发挥积极作用。

其二，要增进与当地社区的沟通联系，以情感和文化为基础，联合运用尊重、激励、引导和启迪等方式，创新保障服务方式方法，创新建设企地同心、和谐共建的退管文化，联合走访空巢独居家庭，帮他们解决实际问题，赢得退休人员的理解支持。

其三，要强化共情心，始终把服务保障退休人员放在首要位置，与他们同悲同喜，做好解疑释惑，及时化解矛盾。在尊重中传递温暖，从聆听中体味关怀。针对老同志的不良情绪和精神负担，作为离退休职工管理中心人员，要扑下身子、动真感情，悉心聆听老同志们谈困难、说委屈、摆问题、诉衷肠、讲矛盾，给予真心安慰，大家就像家里人一样互通有无，这样本来紧张严肃的氛围没有了，老同志冲动激动的情绪放缓了，牢骚的话语变成了心里话，针锋相对变成了水乳交融，最重要的是心里的疙瘩解开了，无处倾诉的心灵找到了安放的住所。

其四，文化引领，延展视角，宽广胸怀，放大格局。退休人员虽然退出了岗位，交给了社会，但其为企业贡献青春的事实不会变，对企业的关心关注热度不会减，以情暖人，通过微平台、公众号宣传等多种方式帮助和引导退休人员提高站位，理解、认同企业愿景、宗旨、定位，了解改革发展形势、目标、任务、责任，激发退休退养人员提出意见建议、参与建言献策的主动性，及继续发挥余热的积极性，养成文化自觉，推动企业高质量发展。

国有企业改革方案的出台，进一步表明国有企业改革进入了提速期、攻坚期，改革是大势所趋。退休人员社会化管理，既是为国有企业能够公平参与市场竞争创造条件，也是为了将企业退休人员管理等公共职能归位于政府，保障群众基本生活，促进公共服务均等化，让经济社会发展成果惠及所有退休人员。做好国有企业退休人员社会化管理“两继续”工作成为一个重要的课题，需要各级党委、企业、地方全体离退休管理人员进一步提高政治站位，增强做好“两个继续”的责任感、使命感、紧迫感，切实把思想认识统一到党中央、国务院决策部署上来，集智聚力，在“继续做好关心关爱老同志工作，继续做好老同志作用发挥工作”的深度上、宽度上花大力气，下真功夫，不断探索和丰富新方法，找寻新路径，搭建新平台，在老年文化事业上引领，在沟通渠道上改进，在维稳风险防控上深化，在困难帮扶上创新，坚决避免出现脱节、断档等现象，既保证改革措施落实落地，也保证对退休人员的保障关爱不减不退，使改革利好充分释放，实现平稳有序过渡。

西北销售公司退休人员社会化管理工作初探

◆ 西北销售　李传彪　王金生　杨宗林　左雪萍　吴芝玲　妥应杰

退休人员社会化管理工作实施以前，西北销售公司（以下简称公司）退休人员一直由公司进行管理并提供相应服务，他们有着深厚的“国企情结”，不仅与公司保持着密切联系，而且与公司之间形成了强烈的依附关系和依赖关系。国有企业退休人员实行社会化管理后，退休人员从“企业人”变为“社会人”，必然失去归属感、产生失落感，需要一个逐步调整、逐步适应的过程。因此，在移交工作推进过程中和三年过渡期期间乃至在今后一定时期内，我们认为公司还需要承担相应责任，付出必要的担当，所承担的责任和担当关系到深化企业改革的成败，为此，我们做了有益的探索，以期对高质量推进退休人员社会化管理工作，保持企业和社会稳定有所帮助。

一、移交过程中的主要做法

（一）深刻理解国有企业退休人员社会化管理工作的重大意义

认真组织学习党中央、国务院关于国有企业退休人员社会化管理工作有关政策规定和集团公司指导意见，以及全国国有企业退休人员社会化管理工作电视电话会议精神、集团公司视频会议的精神，学习甘肃省及涉及省市的推进方案和相关政策要求，进一步明确了任务、提高了认识、统一了思想。国有企业退休人员社会化管理工作是以习近平新时代中国特色社会主义思想为指导，全面贯彻党的十九大和十九届二中、三中、四中全会精神，全面深化国有企业改革，整合管理服务资源，创新管理服务方式，确保国有企业退休人员共享全面建成小康社会新成果的一项重大政治任务。第一，将国有企业退休人员移交镇（街道）和社区实行社会化管理，是深化国有企业改革的迫切需要。有利于减轻企业负担，有利于促进国有企业成为真正的市场主体，公平地参与市场竞争。第二，是提升保障服务水平的迫切需要。随着社会保障和公共服务体系的不断完善，退休人员移交社会化管理后，能够为他们提供长期、稳定、公平的保障服务，更好地实现退休人员老有所养、老有所医、老有所教、老有所学、老有所为、老有所乐，提升退休人员的归属感、获得感和幸福感。第三，是强化公共服务能力的迫切需要。顺应经济和社会发展要求，把企业对退休人员承担的公共管理职能归位于政府，归位于社会，是坚持政企分开、理顺政府与企业关系的必然要求，有利于完善公共服务体系、保障群众基本生活，促进基本公共服务均等化和社区治理体系建设，让经济社会发展成果更多更公平地惠及全体人民。

（二）加强组织领导，建立专班工作机制

成立由公司主要领导任组长的退休人员社会化管理工作领导小组，建立主要领导牵头、分管领导负责、相关部门协同配合的工作机制，组建工作专班，明确工作任务目标，分解落实各自责任，同时建立专题联席会议工作制度和监督考核办法，保证各项工作有序铺开、扎实着地、密切协作、有效监督、事半功倍。

领导小组负责公司退休人员社会化管理移交工作的组织领导、协调部署、统筹安排。移交工作办公室，由人力资源部（党委组织部）、财务部、企管法规部、企业文化部（党委宣传部）、综合服务部（维稳办）组成，办公室设在综合服务部，负责各项决策部署的协调、执行、推进和落实。综合服务部（维稳办）负责牵头制订退休人员社会化管理工作方案并统筹做好推进工作，编制风险防控及维稳方案等工作，负责跟踪了解退休人员思想动态，界定退休人员社会化管理后企业的职责界面，指导各单位做好关心关爱走访慰问工作，同时，具体负责兰州地区退休人员社会化管理移交日常工作。财务部负责制定退休人员统筹外费用会计处理办法，指导各单位做好统筹外费用计提工作，审核、报批、划转相关资产，负责制定统筹外费用计提资金管理办法并指导运营，审核批复企业相关资产划转事宜。人力资源部负责制定退休人员统筹外费用分类处理办法，指导各单位做好统筹外费用分类处理、人事档案移交、党员组织关系接转、社保关系接转等工作。企业文化部负责指导各单位做好政策宣传、思想引导和舆情监控等工作。企管法规部负责公司移交工作方案、稳定风险评估方案和社会化管理移交工作维护稳定专项方案的审核及移交工作依法合规化审核工作。各单位是退休人员社会化管理工作的实施责任主体，在本单位党政领导下严格落实一岗双责，积极与地方政府沟通对接，建立移交清单，制订适合本单位的移交方案，并负责组织实施；制订风险防控预案，及时化解移交过程中出现的各类问题，保证本单位和谐稳定。

（三）明确公司在推进退休人员社会化管理工作整个过程中以及移交后所承担的责任和担当

责任明，则方向明，工作才能有的放矢。领导小组多次召开移交工作专题工作会，学习、讨论、推演、提高、部署，形成高度一致意见，明确了十二条责任：一是组织领导和政策指导责任；二是移交服务和具体工作责任；三是协调监督责任；四是对所属各分公司的移交工作负总责责任；四是做好退休人员的思想政治工作，实现平稳移交责任；五是维护好公司退休人员合法权益和严防国有资产流失责任；六是确保企业与退休人员的“感情纽带”不断的责任；七是落实好统筹外项目的发放工作责任，既要做到符合国家和省市文件政策规定和集团公司的相关要求，又要做到及时准确、按时发放；八是要结合实际，加强与街道和社区的协调沟通，继续关心关爱退休人员的责任，主动协助退休人员到社区办理事务，协助社区做好管理服务工作，在退休人员和社区之间发挥桥梁作用；九是走访慰问责任，采取多种方式使退休人员能够了解企业改革发展情况，积极建言献策、发挥余热；十是落实退休人员的补充医疗保险责任，确保移交后退休人员继续享受，且标准和服务水平不降低；十一是要确保符合相关要求的待遇得到保质保量落实责任；十二是继续负责处理退休人员与企业的利益纠纷及相关信访等事项责任。

（四）积极发挥工作方案指导作用和计划性，扎实推进各项工作

按照“整体移交，区别对待”原则，编制印发《西北销售分公司退休人员社会化管理移交工作方案》，明确工作目标、工作要求、组织机构、工作职责和工作流程等，对人事档案移交、党员组织关系移交、社会保障管理移交、专用活动场所移交、管理服务职能移交等五大工作任务进行了具体明确。要求做到“五个妥善”，即妥善处理统筹外费用，妥善确定移交地，妥善做好管理服务衔接，妥善衔接党建工作，妥善做好走访慰问和困难帮扶。对移交工作进度做出明确规划，分四个阶段进行：一是前期准备、沟通对接阶段（2020 年 4 月前）；二是编制方案、签订协议阶段（2020 年 6 月前）；三是政策宣贯、组织实施阶段（2020 年 10 月底前）；四是收尾总结、验收考核阶段（2020 年 11 月底前）。制定了各阶段的分项工作目标，提出 30 多项具体工作措施。全面建立倒排工期、挂图作战、环环紧扣、分步推进工作模式，为开展退休人员信息摸底、档案整理、资产清查等各项工作提供规范性、计划性、目标性指导，为全面完成移交工作奠定坚实基础。

（五）严格落实要求，全面清理规范

按照集团公司《关于开展退休人员统筹外项目专项整改工作的通知》及其补充通知的要求，人力资源部、财务部、综合服务部等部门，对 2007 年以后退休人员统筹外费用发放情况进行了全面摸底排查和妥善整顿清理，其中国家和地方政府有明确规定的项目，继续保留；集团公司发放项目严格按照规定执行；企业发放项目封定标准，按照医疗、健康、取暖以及走访慰问等类别进行了归并整合。同时，结合清理整顿情况制定《西北销售分公司过渡年金实施办法》，修订完善《西北销售分公司企业年金实施办法》，以制度形式固定下来。

（六）积极沟通对接，扎实开展基础工作

一是主动加强与各省区党委政府和社区街道办事机构对接，获取甘肃、陕西等 7 个省区推进实施方案，根据相关省区地方政府政策和工作要求，细化公司工作方案，确保按时保质完成阶段性工作。二是考虑到兰州、宝鸡地区涉及人员多、情况复杂，先后多次主动拜访当地国资委、市区两级政府和街道社区，实事求是反映公司实际情况，积极争取政府相关政策支持。三是按照集团公司统一安排，组织各基层单位与集团公司各地区企业协调组组长单位沟通协调，完成《国有企业退休人员基本信息表》《国有企业退休人员社会化管理移交花名册》等“三表四册”的梳理、填制、核对工作。在国庆、中秋“双节”前，针对移交工作，按照公司党委的工作部署，对公司系统 1187 名退休老同志进行了走访慰问，同时送去了公司党委给广大退休老同志的一封信，信中高度肯定了老同志为石油工业和公司发展所做出的积极贡献，再次告知了移交情况，包括社会保障待遇由地方社保机构按时足额发放、党员组织关系转移的具体社区党组织、人事档案移交后集中管理的具体单位、管理服务职能移交的社区。

（七）正面宣传引导，做到“两个稳定”

一是深刻认识退休人员社会化管理工作的复杂性，始终保持退休人员管理服务工作人员队伍稳定，通过政策宣贯、专题培训等方式，教育引导工作人员从思想上高度重视、正确认识，行动上积极、主动投入。二是加强退休人员思想引导工作，积极开展政策解读、谈心交流等工作，营造形成广大退休人员理解改革、拥护改革、支持改革、参与改革的良好氛围。三是充分发挥离退休老党员桥梁纽带作用，以离退休职工党支部为平台，组织老党员学文件、学政策，并利用老党员的影响力和宣传力，通过微信群等积极宣传政策、发布动态信息、收集意见建议，赢得广大离退休人员的理解和支持，较好实现了管理服务队伍和重点群体“两个稳定”。

二、移交过程中重难点问题的解决

（一）移交方式和移交地点的确定成为移交工作最大难点

虽然从省到区各级政府的方案明确的原则是“整体移交，属地管理”，但在实际操作过程中，街道和社区坚持按常年居住地接受或户口所在地单一方式接收，使寄居在子女家生活或户口与居住地不一致的退休人员的交接成了跨不过的一道坎，尤其在兰州、宝鸡两地区表现更为突出。公司和政府多次座谈沟通，高度强调无论哪种情况，退休人员的社会保险都在企业所在地这一现实，为了确保退休人员的社保不受影响，坚持按社保地集中移交，希望政府充分考虑退休人员集中移交的意愿，克服困难，来化解这一突出问题。经过不懈努力，在兰州地区实现了集中移交和整体移交，在宝鸡地区也实现了最大限度的整体移交，为后续服务的顺畅奠定了较好的基础，较好地避免了因各地政策不一致造成退休人员移交地出现多重选择或“挂空”的现象。

（二）有偿解除劳动关系人员党组织关系转移问题成了重点

2000年至2001年期间，公司部分员工与公司有偿解除劳动合同。2016年，根据相关文件要求，经公司党委研究，并报请省委组织部同意，将有偿解除劳动关系党员分别归属到公司综合服务部党委和分公司党委管理，这部分党员人事档案及人员管理等已实现社会化管理，但组织关系未办理转移。公司紧紧抓住本次社会化管理移交的契机和窗口期，在和区委组织部充分沟通的同时，积极向省委组织部、市委组织部反映情况，得到两级组织部的支持，最终解决了有偿解除劳动关系人员党组织关系转移的问题，将30名有偿解除劳动关系未转退党员的组织关系连同买断转退人员一并移交社区管理。

（三）解决退休人员的抵触成为必须逾越的鸿沟

社会化管理移交工作启动之初，90%的退休职工是不理解、不愿意离开公司的，最大的担心是既得利益受损失。为打消退休职工顾虑，公司没有急于求成，短兵相接，而是积极调动离退休职工党支部的宣传影响作用，各支部委员先学一步，思想通了，在支部推开，党员思想通了，再带动周围的群众，慢慢吃透了移交工作的真实情况，心里踏实起来。辅以集中宣传，一对一电话、微信对接，进家入户，重点攻克的方法，让移交政策逐渐深入人心。公司通过召开座谈会、走访慰问，向退休人员明确答复统筹外费用不会因为移交而有丝毫变化，此前的历史遗留问题，公司继续负责，妥善解决好。道理讲明白了，退休人员心里有了底，对移交工作也从抵触转变为接受，主动配合做好信息整理填制工作，保证了移交工作的顺利推进，确保了公司和社会稳定。

三、移交后的主要工作

移交后，必须积极实施精准服务，为公司打赢市场营销战和高质量发展提供稳定环境。

退休人员实行社会化管理，给离退休人员服务工作提出了新的更高的要求，同时，一定程度上对公司的稳定运行也提出了新的考验。面对新的形势，要求离退休服务管理工作必须进一步解放思想、转变观念、提升工作能力，增强为公司分忧、为退休人员造福、为市场营销提供稳定环境的责任感和使命感，以高度的负责精神，积极推进“精准化”服务，善始善终做好移交后“补位”工作，不断提升退休人员的满足感、幸福感、获得感。主要做到以下四个到位：一是巩固退休人员统筹外项目清理规范的成果，明确保障措施，确保退休人员的统筹外项目按照相关规定，足额、及时、无差错、无拖延发放到位。二是积极开展相应活动，为退休人员尽快融入社区生活提供帮助，将“国企情结”转变为“社区情怀”。通过自己举办、和社区联办活动，丰富退休人员的生活，为退休人员提供与社区交流沟通的平台，来增加退休人员的获得感，以缓解退休人员的不适应，尽快实现“企业人”向“社会人”的蜕变。三是进一步加强同社区的联系，构建融洽企地关系，与社区建立联系机制，包括定时走访、召开座谈会、开展联谊活动等，增进企地感情，获得社区支持，在退休人员和社区之间架起沟通桥梁，增加正向反馈，增进双方的配合，形成融洽的管理与被管理、服务与被服务氛围，削减因社区服务跟不上造成退休人员到公司反映问题而产生的不良影响，以强化公司的稳定环境。必须多措并举，将不稳定因素控制在萌芽状态。

国有企业退休人员社会化管理工作的研究和探讨

◆ 辽宁销售　张　暕

随着我国社会人口老龄化比例不断增加，老龄化进程加快，国有企业退休人员与日俱增，退休人员的服务管理工作给企业造成的压力越来越大，既要完成繁重的生产经营创效任务，保障职工生活，支持地方建设，还要组织退休职工开展各项活动、保障落实各项待遇等日常服务管理工作，企业承担了不少企业以外的社会职能。为此，国家推动实施的国有企业退休人员社会化管理工作无疑成为加快剥离国有企业办社会职能、解决历史遗留问题和减轻企业负担的一剂良方和有效途径。本文将通过退休人员社会化管理移交试点单位工作实践，对国有企业在退休人员社会化管理移交过程中存在的主要问题和解决对策进行研究和探讨。

一、国有企业退休人员实行社会化管理的重要意义

（一）国有企业退休人员社会化管理，是时代发展的必然要求

进入 21 世纪后，全球经济结构发生了巨大改变，人口老龄化逐渐成为国际性问题。我国现有人口约 14.2 亿，约占全球人口总数的 20%，而 60 岁以上的人口达到 2.4 亿，占我国人口总数的 17% 左右，人口老龄化和养老问题给我国经济社会的可持续发展带来了深远影响，提出了新的课题。面对我国不断增加的退休人员这一庞大群体，随之而来的管理服务等方面的问题日益凸显，由此可见，人口老龄化迫切需要我国政府实施相应的社会化管理服务，全面开展社会化管理服务是满足广大企业退休人员需要、顺应新时代经济社会发展的必然要求。

（二）国有企业退休人员社会化管理，是解决国有企业办社会、实现高质量发展的迫切需要和有效手段

老干部、老同志是党和国家、企业的宝贵财富，他们一辈子在企业工作，有

的甚至几代人都在同一企业工作，形成了“进了国企门，终身国企人”的思想，对企业怀有特殊感情。但是，国有企业作为国家经济的重要支柱和党的执政兴国的经济基础，一方面要实现生产经营的高质量发展，一方面要承担保障退休人员晚年生活质量等社会职能，企业要想始终在国内国外众多同类同业企业中保持持续竞争力，成为真正的市场主体，公平参与市场竞争，就必须轻装上阵，实行国有企业退休人员社会化管理成为解决国有企业办社会、实现高质量发展的迫切需要和有效手段。

（三）国有企业退休人员社会化管理，是完善社会保障体系、实现基本公共服务的有效途径

随着我国经济社会的快速发展，迫切要求建立与之相适应的、在企业保障体系之外的社会保障体系。企业在依法缴纳社会保险之后，不宜再承担管理社会保险对象的日常工作，政府与企业之间尽早实现政企分开、明确职责，让民生保障和公共服务职责归位于政府，是社会保障发展完善的一个必然选择，有助于推动基本公共服务的专业化、社会化和管理提升，真正实现退休人员老有所养、老有所医、老有所教、老有所学、老有所乐、老有所为。

二、国有企业退休人员社会化管理移交工作中的重点难点问题

辽宁销售公司作为集团公司退休人员社会化管理移交试点单位之一，已经全部按时完成移交工作，得到了集团公司领导的肯定。但是，在移交过程中，还存在一些难点和困惑。

（一）退休群体对企业始终怀有感情，对移交后管理存在疑虑

有 60 多年历史的辽宁销售公司，是集团销售板块中退休人数较多、历史遗留问题较多的老企业，老同志一代甚至几代人在企业中工作的不在少数，往往企业的效益好坏就是老同志一家人的晴雨表，他们对企业的管理制度了然于胸、各项待遇了如指掌，对企业依赖程度较高，形成一种家企情怀。由于上述原因，退休人员对企业组织管理退休后生活的方式早已形成习惯，从而对于社会化移交后的管理存在疑虑和担心。一是担心企业一交了之，和企业再无联系。二是对企业的情感、归属感再无纽带，从而产生失落感。三是担心社区人手不够、经费不足，难以承担起管理服务工作。四是担心出现个人资料遗失，造成损失。五是担心社区工作人员业务不熟，企地交接不清，办事时双方“踢皮球”，效率低下。

（二）接收单位人手不够，对移交来的退休群体服务管理力不从心

社区是此次国家实施的国有企业退休人员社会化管理工作的主体接收部门，全国国有企业退休人员人数众多，街道、社区工作人员管理的人数会比原来增长几倍、十几倍甚至几十倍，即便临时招聘工作人员也未必能立刻解决管理配比问题，出现了疲于应付、力不从心的局面。加之刚刚接手退休人员管理服务工作，

业务不熟，政策不清，极易造成管理服务工作头绪混乱，事倍功半，以至于退休人员来社区咨询办事时情绪激动，引发双方矛盾，萌发不稳定因素，社区管理人员力不从心，产生厌倦，管理服务效能下降。

（三）接收单位接收条件苛刻，移交标准要求过高

在办理退休职工党员党组织关系移交过程中，部分社区对接收党员的条件要求过高，甚至苛刻，造成移交困难，几经周折。以辽宁销售公司为例，共有34名“口袋”党员，办理过程中，大部分社区能够担负起职责，热情周到，主动服务，特事特办，顺利接收。但也出现过以下问题：一是有的要求按照现居住地或常住地移交，有的要求按户口所在地移交，标准不一，莫衷一是。二是要求必须本人报到，有的重病、高龄、行动不便以及在外阜或国外居住由于疫情原因难以亲自报到的党员意见很大，不愿配合。与社区商量由其家属代为报到、补交党费也一律不予接收。三是党费收取标准不一。党费有退休人员统一收取标准，有的社区能够充分考虑退休职工党员实际收入、家庭状况和身体情况适当减免、人性化收取，而有的社区不但不能按照标准收取，还要根据在什么单位退休就高不就低，造成相互攀比，心里不平衡，产生抵触情绪。四是接收社区要求企业和党员本人提供过多的超规格资料，并要求党员签订多项承诺，有的党员因资料不全到社区报到要往返三四次，既增加企业移交成本，又造成党员本人烦躁心理，人为设障，增加移交难度。

（四）管理上仍存在遗留问题

国有企业退休人员社会化管理整体移交后，由原来的管理服务“主角”变为“配角”，管理主体由企业变为街道社区，但是退休人员原来享受的、需要企业承担的社保统筹外发放项目继续由企业负担，退休人员在办理房产、继承、子女孙辈入学、就业、入党、参军等个人或家庭事务时所需要开具的各类证明和一些政策的释疑解读等仍需要企业人事、档案和离退休等管理部门配合查阅、协调疏导解决，这样一来，仍然存在管理上的移而未交。以辽宁销售大连分公司为例，大连市2017年推行退休人员社会化工作，是国家退休人员社会化工作先期试点单位之一，目前离退休人员1000余人，试点后的三年时间里，仅有一名工作人员负责离退休工作，既要负责统筹外费用发放工作，还要负责离休老干部服务管理、为退休人员解读政策、协调解决退休人员突如其来的具体事务、订阅《中国石油报》《金秋周刊》等日常工作，退休管理工作与社会化前无明显差别，没有达到企业减负的效果。

三、建议和思考

（一）加强宣传引导，积极消除疑虑顾虑

国有企业退休人员社会化管理是一项关系到企业和退休人员切身利益的国

策，需要各方的大力支持和配合。企业退休人员由企业管理到社会化管理需要自身的积极融入适应，也需要社会的积极宣传引导，共同推进社会化管理工作的完善和发展。通过在公共场所悬挂宣传标语，街道两旁设立宣传栏、文化长廊、文化墙等方式大力宣传社会化管理的意义和必要性，营造社会化管理的良好氛围；也可以利用纸媒和自媒体、微信群、QQ 群等新媒体通过发布社会化管理相关内容，使退休人员对社会化管理理念入心入脑，增强认同感；还可以通过重点走访、电话沟通慰问等多种形式消除退休人员疑虑顾虑。更要通过积极收集和发现退休人员的思想动态，有针对性地进行心理疏导，积极做好服务保障工作，缩短退休人员适应期，让他们感受到更多的关怀和温暖。

（二）进一步细化明确企地管理职责

退休人员从企业移交给地方管理，总体上分为三个职责，即：经济责任、管理责任和稳定责任。经济责任即国有企业退休人员除养老金统筹以外的相关费用发放项目，明确界定移交前由企业负责发放的统筹外费用在移交后继续由企业负担。管理责任包括档案、党组织关系、活动的组织和日常管理等，企业已由管理职责的“主角”变为“配角”。退休人员到街道社区办理相关业务，街道社区不能再有“以前的事我不管，我不了解不归我管”的思想，推三阻四，不担当、不作为，企业也要明确不是移交了就一推六二五，特别是过渡期内，该归企业负责的、只有企业出面才能完成的，必须由企业协调完成，不能互相踢皮球，两头堵。稳定责任是保障社会经济发展的基石，退休人员移交后，维稳责任自然应该由街道社区承担，过渡期内，企业应该辅助街道社区协调退休人员维稳工作，但过渡期后，包括经济责任、管理责任在内的各项职责要清晰，真正实现国有企业退休人员社会化管理，各项管理职责上完全脱钩。

（三）让大数据充分融入退休人员管理工作

互联网大数据的运用使工作效率跨越式提升，许多事务都可以在线上完成。以辽宁销售公司为例，从 2016 年开始，就陆续建立了退管工作和离退休职工微信群、QQ 群、即时通群，以此为平台，发布工作通知、开展网络课堂、交流养生知识等都可以通过线上完成，特别是新冠肺炎疫情期间部署疫情防控、指导老同志防护更是发挥了极大作用。2017 年，辽宁销售公司根据集团公司要求建立了离退休人员信息库。2018 年，辽宁销售公司利用信息库大数据信息将离退休人员的采暖费、书报费等费用直接打到老同志卡中，结束了老同志多年来开发票跑腿报销的时代。党组织关系移交也由原来开具纸质介绍信变为线上移交，极大地减轻了老同志负担，大数据的应用已经成为服务我们日常学习工作生活的必然选择。办理退休的老同志不用再东跑西颠取表填表，企业利用大数据直接将各项信息移交到社保、医保、档案馆、社区等各项职能管理部门，完成移交后，老同志只需在家中下载 APP，扫描录入后便能完成上述一系列操作，既避免了老同志奔波往返，提高了管理效率，又是对新时代老同志“老有所学”的最好诠释。

（四）加大对退休人员社会化管理工作的投入

国有企业大多专设离退休管理部门，对离退休人员各项待遇落实、统筹外费用发放、各项活动组织开展等都有专项资金和相应制度保障，服务管理涉及离退休人员晚年生活的方方面面，退休人员对企业的感情深厚且具有强烈的归属感、荣誉感和幸福感。移交社会后，退休人员感到忧虑和担心的是街道社区由于管理的人员众多，无法全身心地拿出更多精力管理退休人员，担心“只收党费不活动”“组织活动走过场”现象。因此，政府一是要切实加大街道社区服务管理人员配比，增加有耐心、有责任心的专职人员把社区退休人员服务管理工作真正抓起来、管起来，企业也要在过渡期内积极配合协助社区做好宣传解释工作和服务管理工作。二是要合理有效利用服务管理资金。国有企业社会化管理移交街道社区后，退休人员服务管理费用是按照人头分配到各街道社区的，这部分资金要有监管，要专款专用，不以各种名义克扣挪用占用，把钱花在刀刃上，要把这部分资金真正用到退休人员身上，用在为退休人员管理服务上，让退休人员满意，让国家放心。

国有企业退休人员社会化管理是党中央、国务院深化国资国企改革的重要决策部署，是新时代经济社会发展赋予的重要使命和必然选择，意义重大，影响深远，我们要以此为契机，不忘初心，牢记使命，共同推进企业高质量发展和社会公共保障服务水平再上新台阶。

四川销售公司退休人员社会化管理工作的探索与实践

◆ 四川销售　刘志强　陈继光　朱宏杰　秦　彤　李　志　龙小卒

2020年以来，四川销售公司（以下简称公司）认真贯彻落实集团公司退休人员社会化管理工作决策部署和各项要求，切实提高政治站位，积极发挥主体责任，加强组织领导，全力克服新冠肺炎疫情影响，全力克服退休人员居住分散、涉及区县街道社区众多，协调工作量大、难度大等困难，以维护退休人员根本利益为出发点，上下协同齐抓共管，历时5个月，提前完成了退休人员社会化管理移交工作。

眉山、自贡、雅安、岷江、乐山、仓储、南充、内江分公司思想统一、认识明确、工作有力，率先完成实质性移交；成都、广安、德阳、资阳、凉山、甘孜、达州、攀枝花、遂宁分公司强化与驻地政府沟通对接，及时化解矛盾问题；巴中、绵阳、广元、宜宾、泸州分公司注重退休人员的思想引导，基础工作扎实；油料分公司全力协助配合西南油气田有关部门做好退休人员划转工作；后勤事业部坚持一盘棋思想，一方面抓好全省统筹协调工作，另一方面克服人手紧、任务重等困难，高效完成省公司机关退休人员移交。截至2020年9月30日，公司机关及各二级分公司提前两个月全面完成了退休人员社会化管理工作目标任务，退休人员的基本养老保险、基本医疗保险已纳入地方管理，无独立可分割的退休人员专用活动场所及相关资产，两项工作未涉及移交范围。公司推进退休人员社会化管理工作平稳有序，退休职工队伍保持了和谐稳定的良好局面。

一、抓重点，紧盯时间节点精准施策

（一）提前谋划工作，明确总体任务落实工作责任

公司领导班子高度重视退休人员社会化管理工作。2020年春节复工以后，

公司主管领导在第一时间组织专题研究，指定后勤管理中心（离退休管理中心）为公司退休人员社会化管理工作统筹协调和牵头部门，多次指示要提前做好公司退休人员社会化管理方案制定、进度安排等准备工作。在多方收集政策和深入学习领会国家、集团公司和地方相关文件精神的基础上，公司结合实际情况，集思广益，于 4 月中旬正式制定印发《推进企业退休人员社会化管理工作的指导意见》，组织召开退休人员社会化管理工作启动视频会，成立了由公司党委书记任组长、分管领导为副组长，机关相关职能部门主要负责同志为成员的退休人员社会化管理工作领导小组（以下简称“领导小组”），在牵头部门下设领导小组办公室，相关职能部门工作人员参与，按照职责分工，各司其职，负责退休人员社会化管理工作日常事务，公司所属 23 个二级公司均成立了相应工作机构和联络机制。公司领导小组主管领导靠前指挥，定期组织会议听取退休人员社会化管理工作进展情况，针对工作中存在的问题，及时研究制定下发会议纪要、指导意见、解决方案和阶段性重点工作通知，帮助二级公司及时解决实际困难。领导小组办公室建立了成员日碰头、二级公司每周上报工作进展情况、公司工作每半月通报进展情况和重要信息报送制度，健全了相应的工作机制，适时收集二级公司问题意见，及时向上级报送有关情况，保证上下沟通渠道畅通，共享信息资源。

（二）准确把握重点任务，制定有效工作方略

公司深入学习领会集团公司推进退休人员社会化管理工作 4 次会议和各类文件精神，准确掌握政策取向，严格执行工作原则，按时报送各类资料和统计报表，确保各项工作规范操作实施。与此同时加强与川渝地区企业协调组长和成员单位的沟通对接，及时向协调组汇报工作进展情况和存在问题，确保上级安排部署落实到位。在公司《推进企业退休人员社会化管理的指导意见》的基础上和工作实施过程中，领导小组办公室适时建立健全“1+N”工作方案（办法），形成了退休人员专用活动场所及设施设备移交方案、风险评估报告及专项维稳方案、舆情监控联动机制等工作方案（办法），便于二级公司在实际中操作实施，持续深入各项工作。退休人员社会化管理工作的重点任务和主要工作是“五移交一规范”。紧紧围绕此项重点工作，公司领导小组根据总体计划和第一至第三阶段时间进度安排，制定了“摸清底数，夯实基础工作，先易后难，成熟一批移交一批，坚持整体移交兼顾个性化诉求”的移交工作指导方针和各阶段重点工作任务。一是把制定“退休人员社会化管理指导意见”（实施方案）和成立组织机构，对退休人员调查摸底、信息采集、人事档案整理、组织关系整理规范和电子化处理作为第一阶段重点工作，把与驻地区县政府对接签订“整体划转框架协议”作为第二阶段重点工作，把与驻地街道社区对接签订“三移交划转协议”（含“三移交”兜底协议）和推动实质性移交工作作为第三阶段重点工作来抓，通过整合优化人力资源组成工作专班，稳扎稳打，层层递进，以点带面，平稳有序顺利完成了各个阶段重点工作，为循序渐进形成合力共同推进移交工作的全面完成起到了较好的促进作用。

二、解难点，坚持问题导向攻坚克难

（一）营造良好地企关系，争取政策支持

公司退休人员居住分散，移交涉及全省21个地市州驻地所属的238个县区、595个街道、1199个社区和部分省外地区。要有效开展工作必须得到地方各级政府部门的支持。两级公司主动与驻地各级政府部门和有关部门对接协调，在较短时间内掌握了政府部门有关国有企业退休人员社会化管理工作的分工和工作流程，收集到四川省及所属21个地市州国有企业退休人员社会化管理工作政策文件，印发3期共计200余份文件汇编，供两级公司领导小组和领导小组办公室领导、负责同志和工作人员使用，同时通过工作群转发地方大量政策资料，便于密切关注驻地政府相关配套政策制定和出台情况，认真研究，吃透政策，及时跟进，有的放矢。通过建立起的良好地企沟通协调机制，公司主动对接，积极反映汇报工作中存在问题和困难，相关工作得到了地方区县街道社区等各级政府有关部门的认真对待和研究解决，工作中的痛点难点问题迎刃而解。特别是在前期退休人员人事档案、党组织关系整理规范、查漏补缺及电子化处理，与驻地所在街道社区签订“三移交协议”“整体移交兜底协议”和后期实施实质性移交与整体兜底接收工作等方面，地方各级政府和有关部门急企业之所急，想企业之所想，主动出主意想办法，制定政策提供工作便利，为公司按期顺利完成移交任务起到了保驾护航的作用。

（二）全力以赴查漏补缺，夯实基础工作

在抓好退休人员信息采集的基础上，通过查询社保网上经办系统、全国党员管理信息系统、石油党建信息平台、人力资源管理系统，联系各区县档案馆、社保局等事业单位，全面清理退休人员的人事档案等资料，了解真实管理现状，对缺失的退休人员人事档案和党组织关系进行认真梳理，单独造册存放，对于缺失的证明材料建立台账，补写情况说明，填制清单，积极与政府部门协商解决办法，全力以赴查漏补缺，做到一人一档、人档一致，确保退休人员人事档案和党组织关系信息准确完备，为公司顺利完成“三移交”协议签订和全面推进实施实质性移交做好了充分准备工作。

（三）强化思想引导，确保可控运行

一是加强政策宣传，营造良好氛围。从多方面对退休人员开展政策宣导，结合国家、地方和集团公司《退休人员社会化管理工作宣传手册》以“致全体退休人员的一封家书”、召开老领导和退休活动小组负责人员座谈、召开党支部党员大会加强退休人员党建工作做深做细思想政治工作等形式做好宣传解释工作，给

老同志们讲清楚“退休人员社会化工作是一项政治任务，是落实中央部署，必须讲政治”的道理，解决好他们的认识问题。同时坚持把集团公司关于退休人员社会化管理工作中的“五移交”“一规范”“三保障”“两继续”等有关政策向退休人员宣传到位，对退休人员明确“三个定心丸”，准确解答退休人员种种疑问，及时回应退休人员关心担心的问题，打消顾虑，得到广大老同志对退休人员社会化管理这项工作的理解和支持。二是坚持底线思维，切实维护企业和社会稳定。在退休人员社会化管理工作推进中，对于涉及退休人员关心的敏感问题，原则上都当面予以回复或进行“一对一”宣讲，防止因微信等方式沟通被截取聊天记录上传网络而产生舆情隐患。加强推进退休人员社会化管理工作过程中的风险研判和预判，制订了风险防范预案，坚决防范和化解重大风险，对可能出现的各类情况和风险因素进行了提前研判，健全了退休人员社会化管理工作稳定风险评估和专项维稳预案，完善了可操作、可执行的防范化解控制风险的应对措施，做到了有苗头早发现、早做工作，有效防止出现群体性事件。公司在推进退休人员社会化管理工作过程中，没有出现因工作不到位而导致群体上访的发生，确保了移交工作平稳顺利推进。

三、树亮点，充分发挥典型示范作用

（一）适时召开片区座谈会推进工作

公司领导小组办公室根据总体工作进展情况，分别于6月9日至6月11日在乐山、遂宁、成都，8月31日至9月2日在绵阳、乐山、成都先后组织召开推进退休人员社会化管理工作片区座谈会，公司领导小组负责人出席会议并组织学习传达集团公司有关会议精神，公司机关有关职能部门及所属23个二级公司领导小组（办公室）负责同志和相关工作人员共计120余人次参加会议。安排工作进展情况较好的单位做交流发言，滞后单位汇报存在的问题，机关职能部门宣讲政策答疑解惑等方式达到了解情况、分享经验、解决问题、统一思想、推进工作的目的，同时通过典型示范，为公司在攻坚阶段突击阶段性主要工作目标发挥了有力的促进作用。

（二）因地制宜强化分类督导

公司建立了奖惩激励机制，明确把退休人员社会化管理工作纳入对二级公司的年度绩效考核。领导小组办公室对移交任务量大、工作进度缓慢、工作质量不高的重点地区、重点单位通过实地调研面对面交流、电话沟通、进展排名通报等多种方式，强化督促检查指导。特别是在8月底对未签订“整体移交框架协议”，对9月底未签订“三移交协议”，总体实施进度尚未达到公司平均进度排名靠后的二级公司进行了分片包干，每周电话约谈督办，了解掌握他们工作的真实情况和存在的问题和困难，根据阶段性重点工作内容帮助梳理工作思路，帮助指导制定行之有效的工作措施。通过以上举措，滞后单位工作进度明显好转，跟上了总体进度，确保了公司退休人员社会化管理工作全面均衡推进。

（三）积极稳妥处理统筹外费用

按照新人新办法、老人老办法、统筹兼顾、逐步消化的原则，根据集团公司有关要求对公司退休人员统筹外项目进行了自查和专项清理规范，通过履行民主程序上报集团公司有关部门审核同意后及时下发文件，并召开专题视频会进行政策解读和业务培训，同时采取多种形式向退休人员做好政策解释工作。公司经过整改清理后的退休人员统筹外费用项目有36项，维护了老同志利益，确保实施社会化管理后退休人员待遇水平不降低。

今后一个时期，在全面完成退休人员人事档案、党员组织关系、管理服务职能等移交，做好收尾和总结工作的基础上，公司将积极协助街道和社区做好退休人员二次划转等方面工作，避免出现脱节、断档等现象，真正实现平稳有序过渡。同时通过建立健全常态化的工作机制，重新梳理界定和规范企业相应的职责和内容，按照集团公司“三保障”“两继续”有关要求，继续关心关爱退休人员，保障退休人员合法权益，努力提高企业退休人员移交后的归属感、获得感、幸福感，共享全面建成小康社会新成果。

信息化、精准化、规范化在平稳有序推进退休人员社会化管理工作中的作用

◆ 内蒙古销售　郝明勇

退休人员社会化移交工作是深化国企改革，减轻企业经营负担，做强做优国有企业的迫切要求，是国家立足当前、着眼未来的长期工程，也是企业和政府共同履行的一项社会责任，通过实施社会化管理进一步完善社会保障体系建设，更好地实现退休人员基本权益，而通过信息化、精准化、规范化管理来有序推进退休人员社会化管理具有重要的现实意义和实践价值。

一、退休人员社会化管理目前存在的问题

第一，退休人员社会化管理工作的相关管理制度还需进一步健全和完善，保障组织推进落实的措施还需加强。

第二，政策宣传工作滞后，退休人员对政策认识不够，信息化建设程度需提升。

第三，移交工作流程不顺畅，存在信息不精准，服务退休职工效率不高等情况，在与社区对接中形成了阻碍。

第四，服务精准化程度不高，对退休人员基本情况掌握不全面不透彻，导致服务精细化程度不高。

二、如何使信息化、精准化和规范化在平稳推进退休人员社会化管理工作中发挥最大的作用

（一）信息化是平稳推进退休人员社会化管理的重要手段

第一，借助信息化手段，加强政策宣传工作，发挥好思想引导和政策宣传阵地作用，维护企业稳定大局。要在日常管理工作中注意收集退休人员微信，建

立起包括所有退休人员在内的基础工作群，通过在退休人员群中推送社会化移交工作的文件和通知，加强政策宣传和沟通交流，解答疑问，掌握退休人员思想动态，提前化解潜在风险，做好风险防控工作。通过信息化宣传手段，能在最短时间内最大限度覆盖全体退休人员。做好信息化宣传工作的目的，就是将稳定作为压倒一切的大局，把风险防控想在前，把思想工作做在先，确保政策宣传到位，沟通协调到位，基础夯实到位，工作保障到位，维护稳定到位。

第二，信息采集工作信息化，提高采集效率，方便退休人员，发挥好信息化基础性保障作用。在退休人员微信群中推送信息采集相关链接，通过微信扫码和问卷形式采集退休人员基础信息，解决退休职工体量较大，居住分散，信息采集难度大的问题，通过信息化采集，在保障信息采集推进快、零误差的前提下，既方便职工少跑腿，又可减少人员聚集有效防范疫情，可以对退休人员基本信息、家庭成员信息、户籍所在地、现居住地址、党员组织关系接收地等基本信息进行全面采集，采集后的信息与单位已掌握的信息进行比对，确保准确性，信息化手段可使信息采集效率和准确率大大提高，进一步减少时间和人力的消耗。

第三，形成与社区和辖区退休中心的信息化沟通机制，确保及时有效掌握社会化管理后退休人员的生存状况，帮助企业规范统筹外资金发放，形成信息反馈和合作管理机制，避免退休人员移交后，脱离企业，企业无法准确掌握生存信息，造成统筹外资金多发、错发等不安全问题。

（二）精准化是平稳推进退休人员社会化管理的基础和前提

第一，信息精准化，实现与社区的顺畅无缝对接。由于石油企业形成年代较长，退休职工体量较大且居住分散，加大了信息采集的难度，实现信息化的同时要实现精准化。精准化就要对信息进行整理、比对，查漏补缺，并将居住地址细化到每个社区，与社区一一核对，做到人员移交无遗漏、基础数据零误差，确保移交社区的信息和单位掌握信息一致，有助于社区更好地利用精准化信息做好服务工作。

第二，服务精准化，做好企业应尽职责，更好实现退休人员与企业的感情纽带不断，为企业贡献余热。工作中坚持“精、细、准”的原则，“细”就是对待退休职工的工作没有大小之分，要认真对待，有始有终；“精”就是退休人员信息要精确掌握、各种职工诉求精心解决；“准”就是政策的适用和执行要领会到位，全面掌握，职工的疑问要统一口径，准确解答。做好统筹外资金的发放、补充医疗保险等企业管理范围内的服务工作，实现平稳过渡。

（三）规范化是平稳推进退休人员社会化管理的基本要求

第一，形成主要领导负责、主管部牵头，相关部门分工负责的工作标准化制度，强化组织领导保落实。建立工作领导小组，做到责任明确，落实到人，并将退休人员社会化移交工作纳入企业改革任务进行管理，在认真解读、吃透拿准政策的基础上，理顺工作流程，形成在思想上高度重视、行动上积极协调、措施上周密安排、工作上强力推进的工作格局，有效推进社会化管理工作。

第二，加强退休人员档案规范化建设，实现规范移交，为后续各项工作开展打基础。退休人员档案移交涉及规范较严格，要按照中组部的相关标准，对档案进行全面规范整理和数字化加工，收集和完善档案材料，特别是退休人员待遇审批材料、奖励材料，入党资料、参加工作时间材料等，在档案标准高，信息资料全面的情况下，确保符合地方政府移交要求，提高移交对接效率。同时，档案数字化加工后，可作为企业留存资料，方便今后信息的查询和利用。

第三，相关配套制度规范化，提升社会化管理质量和效果。退休人员社会化移交工作是企业、社区和退休人员相互配合共同推进的一项工作，作为企业更应强化自身建设，一是建立专人负责的工作机制，加强工作人员素养提升，做到清底数、懂政策、善服务。二是强化督导问责。将“事项落实到点、时间落实到天、责任落实到人”，通过建立领导班子例会报告制度、月通报制度，实现动态管控、统筹推进，形成自上而下的跟踪督导制度，强化问责问效，为社会化移交工作提供坚实的组织保障。

第四，社会化管理交接材料标准化存档，有效规范潜在风险。退休人员社会化移交工作涉及的政策性强，人员范围广，交接材料多，按照“五移交”“一规范”要求，做好移交工作后，大量的纸质移交材料需进一步进行分类整理装订，要建立退休人员移交材料标准化档案，对与地方政府和社区签订的移交协议、移交人员名册、移交档案和党员名册进行留存归档，归档后的资料作为历史材料永久保存，防范今后交接过程中的纠纷，并杜绝推诿扯皮现象，以备后期有据可查。

退休人员社会化管理工作是推进企业改革迈出的第一步，真正实现社会化管理任重而道远，需要社区、企业和退休人员共同配合向前推进，通过加强信息化、精准化和规范化和制度化建设，稳步推进退休人员社会化管理工作，让企业退休职工真正融入社区，参与社区管理和服务。今后的工作中要进一步探索信息反馈、走访慰问等工作机制，做好退休人员统筹外资金的发放和管理，加强对退休人员的人文关怀，做到政治上关心、生活上关怀、感情上贴近，确保老同志与企业感情纽带不断，继续为企业发展贡献力量发挥余热，最大限度释放企业发展活力和竞争力。

国有企业推进退休人员社会化管理工作的探索与实践

◆ 内蒙古销售 刘雅杰

国有企业退休人员社会化管理，是全面深化国有企业改革的必然要求、是提升社会治理能力的重要举措、也是适应老龄化社会、提高退休人员管理服务水平的客观需要。推进落实好此项工作，是国有企业贯彻落实党中央国务院的部署安排，是一项必须完成的政治任务，更是推进国有企业的持续发展、提高国有企业退休人员待遇的重要举措。

一、国有企业推进退休人员社会化管理工作的重大意义

国有企业退休人员社会化管理，是落实党中央、国务院深化国有企业改革重大决策部署的重要工作。自 2015 年开始，中共中央和国务院对深化国有企业改革进行一系列的决策部署，其中国有企业退休人员社会化工作作为其中重要部分多次进行安排要求。2015 年，中共中央、国务院印发《关于深化国有企业改革的指导意见》，明确要求“对国有企业退休人员实施社会化管理”；2016 年，《国务院关于印发加快剥离国有企业办社会职能和解决历史遗留问题工作方案的通知》，明确了退休人员社会化管理工作推进的时间、内容和基本政策；2017 年在上海等 5 个城市试点推行国有企业退休人员社会化管理工作；2019 年，中办、国办联合印发《关于国有企业退休人员社会化管理的指导意见》，习近平总书记亲自把关审定，全面阐述了推进国有企业退休人员社会化管理的指导思想、工作目标、任务和要求、政策措施和组织保障；国务院国有企业改革领导小组专门召开全国国有企业退休人员社会化管理工作电视电话会议进行全面部署。国有企业作为国家经济的重要承担者，必须坚决落实党中央、国务院的重要部署。

国有企业退休人员社会化管理，为国有企业公平参与市场竞争创造条件。国

有企业退休人员占比例较大，尤其对于成立较早的经历过20世纪90年代后期国有企业改革的老国企来说，退休人员占比更高、更复杂，甚至能达到30%~50%的比例。如截至10月底统计数据，中国石油集团公司需进行社会化约85万人，占全部员工的40%以上。同时经过长期发展，各国有企业退休人员管理机构和工作人员比较完善，如中国石油集团公司从事退休人员管理服务工作人员有6000多人，历史包袱重，为国有企业参与市场竞争带来压力。

国有企业退休人员社会化管理，为国有企业退休人员待遇提升、享受社会保障红利奠定基础。虽然目前绝大多数国有企业退休人员退休时社会保险、医疗保险已转到当地社保部门发放，但仍有部分国有企业部分人员因历史原因遗留在本单位发放。本次社会化管理后，国有企业退休人员所有社会保障均转到社会管理，确保各类保障待遇能够按时足额给付，退休员工更加有保障。同时，街道社区能够举全社会之力关注关爱退休人员晚年生活，用于退休人员服务的组织机构、设施设备更加完善，各类管理服务资源更加丰富，管理服务水平也比企业水平更高、更有保障，国有企业退休人员社会化管理，有利于维护退休人员长远利益。

二、国有企业推进退休人员社会化管理工作存在的问题

任何改革都不可能是一帆风顺的，都会存在阻力。国务院国资委副主任孟建民曾指出，“国有企业退休人员社会化管理工作是剥离企业办社会职能最难啃的硬骨头”。综合2020年退休人员社会化工作，推进国有企业社会化工作存在问题主要有以下几方面。

（一）从主观看，落实政策程度不同，给社会化工作增加难度

主要分为两个方面，一是国有企业方面。有的国有企业责任感不强，对政策的把握不准或不深入，未研究透彻；有的未主动开展工作，存在畏难情绪；有的故步自封，遇到问题未创新开展工作、解决问题。二是接收地方面。各地启动时间不一，支持工作程度不一。有的接收部门比较抵触、故意推诿拖延；有的设置障碍，国有企业难以达到要求；有的层层审批烦琐，影响移交进度。

（二）从客观看，人员情况复杂，给社会化工作增加难度

经历漫长的企业发展，退休人员退休时间不一、情况不一。一是结构复杂。如中国石油集团公司包括合同化、市场化、大集体、解除劳动合同等多类退休人员，增加社会化工作难度。二是分布复杂。退休人员分布广，高度分散，且退休人员原企业所在地、户籍地、常驻地、基本医疗保险、基本养老保险等五地不一致情况占比很大。三是思想复杂。对国家政策、国有企业政策理解和支持程度不一。有的退休人员因为感情不愿走、有的担心待遇降低有顾虑、有的不理解政策不配合，个别人员因个人原因坚决反对、甚至进行阻挠。

接收地区点多、政策不一，给社会化工作增加难度。退休人员移交地多样、

政策多样。一是负责部门不一。负责此项工作的部门不一，如有的是地方国资部门、有的是财政部门、有的是政府部门、有的是街道社区直接受理，移交档案和党组织关系还需要同各级档案管理部门及各级党委组织部门联系。二是接收政策不一。各地接收条件不一致，如移交地确定，有的按常住地、有的按户口所在地、有的按企业所在地确定移交地点，导致移交地多样，且工作中要求多样，如要求必须退休人员本人到社区报到方可接收，有的要求组织关系转接必须提供入党证明材料等。

三、国有企业如何推进退休人员社会化管理工作

保质保量完成国有企业退休人员社会化管理工作，顺利推进此项工作顺利进行，需要多方面共同努力，也需要解决重点问题。

（一）充分准备是前提保障

凡事预则立，不预则废。国有企业做好退休人员社会化工作，一要持续深入学习。学深学透中央、上级公司、地方政府各类政策，持续跟进学习各个指导意见、相关视频会、座谈会的精神，并在推进中学习，在学习中推进。二要提前摸清底数。提前对本单位管理的退休人员进行全面排查梳理，了解掌握全体退休人员信息，做到数量准、信息明、情况清，做好退休人员信息采集、人事档案整理、组织关系清理、活动场所资产盘点等基础工作；提前了解现有退休人员统筹外费用发放现状，为下一步准确界定社会化范围、确定移交地、明确统筹外费用发放、制定本单位移交方案做准备。三要带头协同进行。领导要带头，成立领导机构，明确责任分工，出面解决各类疑难问题；部门要协同，各负其责、相互配合，共同推进。

（二）加强沟通至关重要

完成退休人员社会化管理工作是政治任务，国有企业负主体责任，地方政府也负有重要责任。国有企业要加强与所在地省市级政府的沟通，及时掌握当地政策、了解工作进度及要求，多汇报、多沟通，难点问题在沟通后可能就迎刃而解。加强与接收地的沟通，准确提供退休人员实际情况，共同商讨解决个性化问题，加快移交进度。加强与其他国有企业沟通，信息共享、互通有无，借鉴先进经验做法。

（三）主动行动是关键

一是注重把握大局。坚持整体移交不动摇，国有企业要按照企业和地方政府的目标相同、方向一致的原则，同地方政府一道，落实好中央决策部署，争取一揽子解决。二是关注重点人群。充分发挥退休领导干部的影响力，特别是要充分发挥退休职工党支部和党员引领作用，及时掌握动态情况，坚持正面引导，营造理解改革、支持改革的良好氛围。三是注重解决关键问题。任何一个政策、方式

都不能完全解决各企业所遇到的所有问题，在推进国有企业退休人员社会化管理工作过程中，要积极主动解决存在的各类问题。要创新思维，结合实际，将各类政策灵活运用到解决各类问题的过程中。

（四）保持稳定是底线

稳定压倒一切，国有企业应从维护稳定大局出发，用足用好政策，把社会化方案做扎实，把措施落实落细，便于退休人员社会化工作顺利进行。一是确保退休人员队伍稳定。要加强与退休人员沟通，做好宣传解释工作，利用走访慰问、座谈会等形式宣传，讲清楚、说明白政策，消除退休人员担心顾虑和误解误会；要准确把握，妥善处理好退休人员待遇问题，取得退休人员的支持和配合，确保队伍稳定。二是确保退休人员管理服务队伍稳定。国有企业退休人员管理服务队伍是推进退休人员社会化工作的主力，要提前安排好后续工作和使用计划，保持退休管理服务队伍相对稳定，方能调动其更好地准确理解政策，更有效地推动工作。如退休管理服务人员本人愿意且地方街道同意接收的，企业可协助办理手续，如管理服务人员到街道协助服务管理的，企业要对工资差进行补助等。

四、下一步国有企业如何转变退休人员服务工作

国有企业实行退休人员社会化管理后，管理和服务职能转移到社会负责，退休人数剧减（个别地区会出现退休手续办理缓慢等导致国有企业仍有少量退休人员）。面对新形势，街道社区对移交到本地区的退休人员管理会马上步入正轨吗？国有企业的退休人员管理工作马上就会消失吗？对退休人员国有企业概不负责吗？这些都对传统的退休人员管理工作发出挑战。对退休人员的管理工作，国有企业如何才能与街道顺利衔接，可从以下几个方面进行。

一是实行“过渡期”管理。《中共中央办公厅、国务院办公厅印发〈关于国有企业退休人员社会化管理的指导意见〉的通知》中对分类处理统筹外费用的要求中，提到要实行过渡期办法，逐步减少新办理退休人员的统筹外费用，过渡期原则上不超过 3 年。部分国有企业也提出了设立 3 年过渡期，对移交初期接收方管理服务不到位的，特别是街道和社区管理服务尚未覆盖的独立工矿区，暂不撤销退休人员管理服务机构或明确其他机构（岗位）做好服务衔接，主动补位，不降低移交退休人员的服务水平，实现平稳过渡。特别是管理职能方面，如地方政府暂时不能接手，企业管理服务人员就不撤；地方政府管理不到位的，退休管理服务人员也不能调整。

二是继续关心关爱退休人员。国有企业退休人员虽然移交到社会管理，但是国有企业与退休人员的感情纽带不会断，也不能消失。下一步，国有企业应继续关心关爱退休人员，做好退休人员补充医疗保险、合规的养老性统筹外补贴、合规的非养老性统筹外补贴发放，做好走访慰问和有实际困难老同志的帮扶等工

作，为老同志安享晚年提供保障。继续做好老同志作用发挥工作，采取新年座谈会、春节慰问、重阳节活动等多种方式，继续使退休人员能够了解企业改革发展情况、提出意见建议、继续发挥余热。

三是发挥党组织作用。国有企业退休人员社会化管理后，原存在的党支部等党组织随之会撤销，但是党组织团结、凝聚作用应继续发挥。国有企业党组织应与街道和社区党组织密切衔接，跟进做好党员有关服务工作。下一步，可采取党建共建、活动联办、场所共用等多种形式，加强国有企业党组织与街道和社区党组织的联系对接，协助街道和社区做好退休人员的联系、服务等工作。

四是做好退休人员社会化常态化管理。继续按照接收地方政府要求做好新退休人员的常态化移交工作，结合前期集中移交的经验，简化移交流程，确保退休人员服务和管理顺利与地方衔接。同时，继续把维护稳定工作放在退休人员社会化管理工作的重中之重，不能因为退休人员社会化问题导致新的矛盾和较大的不稳定因素出现，影响国有企业发展。

谈如何做好国有企业退休人员社会化管理工作

◆ 陕西销售　郭宏图

一、退休人员社会化管理工作的背景

“十三五”以来，中央多次部署加快推进退休人员社会化管理工作，2015 年 8 月，中共中央、国务院印发《关于深化国有企业改革的指导意见》，明确要求加快剥离企业办社会职能和解决历史遗留问题，对国有企业退休人员实施社会化管理，妥善解决国有企业历史遗留问题，为国有企业公平参与市场竞争创造条件；2016 年 3 月，国务院《关于印发加快剥离国有企业办社会职能和解决历史遗留问题工作方案的通知》要求，对国有企业退休人员实行社会化管理；2019 年 3 月，中共中央办公厅国务院办公厅印发《关于国有企业退休人员社会化管理的指导意见》，全面阐述了推进国有企业退休人员社会化管理的指导思想、工作目标、工作任务和要求、政策措施和组织保障，为国有企业推进退休人员社会化管理工作提供了指南。

2020 年 3 月，集团公司印发《关于推进企业退休人员社会化管理工作的指导意见》，明确 2020 年年底前，集中力量将尚未实行社会化管理的企业已退休人员移交街道和社区实行社会化管理；2021 年 1 月 1 日起，新办理退休人员常态化移交地方政府实行社会化管理服务。

二、退休人员社会化管理工作的目标和意义

国有企业退休人员社会化管理是指员工办理退休手续后，采取管理服务工作与原企业分离，养老金实行社会化发放，党组织关系转移至常住地的街道或社区党支部，人员移交城市街道和社区实行属地管理，由社区服务组织提供相应管理服务。

加强与地方政府沟通对接，依法保障退休人员合法权益和合理待遇，平稳有序推进退休人员社会化管理工作，实现老有所养、老有所依、老有所教、老有所学、老有所为、老有所乐。2020年年底前，集中力量将未实行社会化管理的国有企业退休人员移交街道和社区，由街道和社区统一管理；从2021年1月1日起，新办理退休人员管理服务工作与企业分离，常态化移交地方政府实行社会化管理服务。

国有企业退休人员社会化管理工作是贯彻落实党中央、国务院深化国有企业改革的重大决策部署的重要举措，是全面深化国有企业改革的必然要求，是提升社会治理能力的重要举措，也是适应老龄化提高退休人员管理服务水平的客观需要。国有企业退休人员社会化管理工作，将切实减轻国有企业负担的社会管理服务压力，为国有企业深化改革增添活力，为国有企业公平参与市场竞争创造条件，同时保障国有企业退休人员享受到国有企业改革的红利，享受到街道、社区提供的专业、优质管理服务保障，退休人员移交后的归属感、获得感、幸福感将大幅提升，促进社会和谐、国家富强。

三、退休人员群体现状及推进工作的困难

陕西销售公司退休人员社会化管理工作推进总体情况较好，得益于在退休人员社会化管理工作开展前，陕西销售公司认真调研、分析，及时分析研究退休人员社会化管理工作推进面临的一系列困难，并制定相应措施逐一解决，否则退休人员社会化管理工作推进将面临种种阻碍。

首先，退休人员群体对退休人员社会化心存疑虑，如此庞大的一个群里，多年来一直由企业负责管理和提供服务，企业退休人员为退休人员提供无微不至的服务，退休人员担心移交地方后，在企业时享受到的统筹外的项目被取消或者降低标准，相关养老待遇无法保障。其次，企业退休人员在企业工作多年，退休后对企业仍然存在浓厚的感情，不愿意与企业分离，担心与企业的感情纽带会断开。三是担心移交到街道和社区后管理服务水平跟不上，提供管理服务的工作人员少、服务不热情，造成享受的服务项目和服务水平打折扣，有困难找不到人帮助解决困难。四是历史遗留问题较多，个别历史遗留问题影响到该工作的整体进度，在开展工作过程中，需要与地方政府相关部门或上级公司相关部门对接，争取政策，用好政策，解决好历史遗留问题，并防止产生新的历史遗留问题。

四、推进退休人员社会化管理工作的措施

陕西销售公司退休人员社会化管理工作紧紧围绕退休人员社会化“五移交、一规范”开展，坚持总体部署，分层实施，落实责任，平稳推进，比集团公司总体进度计划提前完成，取得了一些经验。结合陕西销售公司的推进实践和总结的

经验，提出以下有效推进退休人员社会化管理工作的措施。

（一）分级培训宣贯，统一思想认识

思想认识的统一和提高，思想上的重视，是保证工作提前高质量完成的基础。充分认识退休人员社会化管理工作的重要意义，加强政策学习和宣贯，及时听取退休人员的意见，编制退休人员社会化管理工作风险评估报告和风险防控预案，制定退休人员社会化管理移交工作宣传PPT，对公司各级退休人员社会化管理工作人员进行培训，召开公司专题研究会，定期召开推进工作例会，整体设计、布置工作，统一思想认识，统一工作标准，统一推进进度。

（二）强化组织领导，分级落实责任

责任的落实、责任意识的不断增强是推进效率和质量提高的关键举措。一要成立由公司领导任组长，相关部门负责人为成员的两级工作领导小组，并将末级负责同志纳入领导小组成员统一管理，建立公司系统内三级责任体系，工作责任落实到人，实现责任区域全覆盖。二要发挥党建引领作用，建立三级书记的负责制。公司党委书记、分公司党委书记、区域支部书记牵头抓总、抓日常运行，支部书记按区域推进是干好这项工作的关键。三要划小责任单元，明确责任清单，加强与属地政府相关部门的工作对接，学习研究属地政府文件、工作实施方案、移交工作方案和工作交接流程，组织好企业退休人员移交。四要建立即时高效的沟通反馈通道，创建涵盖两级公司领导小组办公室成员的工作联系即时通群，创建以区域党支部书记和退休人员为主的交流沟通群，搭建即时高效的信息沟通系统，确保全公司经验做法可及时共享，保证退休人员对政策的及时准确了解，退休人员的建议和意见及时反馈。

（三）吃准吃透政策，细化实施方案

一要认真学习中央、集团公司视频会及文件精神，做到政策掌握清、制度规定把握准、工作任务方向明，同时积极主动学习借鉴其他同类企业的推进经验，取长补短，及时调整工作方式。二要及时制定《退休人员社会化管理工作实施方案》，明确时间表、责任人和具体工作推进安排。三要提前编制整体移交协议模板、人事档案交接协议模板、党组织关系转接协议模板、社区管理服务社会保障管理交接协议模板，主动联系地方政府，主动与推进慢的地方政府部门做好对接，在地方无统一模板时，及时签订企业移交协议并组织移交。四要建立退休人员基本信息数据库。建立退休人员基本信息花名册，重点对退休人员人事档案、党组织关系、社会保险、长期居住地等信息进行全面摸底。开展摸底调查情况梳理和分类汇总工作，建立退休人员信息数据库，为开展退休人员社会化移交工作奠定坚实基础。

（四）提高政治站位，坚持以人为本

一要树立以人民为中心的指导思想，将直接管理的退休人员和委托管理的退休人员全部纳入移交范围，落实好国家的政策和集团的要求，做到应交尽交，让企业所有退休人员共享老有所养的政策。二要树立对历史负责、对退休人员负责的理念和思想，做到每签订一份协议、移交一份人事档案、转接一份组织关系等，都要明确交给谁、在哪保管，确保移交情况清晰。三要认真查找退休人员缺失的移交所需资料，想方设法查找补充，为退休人员负责。四要在退休人员移交地确定时坚持整体统筹和兼顾个人相结合，原则上以企业所在地确定，退休人员对移交地有其他要求的，在不影响公司退休人员社会化整体移交进度的前提下，按照退休人员选择的移交地进行移交；对有意移交到市域外、省域外的退休人员，积极联系移交意向地的政府部门，协调移交事宜，对暂时无法接收的，做好退休人员思想工作，先按退休人员企业所在地移交，后期条件成熟后，协助退休人员办理移交手续。五要真实准确反馈退休人员活动场所信息和退休管理服务工作人员情况，对公司所属专用于退休人员的活动场所进行登记、摸排提出共同使用意见，对从事退休人员服务管理工作人员，征求个人意愿，妥善安置员工，确保管理服务队伍稳定。六要做好退休人员统筹外项目清理规范工作。按照集团公司要求，严格封定项目标准，清理规范养老性统筹外项目，做好企业过渡年金发放，确保退休人员移交后待遇不降低。

（五）强化对标考核，发挥激励作用

建立排名考核的机制，公开推进情况、强化经验的交流，充分发挥激励先进、鞭策后进的作用。一要设计考核指标，编制工作推进进度情况表，设置考核指标并分别赋予权重，坚持日更新周通报，通过工作例会，通报各单位工作推进进度，先进单位在工作例会上分享经验做法，排名靠后单位做工作发言表态，结合双周工作推进计划，形成比学赶超的良好氛围。二要将工作推进情况纳入月度、季度、年度考核以及重点工作任务完成考核，与各单位工资总额、领导班子绩效奖励考核挂钩，对完成较好的单位奖励考核得分，对排名靠后的单位进行督导和扣分，对主要负责同志进行约谈。

（六）做好资料整理，强化基础工作

一要制定退休人员社会化管理工作资料归档整理的“6+1+1”要求，即按照“整体协议、人事档案、党组织关系、社会保障管理服务、管理人员、活动场所资产移交”6个类别形成资料目录，填写1张文书档案归档清单，移交两级公司文书档案室长期保存，明确资料整理人、移交人，对历史负责、对退休人员负责。二要加强日常管理工作，要求各单位在工作开展中，按照归档移交目录清单项目边推进、边收集、边整理、边归档。编制移交工作验收标准及验收说明手册，制订验收标准；同时对历史遗留问题处理和是否形成新的遗留问题给予10分的奖罚分，通过移交工作验收，按标准推动移交工作高质量按期完成。

五、结论

通过以上措施的实施，可以实现国有企业退休人员社会化管理工作稳步推进，确保退休人员群体稳定，退休人员个人满意，促进国有企业深化改革的步伐迈向前进。

推进退休人员社会化管理工作，不是一蹴而就的，2020 年对存量退休人员完成了社会化移交，地方街道和社区在短期内接收大量国有企业退休人员，在管理服务、人事档案保管利用、党组织生活开展等方面还存在力量不足、管理服务水平跟不上等普遍现象，完成退休人员社会化管理移交工作后，国有企业要继续协助街道和社区做好必要的工作，创新为退休人员服务的方式，保持国有企业和退休人员的感情纽带不断，避免出现服务脱节、断档现象，实现平稳有序过渡。

国企离退休人员社会化管理的困境与改革发展

◆ 甘肃销售　张　立

自20世纪90年代以来，国有企业离退休人员的管理与服务上主要采取社会化管理的模式，即职工离退休后，其管理服务工作与原单位分离，移交职工属地城市街道和社区，由社区服务组织提供，以及实行养老金社会化发放，除此之外还有社会保险经办机构管理、委托企业主管单位或企业代管等过渡形式。

离退休人员社会化管理的实行并不意味着企业在相关管理、服务工作上的责任和义务的转移，而是要积极关心、照顾好企业离退休人员，推动社会化管理的更好落实，为其提供生活、心理上的坚实依靠。然而在当前国有企业离退休人员社会化管理工作的落实中还存在着一定的困境和困难迫切需要解决。

一、国企离退休人员社会化管理的困境

（一）国有企业离退休人员社会化管理落实执行困难

第一，我国大部分国有企业积极响应党的指示精神，在退休人员管理服务上进行了较多的投入和尝试，使得近年来离退休人员得到社会化管理获得了较大的发展。但该项工作对于企业来说更多的是成本支出，无法获得直观的收益，从而导致了部分企业在离退休人员的实际管理服务上存在着主动性差、创新性不足的情况。甚至部分企业将离退休人员管理责任推卸给街道、社区，企业自身仅对养老金发放、医疗费用报销等工作进行简单统计和管理工作。

第二，国有企业离退休人员众多且居住较为分散，外地职工离退休后通常会选择回到家乡，导致企业所在地与员工居住地差异较大，给国有企业离退休人员管理服务工作的开展造成了一定的困难，其具体表现为企业与离退休人员或其所在街道、社区难以保持密切、通畅的联系，企业对其生活情况、精神状态难以良

好掌握，无法及时获取离退休人员需求信息；离退休人员回到家乡后企业与职工所在街道、社区的管理服务工作交接存在困难，无法在短期内完成；企业与职工之间的部分历史问题、矛盾街道、社区难以有效解决；企业离退休职工党员的组织管理存在困难，党建工作难以有效落实等。

第三，企业中负责离退休人员管理、服务工作的人员缺乏对社会化管理的认识、服务意识不足、缺乏专业的知识和业务能力、工作方法单一，导致相关工作的开展流于形式，离退休职工需求无法得到满足，也是影响国有企业离退休人员社会化管理落实执行的重要因素。

（二）国有企业离退休人员特点给相关工作带来困难

由于每一名职工都有着不同的个人情况和家庭环境，不同职工的现实情况会给国有企业离退休人员的社会化管理工作落实带来许多的不稳定因素。例如，离退休人员年事已高，身体上存在或出现一些的疾病，饮食、睡眠、记忆力下会对其生活质量造成影响，部分身体较差的职工仅靠退休金难以维持其医疗费用需求；离退休人员在离开岗位后面对生活环境的变化难以适应，无法适应清闲的生活，认为自己失去人生价值而产生自卑感、失落感、挫折感，出现自闭、焦虑、抑郁等心理问题甚至健康问题；部分离退休人员居家时间增加反而可能会导致一些家庭矛盾的爆发，或者部分人员的子女长期不在身边，或子女就业困难，"啃老族"问题，都会对离退休人员的生活、精神、心理等方面造成影响。上述问题的出现给国有企业离退休人员管理、服务工作提出了更高的要求，也带来了不少的困难和挑战。如何更好地强化社会化管理，使离退休人员物质生活、精神生活等各方面的需求得到全面满足是企业相关工作开展面临的一个重要问题。

二、破解困境的现状反思

通过对当前国有企业离退休人员社会化管理服务面临的困境进行分析可以发展，当前相关工作开展中存在的主要问题包括：

第一，国有企业对离退休人员管理服务工作认识不到位，无法发现相关工作为企业发展带来的长远、隐性效益，工作开展缺乏主动性、创造性。第二，社会化管理下部分国有企业存在着将管理责任推卸给街道、社区或相关单位的现象，企业离退休人员管理内容单薄。第三，社会化管理下企业与职工属地街道、社区距离遥远，职工居住地分散，管理工作跨越空间距离存在困难。第四，国有企业离退休管理服务工作质量较差，相关人员能力水平不足。第五，离退休职工的个人差异以及现实情况不同给企业离退休管理、服务工作的开展提出了较多新要求，带来许多挑战。

三、国企离退休人员社会化管理改革发展

（一）转变离退休人员管理服务理念

国有企业要重视离退休人员管理、服务工作的开展，要充分认识到相关工作对于体现企业人文关怀的意义以及在维持企业和谐稳定、促进企业文化建设、推动企业良好发展上的长远、持续性的效益。转变工作理念，将离退休人员管理、服务工作作为企业的重要责任和义务，将相关工作作为企业日常工作的重点内容。

（二）理清社会化管理下企业与街道、社区的管理责任

在离退休人员社会化管理模式下，企业要正确认识并理清自身与街道、社区的管理责任，明确企业自身管理方向，在落实社会化管理的同时强化自身管理、服务工作开展。包括：做好对离退休人员居住分布的掌握，积极利用现代通信手段建立起固定、通畅的联系渠道，建立离退休人员通讯录；积极与离退休人员居住地街道、社区加强沟通联系，了解当地生活情况以及社会化管理、服务开展情况，做好对相关服务工作的考察监督，保证离退休人员的福利待遇、养老金按时发放，必要时可以为相关工作的开展给予适当的支持；做好离退休人员需求收集，掌握其生活情况，坚持“三必访”“三必到”制度，完善慰问制度、信访工作等，及时解决离退休人员反映的问题，办实事、做好事、解难事，为其解决燃眉之急。

（三）重视对离退休职工的精神关怀

在社会化管理模式下，离退休职工的物质生活需求可以得到较好满足与保障。因此，企业在离退休职工管理、服务上要从以往满足物质生活需求为主的管理模式的基础上向物质、精神并重的管理模式进行转变，丰富离退休管理、服务内容，对离退休人员的心理、精神状态进行重视并给予关怀。

在精神关怀上，企业要建立起离退休职工心理疏导工作机制，通过建立一支专业的心理辅导团队，针对离退休职工出现的心理问题、情绪问题等建立起预防性干预机制，包括开展心理讲座、帮助职工订阅报纸杂志、对其进行心理调查和健康体检、组织开展多种文化活动、促进职工离退休后的交流交往等，对于已经出现心理问题的职工要给予心理帮助和支持。对于居住地较远的职工，在工作形式上可以采取线上咨询服务、线上活动开展等形式，充分利用现代信息技术优势保障相关工作开展。

（四）加强企业离退休人员管理服务团队建设

企业要加强离退休职工管理、服务团队的建设，加强对相关工作的人员的教育培训，增强其责任意识、服务意识、创新意识以及沟通技巧、心理辅导能力等，使其能够更好地掌握离退休人员生活现状，为其提供针对性、多样化的服

务。同时，企业在进行相关团队建设的同时还可以通过加强离退休人员管理服务信息化平台建设，利用信息技术推动相关工作对离退休职工的全覆盖，为团队工作的开展提供良好的工具和渠道。

综上所述，国有企业要重视离退休人员社会化管理工作的开展，并针对当前工作面临的困境积极进行改革转变，通过转变管理服务理念、理清管理责任、物质关怀与精神关怀并重、加强团队建设等，为企业离退休人员提供更好的服务，进而为企业管理发展、社会和谐稳定提供有力的保障。

提高站位，强化担当，用心用情做好防控期间离退休职工的思想工作

◆ 甘肃销售　周玉琴

一、提升政治站位，组织保障有力

新冠肺炎疫情形势严峻，事关人民群众生命健康安全，防控工作刻不容缓，把离退休干部职工的身体健康放在第一位，工作人员义无反顾地投身到防控工作中，既要听从公司党委统一部署，又要结合当地政府管控的实际情况，还要立足岗位特点，做实做细离退休职工群体的疫情防控工作，把离退休老同志疫情防控作为一项非常重要的工作来抓，多措并举全力落实疫情防控工作。通过电话、微信等方式发出公告，老年活动中心等各涉老场所一律停止各类活动，加大疫情防控知识宣传力度，指导老同志科学认识和预防疾病，尽量减少外出、聚会，从戴口罩、勤洗手、常通风等细节方面做好个人卫生和防护，切实增强防控意识，提高防护能力。

二、强化责任担当，开展防控有序

针对离退休职工居住点多、面广、分散及春节人员流动量大的实际和离退休老同志可能与异地来的子女过节，老同志喜欢集体活动等特点，要求工作人员通信工具保持畅通，积极回应广大老干部的关切。对年老体弱、空巢、独居的离退休老同志进行电话沟通，给予特殊关心照顾，宣传防疫知识，关注生活情况、身体状况，及时帮助解决实际困难和问题，当好离退休干部的贴心人。通报疫情宣讲防控知识，稳定思想情绪，传递党和公司对老干部的关心和温暖。工作人员每日上报自身及离退休职工疫情排查情况，引导离退休职工从思想上高度重视疫情防护，行动上自觉做好防控，做到疫情不蔓延、不扩散。

三、加强思想引领，实现同频共振

在积极参与疫情防控工作的同时，坚持抓牢离退休干部思想引领，努力实现同频共振，使老同志们思想不掉队、不恐慌、不消极，积极发挥政治优势、经验优势、威望优势，为疫情防控工作做贡献。离退休工作人员通过电话沟通、微信群发信息等方法，及时宣传离退休职工管理部（老干部局）关于《中央及集团公司党组部署扎实做好某某病毒感染疫情防控工作的通知》《学习习近平总书记关于应对某某病毒肺炎疫情工作重要讲话的通知》，转发官方发布的权威准确信息，宣传公司疫情防控领导办公室的工作部署、措施和成效，使老同志们坚定依靠党的领导战胜疫情的信心。号召广大离退休干部争做自我防范疫情的模范，坚持科学防护，保持稳定心态，为打赢疫情阻击战做出积极贡献。根据疫情发展，及时在微信群里推送权威专家关于疫情防控的建议措施，如“小区封闭式管理措施”“紧急提醒”等，帮助老同志保持良好个人卫生习惯，提高防控能力。积极开展正面宣传，依据上级决策和科学防控措施解疑释惑，引导广大老同志明辨是非，正确把握舆论导向，不信谣、不传谣，强化大局意识，带动家人、亲友科学对待疫情，居家健康生活，用实际行动支持公司疫情防控工作，维护社会大局稳定。

四、强信心，坚决做好疫情防控期间的宣传教育和舆论引导工作

自新病毒感染肺炎疫情发生以来，疫情防控形势严峻复杂，一些老同志存在焦虑、恐惧心理，及时做好宣传教育和舆论引导，让大家知道党和政府正在做什么、还要做什么，对坚定信心、战胜疫情至为关键。离退休工作人员充分利用利用信息化平台，前后推送200多条信息，大力宣传党中央决策部署，及时准确发布疫情防控信息，广泛普及科学防护知识，积极引导广大离退休人员正确认识疫情，科学对待防控，不去人员聚集场所，不组织、不参加群体性聚集活动，进一步增强战胜疫情的信心和决心。

五、聚民心，积极引导老同志发挥作用、主动作为

离退休工作处积极引导、提倡老同志在做好自我防护的同时，主动作为，争当防疫知识的宣讲员、正面舆论的传播者。离退休老同志隗丰年，他不顾自己70多高龄的身体，身为离退休第二支部书记，他负责支部21位党员的身体健康，从1月29日公司党委对病毒感染的肺炎疫情防控处置工作进行全面部署开始，通过电话、微信方式与离退休人员进行沟通和交流，通过建立微信群，将公司重要通知和疫情防控要求、知识及时发至微信群，指导他们居家锻炼身体增强免疫力；鼓励有书法写作特长的老同志在群里经常发布书法作品供大家欣赏，定时推

送正能量的文章、小视频以缓解他们的心理压力。积极参与疫情防控知识宣传普及，做好疫情防控相关信息的收集以及公共卫生措施的实施工作。老支部书记助力疫情防控，充分彰显了爱心善意和责任担当，树立了老干部、老党员的良好形象，传播社会正能量。

企业离退休职工管理服务工作的探讨

◆ 甘肃销售　王　蓉

企业离退休职工服务工作向社会移交，能提升服务质量，节约企业的管理精力。这是企业离退休职工向科学化管理迈进的一步，在当下处于企业离退休职工向社会化服务过渡期的历史阶段中，企业要充分做好有关的信息转移、政策宣传以及其他必要的准备工作。

一、企业离退休职工管理服务工作开展的重要意义

加强对离退休管理工作体现出党和国家对离退休干部群众的人文关怀。在国有企业中，离退休老干部群体具有一定的特殊性，他们一般为企业做出了重大的贡献。

做好企业离退休职工管理服务一方面是肯定职工的工作贡献，另一方面也是解决民生问题，构建和谐社会的必然要求。在向社会服务工作过渡的阶段，企业要能积极地做好各项准备工作，保障过渡过程中，企业能将职工的基本信息、管理服务需求等工作有效的移交，维护企业离退休职工的基本利益，解决企业离退休职工管理服务中的存在问题。

二、企业离退休职工管理服务工作中存在的问题分析

（一）资金运转不畅

企业离退休职工的退休金发放以及其他的资金相关服务，是保障企业离退休职工各项服务保障的重要内容，但是因为在资金管理过程中，存在各种隐患问题，导致出现退休金以及其他保障资金发放不及时的问题，给广大企业离退休职工造成一定的问题。

（二）管理服务中的矛盾问题

企业不同离退休职工在退休金以及其他服务的相关保障发放上存在一定的差

距，然而部分宣传工作落实不到位、企业离退休职工思想认知水平不足的前提下，企业的管理服务工作受到影响，很多攀比行为、不良言论对于企业的管理服务造成影响，不利用顺畅的开展全面服务工作。

（三）企业离退休职工的基本档案信息管理存在问题

企业离退休职工的档案信息是保障其固有权利的基本依据，同时也需要做到在工作开展中，能获得较高的社会移交转移档案信息保障，确保企业离退休职工的合法权益不受影响。在档案信息的管理中，如存在信息不完善、工作效率不高等问题，导致企业离退休职工的各项服务工作都受到影响，很多的工作开展不能具备较高的优势保障。

三、提升企业离退休职工管理服务工作质量的有效措施

（一）做好社会管理服务移交前的准备工作

企业要能在工作制定必要的工作指导方案，保障各项工作能有条不紊地进行，同时能实现在工作开展过程中，积极征求群众意见，获得群众认可，工作开展要能具备透明、公开的基本要求。要能对每一员工的基本情况全面了解，对于存在困难的退休职工要能给予积极的帮助，可以通过上门服务、现场解答的方式，为企业离退休职工答疑解惑，发挥出较高的社会管理服务需求。

（二）做好各项宣传引导工作

企业离退休职工的宣传引导工作，有利于缓和各方之间的矛盾，保障工作能顺利有序地开展，宣传工作主要是有效建立起与企业离退休职工的科学交流机制，能以更加到位、高效的方式落实各项政策宣传，可通过微信群、宣传栏、宣传会议等有效的路径方面，提升企业离退休职工对各项政策的深入了解程度，有效配合各项工作的稳步开展。宣传工作开展，应能注重长期有效的开展，宣传工作要能以更加到位、平等的方式进行，能有效接受群众的质疑，及时反馈在选择工作开展中的各种问题，对于群众的各种合理需求予以满足。

（三）做好档案信息的管理工作

企业离退休职工的档案信息管理，要能制定可靠的管理流程，落实好各种档案信息管理的科学要求，在规范性、全面性方面具备较高的优势性。为提升档案管理的基本工作质量和效率，可以积极地落实数字化档案信息管理的现代化科学模式，档案信息管理工作开展的过程中，应能提升实际的工作能力，提升工作人员的基本素养、专业管理水平，认知复杂的完成各项工作要求。能为企业离退休职工管理服务向社会化转移提供较大的档案信息支撑，全面保障各项工作能有效地落实。

（四）制动科学化的工作制度流程

企业离退休职工的管理服务要能充分提升工作人员的基本能力素养，主要是

能做到在工作开展中，获得较高的工作质量和效率保障，一般要能明确划分工作管理人员的基本责任，使其能明确自身的工作义务，全面可靠的开展有关工作。同时工作人员要能被统一领导，在工作中要能有效了解各项工作进展的效果，主要是能做到在工作开展中，实行动态调整，通过定期进行工作进展报告，获得工作开展的基本信息，能实现在工作开展中，不断根据管理服务需求调整工作。管理服务工作的开展，同时要能设置各种咨询、服务的便捷窗口，能有效答疑解惑，同时为获取群众的各种反馈要求，使得管理服务工作的制度和流程建设更加完善合理，符合科学化的企业离退休职工管理服务基本需求。

企业离退休职工的管理服务工作开展，要能充分做好各项管理服务科学制度流程的建设，提升工作人员的基本素质能力，同时能做好各项档案信息资料的管控，为下一步的社会管理服务转移提供保障，全面维护企业离退休职工的合法权益。

国有企业退休人员社会化管理工作机制的探索与实践

◆ 西部管道　安　贵　汪增彬　陈长春　邓　峰

科学的管理机制能够保证质量、提高效率、收获效果，也是国有企业退休人员社会化管理工作的关键。西部管道公司从组织领导、内外沟通、上下联动、规范移交、费用保障等方面，积极探索构建科学的退休人员社会化管理工作机制，取得了显著成效，确保了退休人员社会化管理“硬任务”按期完成。

一、公司及退休人员管理基本情况

西部管道公司（以下简称“公司”）主营业务覆盖新、甘、青三省区，负责运营管理油气管道46条。公司主营业务具有点多、线长、面广的特点，管输天然气配送至国内二分之一区域，管输原油服务东西部7个省区市13家炼厂，管输成品油辐射13个省区市，在落实国家“一带一路”倡议、构建我国“X+1+X”油气市场体系、保障国家能源战略安全等方面发挥着重要作用。

公司历经5次重组整合，人员来源多样，退休人员情况也较为复杂，退休人员分布在9省、25市、76个街道、108个社区，在乌鲁木齐市涉及“七区一县”。公司设立了退休管理中心，与行政事务中心实行“一个机构、两块牌子”，主要负责公司退休人员管理业务，指导各分公司退休人员管理工作，落实公司机关及部分驻乌单位退休人员的服务工作。

二、构建退休人员社会化管理工作机制的做法

国有企业退休人员社会化管理，是党中央的一项重要决策部署，也是深化国有企业改革、减轻国有企业负担的一项重要举措。在退休人员社会化管理过程中，西部管道公司坚持以习近平新时代中国特色社会主义思想为指导，坚决贯彻

党中央、国务院、新疆维吾尔自治区、集团公司关于国有企业退休人员社会化管理决策部署，坚持全面深化改革，坚持社会化方向，坚持稳中求进，把退休人员社会化管理工作作为全面深化企业改革的一项“硬任务”，按照“信息化、精准化、规范化”的要求，克服新冠肺炎疫情带来的不利影响，从组织领导、沟通协调、上下联动、信息报送等方面，积极探索构建有效的工作机制，平稳有序推进协议签订、人事档案移交、党组织关系转接等各项重点工作，确保了退休人员社会化管理工作的“硬任务”按期完成。

（一）建立组织领导机制

组织领导是推动工作落实的第一动力。退休人员社会化管理工作涉及退休人员的切身利益，政策性要求高，更需要党委发挥“把方向、管大局、促落实”的领导作用。公司党委贯彻落实新疆维吾尔自治区《关于加快推进国有企业退休人员社会化管理的工作方案》《乌鲁木齐市加快推进国有企业退休人员社会化管理的工作方案》，认真落实集团公司《关于推进企业退休人员社会化管理工作的指导意见》，周密组织领导退休人员社会化管理工作。

一是成立领导小组。召开专题视频启动大会，成立退休人员社会化管理领导小组及办公室，明确了各部门的职责分工，建立了“党委负责、分管主抓、部门落实、维稳保障”的领导机制，确保上有号召，下有行动；上有部署，下有落实。

二是制定专项方案。研究制定公司《退休人员社会化管理移交工作实施方案》，制定了四个阶段的工作任务，对摸底对接、协议签订、档案移交、组织关系移交、费用保障、场所设施、人员安置等七项重点工作进行了安排，并及时上报集团公司改革与企业管理部。

三是分解推进落实。编制了退休人员社会化管理移交工作推进表，逐项明确了任务分工及时间节点，每月通过党群工作例会等方式推动落实，协调解决存在的问题，确保了各项工作按节点推进。针对兰州地区退休人员社会化管理，明确由兰州分公司承担公司在甘 3 家单位的退休人员有关信息汇总报送和移交工作；针对在西安委托管理的 48 名退休人员，安排塔里木输油气分公司协助西北石油管道公司落实社会化移交工作。

（二）建立内外沟通机制

国有企业退休人员社会化管理工作由地方政府主导、归口部门主抓，加之涉及退休管理、社会保障、人事档案、党组织关系、活动场所管理、组织机构人员等诸多业务管理部门，企地沟通协调顺畅是确保退休人员社会化工作正常推进的重要保证。

一是加强沟通，吃透政策。公司实施方案发布后，退休管理中心积极与集团公司总部、自治区国资委、自治区老干局、乌鲁木齐和兰州市国资委、人社局等部门联系，了解社会化移交政策出台情况，与市国资委企改处、市人社局、各区县退管办等部门建立了联系，每周通过电话、微信、邮件等方式联系，咨询相关政策发布情况、移交相关要求、了解工作流程等，获取乌鲁木齐和兰州市国有企业退休人员社会化管理专项方案，吃透上级政策，确保无缝衔接。与此同时，安排退休管理人员加入自治区、乌鲁木齐、集团建立的“微信群”，实时关注政策动态，及时上传下达，保证了信息渠道的畅通。

二是加强沟通，解决难题。针对有的政府部门对于国企退休人员社会化移交“上热下冷”的情况，退休管理中心会同人事、企管等部门，主动汇报公司退休人员实际情况及问题，沟通协调解决的办法，争取地方政府相关部门的理解与支持。根据乌市国资委关于报送国有企业（独立法人）认定资料的通知要求，详细梳理公司现有 9 个社会保险账户信息，针对“中国石油天然气股份公司西部管道分公司”不是独立法人机构的情况，多次与乌市国资委、乌市人社局反复沟通协调，同意由中国石油天然气股份公司授权西部管道分公司办理退休人员移交事宜，并提供股份公司资质资料。在股份公司改革与企业管理部、资本运营部的大力支持下，于 2020 年 8 月中旬向乌鲁木齐市国资委报送了股份公司章程、企业股权架构图、企业产权登记表、营业执照副本复印件、企业信用信息公示报告和授权委托书等企业性质认证全套资料，于 2020 年 9 月份顺利完成了企业性质认定工作，与乌鲁木齐市高新区（ 新市区）、天山区等五个区成功签订了移交意向书和人员花名册等资料报送。与此同时，针对乌鲁木齐各区的《国有企业退休人员社会化管理服务移交协议》文本不一致的情况，积极沟通协调，最终统一了文本，并于 10 月中旬签订了所有移交协议。

三是加强沟通，统一步调。加大企企沟通协调力度，与新疆油田、新疆销售、乌石化等单位联系，了解兄弟单位的工作进度、做法以及移交退休人员后的配套福利待遇政策，把握好工作节奏和力度，尽可能与兄弟单位看齐，全面兼顾移交后退休人员的合法权益和合理待遇。

（三）建立上下联动机制

只有上下协同联动，才能形成工作合力，做到工作有效衔接、政策精准对接，确保各项部署要求落实到位。

一是严格执行半月报制度。公司把畅通信息渠道作为一项重要任务，安排退休管理中心会同人事部门及各单位认真落实退休人员社会化管理半月报制度，向集团公司报送退休人员社会化管理报表 16 次，向自治区国资委报送 3 次，向乌鲁木齐国资委报送 6 次，向驻疆企业协调组报送 3 次，确保了信息及时准确报送。

二是动态完善基础台账。公司把摸清底数作为做好退休人员社会化管理的前提和基础，指定专人、集中力量，组织各单位做好退休职工党员、退休人员社保所在地、社会保险账号、医疗保险账号、户籍地址、实际居住地址、所属地市、街道、社区等信息排查、摸底和统计工作，各部门、各单位积极配合、共同参与，采取电话访谈、实地考察、个别谈话等多种形式详细核实人员信息，建立基础台账，并动态更新完善。特别是针对寻找出国退休人员难度较大的情况，发动干部群众，通过电话、微信等措施，多方寻找投奔子女的出国退休人员，人员基础信息核实准确率达到了 100%。在此基础上，根据地方退休管理部门提供的模版，快速完成了分区的《退休人员移交社区管理花名册》《退休职工党员移交社区管理花名册》《退休人员基础信息登记表》等表单的填报，为协议签订奠定了坚实基础。

三是积极争取退休人员理解支持。主动做好退休人员社会化管理政策宣贯，结合部分退休人员担心社会化管理后个人待遇和福利受到影响的情况，在做好一人一事的思想政治工作的同时，向全体退休人员发送和宣讲《社会化管理告知书》，对移交原则、管理服务、统筹外费用发放、服务管理机构等政策进行宣贯，并开通了政策咨询热线，消除顾虑疑虑，取得理解支持，给退休人员吃了个“定心丸”，确保社会化管理工作平稳有序推进。

（四）建立规范移交机制

将国有企业退休人员移交街道和社区实行社会化管理，这是退休人员社会化管理的关键一步。坚持整体移交原则，交得出、接得住、接得稳、接得好，做到管理无缝衔接，才能确保退休人员的归属感、获得感、幸福感。

一是规范整理移交人事档案。退休人员的人事档案是历史、全面、真实地反映退休人员情况的重要依据。企业退休人员的人事档案移交属地实行集中统一管理，这是“五移交”的首要任务。在档案移交前，公司认真贯彻落实《乌鲁木齐市纳入社会化管理退休人员人事档案管理办法》和退管部门有关要求，规范整理 178 名退休人员档案，提前安排数字化处理工作，及时完成了退休人员档案的整理、目录制作和装订。根据乌鲁木齐市各区现有的退休人员人事档案库房条件不完善及政府相关部门提出的需求，与 4 个区退休人员社会化管理服务中心签订了《国有企业退休人员人事档案临时存放管理协议》，帮助地方政府临时代管退休人员人事档案，包括档案管理、档案查借阅、审核业务表单及业务资料、死亡档案移架、数据统计及报送报表等。

二是规范核实移交党组织关系。组织梳理每一名退休职工党员党组织信息、党费标准、党费交纳情况、长期居住地址，重点对照制度规范精准核对党员党费计算基数、交纳比例、月缴额等信息，按居住地址初步确定党组织关系移交接收的街道和社区，分区建立退休职工党员台账，为社区接收奠定基础。针对跨地区转移党组织关系的人员，积极与所在地党组织建立联系，及时开具组织关系介绍信，帮助顺利进入新的基层党组织，参加正常的组织生活。公司退休职工党员全部移交。

三是持续规范社会保障管理。公司退休人员的基本养老保险、基本医疗保险原先已全部纳入地方管理。对于基本医疗保险实际缴费年限未满 15 年的个别退休员工，继续按月缴纳至规定年限。对于退休人员原享受的补充医疗保险、医疗互助帮困等筹资和相关待遇仍按原渠道解决，确保待遇水平不降低。

四是稳妥移交管理服务职能。集团公司《关于推进企业退休人员社会化管理工作的指导意见》明确规定，企业退休人员实行社会化管理后，退休人员管理服务工作与原企业分离。退休人员虽然实行了社会化管理，但目前仍处于三年过渡期，公司仍然承担着退休人员管理部分职能，如节日慰问金等统筹外费用发放、掌握退休人员思想动态、健康体检和疗养，丧葬管理及困难帮扶，等等。下一步，需要根据地方政府相关规定和要求，重新界定、规范企业相应的职责和内容，做到职责分得开、职权理得清、应交交得出。

此外，组织全面梳理退休人员服务场所，公司及二级单位没有专用退休人员的服务场所、活动场所、设备设施、器材用具等，公司没有专职退休管理工作机构及工作人员，没有移交和安置事项。公司员工文化活动中心及各单位文体活动场所，仍向退休人员免费开放、无偿使用。

（五）建立费用保障机制

集团公司要求妥善处理退休人员统筹外费用，按照新人新办法、老人老办法、统筹兼顾、逐步消化的原则，根据国务院国资委及集团公司有关要求对统筹外项目进行清理规范并妥善处理，不再新增统筹外项目，不再提高发放标准。公司坚决贯彻落实集团公司退休人员统筹外项目专项整改工作要求和《关于开展退休人员统筹外项目专项整改工作的补充通知》，立即行动、迅速召开专题会议，传达贯彻会议精神要求，安排部署专项整改工作，认真开展清理规范，对相关项目进行了全面梳理，全面系统梳理统筹外费用项目，梳理出退休人员享受的暖气费、疗养费、体检费、节日慰问金、帮扶费用等费用标准明细 17 项，清理规范退休人员统筹外费用，制定《公司过渡年金实施办法》，明确适用人员范围，研究确定发放标准、计发基数、计发比例、发放起止时间，按照“动态平衡、适度结余”的原则确定资金筹集渠道。《公司过渡年金实施办法》通过了公司职代会代表团团长会议审议，按要求及时上报集团公司并发布实施。

一是停发统筹外养老项目，纳入公司过渡年金。自 2020 年 9 月 1 日起，原统筹外养老项目中副食补贴、水电液补贴、住房补贴、电话费四项补贴不再发放，将上述四项补贴标准之和固化封定，纳入西部管道公司过渡年金发放。

二是规范合并国家项目与剩余项目为保障类项目。把原统筹外养老项目中书报费和涉及获得国家级或省部级荣誉奖励的两个项目，按原标准归并为国家项目继续保留。清理规范后，保障类项目包括计划生育奖励、获得国家级或省部级荣誉奖励、书报费、疗养费、体检费、取暖费、节日慰问金、困难帮扶、探亲费和探视费 10 个项目。

三是将非现金类项目量化为现金发放。将疗养费、体检费、取暖费等“凭票据报销”的项目量化为“现金发放”。规范后保障类 10 个项目中，除探视费、探亲费 2 个项目按原办法、原渠道列支外，其余 8 个项目全部量化为现金发放。与此同时，按照“新人新办法、老人老办法、统筹兼顾、逐步消化”的原则，规范公司三年过渡项目，明确 2021—2024 年退休人员的“三年过渡项目”标准和列支渠道，确保退休人员待遇不降低。

三、做好退休人员社会化管理工作的体会

在落实退休人员社会化管理工作中，公司周密组织、集中力量，努力克服时间紧、任务重、沟通环节多等困难，平稳有序、按期完成了集团公司交给的“硬任务”，有以下几点体会与启示。

一是必须坚持在地方政府和集团公司的统一领导下推进退休人员社会化管理工作，加强与地方政府、上级部门沟通对接，严格执行国家法律法规、地方政府相关政策、集团公司有关规定，规范操作程序，加强过程监督，确保内容和程序合法合规、工作有效衔接、政策精准对接。

二是必须坚持构建长效机制推进退休人员社会化管理工作，从组织领导、内外沟通、上下联动、规范移交、费用保障等方面，构建长效工作机制，完善管理制度流程，推进“信息化、精准化、规范化”，为退休人员社会化管理提供制度保障。

三是必须坚持与兄弟单位联动推进退休人员社会化管理工作，充分发挥协作区组长单位“领头雁”的作用，强化区域内所属企业协同联动，建立协调机制，畅通联系渠道，形成工作合力，做到步调协调一致，确保各项部署要求落实到位。

四是必须坚持以人为本推进退休人员社会化管理工作，做好社会保障服务有效衔接，依法保障企业退休人员合法权益和合理待遇，继续关心关爱退休人员，做到无缝衔接、平稳过渡，最大限度地提高国有企业退休人员的归属感、获得感、幸福感，共享全面建成小康社会的新成果。

目前，退休人员社会化管理仍处于三年过渡期，退休人员日常管理工作量暂时还没有实质性地减少，推进退休人员社会化管理工作任重而道远。西部管道公司始终以习近平新时代中国特色社会主义思想为指导，持续贯彻落实地方各级政府、集团公司关于国有企业退休人员社会化管理的工作部署，不断完善后续退休人员社会化管理工作长效机制，实现常态化移交地方政府实行社会化管理服务，履行好企业的社会责任，为我国全面建成小康社会、实现“两个一百年”的奋斗目标做出新贡献。

做好国有企业退休人员社会化管理移交工作的实践与思考

◆ 测井公司　王芙蓉　牛艳娟

企业退休人员社会化管理是指企业职工办理退休手续后，其管理服务工作与原企业相分离，社保关系、党组织关系和人事档案实行属地集中管理，管理服务工作交由城市街道和社区统一提供。

2020 年 4 月开始，测井公司按照《中共中央办公厅 国务院办公厅印发〈关于国有企业退休人员社会化管理的指导意见〉的通知》精神，同时，根据《中国石油天然气集团有限公司关于推进企业退休人员社会化管理工作的指导意见》的总体要求和公司《中国石油集团测井有限公司退休人员社会化管理工作实施方案》的部署，于 2020 年 9 月 24 日完成移交工作，基本实现了文件规定的“五移交一规范”。“五个移交”工作完成后，发现本次退休人员移交存在实际管理移而未交、企业责任界定模糊、接收社区力不从心等问题，退休人员也心存顾虑和困惑。对此，必须加以高度重视，认真研究并逐步解决。

一、国有企业退休人员实现社会化管理的重要意义

一是深化国有企业改革的需要。退休人员社会化管理是党中央、国务院深化国资国企改革的一项重要决策部署，有利于国有企业成为真正市场主体，公平参与市场竞争。二是提升退休人员保障服务水平的需要。有利于消除退休人员服务保障水平受企业经营起伏影响，为企业退休人员提供长期、稳定、公平的保障服务。三是强化公共服务保障均等化的需要。将企业退休人员管理等公共职能归位于政府，有利于完善公共服务体系、保障群众基本生活，促进公共服务均等化，让经济社会发展成果惠及所有退休人员。

二、推进国有企业退休人员社会化管理移交的主要做法

（一）精心部署，真抓实干

一是成立了工作机构。测井公司成立了以公司党委主要负责人为组长，分管领导为副组长，公司人事处、办公室、综合服务处、财务资产处、企管法规处等部门主要领导为成员的领导小组。领导小组下设办公室，抽调了 10 人成立工作专班开展工作。并明确了领导小组和办公室专班的工作职责分工，建立了周总结、月通报、年考核工作制度。每周召开一次工作例会，按照时间节点编制工作进度表，为推动工作提供了强力的组织保障。

二是深入动员部署。集团公司退休人员社会化管理工作视频会议召开后，公司金明权书记亲自动员、亲自督导，对专项工作进行再部署、再安排、再要求。公司专项领导小组成员立即召开会议，进行专题研究，提高了公司各部门、基层各单位及专班人员对于退休人员社会化管理工作的重要性、紧迫性的认识，增强了责任感、使命感。收集国家、集团、地方政府政策文件 39 份，编制《退休人员社会化政策汇编》。专班人员认真学习政策文件，熟悉掌握政策要求。并召开公司退休人员社会化管理移交工作视频推进会，对于各单位加快落实、如期完成退休人员社会化管理移交工作任务具有十分重要的意义。

三是建立工作例会、通报及督导机制。专班办公室每周五召开周工作例会，汇总本周工作，协调解决存在的问题，安排部署下周工作重点，形成工作简报在周例会通报。每两周召开一次领导小组例会，听取专班工作汇报，协调解决存在问题。每月进行一次月度总结，编发专项会议纪要。共进行了 17 次周例会、5 次月度例会工作，编制周报 21 期，月报 5 期。

四是凝心聚力，同频共振。建立了公司推进退休人员社会化管理工作专项网络平台，各成员单位明确专人对接，建立互通有无、优势互补、信息对称的协作互动工作机制，及时解决矛盾，梳理问题，做到一事一回复。针对重点问题开展研究，集中各单位影响力争取地方政府的重视和支持，切实维护退休人员群体的利益。同时，明确了各分公司主要领导及业务负责人，按照公司总体实施方案要求，各分公司制定了具体工作方案，积极与属地油田组长单位对接，做好配合工作。坚持每周给公司专班反馈工作进展情况，编制公司各单位周报 24 期，推进了公司整体专项工作的进度。

（二）细化任务，夯实责任

一是制订方案。按照“属地管理”“应交尽交”的原则，紧紧围绕“五移交”“一规范”“三保障”“两继续”和四个“定心丸”的具体要求，结合自身实际，制定了工作落实方案，确定了任务进度安排，完善了实施计划。下发了《中国石油集团测井有限公司退休人员社会化管理移交方案》，指导公司各单位同步开展

专项工作，形成了上下联动的工作机制。

二是摸清底数。江汉基地服务站负责移交江汉人员的信息摸底，生产服务中心和长庆分公司负责移交陕西、宁夏、北京移交人员信息摸底工作，工作人员分组包片，到居住小区服务，仔细核对每名退休人员的信息，确保准确完整，不重报，不漏报，并克服时间紧、任务重、退休人员居住分散、工作人员少及新冠肺炎疫情的影响等困难，做了大量基础工作，按照属地《国有企业退休人员社会化服务信息采集表》要求，并结合退休人员的移交意愿，完成了电子信息录入、信息采集表签字确认、户口本和身份证复印件资料收集等工作。

三是清理规范统筹外费用。遵照“新人新办法、老人老办法、统筹兼顾、逐步消化”原则，进一步对统筹外费用项目进行清理规范，不留死角，保障退休人员的合法权益，确保社会和谐稳定。目前已完成统筹外项目的整改工作，清理了保障类项目13项、国家和集团项目11项、养老性统筹外项目2项、剩余项目2项。

四是做好政策宣贯。为加强退休人员社会化管理移交工作的宣传力度，向退休人员宣传社会化管理的重要性和主要内容，消除他们的疑虑，采取合适方式，不大张旗鼓的宣传，通过面对面、小范围对话、手机发送共享信息等方式将政策通俗易懂的传达至每位退休老同志，如退休人员移交的“四转四不转三不变”，“四转”指人事关系和档案转地方、退休人员的管理和服务转社区、党组织关系转社区、老年活动场所转社区；“四不转”指个人养老关系不转、个人医疗保险不转、个人户口关系不转、离休人员不转；“三不变”指企业统筹外费用原渠道发放不变、遗属补助原渠道发放不变、补充医疗保险原单位报销不变。

五是制定维稳政策。退休人员社会化管理可能让部分人员产生恐慌感，担心因移交社会管理后，脱离与公司关系，失去原有退休待遇，从而引发不满，造成信访等社会矛盾隐患。本着实用性、可操作性和实事求是的原则，针对退休人员社会化管理不稳定因素可能导致的各类矛盾，制定了《中国石油集团测井有限公司退休人员社会管理稳定风险评估报告》和《中国石油集团测井有限公司退休人员社会管理维稳信访工作预案》，防控联动，确保退休人员社会化管理工作稳妥实施。

三、国有退休人员社会化管理移交取得的经验

公司高度重视退休人员社会化管理工作。以“调研取经 + 会议培训”“少写少跑 + 上门服务”为基础，以“开拓市场方法和精神 + 主动出击”和“三早 + 沟通”为途径，“包保责任制 + 协调沟通”为配套，全力推进各项工作。

（一）在移交起步阶段采取“调研取经 + 会议培训”的方式

认真领会精神，吃透政策，吸取经验，为推进移交工作打下了坚实的基础。积极参加国资委、集团公司、公司的各类退休人员社会化管理工作各类会议、调

研并组织培训。参加了国务院国资委召开剥离国有企业办社会职能和解决历史遗留问题工作视频会、集团公司公司视频会、中石油驻冀企业暨华北油田退休人员社会化管理推进视频会、集团公司驻西南西北片区企业退休人员社会化管理工作座谈会。公司推进工作领导小组到集团公司退休人员社会化工作先行试点单位华北油田进行了调研开展，吸取经验。

（二）人员信息摸底采取“少写少跑 + 上门服务”的方式，顺利完成摸底工作

针对摸底表格子小，内容多，退休人员手写不方便的情况，专班人员做到以人为本，为了不让退休老同志多跑路、多写字，工作人员事前做了大量的准备工作，通过导出离退休信息系统内容，提前填好每个人的电子摸底表并打印好，到老同志居住的社区，让退休人员只是核对签字即可。同时收集户口本和身份证复印件等资料，得到了老同志们的点赞。在办理党员组织关系转移手续及街道社区接收手续时，工作人员尽量代办，尽量让老同志少跑路。

（三）遇到问题时，按照以“开拓市场方法和精神 + 主动出击”去做

主动出击，主动开拓，主动找西安市国资委、找政府、街道、社区联系，主动去移交完成的试点单位华北油田吸取经验、邀请西安市国资委领导来公司座谈等，有效加快了工作进展，取得了良好的成果。

（四）人事档案采取“三早 + 沟通”的方式，为提早完成移交奠定基础

早准备早谋划早启动勤沟通。召开了档案电子化专题会议，研究部署档案工作，确定每个单位的档案责任人，采取晚上加班，错峰上传，做到一人一档，人档一致，首家完成档案规范化整理。针对平台功能不完善流程不科学的情况，及时与平台人员沟通解决，大大提高了挂接上传效率，完成了全部人事档案数字化副本上传及光盘的移交工作，标志着移交工作全部完成。

（五）协议签订采取“包保责任制 + 协调沟通”的方式，缩短了工期

针对签订协议要与 9 个区政府、22 个街道办、9 个区档案馆联系，各个群信息量非常大，一人对接关注目不暇接的现状，及时调整策略，对专班工作人员采取包保责任制方式，分片包干，关注移交信息，及时汇报沟通，不遗漏信息。管理服务移交完成率、人事档案移交完成率、党组织关系转接完成率均为 100%。标志着公司退休人员社会化管理移交工作取得重大成果。

四、国有企业退休人员社会化管理移交存在的问题

（一）退休群体顾虑重重

一是部分退休人员担心企业一交了之，不管不问，原企业给予的既得利益得不到保障，相关待遇发生变化或问题找不到“婆家”，存在一定的疑虑。二是退休人员一辈子在企业工作，对企业感情深厚，有一定的依赖，认为移交后就变成“社会人”，在情感上有一定的失落。三是担心社区工作人员少，经费短缺，难以

完全承担起退休人员管理服务功能。四是担忧社区工作人员在一定时间内业务不熟，对退休管理的政策不清，影响办事效率。

（二）接受单位力不从心

退休人员实行社会化管理，其目的是一方面解决国有企业办社会的问题，另一方面保障退休人员晚年生活，提高生活质量。为此，退休人员期望通过社会化管理能享受到更好便捷的服务。但从目前移交的情况来看，各区普遍存在以下问题：一是从社区现有人力资源来看，既要做好原来社区管理，又要突然负责一个庞大的退休群体管理，的确人手不够，力不从心。二是现有社区人员对退休政策不熟，对退休群体陌生，对退休群体的问题咨询无法做到释疑解惑。三是各企业移交的退休人员享受的福利待遇五花八门，服务范围各自不同，社区统一管理后有可能形成相互攀比现象，这将考验社区工作人员政策水平和化解矛盾的能力。四是各社区信息化管理平台欠缺，管理手段单一。五是档案只是移交了数字化成果，纸质档案无存放能力，设立了2年过渡期，需要扩建或新建档案馆。

（三）实际管理移而未交

虽然社会职能移交后退休职工的管理主体责任发生变化，但按文件规定，企业仍然需要承担经济责任和其他社会责任，经济责任主要指统筹外费用的筹集和发放，社会责任主要指退休群体的稳定。各项待遇发放和政策解读仍需要原企业工作人员进行操作和解读，若退休人员群体出现不稳定状况，仍需要原企业工作人员进行疏导解决，这就实际出现了双重管理平台，既浪费了人力资源，造成重复劳动，又没有实现责任单一、管理简便的移交初衷。实质上企业的退休管理工作与以前无明显区别，没有真正实现社会化管理的目标，也未达到为企业轻装减负的效果。

五、退休人员社会化管理常态化移交和三年过渡期管理服务的思考

（一）做好移交后管理服务过渡，落实“三个定心丸”

根据国有企业退休人员管理移交协议中的约定，企业继续做好退休人员合理的统筹外费用发放工作；继续组织好退休人员健康体检、企业补充医疗门诊、慢性病、住院费、采暖费等费用补助和报销工作，做好新增退休人员常态化移交社区工作；继续做好住院慰问、去世人员后事处理、困难帮扶等工作。做好企业过渡年金的发放工作。企业管理机构和人员不能撤销，继续做好管理服务工作。养老性统筹外费用中物业补贴、电话费两项费用发放渠道和方式发生了变化，三年逐步过渡到企业过渡年金发放，做好政策解释工作，消除疑虑，保证和谐稳定大局。建议退休人员统筹外费用全部货币化或者一次性发放，减轻企业管理负担。

（二）做好人事纸质档案的移交工作

由于地方档案馆场地有限，无法存放纸质档案，所以先接收数字化成果光盘，

设立了 2 年过渡期，计划 2022 年 12 月 31 日前完成纸质档案移交。建议常态化移交一年一次。每年 10 月份，将养老金审批手续完成，退休审批表装入档案的人员统一移交到社区。由于陕西省社保局退休审批比较迟缓，大约退休半年多才能审批下来，如果早移交会造成人事档案中缺少退休审批表。后期补放将会很烦琐。另外，因没有养老金基数，无法计算党费，党建平台无法转出，转接党组织关系时无法给社区党支部提供党费缴纳标准。

（三）做好新增退休人员的移交工作

下半年新增退休人员及以后退休人员将实行常态化移交，继续做好常态化移交工作。稳妥推进，确保平稳移交要充分认识退休人员社会化管理工作推进的难度，认真谋划全面做好管理和服务上的交接，提高退休老同志交接后的归属感、获得感、幸福感。尤其在交接过渡期间，社区街道人员管理和服务等保障不到位的，要及时协调或补位。按照公司稳定风险评估报告和维稳信访工作预案，确保出现不稳定苗头时，能够精准施策、及时消除和化解矛盾。

国有企业退休人员实行社会化管理意义重大，影响深远，是一项重要而紧迫的改革任务。在下一步工作中，我们要以习近平新时代中国特色社会主义思想为指引，深入贯彻党的十九大精神，不忘初心、牢记使命，主动作为，以为民服务解难题为宗旨，落实集团公司退休人员社会化移交后退休人员管理服务“三保障”“两继续”“三个定心丸”，继续做好国有企业退休人员社会化管理三年过渡期和常态化移交工作，积极推动实现公司高质量发展。

推进国有企业退休人员社会化管理的几点思考

◆ 管道局　苏惠英

企业退休人员社会化管理，是指企业职工办理退休手续后，其管理服务工作与原企业相分离，人员移交街道和社区实行属地社会化管理服务，由街道和社区服务组织提供相应的管理服务。对国有企业退休人员实行社会化管理是党中央、国务院重要决策部署，是全面深化国有企业改革、加快剥离国有企业办社会职能和解决历史遗留问题的重要内容，也是保障和改善民生、创新社会治理的重要措施。认真学习党中央、国务院的有关部署要求，结合自身思想认识，有以下体会和思考。

一、实施企业退休人员社会化管理服务的重大意义

积极推进企业退休人员社会化管理服务，对于深化国企改革，提高国企市场竞争力，更好地保障退休人员法定权益和服务需求，确保退休人员共享全面建成小康社会新成果，都具有十分重要的意义。

（一）进一步完善社会保障体系

虽然我国确立市场经济体制，但需要建立和完善与市场经济体制相配套的管理体系。尤其国有企业退休人员管理服务存在很多历史遗留问题和现实问题，迫切需要建立符合国有企业发展的服务管理体系，同时也需要尽早划分政府和企业，明确职责和权利，并在此基础上构建社会保险体系，最大限度保障退休人员利益。

（二）效减轻国有企业负担

国有企业不仅从事生产经营和参与社会市场竞争，同时还需要承担大量社会服务性工作。这种管理模式没有充分考虑到退休职工分散的居住情况，也没有考

虑到国家政策层面，国有企业因要承担退休人员管理费用而使其正常发展受到影响。因而实施社会化管理可以减轻国有企业经济负担，激活企业发展潜力。

（三）保障退休人员根本利益

这是进一步保障企业退休人员晚年生活和提高生活质量的重要举措。近年来，我国退休人员的数量增长比较快，广大企业退休人员为国家的发展和建设辛劳了大半生，应当享有幸福、安定的晚年生活。在这个基础上，通过积极推进社会化管理服务，可以更好地实现退休人员的老有所养、老有所医、老有所教、老有所学、老有所为、老有所乐，使他们的晚年生活质量得到组织管理和服务上的保障。

二、实施企业退休人员社会化管理服务的进展情况

总体来讲，我国推进实施企业退休人员社会化管理服务可以分为三个阶段。

（一）社会保障社会化管理服务阶段

以养老金社会化发放为先行，实行退休人员与原企业相分离，养老金由社会服务机构发放，人员由社区管理。经过三年的实践，在 2002 年养老金实现全面社会化发放。

（二）社会化管理初步实施阶段

2003 年 6 月，企业退休人员办理退休手续后，养老金实行社会化发放，人员移交城市街道和社区实行属地管理，拉开了国有企业退休人员社会化管理的序幕。

（三）社会化管理深化推进阶段

2017 年国务院对具体开展国有企业退休人员社会化管理进行了试点部署。2019 年 3 月，中共中央办公厅、国务院办公厅印发《关于国有企业退休人员社会化管理的指导意见》，对企业社会化职能移交社区的范围、对象、分类方法进行了明确部署，国有企业退休人员社会化管理进入深化推进阶段。

三、实施国有企业退休人员社会化管理服务存在的问题分析

从个人的认知来看，结合学习了解的情况，实施国有企业退休人员社会化管理服务有一些问题需要统筹解决。

（一）街道和社区管理服务能力区域差距较大

发达地区街道社区管理服务体系较为完善，管理服务能力和水平较高。较发达地区街道社区整体发展水平不断提高，但内部街道社区发展不平衡仍然存在。欠发达地区街道、社区管理服务能力较差，街道社区的服务机构设施建设滞后，街道社区管理服务在调查的大多数居民心中“形同虚设”，这对于原先由企业承担的管理服务职能，街道社区既“接不住”，也“接不稳”。

（二）企业党组织与社区党组织对接不畅

目前，党组织关系转移到街道社区接收需要本人办理手续，需要出具一些证明材料，对于一些年龄较大且不在本地居住的退休人员办理党组织关系转移接收比较困难。街道社区党组织建设上，党建活动经费在欠发达地区可能难以保障，同时，社区党组织活动场所是否具备承接退休人员参加党组织活动的能力，也需要区别对待。这些情况可能需要企业继续承担相应的责任，加强企业党组织与社区党组织的联系对接。

（三）退休人员的“企业情结”与社区归属感较弱

一是“企业情结”较为严重。与机关事业单位退休人员的横向对比，当前一些国有企业退休人员认为自己一生奉献给企业，最后企业将自己“抛弃”了，而机关事业单位退休人员却没有纳入社会化管理，改革不能一视同仁。二是对所在社区的归属感和认同感不强，退休人员对于自己居住社区活动参与程度低，社区成员间互动少，无法像原先企业能够把大家凝聚在一起，进而无法形成对社区的归属和认同感。

四、实施国有企业退休人员社会化管理服务的思考

（一）企业责任继续承担

要明确退休人员社会化管理是管理服务职能的转移，即原先由企业承担的管理服务职能工作，交由街道和社区统一管理，企业应继续承担应当履行的责任。国有企业在社会化管理推进时，要做好社会保障管理服务、人事档案管理、党组织关系等相关工作的有效衔接，要确保街道和社区“接得住、接得稳、接得好”。在实施社会化管理后，国有企业要继续承担社会化管理服务内容之外的其他经济和社会责任。同时，国有企业还要继续关心关爱退休人员，做好走访慰问工作，采取多种方式使退休人员能够了解企业改革发展情况，让退休人员继续关心企业，老有所为。

（二）创造良好社会氛围

实行社会化管理后，退休人员主要关心原有的待遇是否会降低、原有的集体活动是否还会继续、原有的活动场所是否仍然可以使用。这就需要企业和街道社区做好宣传引导和思想工作，明确实行社会化管理是把本应由社会承担的工作归还给社会，由街道社区接收，并为退休人员提供管理服务；同时，通过发放宣传资料、召开政策宣讲座谈会、组织退休人员参观社区等多种形式，详细介绍有关政策、措施，把相关待遇等问题向退休人员讲清楚，打消他们的疑虑。

（三）加强管理服务网络的保障功能

国有企业退休人员实行社会化管理后，街道、社区将要承担原先由企业承担的职能，各地政府要明确街道和社区国有企业退休人员社会化管理服务工作的主

要内容，精简移交环节和手续；解决机构建设中的职能、人员编制和经费保障问题；加强街道、社区学习场所和各类服务资源建设，不断完善街道、社区管理服务体系。

（四）加强街道和社区党组织建设

要充分重视街道和社区党组织的建设，有些地区党组织活动经费困难，地方财政经费压力较大，需要通过多种渠道解决。对于活动场所较少、短时期内建设困难的地区，需要加强社区党组织与企业党组织的联系对接，通过党建共建、场所共用等方式解决这一难题。

（五）有效衔接社会保障管理服务职能

国有企业退休人员实行社会化管理后，各类社会保障待遇要按时足额支付。对于已纳入属地管理基本医疗保险的退休人员，继续按规定享受相应的待遇；对于未纳入属地管理基本医疗保险的退休人员，国有企业要和地方协商做好医保关系转移接续工作。国有企业退休人员原享受的大额医疗费用补助、补充医疗保险、医疗互助帮困等相关待遇仍按原渠道解决，确保待遇水平不降低。社会保障管理服务职能移交后，国有企业要配合街道和社区，做好退休工伤人员的各项待遇申报等工作。

（六）改善社会化管理模式

国有企业退休人员社会化管理涉及较多内容，落实难度偏大，因需要相关部门在统一领导下明确各方责任，共同做好相关服务管理工作。一是社区退休管理机构应积极接收国有企业退休人员档案，掌握退休人员各项信息并协助地区社保机构共同完成养老金发放、社保公益以及康复护理等活动。二是政府部门也应发挥主导作用，根据实际情况出台有利于社会化管理服务政策制度，更要结合地区现状建立科学合理的退休管理机构。三是企业应积极配合社区退休管理工作，由企业负责移交档案并反映相关情况，尤其针对没有参与医疗保险的退休人员应按照原渠道支付医疗费用并保证退休人员应享有的福利待遇。四是劳动保障部门应主动与民政、卫生、财政、宣传、文体等部门进行有效的沟通协调，以部门之协作形成统一化管理体系，准确落实社区退休人员的活动场地、医疗保健、贫困家庭人员救助、管理工作经费等各项活动，促使国有企业退休人员可以依法享受相应的福利待遇。

新形势下如何做好国有企业退休人员社会化工作的思考

◆ 管道局　杨　静

近年来，各地方政府按照党中央、国务院的部署推进企业退休人员社会化管理服务工作。2020年，集团公司出台了《关于推进企业退休人员社会化管理工作的指导意见》，旨在平稳有序实现企业退休人员社会化管理。管道局东北石油管道有限公司与地方劳动和社会保障局签署了协议，由地方社区和企业共同为企业退休人员提供管理服务，实行社会化管理，简称“共管”模式。在此模式下，企业退管部门如何适应社会化管理要求，充分利用社会资源，为实现“六个老有”创造条件，做好企业退休人员管理服务工作，针对石油企业具体特点，推进退休人员社会化管理工作，企业应在以下四个方面做好工作。

一、要正确认识企业退休人员社会化管理服务内容和“共管”模式下企业应承担的责任

首先，要明确企业退休人员社会化管理服务的内容。完全意义上的社会化管理服务主要内容是:（1）配合社会保险经办机构做好确保养老金按时足额发放工作，保障企业退休人员基本生活;（2）为企业退休人员能提供社会保险政策咨询和各项查询服务;（3）跟踪了解企业退休人员生存状况，开展企业退休人员养老保险待遇领取资格认证;（4）了解企业退休人员思想和生活状况，对高龄、特困、鳏寡孤独、重病的企业退休人员进行走访慰问;（5）对死亡退休人员的遗属进行慰问，帮助遗属办理一次性丧葬抚恤费和供养直系亲属救济费申领手续;（6）建立企业退休人员社会化管理服务基本信息库，由地方政府有关单位集中管理企业退休人员的人事档案;（7）建立企业退休人员健康档案，有计划地开展健康教育、疾病预防控制和保健工作;（8）组织和引导社会力量为企业退休人员提供医疗护

理、生活照料、殡葬服务、法律援助等服务，推动老年公寓的建设与发展；（9）依托基层党组织，组织企业退休人员中的党员开展组织活动，加强企业退休人员的思想政治工作；（10）组织企业退休人员开展文化体育健身活动，指导、帮助他们通过各种形式的社会公益活动发挥余热，开展自我管理和互助服务等十方面的工作内容。社会化管理服务的基本形式是，企业退休人员办理退休手续后，其管理服务工作与原企业分离，养老金实付社会化发放，人员移交城市街道和社区，实行属地管理，由社区服务组织提供相应的管理服务，将企业退休人员直接纳入街道和社区进行管理服务。

其次，要明确企业退休人员“共管”模式的内容。根据中石油下属企业大都经营状况较好，退休人员较多且居住地相对集中，退管机构健全，各项活动开展正常，退休人员福利待遇高于地方的特点，地方政府采取“社区与企业共管”的企业退休人员社会化管理服务模式，此模式是由社区和企业共同为退休人员提供社会化管理服务。即：企业职工退休后，除了享受原企业为他们提供的管理服务外，退休人员还享受居住地社区按照社会化管理服务制度要求为其提供的社会化管理服务。“共管”以后，对退休人员服务更全面、更广泛，各项福利待遇不会因社会化管理而降低。

最后，要明确“共管”模式下，企业承担的责任。鉴于目前社区社会化管理条件尚不成熟，部分退休人员管理服务工作难以落实到位，企业退休人员管理服务工作难以落实到位，企业退休人员纳入社会化管理后，大部分社会化管理服务内容仍需要企业退管部门来承担，企业退管部门不可能随社会化管理而消失。企业退休人员统筹外养老金（企业补贴）由企业继续按有关政策发放；补充医疗保险，大病互济救助仍然按原渠道报销；退休人员的体检、节日慰问等须按原标准执行，保证移交退休人员社会化管理后各项待遇不降。企业退休人员“共管”后，企业退管机构要按照地方劳动保障部门的统一要求，统一名称挂牌，继续做好退休人员日常管理服务工作。因此，企业原有机构不能撤，管理服务人员不能减，服务项目不能减少。

二、要加强与地方社会化管理服务机构的联系，协调管理服务内容，共同做好企业退休人员管理服务工作

企业退休人员实行社会化管理，企业和社区共同为退休人员提供管理服务。企业退管机构要同时接受地方政府社会化管理服务中心领导，加强沟通联系，做好各项管理服务工作的衔接，防止形成管理和服务的真空。

一是切实落实退休人员社会化服务企业所承担管理服务内容、标准。在“共管”模式下，企业退管机构除做好企业自身各项管理服务工作外，还要继续承担部分社会化管理服务工作。因此，要从方便管理、方便服务、方便退休人

员出发与社区做好社会化管理服务内容的分工与合作。退休人员在社区能够办理或办理更为方便的社会化管理服务内容，本着就近就便的原则，可转移到社区办理或参加社区活动；对于企业福利待遇标准高于地方的，如：重病慰问、生日慰问、节日慰问、特困补助、健康检查等及企业组织开展更为方便的活动，继续由企业组织实施。此外，企业应根据自身特点，积极开展一些有益于老同志身心健康的活动。

二是运用现代化计算机技术，实现退休人员信息共享。生活保障和医疗已成为同退休人员关系最为密切的管理服务项目。退休人员逐步进入老年，行动不便，人员居住地分散，更有一定的流动性，因此服务的快捷与方便成为迫切的需要。退休管理服务社会化，打破了长期以来劳动保障部门和退休人员习惯的企业为纽带的管理方式，有效地将社会资源与企业资源结合起来。因此，应加强与劳动保障部门之间的联系，充分运用计算机网络技术，共同完善退休人员数据库，实现退休人员管理服务信息资源共享，提高服务质量和便捷程度。

三是充分发挥社区作用，丰富退休人员晚年文化生活。在做好企业内部管理服务的基础上，充分发挥街道、社会的作用，让退休人员就近学习，就近活动，就近得到关心照顾，逐步建立和完善企业、街道、社区、家庭相结合的退休职工医疗、生活服务体系，开展丰富多彩的文体娱乐活动。利用街道、社区资源为退休人员服务，借助街道、社区贴近退休人员的便利性，企业退休人员的养老金、遗属办理一次性丧葬抚恤费和供养直系亲属救济费等申领手续由社区办理。

四是选配有较高素质的工作人员，不断提高管理水平。做好离退休人员的管理服务工作，事关改革、发展和稳定的大局。退休人员有几十年的工作经历，与他们交谈要注意方式方法，如果管理人员素质不高，则容易产生矛盾，既伤害老同志的感情，又给工作带来被动。因此，要选择协调能力强，有良好的人际沟通能力，熟悉老同志和社会保障政策，热爱退管工作的人员充实到离退休人员管理岗位，以满足社会化管理服务工作的需要。

三、不断完善企业退休人员管理体制和机制，适应社会化管理工作需要

一是适时改变现有离退休人员管理体制。目前公司离退休人员管理是按退休人员在职单位隶属关系和区域设置退管分部实施管理。为适应“共管”和企业内部管理需要，在规范统一离退休人员福利待遇基础上，条件成熟时，应按退休人员居住区域重新整合内部管理机构。根据有利于做好退休人员的管理和服务，有利于资源共享，有利于提高工作效能的原则，按照退休人员居住地的集中程度，按市行政区设置退管分部。

二是要在指导企业退休人员建立自我管理和互助服务组织上下功夫。企业退

休人员是一个庞大的社会群体，人数众多，居住分散，通过建立退休人员的自我管理和互助服务网络来解决他们在日常生活、学习和娱乐等方面遇到的问题，是实现社会化管理服务的一个重要形式。根据退休人员居住情况分片划定若干小组，推选各小组中能热心社会公益事业，有一定协调组织能力、身体状况较好的退休人员担任组长，通过自我服务和互助服务网络，加强退休人员与退管服务机构联系，及时了解退休人员思想状况和身体状况，并加强对退休人员自我管理和互助服务组织指导的管理和服务。

三是要进一步落实管理服务工作的制度化、规范化。制度是一切工作的保证，退休人员管理服务工作是否做好，待遇是否落实，要靠一系列的制度保证。如：政治学习制度、组织生活制度、节假日慰问制度、走访制度等等。企业退休人员进入退管分部后，退管分部应及时建立与之相应的账和档案，坚持“以人为本”的管理原则，将管理服务工作细化到人，切实落实“四走访”“五慰问”“六服务”。通过加强制度建设，各项工作有章可循，促使管理服务工作上台阶。

四是加强基层党的建设，充分发挥党组织的作用。企业退休职工党员应依据党的章程，成立相应的党支部。随着离退休人员管理体制的调整，党支部党员也应根据居住地重新划分。各退管分部要结合社区情况，以支部为单位，加强党员的学习教育和管理，开展内容丰富、形式多样的组织活动，使退休职工党员及时了解党的路线、方针和政策。利用支部支委，发挥党员的先锋模范作用，让一部分身体健康，热心公益活动的老党员积极投身到管理服务工作中来，形成人人参与管理的良好局面，为退休人员社会化管理奠定坚实的基础。

四、继续落实企业承担的责任，完善退休人员生活待遇的保障机制

企业退休人员“共管”后，为保证退休人员队伍的稳定，企业退管部门在做好日常管理和服务工作的基础上，工作应有所侧重，重点做好以下几项工作：

一是按时足额做好企业退休人员企业补贴（补充养老金）的发放。企业补贴是是有企业特有的关系到每一位退休人员切身利益且非常重要的福利待遇，是退休老同志老有所养的根本体现。“共管”后，企业及其退管部门更应该做好工作，保证企业补贴按时足额发放。

二是切实做好企业补充医疗保险及大病救助工作。企业补充医疗保险及大病救助解决了老同志生活的后顾之忧，要采取更加有效的措施，让退休人员享受到相应的医疗待遇。不断完善补充医疗报销渠道，为广大退休人员提供方便。

三是组织做好退休人员一年一次的体检。退休人员健康检查涉及退休人员身体健康，也体现了企业对老同志的关怀。要积极宣传，动员广大退休人员参加健康检查，把好事做好，实事做实。

四是坚持退休人员生日慰问、重病看望和死亡慰问及重大节日走访等工作。

“共管”后，企业退管机构应一如既往地做好退休人员重大事件看望，慰问工作，体现企业人文关怀。

五是对特殊困难退休人员要更加关心体贴。要完善特殊困难退休人员的帮扶机制，充分运用好扶贫帮困基金，加大工作力度，对特殊困难退休人员，特别是因病致困退休人员给予一定的帮扶，帮助他们解决生活、医疗等方面的实际困难。

总之，企业退休人员社会化管理是全面深化国有企业改革的重要内容，是保障和改善民生、创新社会治理的重要举措，必须积极稳妥推进这项工作，切实维护退休人员及企业矿区和谐稳定。

论基层党支部在国有企业退休人员社会化工作推进过程中的作用

◆ 管道局 王 玥

国有企业退休人员社会化管理，是指办理退休手续后的国有企业职工，其管理服务工作与原企业分离，养老金实行社会化发放，人员移交乡镇和村委（社区）实行属地管理，由社区服务组织提供相应的管理服务。

社会化管理工作的推进有利于全面深化国有企业改革，加快剥离国有企业办社会职能和解决历史遗留问题，有利于积极推进国有企业退休人员社会化管理服务工作，为国有企业公平参与市场竞争创造条件，依法依规确保待遇和权益不受损，提升管理服务水平，能够有效提高国有企业退休人员移交后的归属感、获得感、幸福感。于国有企业能够减轻负担，于退休职工能够获得专业化管理，不断改善退休职工生活、提升群众幸福感。

那么，要想顺利推进国有企业退休人员社会化工作，首先就要畅通信息渠道，建立移交企业、接收单位和退休人员代表三方沟通机制，及时研究解决移交过程中的困难和问题，做到交接前后管理服务工作无缝衔接。并及时收集工作进展和好的经验做法，便于解决实际问题，总结推广经验。其次是要营造浓厚氛围。加强政策宣传和舆论引导，认真做好国有企业退休人员思想政治工作，积极反映国有企业退休人员的诉求，营造良好工作氛围，确保有序移交、平稳过渡。

因此，作为企业必须要结合实际，采取多种方式继续关心关爱退休人员，做好走访慰问等工作，使退休人员能够关注企业改革发展情况，积极提出意见，充分发挥余热。

但是就当前实际情况看，国有企业广大退休职工多数成长于企业，奉献于企业，与企业有着深厚的感情，具有强烈的企业归属感和荣誉感、自豪感。对于社会化移交工作，部分退休职工总会惯性思维地认为移交后，企业不再与其有所关联，导致失去原有的心理依靠，心存抵触情绪，对国家退休职工社会化管理相关政策既不想了解，也不愿了解。

针对上述企业退休人员社会化工作推进过程中存在的诸多问题，如何化解退休人员的心理矛盾和负担，如何宣传和讲解相关政策，消除退休人员的各种顾虑和担忧，应是当前推进国有企业退休人员社会化工作中的重要一环。退休基层党支部是基层凝聚广大党员和群众的重要组织，在推进社会化工作这个关键和特殊的时期，它在基层退休职工党员和群众中的作用则越发凸显。

一、发挥政治优势，在政治上多关心

退休职工党员长期接受党的教育，具有加强党的建设和思想政治工作的丰富经验，曾经为新中国的诞生和社会主义建设建立了不朽功绩，是一支忠诚于党的事业、政治坚定、作风优良的队伍，在社会主义现代化建设和党的建设中发挥着重要作用。特别是石油企业的退休职工党员，为我国的石油建设奉献毕生，一代又一代石油人用各自不同的方式诠释着“我为祖国献石油”的雄心伟业，而“三老四严”的石油精神也将在一代又一代的石油人中传承、发扬，他们的这种正能量的引领作用不可小觑。

因此，加强退休职工基层党支部工作，有利于引导退休人员更好地发挥正能量作用，配合完成社会化移交工作。一是要以离退休职工党支部为依托，组织开展主题教育活动，引导他们注重加强党性修养，理想信念不能变；强化奉献意识，根本宗旨不能忘；发扬优良传统，政治本色不能丢。二是要充分发挥老年大学等多种教育资源优势，把思想政治教育和国有企业退休人员社会化工作相关政策融入各学科的教学中，让退休职工在学习中受教育，在娱乐中受熏陶。三是要大力宣传和推广兄弟单位社会化工作好的先进经验和做法，用实际效果感染广大退休职工，获取他们的理解与配合。

二、发挥主心骨作用，在思想上多关注

要围绕退休职工共同关心的国有企业退休人员社会化工作等各类热点和焦点问题，发挥基层党支部书记和支委的“主心骨”优势，采取聊天、谈心、对话等启发式的方法，经常与他们进行面对面的沟通，既讲清党和国家大政方针的“大道理”，也讲清日常基本思想行为规范的“小道理”，通过思想交流和情理结合的情感沟通，逐步调理他们的心理状态，使他们心理由不适应转化为适应、由不平衡转化为平衡，从而消除心理冲突、理顺思想情绪。通过开展以“进老人门、知老人事、分老人忧、解老人难、暖老人心”为主要内容的亲情服务活动，将退休职工思想政治建设渗透于走访慰问活动中。

三、通过人性化服务，在生活上多关照

要根据退休职工体弱多病的现实，有计划地与社区街道联合举办老年保健知识讲座，突出社区服务的主导性，通过社区服务的专业性，引导退休人员配合社区工作，自觉增强自我保健意识，提高自我保健能力。要本着“老有所需，我有所应；老有所难，我有所助”的理念，根据不同层次退休职工的需求差异，与社区志愿服务相结合，做到日常服务到位、重点服务到家、特殊服务到人。要不断完善帮扶机制，组织帮扶小分队和志愿服务小组，通过开展个性服务，让特殊群体的特殊困难随时得到组织关照，努力增强工作的实效性。用真心和真情感化退休职工，争取他们的主动理解和配合。

四、开展丰富活动，在精神上多关怀

要主动与社区街道对接，主动把退休职工思想教育与开展丰富多彩的文体活动结合起来。要按照退休职工的不同爱好，以活动室为阵地，依托各类文体协会，坚持室内活动与室外活动、内部活动与社会活动、平时活动与节日活动、知识趣味性活动与健身娱乐性活动相结合，开展丰富多彩的寓教于乐活动，使退休职工保持良好的精神风貌。要与引导退休职工发挥作用结合起来。根据退休职工的专业特长、兴趣爱好、身体状况等情况，将他们分类组成调研咨询、政策咨询、人才培养等各种团队，有组织地引导他们在参政议政、参与社会管理以及关心下一代等方面，发挥力所能及的作用，与社区街道一道共同把退休职工思想政治建设有机地贯穿到老有所为的各项活动中。

国有企业退休人员社会化管理工作时间紧、任务重、难度大。这就要求各企业必须进一步提高政治站位，统一思想认识，与社区加强沟通协调，与基层党支部形成工作合力，更好地服务于广大退休人员，让国有企业退休人员有归属感、获得感、幸福感，有效确保社会化工作的顺利推进。

信息化、精准化、规范化在平稳有序推进退休人员社会化管理工作中的作用

◆ 北京项目管理公司　盛　苗

企业退休人员社会化管理工作是党中央、国务院减轻企业负担的战略部署，是集团公司深化体系改革、增强企业活力的重大举措，更是退休人员保障权益、维护社会和谐稳定的必然要求，实现退休干部服务管理的精准化信息化，是退休干部的期盼，如何将二者结合起来，是老干部服务工作中值得探索的重要课题。

一、信息化、精准化、规范化平稳有序推进退休人员社会化管理工作的重要意义

（一）退休人员社会化是大势所趋

随着社会事业的发展，国企退休人员社会化趋势日益明显。早在2003年，中共中央就颁布了《关于积极推进企业退休人员社会化管理服务工作意见》，要求充分认识企业退休人员实行社会化管理服务的重要性和紧迫性，努力实现退休人员老有所养、老有所依、老有所教、老有所学、老有所为、老有所乐为目标，共享改革发展成果。

（二）强化信息化、精准化、规范化理念，推进退休人员社会化管理工作

近年来，互联网和信息技术的迅猛发展，给人类社会带来深刻的影响，中央提出建设数字中国、网络强国、智慧社会等一系列信息化建设目标。离退休职工工作要紧密结合时代发展趁势而上、顺势而为。

离退休职工服务管理信息化建设真正实现了离退休人员和业务动态管理。借助离退休职工管理平台可以精准地了解退休人员的党员基本情况、家庭成员信息、居住地信息等，给退休人员社会化管理工作带来很大的便捷。

二、信息化、精准化、规范化在平稳有序推进退休人员社会化管理工作中的一点思考

（一）退休干部服务管理现状

1. 抓好政治待遇落实

项目管理公司历来非常重视离退休干部两项待遇的落实，持续抓好离退休职工党支部工作，及时学习习近平总书记系列讲话和集团公司文件，学习“全国离退休干部网上专题报告会”。每年精心策划 2~3 次“三看”活动，让老干部感受到公司新发展新变化，增强离退休干部的获得感。

2. 抓好生活待遇落实

一是严格按照集团公司要求，按时发放生活补贴，组织好“冬送温暖”“夏送清凉”关心慰问活动。二是主动办实事，做好事，解难事。三是加大走访慰问力度，凡生病住院等，均第一时间上门探望，主动提供必要的帮扶。

3. 抓好正能量主题实践

项目管理公司深入开展正能量主题实践活动。年初以来，先后举办了“战严冬、转观念、勇担当、上台阶”主题教育活动，大家畅所欲言，出谋划策。

（二）需要关注的问题

我认为当前国企退休人员社会化管理工作还存在以下三个现象，需要给予一定的关注。

1. 部分退休人员存在“失落感”

据调研，部分退休人员认为自己是“单位人”的思想已十分牢固，影响到更好地融入社区，是需要关注的第一个因素。在工作期间，职工主要从单位获得帮助和支持，退休之后，遇到困难时，还是习惯于从单位求得帮助。退休人员在岗位工作多年，与单位之间早已形成了共生共荣的关系。退休后，工作成为过往和回忆，如果没有其他生活内容来填充，很容易造成“失落感”。

2. 部分退休干部对社区较难产生“归属感”

除上面提到的对企业的依赖感外，退休人员对社区较难产生“归属感”的原因还涉及政府社区的五个方面因素：一是管理队伍力量薄弱，街道、社区工作人员素质参差不齐，与承担政策性强、技术要求高的社会化管理工作还有一定的差距；二是经费投入不足，没有解决管理资金的固定渠道，无法满足细致深入的管理服务工作；三是规范管理不到位，工作的细化、规范化和质量都有待提高；四是社会福利事业发展不足，服务的精细化针对性不到位；五是社保职能发挥不充分，全面服务保障有缺位。部分社区服务的软硬件方面还有诸多不到位之处，退休人员对社区“家”的意识还不够强，对社区也就难以形成“归属感”。

3. 退休人员在比较中容易产生“差异感”

随着生活环境的变化，退休人员比较容易产生“差异感”。一是退休前后的生活有差异。退休前，工作生活兼顾，更加侧重于工作，在企业展现个人价值。退休后不再考虑工作事项，时间多了，自由多了，会感到空虚。据调研，退休人员普遍缺少了工作中的成就感，生活中逐步需要照护，心态变得消极，幸福感下降。二是企业对于退休人员提供的服务比较细致，社区由于服务对象庞大，管理服务覆盖率较大、服务精细化程度参差不齐。三是党组织关系转移到社区党支部后，退休人员学习状态有差异。组织关系在原单位时，能规范有序地参加党的活动，党组织关系转到社区党支部后，部分退休人员反映学习活动较为单一，缺乏针对性，差异感明显。

三、进一步做好退休人员精准服务管理的思考

面对新时代新要求，针对存在的问题，以推进精准化、信息化、规范化为核心，加快实现由“单位人”向“社会人”转变，我认为须着力抓好以下四项举措。

（一）编制“一本书”——体现企业主动为退休人员提供服务指南

自 2021 年起，新退休人员直接移交社会，企业要做好政策宣传和协助退休人员融入社区，消除他们的“失落感”，实现平稳过渡。建议以“一本书”移交、登记为标志，提供服务资源。结合退休人员需求面和关注点，书中应包括：单位服务管理联系人的地址、电话；党员组织关系的转接流程；社区服务中心的联系方式及服务内容；医疗机构的特色诊疗服务等。服务手册实时更新，并推出电子手册，便于使用。单位与社区应密切配合，共同做好服务管理，在推动老同志门积极融入社区中，逐步消除他们的“失落感”。

（二）用好“一张卡”——突出社区信息化，促进退休干部的正能量

社区街道应当充分利用信息化手段，提升服务管理水平。一是要建立基本信息库。社区应当及时将退休人员的身体情况、兴趣爱好等信息纳入信息库。二是利用信息资源牵引学习活动。社区应当及时发布学习活动信息，供退休人员选择参与。同时通过信息系统，实施动态管理，互相交流，全面实现“老有所学”。三是以信息化促进人才二次开发。以特长为基础，鼓励退休人员走出家门、走进社区、走上讲台，传播好声音、体现正能量。四是完善信息管理系统。在政府主导下，以社区为主体，企业为支撑，实现信息管理、组织机构管理等模块，推动实时联网，成为退休工作管理的必备工具。通过信息化机制，使老干部工作更加精准科学规范高效，逐步增强退休干部的“归属感”。

（三）打造“一张网”——强化企业社区互补性，集成实现全方位服务管理

整合集成各方资源，充分发挥企业和社区两条线的力量和功能，构建起政府主导、重点突出、各有侧重、力量互补的退休人员服务管理网。

以社区为主体，以企业，社会组织为支撑，完善相关法律法规，制定体系化的养老服务标准，建立综合为老服务中心，并设置社区、企业、社会组织互动平台，大力推动养老产业发展。

（四）竖起“一面旗”——展现党员干部先进性，带头发挥先进模范作用

一个党员一面旗，一个支部一堡垒。作为党员，在退休后应当不忘初心，牢记使命，积极响应国家政策，积极参加社区党支部的活动，按照“就近学习、就近活动、就近得到关心照顾、就近发挥作用”原则，在社区活动中自觉发挥党员先锋模范作用，并以此带动“单位人”成为“社会人”。

如何做好国有企业退休人员社会化管理工作的体会与思考

◆ 北京项目管理公司　窦连虎　盛　苗

国有企业退休人员社会化管理工作是党中央、国务院的重要改革部署，是全面深化国有企业改革的重要内容，是保障和改善民生、创新社会治理的重要举措，这就要求我们深入研究、稳妥推行。

北京项目管理公司天津设计院（以下简称天津设计院）设有离退休管理办公室，负责五个群体（离休干部、退休职工、有偿解除劳动合同人员、油田家属工和油田职工家属）近400人的服务管理工作。2020年年初，按照天津市国资委要求开始推进企业退休人员社会化管理工作，10月底，天津设计院退休职工的党员组织关系移交、社会保障管理移交、人事档案移交、管理服务职能等，均按照要求移交社会。按照集团公司政策要求，为保证企业和谐稳定，天津设计院离退休管理系统设有三年过渡期，过渡期内退休管理办公室的编制与职责基本不变，除负责剩余其他四个群体的服务管理工作外，继续负责已转交到地方政府的退休职工的信息跟踪、关系协调、困难帮扶及发放统筹外项目部分费用等工作。

如何正确开展企业退休人员社会化管理工作，逐步理顺管理关系、进一步持续做好已移交社会人员的信息跟踪和协调服务等，保证退休人员移交到社会后的服务管理职责平稳过渡，最终顺利完成企业退休人员社会化管理工作，这是我们必须深入研究思考的重大课题。

一、如何正确认识看待企业退休人员社会化管理工作

由于历史原因和企业的特殊性，石油系统内很多退休人员在年轻时，都怀揣为祖国献石油的理想信念、扎根偏远荒漠的油田，在艰苦的创业年代为企业吃过

苦、流过汗，有些人还留下来终生的伤病；“以厂为家”和“老有所养、老有所依”均是我们中石油的优良传统，这些传统也使多数人员都存有退休后“依靠企业养老”的思想。因此，天津设计院部分退休人员都不愿意离开企业，对推行企业退休人员社会化管理工作有一些顾虑。

实际上，我国已基本建立了比较完善的社会保障体系，而且今后还会不断健全多层次社会保障体系，健全覆盖全民、统筹城乡、公平统一、可持续的多层次社会保障体系，不断提高、完善街道社区的服务保障能力。实行企业退休人员社会化管理，可避免因为企业改制或企业经营不善的关停划转而影响退休人员福利的发放，可以保障这些退休人员的福利待遇稳定、老年生活稳定，对退休人员是利好政策。实行企业退休人员社会化管理，减少企业的部分社会职能，可以规范和改善企业的经营环境，为各企业创造公平竞争条件，满足企业深化改革的需要，对企业而言也是利好政策。因此，企业退休人员社会化管理政策是双赢的。

二、如何切实做好企业退休人员社会化管理工作

要切实做好企业退休人员社会化管理工作，应坚持“全国一盘棋、基本政策统一”的大局意识，应坚持实事求是的务实意识，应坚持以民为本的服务意识；政府和企业各相关部门紧密配合，认真分析、务实解决工作中出现的新问题、新矛盾，把“企业退休人员社会化管理”这项好政策执行好、落实好。

首先，营造良好的舆论环境，做好政策的宣传工作，政府和企业的相关部门要认真做好部分企业退休人员的答疑解惑工作，重点关注特殊个人与群体，做好合理的困难帮扶工作，防止退休人员上访及激烈性群体事件，实现企业和社会的稳定和谐。

其次，落实企业退休人员社会化管理是一项复杂的系统性工作，涉及党员组织关系移交、社会保障管理移交、人事档案移交、管理服务职能移交及困难帮扶等，需要地方政府和企业相关部门的紧密联动与配合，各负其责、共同承担。

最重要的是，企业要有担当精神。大多数省市的企业退休人员社会化管理工作进程来看，目前政府暂时无能力快速、全部实现社会化人员的管理与服务职能，政府需要企业在相当长的一段时间内继续承担企业退休人员的部分管理与服务职能。为保证企业与社会的和谐稳定，确保企业退休人员社会化管理工作稳步顺利地推进，要求中石油所属企业的离退休职能部门有三年过渡期：过渡期内退休管理机构的编制与职责本不变，做好与地方政府配合工作，做好移交后退休人员的信息跟踪和“街道、企业、个人”三方间的沟通与协调工作，做好移交后退休人员的各项统筹外项目福利待遇发放工作、补充医疗报销、节日走访慰问及困难帮扶等工作，使退休人员感受到一如既往的关怀和温暖。

三、社会化管理工作面临的问题及下一步工作举措

按照公司退休人员社会化管理工作领导小组的要求，坚持“属地化管理，企业自主”的方针，牢牢把握“围绕中心，服务大局”的原则，紧紧围绕“抓服务、办实事、促稳定、求和谐”的目标，以人为本，尽职尽责地为离退休人员服务，为创建和谐企业服务。

（一）当前面临的主要问题

一是退休人员移交社会后存在社会服务管理跟不上的问题。对地方政府来说，虽然正在逐步完善退休管理服务体系，但短时间内跟不上大量退休人员的接收速度，在社会保障、社区服务方面，暂时缺乏管理制度及大量管理服务人员。

二是其他群体退休人员移交存在不能完全交出去的问题。就目前情况，企业成立时间较长，不同历史时期的政策不同，其他退休群体，存在难以解决历史遗留问题，其中家属工、有偿买断再就业职工，都属于不同历史时期政策形成的特殊群体，暂留企业统一管理，需要较长的时间完成社会化管理。

三是部分退休职工对退休人员社会化管理工作不理解。在企业退休职工社会化管理工作中，部分退休人员认为企业管理责任移交给社会后，就对职工不管不问。殊不知退休职工完全移交社会管理是需要时间的，社会化的管理工作方面存在长期性与艰巨性。

四是忽视退休职工文体活动开展。退休职工的文体活动对社会化管理工作来说具有积极的意义。一些企业错误地认为退休人员社会化管理后，企业不再开展文体活动，或者开展的文体活动拘于形式，整场活动单调乏味，缺乏吸引力，使得退休职工失去了参与的积极性，这样的文体活动难以发挥应有的意义。

（二）天津设计院工作举措

第一，一如既往地开展退休职工文体活动。国庆前期，组织策划了主题为“守望初心迎国庆、情满孝心度重阳”大型联欢会，到场离退休职工 150 余人，职工志愿者 20 余人，会场氛围热烈又充满亲情，尤其是策划录制的视频片段，让不能到达现场的退休职工，送来了远方问候。整场联欢会体现了企业对离退休职工的关心关爱。

第二，一如既往地开展困难帮扶、节日慰问工作。国庆前期，天津设计院领导班子，全体参加了慰问工作，慰问范围包括有特困户、困难户、大病家庭、失独家庭、高龄老人群体，为他们送去温暖，使退休职工感受到企业与他们的感情纽带没有断。

第三，一如既往地开展优质服务工作。每年组织离休老干部、退休职工身体检查，对年老、体弱、因病住院者经常走访，对需就医的离退休干部，积极同医护人员联系，安排住院、治疗，体现出企业为退休职工服务到底的态度。

第四，在新形势下，着重加强家属工、有偿买断群体人员的信息收集、整理、记录。加强对特殊情况人员的关注，确保信息数据准确、沟通流畅。制定突发事件处理预案，做到了全体离退休人员的老有所依。

四、结语

退休职工社会化管理工作对离退休职工具有划时代意义，对企业改革、发展、稳定产生积极影响，既可以实现企业离退休人员老有所依，老有所养，又可以促进社会的和谐稳定，更能够推动企业轻装上阵，健康发展。因此，退休职工社会化管理工作需要全社会关注，全社会支持，我们必须以习近平新时代中国特色社会主义思想为指导，全力以赴把退休职工社会化管理工作落实、落细、落地，为全面建成小康社会做出积极贡献。

积极推进国企退休人员社会化管理，全面完成党中央、国务院的决策部署

◆ 宝鸡石油　吴福地

近年来，党中央、国务院做出重大决策部署，全面深化国有企业改革，加快剥离国有企业办社会职能和解决历史遗留问题，平稳有序推进国有企业退休人员社会化管理工作，为国有企业公平参与市场竞争创造条件，立足退休人员法定权益保障和服务要求，完善管理服务资源，创新管理服务模式，提升管理服务水平，结合加快老龄事业发展和完善养老服务体系建设，做好国有企业退休人员社会人管理的各项服务保障工作，中央办公厅、国务院办公厅和中国石油天然气集团有限公司先后出台了《关于国有企业退休人员社会化管理的指导意见》。为此，我们在全面落实和完成党中央、国务院，集团公司和地方党委、政府有关退休人员社会化管理的基础上，我们认为，退休人员社会化管理工作，不是“剃头的挑子一头热”，既不能搞一厢情愿，也不能搞强卖强买，需要各方共同努力、协同作战才能促成移交。为此，我们摸索出以下三点不成熟做法。

一是交得尽心。习近平总书记指出，老干部是党执政兴国的重要资源，是推进中国特色社会主义伟大事业的重要力量。这一重要论述，深刻阐明了广大离退休干部在党执政兴国中的重要作用，对他们充分发挥优势和作用寄予了殷切期望，对做好新时代老干部工作提出了很高要求（习近平在全国老干部工作先进表彰会上的讲话）。特别是对退休人员社会管理后的服务工作提出新的要求。为了尽心做好移交工作，我们一方面尽力将所有退休人员的信息、资料向街道办和社区交底，每一环节、每个具体事项详尽说明。同时，提早邀请接收方的人员不定期参加企业的移交专题会，提前介入，保证让接收后能立即开展工作。另一方面，老同志为企业奉献了年华，常怀留恋，总是认为生是企业人，死有企业魂。习近平指出，广大老干部在长期革命、建设、改革实践中积累了丰富经验，具有

不可替代的思想政治优势和领导经验优势，是一个可以从中汲取智慧和力量的宝库。广大老干部政治立场坚定、工作经验丰富、群众基础深厚、社会影响广泛，在构建和谐社会中具有独特优势（习近平在全国老干部工作先进表彰会上的讲话）。为此，我们通过不同的形式，对老领导、老同志进行了政策宣讲，让老领导、老干部首先明白党的政策，以便他们发挥在群众中的“影响力”，扫清其他退休人员的思想障碍，让所有退休人员明白移交是党中央的决策部署，移交后应享受的统外费用不降、与企业的感情不断、今后的服务内容不变。这样，老同志放心地接受“新管家”的服务，企业才能安心地从事生产经营活动。

二是接得顺心。中央办公厅、国务院办公厅在《关于国有企业退休人员社会化管理的指导意见》明确指出，“地方各级党委和政府、街道和社区、国有企业分别承担推进企业退休人员社会化管理的组织领导责任、接收服务职责和具体工作责任”。同时，《指导意见》明确指出，国有企业要积极主动与地方党委政府及有关部门沟通衔接，制订本单位推进退休人员社会管理的工作方案，认真做好具体组织实施工作。因此，在前期对接中，要提前与市区两级政府和街道办、社区进行了对接，掌握双方在移交与接收方面存在的顾虑，将打消顾虑，确保接收顺心。我们主动将退休人员的人事档案进行数字化加工，同时，专门腾出一间办公室，用于接收方暂存退休人员档案，并由企业资助配备移动档案柜。另外，我们将专门用于退休人员服务的场所约 1000 平方米的房产、设备交街道办，方便今后为老同志提供更优质的服务。

三是共管放心。习近平同志指出，要抓住人民群众最关心最直接最现实的利益问题，把人民群众的小事当作大事，从人民群众关心的事情做起，从让人民满意的事抓起，加强全方位就业服务，高度重视困难群众帮扶救助工作，加快建设多层次社会保障体系，加强社区治理体系建设，坚持精准扶贫精准脱贫，推进民生保障精准化精细化。经过前期与街道办沟通，我们明确表态，移交不是企业甩包袱、怕麻烦，更不能一交了之。为此，我们根据集团公司的要求，与街道办达成一致，企业的离退休职工管理处 3 年之内不撤销，保留机构和人员，扶上马送一程，与社区一起，做到党建共建、活动联办、设施共享。同时，为防止移交后出现空档，我们与接收方共同签订了《结对共建协议》，以契约的方式约定了双方的权利和责任，另一方面，在过渡期内，接收方服务不到位时企业补位，避免出现空当。针对可能出现的稳定问题，我们制定了维稳预案，确保出现不稳定的苗头，能够精准施策，及时消除和化解矛盾。

“莫道桑榆晚，为霞尚满天”。广大退休人员长期受党的教育，经历过各种斗争风浪考验，思想政治觉悟高，智慧经验丰富。在他们身上，生动体现了中国共产党人对理想信念的虔诚执着、对党和人民的无比忠诚、对红色基因的传承弘扬。我们要在尊重学习他们、关爱服务他们的同时，充分发挥他们的优势和作用，进一步增强“四个意识”、坚定“四个自信”、做到“两个维护”，始终做习近平新时代中国特色社会主义思想的坚定信仰者、忠实实践者，我们还将引导老同志始终保持老骥伏枥、老当益壮的健康心态和进取精神，为推动党和国家各项事业发展凝聚力量、发光发热。要组织引导他们做制度自信的示范者、制度优势的宣讲者、制度完善的建言者、制度执行的监督者和社会治理的参与者，推动把我国制度优势更好转化为国家治理效能。

今后，我们将重视发挥老同志作用，应坚持以自觉自愿、量力而行为前提，以思想上关心好、生活上照顾好、精神上关怀好为基础，认真落实好有关政策，从传承党的优良作风、弘扬中华民族传统美德的高度，用心用情、尊老爱老，精准精细、竭诚服务，更好满足他们对美好生活的新期待，为坚持和完善中国特色社会主义制度、推进国家治理体系和治理能力现代化，实现“两个一百年”奋斗目标、实现中华民族伟大复兴的中国梦增添正能量、再做新贡献。

按“三化”要求高质量做好退休人员社会化管理移交工作

◆ 勘探开发研究院　宋秀娟

2020年，新冠肺炎疫情常态化防控，退休人员社会化管理势在必行。在时间紧、任务重、工作烦琐、见面难等复杂情况下，信息化、精准化、规范化为新时代离退休工作转型发展注入了生机和活力，突破了移交过程中的困境和挑战，成为助力移交工作的有利抓手，为全面推进退休人员社会化管理工作提供了重要保障。

一、退休人员社会化移交目标任务

集团公司在京单位退休人员社会化管理工作领导小组综合协调组关于印发《集团公司在京单位退休人员社会化工作实施方案》中明确要求，2020年10月31日前，未实行社会化管理的集团公司所属在京企事业单位已退休人员移交街道社区实行社会化管理。主要任务是完成社会保险、党员组织关系、人事档案等移交工作，节点清晰，任务明确。

二、勘探院北京院退休人员存量移交基本情况

（一）退休人员总体概况

勘探院退休人员分散居住在北京市海淀、朝阳、昌平等11个区县96个街道及廊坊、上海、云南、内蒙古等多个省市地区，整体上点多、线长、面广。人户分离存量大，高龄体弱、空巢孤寡人数较多；因疫情滞留国外或外地、短暂多地居住或候鸟式生活人群较多；老同志对所属街道社区概念模糊且户口本上无体现；退休人员企业情结根深蒂固，社会化移交负面情绪和思想顾虑较大，理解接受政策有一定难度；离退休骨干团队对政策了解不够全面，传统的面对面交流存在极大的疫情风险，老同志义务工作心有抵触，业务开展举步维艰。

（二）移交过程中遇到的相关状况

第一，北京院与原廊坊分院经历了二次业务整合，京廊两地退休人员交叉管理，同一企业名下的社保出现两个单位名称、两个社保登记号；党组织关系两地管理；人事档案两地存放；基础信息、社保、档案、党组织关系多部门负责，工作业务协同配合度要求高。

第二，基础数据动态性强，数据准确率要求高。退休新增、去世减员、户籍地临时变更经常在阶段性任务数据报送完成后发生，部分人员长期居住地需进一步确认完善；涉及老同志切身利益的工伤、军转退休、职业病等信息需精确核准；因退休、转岗等人员更迭，工作交接过程中信息遗失或维护不及时，导致数据的完整性、准确性需查找原始档案进行确认或补充完善。

第三，因疫情国外或外地滞留、失联的退休人员100余人，需工作人员付出更多的时间和精力取得联系，配合所在地时差及退休人员作息时间，说明政策、化解情绪、争取理解配合，远程操作协助完成信息采集，材料准备和签字确认。

第四，业务开展中个性或特殊情况大量存在，沟通询问、解释说明、信息反馈、接待来访等业务对接消耗时间成本巨大。例如，北京市基本信息采集表只体现职务类别，与老同志切身利益相关的职级职称未体现，虽然做了统一的解释说明，但大部分退休人员仍是误解或情绪波动，工作人员做了大量的解释安抚工作。

三、信息化、精准化、规范化在平稳有序推进退休人员社会化管理工作中发挥的作用

社会化管理移交工作开展以来，勘探院工作团队切实将上级指示精神转化为推动移交工作高质量完成的不竭动力，综合研判社会化管理面临的形势和任务，以突出抓好信息化、精准化、规范化建设，不断提高老干部工作质量为遵循，将信息化、精准化、规范化贯穿于移交工作全过程，具体工作做实、做细、做快、做优，有效完成了退休人员社会化管理移交的各项工作任务。

（一）信息化成为应对疫情常态化防控下，完成社会化管理移交工作的必要手段

新时代对离退休工作提出了更高要求，传统的业务管理模式需要结合现代信息技术不断完善，提升管理服务水平，促进离退休业务适应时代发展需求。

1. 手机移动端＋电脑终端APP，助力移交工作

（1）“微信”作为当前普遍使用的大众媒介，畅通了社会化移交业务渠道，打破了疫情期间见面难的工作格局，为工作顺利开展注入了强大动力。一是工作人员加入集团公司社会化工作群、在京单位社会化工作群，接收通知要求，汇报反馈具体工作；建立勘探院退休人员社会化移交工作群，传达工作要点，交流移交业务，使各部门、各岗位业务沟通及时，协调高效。第七协作区工作群，增进了成员单位之间交流学习，经验互鉴。二是结合老同志实际情况，建立了以点带

面、一张网络联整体的微信群组，离退休处支部书记（关爱队长）群1个，分别设立党支部（关爱队长）群15个，下设党小组群55个、关爱小组群64个，在助力基础信息采集工作的同时，向老同志宣传退休人员社会化管理政策要求，解答说明老同志关心的共性和普遍性问题，用积极的声音引导和传递正向舆论，高效便捷地解决了退休人员数量大，分布广、疫情见面难等诸多困难。

（2）其他APP客户端辅助移交工作。一是即时通、内网邮箱传递内部文件数据，协助远程信息采集、录入、校对及排版打印，数据安全更有保障。二是QQ、电子签章等软件，解决了国外及外地滞留人员签字难等问题。三是制作电子水印套用需远程传输的户口本、身份证等复印件，加大个人信息安全保障力度。四是传统语音电话通知系统通知全覆盖，事项到人无遗漏。五是多次远程召开京廊两地社会化移交工作培训会、说明会、研讨会、推进会，协调推进具体业务逐步开展。六是工作人员帮助老同志使用智能手机，引导学网用网，办理了移交过程中信息变更、新退休人员远程报到等具体业务，帮老同志搭上信息化的“快车”，紧跟信息时代的步伐。

2. 离退休职工管理办公平台成为不可替代的社会化移交载体

社会化移交工作使上级领导部门的发展性眼光在办公平台应用中得已展现。办公平台打破了传统业务的时间空间限制，平台运行机制通过不断的优化和完善，数据存储时时生成，数据终端时时共享，业务权限部门时时访问，数据填报接受上级管理层全程监督，数据上传下载更为便捷，个人信息保护更加有效，网络安全防御系数更高，信息存储量更大。在社会化移交工作中，平台将多方式、多渠道收集、补充完善的原始信息、资料、数据存储于系统并进行集中整合，数据应用时导出调用更为高效。按照社会化移交任务需求，设定检索条目，从而将复杂、烦琐的各类信息变得清晰有序。基本信息表、存量转移表、进度周报、补助申请表数据灵活应用，规范提取，大量数据备份与复制在极短时间内完成，批量生成的各类表单名册，减少了信息重组中消耗的时间成本、人力成本，摆脱了传统软件繁杂的填报方式，减轻了填报工作量。系统中倾向性、规律性的数据下载后与VLOOKUP等函数运算相结合，工作效率大幅提升，满足了社会化移交工作需求，减轻了业务人员的工作压力。如：以办公平台内走访慰问、帮扶关爱等前续基础数据为依托，对行动不便、重点关注的特殊群体针对性查找，在摸清底数的同时，将提取的数据快速转化为领导层决策和具体业务开展的重要参考。在保证源头数据精准的情况下，离退休职工管理办公平台真正使移交工作实现了远程办公，远程反馈，提升了工作人员信息化水平，推动了离退休业务从传统方式向信息化时代的深入迈进。

（二）精准化渗透于移交工作全过程，确保社会化管理任务高质量完成

保质保量是完成社会化管理移交任务的本质要求，只有结合实际在精准上下功夫，才能破解移交工作中遇到的重点难点问题，才能把退休人员社会化移交工作落到实处，让上级领导放心，让老同志满意。

1. 理念付诸行动，确保源头数据精准

数据质量是移交业务顺利开展的前提保证，每项数据的真实性、准确性、完整性都关乎老同志的切身利益。

一是退休人员身份、区县街道等信息若出现错误，基本信息采集表、平台系统、社保档案移交所需的转移名册、中央补助申请数据需进行同步变更，从申请院级公章，再送至老干部局，老干部局再向北京市劳服申请盖章，盖章后再返回院级单位，如有误差整个流程可能全部重启。而原始数据手工录入不可能无误差，又无法用函数等办公手段查找对比，在时间紧、任务重、人力不足的情况下，工作人员不辞辛苦，以精益求精的精神，加班加点对手工录入的 9 万余项信息字段进行了线下校对，重点筛查录入不标准、不一致，少录、漏录、错录等信息，将数据误差降到最小，为后续业务顺利开展把好了基础数据质量关。

二是户籍地与长期居住地是社保、档案、党组织关系移交的重要依据。在落实所辖区县、街道、社区数据的准确性和完整性时，重点关注高龄、空巢、孤寡、独居及地方口音重、耳聋眼花、运用智能手机困难的老年群体，或联系家属、或安排专车到家服务，解决了老同志实际困难。特别关注各城区交界处的住址所属管辖街道、老同志本人概念模糊、人户分离等情况，工作人员分区片与街道办事处取得联系，有针对性逐一落实，做到准确无遗漏，保障了关键数据的准确完整。

三是廊坊院区就行政区划已变更，户口本信息未变更的老同志，组织完成了户口本信息跟进，为档案数字化移交任务完成争取了时间。

四是想尽各种办法与国外或外地失联、滞留人员取得联系，以不打扰老同志规律作息为原则，工作人员倒时差，做好解释说明，进行政策宣传，完成远程信息签字确认等工作，实现了疫情常态化防控大背景下老同志的“零失联”。

五是就业务人员更迭导致的数据准确性与完整性不足，工作人员按查档手续，到档案室逐一查档，补充完善党员移交等所需数据。移交工作组领导成员亲力亲为，对出现的个别工伤待遇、职称待遇不一致等历史遗留问题，追根溯源帮助询问，解释说明移交要求，化解消除不稳定风险。

六是为确保按时准确完成原始数据采集填报，针对退休人员多子女或无子女，平台内导出的联系人无法与老同志意愿相对应情况，采取先线下录入确认签字，再逐一线上录入对接的方式如期完成了业务工作。

2. 精准舆论引领，宣传措施有力

实行社会化管理后企业是否还管我们成为退休人员的心事，为化解退休人员顾虑，让每位退休人员了解国家政策，支持理解移交工作，吃下待遇不降低、街道服务水平有保障、国有企业和退休人员感情纽带不会断的“三颗定心丸”。勘探院社会化移交工作组采取重点突破关键少数退休人员思想障碍，由点带面正向舆论引导，邀请老领导、工作骨干团队，多次召开政策宣讲会、征求意见座谈会、情况通报会，宣贯上级指示精神，讲明退休人员社会化管理总体要求和政策要点、集团公司对退休老同志的深切关怀、老同志物质待遇保障和维持管理服务水平质量的承诺措施。充分发挥党支部和关爱联队网格化管理作用，通过信息化媒介等渠道广泛宣传，听取老同志诉求，解答老同志关注的共性问题和普遍问题。根据集团公司退休人员社会化管理信息采集工作宣传要点，以问答形式对社会化移交政策进行简明、通俗、精准的解读，对退休职工关心的移交范围、移交时间、统筹外费用、服务管理保障等问题进行解答，并运用多种渠将宣传手册逐一发放到老同志手中，赢得了广大退休职工对社会化管理移交工作的深入理解和积极配合，确保了大局的稳定和谐，为实质性移交打好了群众基础。

3. 持续精准施策，社会化管理移交有温度

多年来，勘探院对退休人员的关心关爱从未间断。移交工作开展以来，勘探院更是以落实政治待遇稳心，落实生活待遇舒心，病困帮扶暖心为契机，通过发放口罩、组织体检、物业费报销、节日困补慰问、经常性病困走访、集中订阅年度报刊、举办抗美援朝老兵慰问、金钻婚纪念活动等关系老同志切身利益、关注老同志身心健康、解决老同志实际困难的方式，用实际行动让老同志切实感受到组织的温暖和关怀会不断持续，退休人员在了解各项政策和待遇承诺的基础上对社会化管理移交不再抵触。

4. 精准无缝对接，业务开展同步推进

工作业务的无缝衔接极为重要。勘探院社会化工作领导小组深入贯彻精准化理念，重点关注业务部门对接的每一个环节，离退休处、人事、财务、党委组织部、院办等部门数据变更同步精准，询问解答，联系沟通，报送反馈对接有序，信息采集、待遇承诺、材料收集、党员移交、档案整理、社保对接等业务各司其职，协同共进，及时研究解决了移交工作中的各类具体问题。工作人员通过对精准化理念的深刻理解，对工作更加履职尽责，在具体业务中诠释工作职责的主动与担当，发挥了各自的纽带桥梁作用。

（三）规范化保障移交工作有据可依，执行有力

规范化是保证社会化移交工作卓有成效的关键所在。退休人员社会化移交工作涉及老同志的切身利益，事关社会稳定和谐。北京市的移交政策，集团公司等上级领导部门的系列文件要求、办法方案、措施流程，为移交工作保驾护航，避免了工作人员摸石头过河，作不必要的探索，其内在约束力，使杂乱的工作有章有序，预防减少了误差，提高了量化工作效率质量，保障了移交工作分阶段、有重点、有秩序的推进完成。

勘探院根据上级领导部门决策部署，以政策规定为依据，结合实际工作，第

一时间召开专题会，统筹部署各项工作，成立了主要领导任组长、分管领导任副组长的移交工作领导小组，明确任务目标，落实责任分工，紧扣时间节点，将各项具体工作进一步秩序化、流程化，注重个性化，多措并举，不折不扣地按要求完成移交工作的各项任务。

1. 规范化布局统领移交工作

无规矩不方圆，勘探院按照集团公司统一规定的移交流程，步骤方法，在统筹协调整体移交工作的同时，有针对性的梳理个性化退休人员基础数据和老同志反馈的具体事例。围绕五移交、一规范、三保障、两继续等核心工作召开专题会议，各业务部门统一思想认识，设立专项工作组，扎实推进、跟踪问效。以退休人员京廊两地分管，一个班子两套人马分别落实的方式，形成主要领导亲自抓，班子成员具体抓的工作格局，凝心聚力，把社会化移交工作的责任放在心上，担子扛在肩上。通过摸底调查和集中攻坚，多手段措施上下联动，横向配合，克服了疫情下重重困难，短时间内检验了工作实效，完成了京廊两地 1604 人的信息采集和摸底调查，按期完成了档案、社保、党组织关系等移交任务。

2. 规范化标准落实移交工作

一是按照集团公司在京单位退休人员社会化管理工作总体安排和方案流程跟进工作，组织在职员工业务培训，召开各类移交会议，强调正确舆论引导，明确业务标准，要求工作人员学深悟透政策要点，找准厘清工作依据，做到问题解释有据可依，解释说明口径一致。有效避免了业务操作不精、政策理解有误造成的老同志不理解，不配合，确保了移交落实不出偏差，不留隐患。

二是按照集团公司统一模板，制作“仅限于退休人员社会化管理工作信息采集”印章；档案、社保、党员组织关系等数据材料按标准完善，过程交接有迹可循；按照集团公司建议的模板样式制作社会化移交统筹外待遇承诺书；基本信息采集对标对表，模板规范，流程闭环，确保了数据的规范完整；在平台系统中设置的京籍且京保、京保非京籍等字段将户籍地和长期居住地规范统计，各单位部门按需求提取，移交名册、央企补助申请表以模版形式体现，再结合实际工作进行加工，促进了移交业务高效便捷、有序推进。

3. 规范化保障党员组织关系移交平稳

按照集团公司离退休管理中心（老干部局）转发的《在京中央企业退休人员组织关系接转工作说明》，严格遵守接转流程，逐一审核党员档案，重点查看党员登记表，出具相关材料证明。完善《新增党员入库信息表》，按照党员信息表中的家庭住址，对所在街道进行分类。以统筹分组，包干到户的形式，京廊两地分工行动，在与党员沟通，认真核实居住地的基础上，离退休处领导与街道及社区党组织人员联系对接，商定接收方案，工作人员协助办理组织关系回执，按照接收地街道社区要求重排支部、协助退休职工党员逐一报到，帮助街道录入“党员E先锋”的基础信息占移交党员总人数的66%，避免了因沟通接转关系不顺畅而引发矛盾，实现了党员由国有企业管理到街道社区管理的平稳过渡。

4. 规范化保障档案移交过程更加安全

档案移交在集团公司统筹安排下推进并开展，按照《北京市推进国有企业退休人员社会化管理实施方案》《北京市社会化管理服务退休人员人事档案数字化技术规范》等文件规范，集团公司在京单位退休人员社会化管理工作领导小组关于档案移交的标准要求，从移交前的审核检查并补充材料，新增材料采集到后续的归入档案，整理分类，批次移交，勘探院完全遵照标准规范认真执行，档案的安全性、保密性、完整性在规定要求中得到了保护。

5. 规范化保障社保移交更为顺畅

勘探院按照北京市社保移交标准流程，根据各接收区县的不同要求，结合本单位两个社保名称，两个社保登记号的特殊情况，对照上级领导部门业务要求及相关指导，分批分类提取所属区县街道等各类所需数据，逐页加盖手签章、单位公章，各部门具体业务人员积极配合，上下联动，在规范的移交流程下，完成了社会化保险关系转移工作。

截至2020年9月底，勘探院通过将离退休服务管理工作的传统做法与现代信息化、精准化、规范化理念相融合，充分发挥两者之长，如期完成了档案、社保、党组织关系的社会化移交任务。

四、结束语

信息化、精准化、规范化推进了国有企业退休人员社会化管理工作的落实，在移交工作中发挥了重要作用。未来退休人员社会化管理过渡期内，退休人员档案、社保、党组织关系的具体去处，数据动态的时时更新反馈将更为重要，信息化、精准化、规范化仍将发挥着不可替代的作用，为新时期离退休业务不断升级并紧跟时代发展做出贡献。

离退休工作创新探索的一些经验与思考

◆ 勘探开发研究院　王凤江

多年以来，勘探院离退休工作贯彻落实党和国家老年工作方针政策，着力加强“三项建设”，巩固落实“两项待遇”，务实做优“两个阵地”，不断取得新进展。 进入新时代，离退休工作紧扣时代脉搏、创新工作理念，突出思想政治引领、聚焦正能量价值取向，建立适用的工作模式、实施精准化服务策略，突出文化特色、发挥典型示范作用，搭创优质交流平台、提升老年活动品质，建设过硬骨干团队、发挥基层党组织作用，用心用情优质服务、争创一流工作业绩，离退休工作取得了高质量发展的突出成效。

一是“三项建设”全面推进，党组织充满活力作用突出，离退休和在职职工协同联动机制运行良好。二是发挥出老同志独特优势，焕发出关心支持党和人民事业、企业改革发展的正能量，围绕中心服务大局作用彰显。三是形成了比较完整的制度体系、规范流程、组织体系支持和技术手段支撑，工作精准化、规范化、信息化、科学化水平大幅提升。四是形成比较完整、多种载体的有形化成果积淀。五是工作成果和先进典型示范效应突出，产生了良好的启示和带动作用。

回顾这些年的思考和实践，可以获得一些具有共性的认识和经验，为今后的工作提供有益启发和借鉴。本文从五个方面进行陈述。

一、紧跟时代步伐，善于把握新形势，与时俱进谋篇布局，是离退休工作高质量发展的基本前提

任何工作都是在一定的社会环境下存在和发展的，离退休工作更是如此。只有紧随时代脚步，将其置于全局背景下，才能明确定位，找准方向，根据政治要求、政策环境、人员状况、技术条件的变化，实现因势利导。离退休工作要自觉融入党和国家事业全局，与社会发展同步，在发扬传统的基础上，充实新内容，应用新手段，形成新特色，拓展新局面，使“离退休”这一围绕“老同志”的工

作和事业，不断增添新动能，始终充满发展活力。

需要离退休工作密切关注的发展变化至少有三。一是开展工作的政治环境和政治要求。进入新时代，党中央赋予离退休干部更高的历史责任定位，赋予离退休干部工作新的时代内涵和职责任务，明确广大离退休干部是党和国家的宝贵财富，是党执政兴国的重要资源，是推进中国特色社会主义伟大事业的重要力量。同时，对做好新时期离退休干部工作做出四个“更加注重”的总体要求（即更加注重教育引导，更加注重发挥离退休干部的独特优势，更加注重做好服务保障，更加注重对离退休干部工作的领导）。这为开展离退休工作确定了基本遵循。二是离退休人员状态的持续变化。比如人员数量、年龄结构、身体状况、党员比例、领导干部数量、知识层次、兴趣专长等，以及他们对离退休工作的差异化需求。这是需要掌握的离退休管理服务对象的情况和特点。三是新技术手段的应用和新媒体技术的普及情况，这为离退休工作方式升级创新提供了更多的可能。

正是基于这些发展变化的分析，确定了开展创新探索、实现高质量发展的五个主攻方向，即党建与业务深度融合、协同发展的工作机制，发挥老同志独特优势的正能量建设，管理服务精准化规范化策略，综合办公平台融合现代媒体应用的信息化支撑，体现时代精神和职业素养要求的工作理念引领。五个方向上的创新，有力推动了离退休管理服务各方面工作的升级发展，形成了时代特色鲜明的管理创新成果。

二、与管理服务业务深度融合协同发展，是做实党建、加强“三项建设”的重要途径

党建工作是离退休工作的重要内容，切实加强党的建设，有效发挥党组织作用，是离退休工作坚持党的领导、发挥党的政治思想组织工作优势、始终保持正确方向的基本保证。同时必须注意到，与在岗时期相比，离退休职工的生活状态已经发生了显著变化，这就需要党建目标的实现途径随之有所变化，更需要将党建工作与管理服务工作深度融合，使党建与管理服务业务谋划、实施、检查、考核一体化运行，与业务工作互为依托，互为促进，把党建做得更优更实，“三项建设”从运行机制上得以加强，有效预防和避免党建工作的虚化弱化。由此，党支部委员等骨干团队建设方向更加明确，党建工作主题内容更加具体，“三项建设”平台载体依托更加丰富，党组织在管理服务工作中发挥战斗堡垒作用，管理教育党员、服务群众有了更大空间，党的领导更为群众所感触，党组织的群众基础更加深厚。

在具体工作中，将 15 个离退休职工党支部与关爱服务联队按“一套人马，两块牌子”模式进行构建，从党建和管理服务需要的角度培养选任党支部工作骨干，党组织兼具联系群众实施管理服务的业务职能，使党建工作与全体离退休职

工的管理服务工作，从机制上融为一体，把全体离退休职工纳入组织中来，形成管理服务全覆盖、无死角的工作局面，大大提高了党建工作的影响力和凝聚力，促进了管理服务水平显著提升。

三、做优载体，创好平台，发挥特色优势，是正能量建设深入持久的关键支撑

为党和人民事业增添正能量，是党赋予新时代离退休工作的重要使命，是必须牢牢把握的价值取向。深入持久开展以“展示阳光心态，畅谈发展变化，体验美好生活”为主要内容的正能量活动，是离退休工作的一项长期任务。

正能量建设，不是一般日常性的管理服务，带有很强的思想性政治性。正能量建设如何实现深入持久，至关重要的在于要把老同志的优势特长发掘和发挥出来，把增添正能量的愿望和热情激发出来，把正能量活动的吸引力提升起来，把正能量建设成果的展示形式丰富起来。为此，平台载体是基础支撑，务须做实做优。搭创正能量建设的平台载体，要做到四个“结合”：一是与党和国家政治生活相结合，使正能量活动有机融入重大政治主题；二是与企业文化背景和老同志特长相结合，使老同志特色优势得以充分发挥；三是与老年大学和活动中心阵地建设相结合，使正能量贯穿于阵地风尚建设和教学文化活动之中；四是与宣传思想工作相结合，使正能量得以凝聚、释放、传播和升华。

这些年来，坚持发挥政治优势，开展学习研讨，尤其是组织参加了中组部“我看”系列专题调研活动（“我看十八大以来的发展变化”“我看改革开放新成就”“我看新中国成立 70 周年新成就”等），积极引导老同志感怀党和国家重大发展成就，积极建言献策；发挥精神文化优势，搭建“青春携手夕阳红，传承文化建新功”活动平台，助力石油精神薪火相传；发挥老同志文艺特长优势，将正能量主题融于大型文艺活动，“七一抒怀”“旗帜高扬领航程”“展老石油风采、为新时代放歌”“我的祖国”等主题活动，突出思想性、时代性，激起广泛的思想认同和情感共鸣；发挥传统媒体和新型媒体技术优势，通过自办报纸《金秋周刊》《老石油人》和微信群、微信公众号等载体，传播正能量。正能量建设呈现出有热情、有内容、有形式、有载体、有阵地、有声势的良好局面。

四、全面准确掌握情况，动态调整服务方式和内容，提高服务靶向性，是实施精准化服务策略的主要抓手

提高服务精准化水平，是离退休工作高质量发展的必然要求和成果体现。提高精准化，就需要根据经济社会发展的环境，动态全面掌握老同志群体的基本状况，在保证普惠性服务的基础上，关注需求变化，进一步突出服务重点，帮助老

同志解决急迫的矛盾和困难。其中的关键，一是建立畅通的渠道和有效的手段，及时准确掌握老同志情况，对“老同志有谁”“各是什么情况”“有什么需求”做到心中有数；二是根据需要和可能，按轻重缓急，设置服务内容，创新服务组织，对可利用的资源、可以开展的服务做出合理的安排。

在实践探索中，建成了完备的通过支部、关爱联队可以联系每个老同志的网格化工作体系。利用离退休职工管理办公平台，动态掌握每个老同志及其家庭基本状况。通过困难帮扶机制，针对性地救助经济困难老同志。通过走访慰问，及时向先进模范和高龄、病困老同志传递组织关怀和温暖。在以往普及健康知识、开展健康咨询基础上，组织糖尿病、心脑血管病患者等 6 个养生俱乐部，与有关医院合作开展病理筛查、康复指导和特色养生服务。在普法教育的基础上，适时适需推出“一对一”法律咨询服务，以“开小灶”的方式解决了困扰老同志的难题。这些“滴灌式”的精准服务措施，最大化利用了有限资源，取得了雪中送炭的效果。

五、建设一支有素养、有情怀、有能力的工作团队，是离退休工作创新发展的组织保障

更高的工作定位和新时代高质量发展的新任务，都对离退休工作者提出了更高的要求。离退休工作归根结底是做人的工作，而且是以服务管理为基础、引领离退休职工发挥正能量的工作。这就决定了离退休工作人员需要付出、需要奉献，需要较好的职业素养。胜任离退休管理服务工作，需要拥有过硬的政治素质，较高的政策水平，良好的沟通表达，较宽的知识面，以及淡泊名利、甘于奉献的个人品格。既能脚踏实地面对一人一事做好服务，又能胸怀全局，把握方向，顺应时代发展勇于探索创新。离退休工作团队的精神状态和能力水平，很大程度上影响着离退休工作发展的面貌和质量。为此，全面加强工作团队建设应该贯穿于离退休工作全过程，必须常抓不懈，通过学习教育、业务培训、岗位实践、鼓励激励等加以落实。

在工作实践中，注重理念的先导作用，提炼形成了以深化“四方面认识”、提高“四化”工作水平、建设“四个一”工作团队等“三个四”为核心内容的工作理念，引领团队构建投身事业的思想自觉和方位认知，树立高质量发展的工作目标，明确提升职业素养的努力方向。切实加强对习近平新时代中国特色社会主义思想的学习，深入开展石油精神、大庆精神铁人精神再学习再教育。开展国企改革形势与政策、老年工作政策、宣传思想工作、老年心理学、实用写作技能等多项培训。开展“弘扬光荣传统，重塑良好形象”主题教育和“四合格四诠释”岗位实践活动。选树先进典型，多位职工获得上级荣誉表彰。助力职业发展，多名表现优秀的同志获得了岗位职级晋升。一支昂扬向上的团队保证了各项工作圆

满完成，创造了走在集团公司前列的优秀业绩。

发展永无止境，创新没有穷期。长青的事业，崇高的使命，召唤我们以不懈奋斗的精神状态，研究新情况，适应新变化，展现新作为，创造新经验，推动新时代离退休工作持续发展进步，向党和人民交出新的完美的时代答卷。

构建离退休宣传思想工作深化发展新格局

◆ 勘探开发研究院　王凤江　乔荣花

做好宣传思想工作，对新时代离退休工作全局具有极其重要的意义。本文结合新时代背景和具体工作实际，从认识工作要求、构建工作格局、开拓生动局面并取得显著成效的角度，介绍了开展离退休宣传思想工作的思考和探索。

一、充分认识宣传思想工作的地位和作用

党历来高度重视宣传思想工作。特别强调，新形势下的宣传思想工作，必须自觉承担起举旗帜、聚民心、育新人、兴文化、展形象的使命任务。这给新时代宣传思想工作赋予了更高的定位和更丰富的内涵，为做好各领域的宣传思想工作指明了方向。

老同志是党和国家的宝贵财富，是推进中国特色社会主义伟大事业的重要力量。随着离退休人员群体规模日趋扩大，离退休工作越发显示出重要影响。只有做好思想宣传工作，才能引导离退休老同志与其他社会群体一道，不断增强“四个意识”，坚定“四个自信”，做到“两个维护”，进一步发挥独特优势，为企业改革发展和稳定大局、党和国家事业长治久安贡献力量。因此，离退休宣传思想工作是一项必须予以高度重视，认真研究，努力做好的重要工作。

二、精准把握离退休宣传思想工作的规律特点

做好新时代离退休宣传思想工作，既要把握宣传思想工作的共性要求，还须精准分析离退休工作的特点，增强宣传思想工作的针对性。

（一）突出政治标准

要把宣传党的理论方针政策、贯彻党中央决策部署作为离退休宣传思想工作的第一课、必修课，发挥政治引领作用，确保老同志始终坚守理想信念，坚持政

治本色，对党忠诚，为党分忧，继续为党和人民事业发挥余热，贡献力量。

（二）注重思想引导

要牢牢掌握宣传思想工作的领导权、主动权，以高度敏锐性，时刻关注离退休老同志思想动态，更加注重宣传工作的思想影响力，坚持正确的舆论导向和价值观念，切实发挥引领作用。

（三）体现时代精神

根据当今世界百年未有发展格局的巨大变迁和中国社会进步新的历史方位，离退休宣传思想工作要把握时代脉搏，与时代同频共振，提升工作格局，创新方式方法，既发扬传统又与时俱进，体现离退休宣传思想工作的时代风貌。

（四）尊重现实需求

要正视退休后老同志生活状态的变化，深刻分析研判老同志的思想状况和影响因素，优化宣传工作思路，练就过硬的宣传工作本领，发挥传统媒介和新型媒介的各自优势，把宣传思想工作融入服务管理工作各方面全过程。

三、开拓新时代离退休宣传思想工作生动局面

着眼于新时代宣传思想工作目标要求，立足离退休工作实际，不断探索，形成宣传思想工作组织落实、地位巩固、形式多样、载体丰富、效果显著的良好局面。

（一）坚持“三个引领”，形成宣传思想工作良好态势

要实现宣传思想工作地位巩固作用突出，唱响主旋律，壮大正能量，就必须提高站位，掌握主动，积极引领。一是突出政治引领。组织广大离退休老同志认真学习习近平新时代中国特色社会主义思想、《习近平谈治国理政》，学习党的十八大、十九大及历次全会精神，引导老同志提高政治自觉，坚定道路自信，切实把思想和行动统一到党中央决策部署上来，做到永远听党话、跟党走。二是唱响文化引领。以传承石油精神文化作为凝聚和发挥老同志正能量的重点主题方向，切实发挥老同志独特优势，将宣传思想工作与党建其他工作、企业文化建设、“弘扬石油精神、重塑良好形象”有机结合。组织开展“青春携手夕阳红，传承文化建新功”活动，老领导老专家为青年讲述奋斗故事、引导人生追求，石油精神和文化基因薪火相传，形成关注支持企业改革发展的强大力量。三是发扬先进引领。选树“优秀共产党员”“身边党员榜样”“服务明星”“健康老人”“孝亲敬老好儿女”等事迹突出、公众认可的典型示范群体，在各种媒介进行广泛宣传，并让他们亲身讲经历、讲感受、讲展望，达到了弘扬先进引领导向的作用。各类典范人物不断涌现出来，比学赶帮超氛围日益浓厚。

（二）建设“三类平台”，凝聚宣传思想工作磅礴力量

充分发挥宣传思想工作的作用，需要品质优秀、特色鲜明、喜闻乐见的平台来呈现。一是重大政治主题平台“时代化”。党的十八大以来，我们紧密结合党

和国家大事要事喜事，每年开展相关主题活动，向老同志宣传党和国家发生的沧桑巨变，取得的历史性成就，让老同志谈感受、献良策、展未来，与时俱进持续发挥正能量。二是大型主题活动平台“品牌化”。认真策划筹备，组织开展了众多大型的特色主题活动，突出思想性时代性，形成以宣传思想为创意内核的凝聚夕阳力量、展示昂扬姿态的经典品牌，宣传思想工作的感召力明显增强。三是日常文体活动平台“特色化”。日常文体活动坚持特色鲜明、趣味娱乐。组织开展的书画摄影展、金婚钻石婚祝贺、视频采访、各类专题讲座等特色鲜明的活动，满足了老同志精神文化需求；扑克、象棋、桥牌、乒乓球、趣味运动会、秋季采摘等特色比赛，实现了老同志交流心得、增进感情的目的。开展日常文体活动，让老同志们感受社会进步，体验美好生活，潜移默化起到了思想引导效果。

（三）打造“三个阵地”，丰富宣传思想工作有效载体

创办和运用优质载体，构建功能强大的阵地，是做好宣传思想工作的重要抓手和基础依托。一是巩固提升传统载体。积极发挥老干局、研究院、离退休处等官方网页作用，做优大屏幕、宣传橱窗等直观宣传载体，提升《老石油人》《金秋夕阳红》等传统自办纸媒品质，多角度、多渠道、全方位及时宣传贯彻中央精神及集团公司、勘探院工作部署，展示工作成果和精神面貌，发挥思想引领、成果宣传和经验交流的作用。二是充分运用新型媒介。引导广大离退休老同志和全体工作人员积极关注“离退休干部工作”和“石油金秋”微信公众号，建立党支部、工作骨干、关爱联队等微信群，确保大家能够便捷高效获取信息，及时学习最新政策理论，切实发挥新型媒介独特优势。三是有效发挥老年大学作用。持续推进老年大学高质量办学，在专业课教学和校风建设中，有机融入党的最新理论、社会主义核心价值观等方面的内容，使老年大学传播党的声音、引领老年群体生活观念和行为风尚的功能得到有效发挥。

（四）强化“三项保障”，完善宣传思想工作组织体系

健全工作组织体系，为做好宣传思想工作提供重要保障。一是加强组织领导。单位主要领导负责，定期组织研究宣传思想工作，制订年度工作计划，对重点工作项目进行总体设计和组织实施，确保组织得力，任务落实。二是建立工作制度。把宣传思想工作纳入各层级、各岗位和各党支部工作范畴，与其他方面的工作同安排、同检查、同考核，做到了横向到边、纵向到底。对外发布、向上报送的宣传思想工作材料，有明晰的审核把关程序，确保信息精准和材料质量。三是打造骨干团队。坚持打造新老结合的离退休宣传思想工作骨干团队，实现老同志与在职工作骨干优势互补，并通过师徒传帮带、请专家做业务培训、实操锻炼、经验交流等形式，加强宣传思想工作骨干的培养，不断提高他们的业务能力和综合素养。同时，对表现优秀的宣传思想工作者专设奖项进行表彰奖励，激发了大家投身宣传思想工作不断创造新成果的积极性。

做好国有企业退休人员社会化管理工作的思考

◆ 运输公司　张红燕

为贯彻落实中共中央办公厅、国务院办公厅《关于国有企业退休人员社会化管理的指导意见》精神和集团公司部署安排，有序推进公司退休人员实行社会化管理，中国石油运输有限公司（以下简称运输公司）积极贯彻落实集团公司企业退休人员社会化管理工作指导意见，始终站在讲政治的高度，从维护企业退休人员根本利益出发，紧盯工作推进时间节点，全力以赴完成工作任务。

一、退休人员社会化管理的意义

国有企业退休人员社会化管理是指国有企业职工在达到国家法定退休年龄、正式办理退休手续后，由地方政府主管部门指定专业银行机构发放个人退休养老金，退休人员人事档案、党员组织关系转地方管理，退休人员的日常管理服务工作与原单位分离，由所在地的区县、城镇街道或社区实行属地化管理。简单来说就是养老待遇社会化发放，人员管理和服务由地方政府机构负责。

（一）退休人员社会化是国有企业体制改革的必然结果

从计划经济体制到社会主义市场经济体制，从国家所有制到多种所有制，职工已不再是企业人，而是社会人；职工就业方式也变得多样，具有流动性。特别是中国加入世界贸易组织以后，国有企业面临着国内和国际两个市场的竞争，既要保证在市场竞争中不被淘汰，又要承担大量社会事务性工作，特别是大量的退休人员的管理。国有企业一方面要受地方政府政策的影响，承担较大数额的统筹外费用，消耗自身财力；另一方面退休人员的日常管理服务工作严重影响国有企业的活力与发展。退休人员社会化能够使国有企业从烦琐的社会事务性工作中解脱出来，减轻负担，释放压力，最大限度激发活力和竞争力，保持改革的韧劲。

（二）退休人员社会化是政府职能转变的必然要求

随着退休人员社会化工作的逐步开展，政府职能也将进一步转变，从原来的以行政命令的方式来管理一切事务，到一切按市场经济规律和要求办事。政府在依法按章行使职能的同时，要加强对公共事务的管理和监督，推动经济发展和社会稳定，关心弱势群体。退休人员作为弱势群体中的重要组成部分，是政府重点关心和服务的对象。

（三）退休人员社会化是保障国有企业退休人员晚年生活的重要手段

国有企业职工退休后，其养老金由专门机构按月及时足额发放，不再受原企业经营状况影响，经济上收入稳定、生活上得到保障。就近的社区可以为其提供日常管理与服务，且服务贴心周到，机制灵活个性化。只有国有企业退休人员实现了社会化管理，才能真正老有所养、老有所医、老有所乐，使晚年生活水平和生活质量得到保障。

二、退休人员社会化管理存在的主要问题

（一）退休人员思想不稳定

国有企业退休人员在岗时为国家建设、企业发展都做出过重要贡献，对国家与企业有着深厚的感情。他们把一生都奉献给了国家和企业，情感上对企业信赖，思想上对企业依附。实行社会化管理后，企业把他们交到了社会中去管理，他们将会面临情感上的缺失与不安，他们担心的事情多、畏难的情绪多，怕企业不管不问、怕没人给办事等，因此，大部分退休人员对社会化移交存在抵触情绪。

（二）部分企业对政策宣传滞后，思想认识不到位

一是由于我国长期处于计划经济体制阶段，受计划经济体制影响，国有企业领导根深蒂固地认为职工与企业同甘苦共命运，没有功劳也有苦劳，不忍心把退休人员移交社会管理。二是原国有企业中负责退休人员管理工作的人员安置问题。按照《指导意见》，国有企业现有专用于退休人员的服务场所、活动场所、设备设施等，能够分割移交的，经国有企业集团公司审核批准后无偿还转给街道和社区。目前从事退休人员管理工作的职工，面临着内部转岗、交流任职、内部退养、解除劳动合同等多种形式，职工的情绪、工作的积极性将受到很大打击，企业要在尊重本人意愿的基础上根据每位职工的特点与诉求进行妥善处理，这一部分职工的安置问题也是企业内部面临的主要问题。

（三）退休人员统筹外费用的处理

退休人员统筹外费用的处理是各企业遇到的主要问题，目前个别企业的分离移交工作进度缓慢，主要就是因为还没有做好统筹外费用的处理。

三、应对措施和主要做法

（一）强化组织领导，压实工作责任

运输公司将退休人员社会化管理作为2020年度重点工作和政治任务，特别是集团公司推进退休人员社会化管理视频会议召开后，运输公司又及时召开专题会，第一时间传达贯彻落实会议精神，统筹部署，快速推进。一是成立专项领导机构。成立了由主要领导担任组长、分管领导担任副组长、相关部门参加的退休人员社会化管理工作领导小组，同时成立资产清查组、人事工作组、维稳工作组等专项工作小组，形成了党委负责、分管主抓、部门落实的工作推进机制。建立了周例会制度，落实工作进度，协调解决推进过程中的各类问题。二是制订总体推进方案。在认真学习中央、自治区和集团公司有关政策文件精神的基础上，经运输公司党委会会议审定，于2020年4月印发了《中国石油运输有限公司退休人员社会化管理工作推进方案》，明确了工作目标、移交范围、移交事项、时间进度安排和保障措施等内容，对退休人员社会化管理整体推进工作进行了全面的安排部署。三是建立考核督导制度。按照集团公司规定的时间节点倒排工期，制定运行大表，并将目标任务纳入相关单位、部门业绩考核指标，实施严考核、硬兑现。同时定期约谈相关单位主要领导，强调政治站位与使命担当，采取一切有力举措，坚决对时对标、保质保量完成移交任务。

（二）摸清移交底数，夯实基础工作

自2020年4月起，运输公司组织相关单位抽调50余人开展调查摸底工作，对全公司范围内退休人员的基本信息、社保发放、人事档案、组织关系、统筹外费用、设备设施、服务机构等具体情况进行清查梳理。特别针对退休人员单位所在地、户籍所在地、实际居住地、养老保险所在地、医疗保险所在地不一致，以及可能需要跨省、跨地市移交的6个方面特殊情况进行重点排查，坚持做到“三个零”，即逐一确认退休人员名单，实现退休人员“零失联”；逐一核实退休人员人事档案待移交信息，实现基础数据“零误差”；利用离退休职工管理办公平台信息化成果，完成退休人员社会保障和管理服务移交的基本信息采集，实现数据报送“零缺失”。

（三）积极与地方政府沟通对接，加快移交进度

面对各地接收政策不一致、移交进度不平衡以及受疫情管控影响居家封闭办公等现实问题，运输公司积极与集团公司、各地政府以及各驻地协调组沟通联络，争取统一政策、统一移交进度。在与各地政府的沟通对接中，始终坚持整体移交原则，不因个性化问题影响整体工作进度，向政府先行承诺或签订补充协议，明确移交后企业继续配合属地政府分类处理个性化问题。针对乌鲁木齐地区人事档案存放场所有限及电子化整理标准迟迟未出台的问题，运输公司与各区县

管档部门沟通后达成一致，各区县以函件的形式明确了移交意向书签订后档案管理主体关系由企业变更为属地政府，待完成电子化后逐步开展实体移交。在党组织关系转接工作中，针对异地居住党员，一方面由相关单位分组承包，协助办理党组织关系转出，减少问题存量；另一方面全力争取地方组织部门理解支持，签署移交分项兜底协议，承诺在此类党员移交后仍协助街道、社区共同开展工作，打消地方顾虑，达成移交共识。

（四）强化宣传教育，切实维护退休职工队伍稳定

运输公司始终将维护稳定与工作落实放在同等重要的位置，明确两级维稳部门职责，提前做好舆情预判和稳定风险评估。下发《中国石油运输公司改革重大事项稳定风险评估实施细则》，全面排查风险隐患，加强与街道（社区）沟通协作，共同研究制订稳定应急预案。组织离退休服务管理工作人员认真学习《集团公司退休人员社会化管理工作宣传手册》，提高政策认识水平，通过一对一、面对面对话等方式，及时向退休人员解疑释惑，消除顾虑担忧，争取理解和支持。公司离退休管理工作人员认真宣讲国家政策，讲明退休人员社会化管理后统筹外费用、补充医疗等合理待遇不降低、街道社区管理服务水平有保障、公司和退休人员的感情纽带不会断，退休人员吃下“三个定心丸”，消除了顾虑疑虑，普遍理解政策并表示支持社会化管理。

总之，随着老龄化趋势日益严峻，社会退休人员逐年增加，而社会化服务目前还处于起步阶段，对于退休人员的社会化管理工作，需要企业和地方政府社区积极沟通联系，共同做好退休人员的交接和管理工作。退休人员的社会化管理不只是给予他们物质上的保障，更需要做好他们的思想政治工作，丰富其精神文化生活，让他们能够充分感受到社会和各级党组织的关怀和温暖，摆脱不良情绪，正确面对现实，积极回馈社会，为社会和谐稳定发展继续贡献自己的力量。

国有企业退休人员社会化管理的研究与思考

◆ 运输公司　李欢欢

离退休人员社会化管理服务是指职工办理退休手续后，其管理服务工作与原单位相分离，养老金实行社会化发放，人员移交城市街道和社区，人事档案、党员组织关系随其转地方管理，实行属地管理，由社会服务组织提供相应的管理服务。

分离国有企业办社会职能是中央全面深化国企国资改革的一项重要内容，对促进国有企业“瘦身健体”、提质增效、提高社区管理水平，加强对退休人员的组织关爱，使退休职工及家属享受均等优质社会服务具有重要意义。近几年来，全国各地按照党中央、国务院的部署，在基本实现企业离退休人员养老金由社会服务机构发放的基础上，加大推进了社会化管理服务工作的力度。

一、退休人员社会化管理的起源发展

据有关报道，在 1993 年，劳动部就下发了《关于做好离退休人员管理服务工作的通知》，其中提出充分发挥我国社会建设的优势，逐步在各街道办事处建立起离退休人员管理服务机构。2000 年国务院《关于完善城镇社会保障体系试点的方案》要求，从 2001 年起，各地要积极推进企业退休人员纳入社区管理工作，力争 3 年左右时间基本完成。2003 年，中办发了 16 号文件，再次明确提出，社区管理是社会化管理的基本形式。企业退休人员社会化管理工作在中央、各级政府重视及企业、社区的大力配合下取得了良好的开局。

2016 年，国务院下发《关于印发加快剥离国有企业办社会职能和解决历史遗留问题工作方案的通知》，着力解决国有企业职工家属区“三供一业”分离移交，剥离国有企业办医疗、教育等公共服务机构，对国有企业退休人员实行社会化管理，推进厂办大集体改革等制约国有企业发展的问题。

二、退休人员社会化管理的意义和必要性

回顾我国经济体制改革及其发展历程，国有企业改革步履维艰，它要面对许多历史遗留的深层次矛盾和问题，其中就包括长期以来企业承担离退休人员养老及社会福利事业带来的沉重压力，严重影响了企业改革的进程。退休人员实行社会化管理便成为改革的必然选择。

退休人员社会化管理即是剥离企业承担社会职能，由于历史原因，我国企业担负了部分政府职能，职工的生老病死主要由企业提供管理服务，企业有幼儿园、学校、医院、市场、离退休管理中心等，一个企业就是一个小的社会。据有关调查显示：国有企业离退休人员 1979 年后平均年增长 164 万人，而且连续 9 年增长超过 20%，相当于全体职工 24% 的离退休人员社会保险费用竟占全体职工的 59%，这笔费用仍在以惊人的速度增长，国有企业已不堪重负，而过重的负担在很大程度上影响了企业的发展，也阻碍了离退休人员的社会化管理进程。

企业退休人员社会化管理的必要性，一是企业退休人员的社会化管理服务在社会保障体系的建立、健全中有着非常重要的作用，建立起针对企业退休人员的社会化管理服务工作体系与四个全面战略的建设需求是充分契合的，特别是对减轻社会保障体系工作负担，提高社会保障服务水平方面意义重大。二是离退休人员为中国的经济建设做出了巨大的贡献，养老金的发放为他们提供了生活保障。我国目前已经步入老龄化社会发展阶段，对企业退休人员有针对性地开展社会化管理服务工作，能够提高国家养老服务的工作水平，对保障退休人员晚年生活，提高其晚年生活质量，实现退休人员老有所养、老有所依有重要意义。三是有助于企业营造积极的工作环境。离退休人员各种待遇的保障以及高质量的退休生活，可以在一定程度上激励在职员工，提升其工作热情，增强企业凝聚力和克服困难的信心。

三、企业退休人员社会化管理现存的问题

（一）观念问题

国有企业退休人员对进入社区管理忧心忡忡，根据与部分退休人员的谈心谈话了解到，退休人员一辈子在企业工作，对企业感情深厚，有一定的依赖，社会化管理后在情感上有一定的失落。以往，一旦遇到困难，他们首先就会去找单位寻求帮助，怕进入社区管理后企业一交了之，不管不问，有问题找不到“婆家”。再者离开企业进入社区，担心社区经费少，怕待遇得不到保障，享受待遇方面受影响。

（二）管理制度和方式问题

一是对国企退休人员进行社会化管理过程中，肯定会出现各种各样的问题，

其重要的原因便是缺乏完善的管理制度。虽然我国在近几年先后颁布了关于退休人员社会化管理方面的法律制度，但还是缺少相适应的实施准则或者是实施办法，特别是关于公共政策管理方面的法律制度存在着很多空白，从而导致了社会化管理工作职能被动地开展，缺乏主动性。二是很多企业内部各自都建立有退休管理的部门，而部门之间缺乏合理有效的沟通，同时这些退休管理部门与社会上的养老机构也没有进行交流和沟通，从而在一定程度上阻碍了企业的顺利发展。退休人员移交到了各级乡镇社区管理，但是社区的机构设置中没有相应的管理职能，也没有配备相应的管理服务人员，大部分社区乡镇对退休人员的服务只能做到生病看望慰问、死亡慰问、重大节日慰问等一些基础性的工作，又因受活动场所和设备设施等的影响，还不能为退休人员组织开展各种形式多样的文体活动、档案数字化管理、组建自我管理服务组织等工作。从社区目前的资源来看，突然负责一个庞大的退休群体的管理工作，的确人手不够，力不从心。

四、解决以上问题的建议和思考

企业退休人员实行社会化管理服务，是独立于企事业单位之外的社会保障体系的重要内容，是我国实行社会转型、体制转轨后深化改革的焦点之一，同时也是目前社会保障工作的重点和难点。因此，国有企业退休人员的移交，是一个关系千家万户的民生工程，是一个涉及政府、企业、社会等各方面的系统工程，只有交接双方相互支持理解，统筹规划，才能做好国有企业退休人员实行社会管理的各项服务工作，才能增强退休人员的归属感和幸福感。

（一）宣传引导，消除顾虑

推进国有企业退休人员社会化管理，一是要加大宣传力度，统一思想认识。政府可在社区、公共场所、企业悬挂宣传标语、设立宣传栏，广泛宣传推进社会化管理的重要性和必要性，引起全社会对此项工作的关注和支持。企业单位可以通过节日慰问走访、召开座谈会等途径向退休职工讲清讲透相关政策，让他们充分认识实行社会化管理是大势所趋，是我国养老服务体系改革发展的方向，增加他们对移交工作的认同感。二是强化心理疏导，消除后顾之忧。政府和企业要积极收集退休人员对社会化管理工作的思想动态，有针对性地进行心理疏导，积极反映他们的诉求。对退休职工普遍关心的移交后相关待遇及养老服务等问题要高度重视，有规定的按规定办，是惯例的要尊重惯例。同时要保障退休职工学习和活动的场所及配套设施，让他们在移交过程中感受到双重关爱，从而让他们心情舒畅，消除思想疑虑。

（二）出台制度，明确职责

没有规矩，不成方圆。任何改革都不是一蹴而起，而需要一个过程。政府相关部门要深入基层，准确掌握国有企业退休人员的现状及管理服务方式，各级乡镇社区要与企业退管部门多沟通联系，相互了解情况，确定实行社会化管理的过渡期，明确并出台具体的工作职责和工作内容。运输公司于2020年年初印发了《中国石油运输有限公司退休人员社会化管理工作推进方案》，对退休人员社会化管理整体推进工作进行了全面的安排部署。各级乡镇社区要进一步统一加强法制建设的思想，要抓紧社区的立法规范，社区组织应当明确在法律之上。

（三）应用网络大数据，提升管理效率

充分利用现代网络快捷、方便的特性，紧紧依靠“互联网+”，进一步深化“放管服”改革，力争大家办事像“网购”一样方便，少跑冤枉路。要建立健全相应的退休职工个人信息库，对个人信息实行统一管理、分工负责的办法。目前运输公司运行的离退休职工管理办公平台的推广应用，能更好地为离退休工作开展两项待遇、三项建设、两个阵地等相关业务提供便利，为摸清底数、科学谋划、推动落实提供了有力支撑，实现了信息化与离退休工作深度融合。未来的退休人员管理还要多举措、多创新的利用平台、利用大数据，通过微信、APP、网页等平台，扩大数据信息的使用，优化信息数据采集、分析、挖掘等环节，实时更新国有企业退休人员各方面信息，做到及时、准确、客观地交流信息，不断提升管理效率和服务质量。

国有企业退休人员社会化管理是全面建成小康社会的新成果，是市场经济发展、国有企业改革、人口老龄化的必然发展方向。在这一背景下，加快构建针对企业退休人员的社会化管理服务工作体系，尽快提高社会化管理服务工作水平，实现“老有所养、老有所为、老有所学，老有所乐”的目标已成为当前值得关注的课题之一。希望通过多方共同努力，能够为企业退休人员创造一个更好的管理服务环境，充分发挥退休人员服务社会事业发展的余热。

浅谈如何做好离退休职工的服务工作

◆ 运输公司　刘建军

企业离退休人员是企业和社会发展的贡献者和奠基人，是国家和企业的功臣，是社会的宝贵财富，是维护改革、发展、稳定大局的重要因素。我们现在生活在广大离退休老同志们开辟和创造的优越环境中，我们有义务、有责任为离退休人员做好服务管理工作，落实好离退休人员政治、生活、精神、文化等各项待遇，高度关注好这个弱势群体的所需所想，共同构建和谐社会、和谐企业。

现阶段，随着我国人口老龄化趋势的日益加剧，全国60岁以上年龄段的老人已经达到1.78亿，并以每年近千万的速度急剧增加，这些老年人中，大部分都是企事业单位退休职工。在伴随着我国现行的社会养老保险制度、医疗保险制度、退休制度、个人所得税制度、相关的社会政策和公共服务体系与老龄社会的脱节；以及我国养老保障的公共支出存在较大缺口、公共支出中用于社会养老保险的比例不高、一部分老年人的养老金给付水平低等现象的存在；再加上社会化管理进程缓慢，我国用于离退休工作方面的财力不足，使得公共服务体系较为薄弱，等等。这些问题的存在都给离退休管理工作带来了严峻的挑战。如何进一步做好离退休管理服务工作，是值得探讨的问题。

一、做好企业离退休人员管理工作的深远意义

离退休职工的管理服务工作是一项纷繁复杂的群众性工作，有较强的政策性、广泛的涉及面、离退休职工服务管理工作质量的好坏，关系到离退休职工能否安度晚年、家庭和睦，同时也关系着社会的稳定与发展。党和政府长期以来非常重视做好老同志工作，中组部、人力资源和社会保障部也下发了《关于进一步加强新形势下离退休干部工作的意见》，对做好离退休工作提出了明确要求。

为了体现对老同志所做贡献的充分肯定，体现中华民族敬老尊贤的传统美德和以人为本的理念，党和政府明确提出要让老同志们“老有所养、老有所医、老

有所学、老有所乐、老有所为”。在构建社会主义和谐社会过程中，做好离退休职工的服务管理工作显得更为重要，我们国家正步入老年社会，未来这个群体会更加庞大，而且是一个弱势群体，广大离退休人员生活好了，诉求也就少了，为家庭和社会的贡献大了，社会和企业所承担的责任就轻了。所以，无论企业和社会，把离退休管理服务工作作为和谐社会建设和发展和谐企业的重中之重，把离退休管理服务工作放在发展大局中去思考、谋划和推进，把落实好离退休人员的“两项待遇”放在突出重要的位置，不断加强离退休人员的党支部建设和思想政治工作，确保离退休人员队伍的和谐稳定，都具有十分重要而深远的意义。

二、企业离退休管理服务工作中存在的主要问题

离退休管理工作是一项关乎民生、涉及离退休人员切身利益的复杂性工作，由于受经济发展、体制机制、历史等原因影响，离退休管理工作还处在探索发展阶段。因此在实际工作中还面临许多管理服务、体制机制等方面的难点问题。

（一）对离退休人员管理工作重视程度不够

这个问题首先体现在部分领导缺乏大局和长远意识，认为离退休工作不是中心工作，没有硬指标，抓与不抓无碍大局；其次，部分工作人员受到社会上一些错误观念的影响，认为离退休管理工作是“没有作为、没有前途”的工作所以对工作不够重视，在面对的是离退休人员时没有服务意识，缺乏工作积极性导致消极怠工，作风疲沓。

（二）离退休人员管理难度大

我国目前正在进入老龄化社会，离退休人员人数逐年增加，空巢老人数量呈大幅上升趋势，老年人社会服务的需求迅速膨胀。由于社会转型、政府职能转变、家庭养老功能弱化，生活照料、精神慰藉等许多“为老”服务也都存在发展缓慢的问题，难以满足庞大老年人群，特别是迅速增长的“空巢”、高龄和带病老年人的服务需求。我国社会保险体系尚处在发展阶段，保障能力还不是很强，养老保障的负担正日益沉重，老人的医疗费用支出也越来越多，压力也越来越大。这些存在的矛盾和问题需要国家和社会高度关注，并提出长远应对政策措施。

（三）企业离退休人员活动场所设施日趋紧张

企业离退休人员社会化管理进程缓慢，随着离退休人员人数不断增长，老年活动场所建设、活动设施配备跟不上工作的需要，离退休人员活动场所日趋紧张，活动设施配套不足，导致在离退休人员中间开展的文娱活动不够丰富，因此离退休人员心存怨气。

（四）企业离退休人员信息化管理工作滞后

在如今这个信息化的时代，由于一些历史原因以及对离退休人员管理工作不够重视，离退休人员信息化管理工作严重滞后，信息管理系统没有应用到离退休

日常管理工作中，对离退休人员管理停留在粗放表格化管理状态，出现离退休人员基本信息统计项目、内容与其档案管理项目不规范等问题。这些导致了管理部门应该掌握的一些信息严重缺失，对离退休人员的管理工作不够细致深入。

（五）离退休人员社会价值和个人资源利用不够

中国是一个人力资源大国，现在正在向人力资源强国进行转变，所以对一些企业离退休人员社会价值和个人资源利用不够重视，掌握专业技能的离退休人员有意愿继续为社会奉献余热，提供智力资源和劳动力资源，但是受到我国现状的影响，这个良好的愿望受到了局限。

（六）部分企业离退休人员收入较低

随着国家对于民生工程的重视，以及新一轮社会经济的持续快速增长，大多数企业的工资待遇不断提高，在岗职工的经济实力大大增强。从而出现了在岗职工与离退休职工之间、早退休与晚退休之间及地方退休人员和企业退休人员之间的收入差距越来越大，造成部分企业离退休人员的心理失衡与不满。

三、新形势下做好企业离退休人员管理工作策略

离退休人员管理服务工作注重政策性、牵涉范围较大、管理服务的群体又具有显著的个性和特点，所以，在实际工作中，应坚持以人为本的理念，坚定不移的以科学发展观和构建和谐社会为指导思想，围绕“服务、稳定、和谐”的中心目标，正确认识和把握离退休人员中出现的各种情况，深入探索和研究离退休管理服务工作的新方式方法，紧密结合离退休管理服务的难点问题，以“教育、引导、关爱、有为”为宗旨，把解决思想问题与解决实际问题结合起来，把加强服务管理与开展活动结合起来，尽力为离退休人员办好事、办实事。

（一）提高离退休人员管理服务工作意识

要提高对做好离退休管理服务工作的紧迫性和重要性的认识，应将离退休管理服务工作当作重中之重来抓，引导离退休工作者坚持科学发展观，提高业务水平和个人素质，增强管理服务本领，创新工作方式、方法，力求从方方面面做好离退休管理服务工作，以实际行动破除社会对离退休工作的偏见。

（二）更新观念，提升管理服务水平

从我国目前情况来看，伴随着经济的快速发展，工业化、城镇化进程不断加快，严重的人口老龄化现象也日趋明显。由此引发的养老保障负担日益沉重、离退休人员信息难以掌握以及“空巢老人”等一系列社会问题已经摆在了我们面前。为了解决好离退休人员人多量大、居住分散、管理服务难度大的实际，企业或社区管理机构应积极拓展离退休人员管理服务工作领域，推动离退休人员管理信息化建设，以构筑完善的离退休人员服务管理体系为平台，对离退休人员或遗属人员排查摸底、分类建档，建立健全离退休人员基本信息资料库，实施全员全

覆盖、多层面、多领域管理。同时，要加强和离退休人员之间的联系和沟通，建立定期询问沟通制度，了解和掌握企业所属离退休人员所需所想，为他们解决实际困难。在离退休人员居住密集的区域，可以依托离退休职工党支部、党小组体系，形成以工作部门管理为主、离退休支部为辅的管理机制。按居住社区、兴趣爱好，划分为若干小组，积极引导离退休人员发挥余热，每个小组尽可能由离退休职工党支部委员或党小组长参加，使党员群体和兴趣爱好群体相互重叠，融为一体，互相促进。

同时，“空巢老人”问题应尽快摆上各级党政机构的重要议事日程，认真深入地对“空巢老人”问题的调查研究，适时地出台针对“空巢老人”的政策和法律法规；同时要大力发展社会保障体系，更好地解决“空巢老人”的医疗和养老问题，并要建立困难“空巢老人”养老补助制度，保障一些困难“空巢老人”的基本生活，把低保无法照顾到的和虽然列入了低保但保障标准偏低的“空巢老人”，列为养老补助对象。

（三）高度重视，加快老年活动场所建设、丰富老年文娱生活

要积极推进企业退休人员社会化管理，加快老年活动场所建设，不断丰富离退休人员的精神文化生活。在构建社会主义和谐社会的新时期下，企业逐步分离社会的职能，实行社会化管理，这是时代发展的大趋势。在当前企业离退休人员以企业管理为主的过渡时期，虽然企业离退休养老金已实现了社会化发放，但是离退休人员与企业有着千丝万缕的割不断的联系。随着企业管理不断规范和企业离退休人员的逐年增多，国有企业无列支渠道再建活动场所，当前社区建设还处在不完善阶段，使社区也难以完全承担起对离退休人员管理服务的功能。这就需要社会和企业共同关注离退休人员管理，积极研究制定有关鼓励、扶持政策，引导社会各方面的力量，投资建设老年公寓、托老所、老年人活动中心、老年学校等面向老年人生活、医疗、保健、文化等方面的设施，形成国家、集体、企业、个人等多渠道投资，多种社会力量共同发展社会化管理服务事业的局面，企业应加强与退休人员所在街道社区的联系，密切配合，共建共用，共同做好企业退休人员的社会化管理服务工作，确保离退休人员有充足活动场所和众多的活动项目，为社会化管理服务事业奠定更加坚实的物质基础。

离退休人员离开工作岗位后，基本脱离社会活动，活动范围很小，运动锻炼机会减少，年龄增大，身体机能自然弱化，身体健康受到影响，患病率增高。针对老同志的这种生理心理特点和精神需求，我们应积极开展丰富多彩、喜闻乐见，动静结合、室内与室外结合，集思想性、知识性、趣味性为一体的文体活动，吸引离退休老同志走出来、动起来、乐起来，帮助老年人树立正确的老年人生观、世界观、价值观，建立起积极向上的生活方式，从而达到调整心态，锻炼身体、增进健康、增添情趣、陶冶情操、减轻信访压力的活动目的，促进社会企业稳定和谐发展。

（四）科学管理，不断推进企业离退休信息化建设

针对当前离退休干部信息管理工作中存在的问题，应开发建立离退休人员信息管理操作平台，提高服务质量和便捷程度，使离退休干部信息管理系统能达到分级联网，数据接口安全、便捷，程序兼容性强，操作简练，数据接收、报送程序简单易懂，维护方便的程度。同时要加大人才引进、使用和培训力度。离退休人员信息管理工作，涉及知识面广、范围大，具有动态调整和更新周期短等特点，与社会保险政策和档案管理等相关知识结合紧密，要选用具有较高的文化素养、创新敬业精神和强烈的责任心的现代信息管理人才，加强培训力度。以保证离退休干部信息管理工作适应新形势下的发展需要。

（五）搭建平台，帮助离退休人员实现人生价值和社会价值

要打造好离退休人员发挥余热的平台。许多离退休人员熟练掌握专业技术、政治上成熟、工作经验丰富，同时又具有继续为社会进步和企业发展做贡献的愿望，可以说他们是国家和企业的宝贵财富。离退休工作者应当为离退休人员发挥余热搭建一个平台。可以鼓励他们进行社会调查，开展扶贫帮困活动，投身社会公益事业；也可以鼓励他们立足企业发展，建言献策，为企业建设提出合理化建议；还可以鼓励他们为建设和谐社区做出应有贡献，化解邻里矛盾、操办红白喜事，保护环境，维护社区内治安等活动；又可以鼓励他们参与青少年培育工作，树立社会的新风尚。

（六）正确引导，努力构建和谐社会、和谐企业

现在增加养老金执行的比例不合理，建议加大企业退休人员养老金的调整比例，逐步缩小差距，使分配制度更加合理。应当说，养老保险制度的“双轨制”问题，以及由此带来的企业与机关事业单位退休人员养老待遇的差距问题是客观存在的。

总之，企业离退休管理服务工作必须坚持科学发展观，学会用情管理，用心服务，充分发挥主观能动性，克服惯性思维，增强战胜困难的信心，以广大离退休人员满意为准绳，切实解决工作中面临的新情况、新问题，为社会和企业的和谐稳定发展做出新的贡献。特别是在今后很长一段时间内，离退休职工数量会日益增多，这支队伍构成比较复杂，其政治阅历、思想水平、文化层次、身体素质都不尽相同，呈现出多样性、复杂性特点。因此，如何更好地做好新形势下离退休职工的服务管理工作，使离退休老同志发挥余热，安享晚年，实现企业和社会的和谐稳定，已成为国家和社会高度关注的社会课题。

退休人员社会化管理研究

◆ 华油集团　于鹏昊

随着国企改革的不断深入，剥离企业办社会职能已然成为党中央和国有企业高度关注的改革项目。在国有企业员工住宅“三供一业”（供水、供电、供气及物业）分离任务基本完成以后，积极推进退休人员移交社会管理逐渐成为国企改革的新任务。然而，面对大量退休人员和社会、企业和退休人员复杂的关系，如何有序、稳步地推进退休人员社会化管理，是摆在政府和国有企业面前的现实性难题。

近年来随着相关文件的接连印发，剥离企业办社会职能也逐渐明晰了方向。2015 年，中共中央、国务院印发《关于深化国有企业改革的指导意见》明确要求了“加快剥离企业办社会职能和解决历史遗留问题，完善相关政策，为国有企业公平参与市场竞争创造条件”；2016 年 3 月，《国务院关于印发加快剥离企业办社会职能和解决历史遗留问题工作方案的通知》明确了完成这项改革是时间节点；2019 年，中办、国办联合印发《关于国有企业退休人员社会化管理的指导意见》全面阐述了推进国有企业退休人员社会化管理工作的指导思想、工作目标、工作任务和要求、政策措施和组织保障等，为国有企业剥离企业办社会职能指明了方向；2019 年 10 月，北京市人力资源和社会保障局、北京市人民政府国有资产监督管理委员会、北京市财政局联合印发了《北京市推进国有企业退休人员社会化管理工作实施方案》的通知，明确了到 2020 年年底前，全市集中力量把国有企业已退休人员移交属地街道、乡镇和社区实行社会化管理的目标，并就退休人员社会化管理工作实施中的相关问题分总体要求、主要任务、分类推进、保障措施、落实责任五个部分进行了明确，而这也成为国有企业退休人员社会化管理工作落实的规范性文本参考。当然，退休人员社会化管理工作的具体开展仍然面临着诸多不确定性的因素，需要结合国有企业及社会公共服务结构的实际情况，进行妥善、稳步、有序的探索式推进。

一、退休人员社会化管理的必要性

退休人员社会化管理是企业退休人员办理退休手续后，其管理服务工作由原来所在企业转交至户籍地或常驻地所在的社会服务机构，养老金实行社会化发放，人员组织关系交由街道和社区实行属地管理，企业退休人员的日常管理服务工作由所在社区服务组织提供。推动退休人员社会化管理是减轻企业管理成本、人工成本、优化退休人员服务方式的重要措施。在深化国企改革的大背景下，推行退休人员社会化管理的必要性集中体现在以下几方面。

（一）减轻企业改革发展负担的需要

国有企业是国家经济发展柱石，国有企业改革是国家经济发展的重要举措，为企业减负则是国企改革的重要手段，也是壮大国企自身发展实力的重要策略。长期以来，离退休人员管理作为企业人力资源管理中的基础性内容，是企业管理中重点关注和落实的工作项目。然而，相较于正常职工而言，离退休人员的效益产出水平和效果并不高，这就使得离退休人员管理逐渐成为企业管理中的负担性项目。通过推动退休人员社会化管理，一方面可以将原本应该由社会公共服务机构承担的管理服务职能转还回去，减轻企业日常运营的人力、管理成本，另一方面可以使企业将原本用来进行退休人员管理的资源转移到相关的核心业务上，转移到开发新项目上、转移到在职员工的管理提升上，支持和推动企业向更高质量的方向发展。因此，开展退休人员社会化管理是减轻企业发展中的人员管理负担的现实性要求。

（二）提升退休人员服务质量的需要

虽然以企业为主导的退休人员管理模式能够保证退休职工按时足额获得养老金及各种社会保障性福利，但在满足退休人员持续增加的精神文化需求方面的不足日益显现。并且，在日常的管理中，企业将更多的人力、资金等资源投入到业务开展中，对退休人员服务的关注度明显不足。企业退休人员管理中存在的这种企业追求经济收入和退休人员追求生活质量的矛盾使得企业的服务职能逐渐“变味”。通过推动退休人员的社会化管理，可以将服务退休人员的职能任务转交给街道、社区等基层公共服务机构来承担，这样不仅可以简化退休人员获取服务的流程，还能够实现退休人员的多样化、个性化服务，提高对退休人员的服务水平。例如，街道、社区会根据退休人员的兴趣爱好定期组织开展各种文化娱乐活动，以此来愉悦退休人员的身心，使其体验到更优质的服务。随着空巢老人的不断增多，社区服务存在近距离沟通、近距离服务的优势，第一时间满足退休人员的居家管理服务。

二、退休人员社会化管理的社会影响分析

退休人员社会化管理是一项重要的民生工程，其不仅涉及企业单位和退休人员，同时还关系到街道、社区等基层社会公共服务组织，是社会服务关系的改革

归正。总体来看，退休人员社会化管理的实施所产生的社会影响可以分为对退休人员的影响、对企业单位的影响和对基层社会公共服务组织的影响三个方面。

（一）对退休人员的影响

退休人员是退休人员社会化管理的直接利益人，随着管理方式的转变，社会化管理的方式是否会影响到自身有关利益的享有是退休人员及其家庭普遍关注的问题。根据党中央和北京市印发相关文件的内容可以看出，退休人员社会化管理以后，退休人员的社会保险关系会转移到其户籍所在地或常驻地的街道进行；退休人员应当享受的各类社会保障待遇会按时足额发放，不会因为管理主体变更而出现社会保障待遇发放不及时、不足额的情况。同时，退休人员原享有的诸如补充医疗保险、医疗互助帮困等相关待遇会仍按照原来的渠道发放；在组织关系方面，实施社会化管理以后，退休人员的党员组织关系也随之转入相应的街道和社区党组织。相较于原来以企业为主导的管理模式而言，社会化管理的方式为退休人员享受各种退休福利和服务提供了更加直接、便捷和高效的途径。企业现阶段的重点任务一是完善退休人员的详细资料，以便移交工作的顺利开展；二是利用适当途径做好宣传引导，消除退休人员退休养老的后顾之忧；三是在企业与社区对接中，双方的衔接十分重要，企业要充分发挥纽带作用，以减轻退休人员的失落心情。双方在做好文字相关档案材料的对接同时，更要做好退休老同志两个阵地无缝衔接，使老同志在保障好待遇的同时精神阵地不落空。这也是维护社会化稳定工作的基础。

（二）对企业单位的影响

退休人员社会化管理对企业单位的影响主要体现在两个方面。其一，面临退休人员信息转交的挑战。在实施退休人员社会化管理后，企业单位需要在约定的时间内将退休人员的所有档案资料整理移交，而退休人员的档案资料往往分散在不同的部门、不同的材料中，需要企业人事管理部门和离退休人员管理部门通力合作进行仔细的搜集、整理。现在遇到的主要问题就是因时间久远，工作人员之间衔接不畅，导致部分退休时间久的老同志档案内容缺失，数据信息录入不及时或遗失，这会给移交工作带来很大阻碍。并且，目前关于企业与街道、社区等基层社会组织交接的资料清单等内容尚没有形成统一性、规范性的文本，导致企业单位在资料移交方面往往处于被动的地位。其二，面临工作对接的挑战。退休人员社会化管理除了涉及退休人员享受的退休金、社会保障金、医疗保障金等资金问题以外，还涉及党员组织关系等各种社会性关系内容，并且不同的项目对应的交接部门和人员并不一样，这就使得企业单位的交接人员往往需要多次询问、反复检查，才能够逐步完成相关的交接。并且，这种跨部门的沟通交流增加了信息沟通交流的成本，使企业单位需要投入大量的人员来负责对接和信息沟通确认的项目内容。针对这一情况，中国石油确定以行政区域划分，每个行政区内有一家牵头单位对接地方政府，其他企事业单位予以配合支持的办法。当然，除了上述的要求以外，退休人员社会化管理给企业带来的利益在于逐步解决了企业退休人员管理的负担，使企业能够集中更多的优势资源来思考和探索企业长远的发展问题。

（三）对基层社会服务机构的影响

街道、社区等基层社会服务机构或组织是退休人员社会化管理中的重要参与者，也是影响社会化管理工作开展进度的重要因素。退休人员社会化管理对基层社会服务机构的影响也主要体现在两个方面。其一，增加了公共服务的业务范围。对基层人力资源公共服务机构来说，退休人员的社会化管理要求从企业单位中接管退休人员的人事档案，在对档案的完整性进行检查的同时，接手后续的人事档案信息更新管理工作；对街道社保所来说，需要从企业所在的社保局接手医保手工报销、领取社会保险（保障）待遇资格认证、死亡之后家属申领丧葬补助等事项的受理权限，并负责为退休人员提供后续的事项服务。其二，自身的公共服务优势得到发挥。相较于企业单位而言，基层社会服务机构在服务退休人员方面拥有更明显的优势，通过接受退休人员管理工作，可以更好地优化辖区内的人员社会服务工作，使公共服务的质量得到有效的提高。当然，在移交过渡阶段街道社区肯定会存在管理不完善的地方，这就需要企业退休人员管理机构继续做好衔接补位，在明细管理界面的前提下，妥善处理移交后遇到的各类问题。

三、推进退休人员社会化管理的策略

目前，各地区在退休人员社会化管理方面的探索正在逐步扩大和深入，并且通过管理实践已经取得了一定的经验和成效。然而，由于协商事项多、协商主体关系复杂、信息分享程度不够等问题的影响，退休人员社会化管理工作的推进显得比较吃力。结合退休人员社会化管理的实际情况，接下来一段时间内应当注重围绕以下几方面工作进行深入性的探索开展。

（一）强化退休人员社会化管理的协同性

退休人员社会化管理的协同性指的是企业、退休人员、基层社会服务机构等主体要在退休人员社会化管理工作开展方面统一认识、统一行为，确保信息交接、关系转移更加顺畅、稳定。

首先，要客观理解退休人员社会化管理工作。企业、退休人员、基层社会服务机构要充分认识到推动退休人员社会化管理对企业发展、改善退休人员退休的生活等方面的现实性价值，克服传统思维的束缚，为积极参与社会化管理工作提供强大的思想动力。当然，企业也要充分发挥自身的思想动员优势，通过与退休人员及其家属的沟通交流，以及与基层社会服务机构的协商来消除退休人员社会化管理方面的思想阻力。

其次，要完善退休人员社会化管理的制度建设。为消除退休人员社会化管理过程中部分主体不作为、乱作为的情况，保证退休人员社会化管理工作的顺利推进，政府部门要结合退休人员社会化管理工作开展的现实情况，出台专门性的法律法规，明确企业单位、退休人员、基层社会服务结构享有的权利和承担的义务，通过制度化的责任划分来强化有关主体在行为方面的协调性，避免出现某个环节“拖后腿”的情况。

（二）实现退休人员信息的共享共用

信息流转是退休人员社会化管理工作中的关键性工作，也是最容易出现问题的项目。虽然近年来企业推行的信息化管理措施使职工的部分信息实现了网络化的管理，但仍然有大量的职工信息是以纸质的档案形态存在，这就使得退休人员信息的对接和共享存在较大的难度。为此，政府部门要充分利用网络化平台资源，为企业、退休人员和基层社会服务机构提供统一性、权威性的信息共享共用平台，消除信息传递的不及时、不正确问题。

首先，及时更新退休人员信息。企业要将整理出来的退休人员的相关信息及时录入到信息化平台中，为退休人员和基层社会服务机构提供翔实的信息查询服务。基层社会服务机构除了通过平台查阅退休人员的相关信息以外，还要对退休人员退休以后的各种服务情况信息进行及时的录入更新，确保退休人员社会化管理信息的持续性、真实性。

其次，加大数据信息的分析利用。信息共享共用平台除了具有信息共享的功能以外，还有庞大的信息共用功能，有关主体尤其是基层社会服务机构要充分利用平台的大数据分析功能，通过对不同数据的对比分析来了解退休人员在公共服务方面的诉求，为社会服务职能的优化提供科学有效的信息支持。

（三）整合基层社会化管理力量

退休人员社会化管理是将退休人员管理的任务由企业转交给基层社会公共服务机构，这虽然减轻了企业人员管理的负担，但相对地增加了基层街道、社区、人力资源和社会保障机构的公共服务任务量。为确保基层社会公共服务机构能够顺利地从企业受众接手退休人员的管理工作，政府要充分挖掘和发挥各职能部门的社会化管理职能优势，形成社会化管理的合力。

首先，成立统一性的组织。鉴于退休人员社会化管理涉及社保、财政、民政、银行等诸多部门领域的现实情况，政府部门内部要成立由相关部门主管领导参与的退休人员基层社会化管理小组，对基层社会化管理工作开展中出现的各类问题进行集中性的分析、解决，消除因为跨部门协作等方面问题造成的社会化管理工作低效现象。

其次，拓宽基层社会化管理工作的开展途径。随着社会化管理模式的逐步推广，越来越多的主体希望参与到退休人员社会化管理工作中，为退休人员的生活保障贡献一份力量。为更好地发挥这些主体的优势性力量，基层社会公共服务机构尤其是街道、社区等主体要制定开放性的社会化管理策略，让诸如退休人员家属、媒体记者、志愿者等主体有机会参与到退休人员服务工作中。

退休人员社会化管理作为退休人员管理模式上的创新，在减轻企业人员管理负担、改善退休人员退休后的生活质量等方面发挥着明显的作用。在当前积极探索退休人员社会化管理路径的过程中，有关主体要通过强化退休人员社会化管理的协同性、实现退休人员信息的共享共用、整合基层社会化管理力量等措施来推进退休人员社会化管理工作的开展，提升社会化管理的实效性。

老干部医疗保健工作的管理体会

◆ 集团公司机关　徐　瑞

老干部保健工作既是医疗服务，又是政治工作，是贯彻老有所养、老有所医的具体体现。随着生活条件的日益改善和医学技术水平的不断提高，老干部对医疗服务有了更高的要求。新时期，做好离退休老干部健康管理及服务工作，是老干部工作的重要组成部分，同时也是老干部健康管理工作者义不容辞的职责。随着老干部高龄情况增多，医疗保健服务已成为老干部日常生活中最重要、最依赖、最关注的内容。如何更好地发挥保健处的职能作用，实现老干部更有质量的健康晚年是保健处面临的重要课题。面对医疗需求的不断增加，针对新时期新情况，应将以人为本、优化服务、建立协调信任关系作为工作的着力点，实现“让领导放心，让老同志满意”的工作目标，努力为老干部提供优质、高效、便捷、贴心的医疗保健服务。

一、搞好教育，端正服务思想，提高保健实效

保健处通过政治学习、分享心得等形式，提高工作人员思想道德素质和政治水平，掌握为老干部服务的相关规定和工作程序。一方面建章立制，依法合规管理，进一步健全制度，做到有章寻有法依，进一步改进服务质量，做到保健服务全方位的规范化。另一方面加强学习，通过深化对老干部医疗保健工作的认识，增强工作人员的光荣感和自豪感，培养尊重和爱护老干部的思想，形成更加良好的服务氛围。

二、明确目的，针对服务对象，加强医疗服务

充分运用与医院的工作协同关系，主动帮助解决老干部医疗保健中的不便，共同促进老干部健康。做好健康风险评估，根据病情进行危险分析，有针对性地做好预防、巡诊工作。与此同时，做好院前急救流程预设，与应急备班制度结

合，杜绝医疗隐患，使工作人员能第一时间知悉病情，在老同志及时就医的同时掌握第一手病情材料。

三、扩宽思路，明确服务举措，确保全方位服务

坚持“从小处着手，细化服务流程”的工作思路，开展全方位服务。一是重点抓好综合性预防保健工作，提高医疗保健水平。老干部的健康预防保健工作是医疗工作中的重中之重，坚持“预防为主，防治结合”的原则，做好保健工作。首先，制订循序渐进的业务理论学习计划，加强全科知识、老年病知识的业务理论培训。其次，开展“岗位练兵”活动，重点培训医务工作者的应急处变能力。二是定期组织病历讨论分析会，在讨论中增进对病案的理解。积极开展心理保健课程学习，心理保健工作对老干部越来越重要，在工作中要及时做好老干部的心理疏导，引导他们保持乐观情绪，正确对待疾病和家庭琐事，引导老干部以积极的态度愉快地生活，树立战胜疾病的信心。多跟老同志介绍健康养生知识，使他们增强自我保健意识。向老干部介绍宣传饮食方面的保健知识，把健康教育渗透到日常生活中。三是建立老干部健康档案，指导健康保健。收集个人健康信息，建立个人电子病历或个人健康档案，尽可能科学全面地收集个人健康信息，包括生活、饮食习惯、健康体检信息、实验室检查、辅助检查、心理因素，以及医疗服务水平、健康体系的完善性、个人及家人健康意识，还包括个人医疗问题（个人史、家庭病史、预防接种史、婚姻生育史）等。将各个时期所有体检资料录入电脑，建立个人电子健康档案。体检资料汇总后，由资深专家对每位体检者的体检结果进行分析、评估、总结，针对体检结果给予通俗易懂的健康指导，形成主检报告，制订针对性的保健干预计划，同时培训医护人员，掌握老干部健康情况，积极主动地参与老干部健康保健管理工作。

四、落实要求，健全服务机制，实现良性发展

老干部是企业的宝贵财富，是医务工作者的服务对象，高标准地做好医疗保障工作，是医务工作者应尽的职责。从事老干部健康保健工作应制定具体的工作职责和标准，将老干部的医疗保健工作提高到一个更高的要求中。通过各项定期评价机制的建立，确保工作顺利，高效实施，确保帮带质量。计划开展医疗医保政策宣讲、卫生知识讲座、疾病预防宣传、健康保健咨询、医疗档案整理、定期体检筛查，坚持经常性送医送药上门服务。定期走访、座谈、看望，征求老干部对医疗的意见和建议。

浅谈新时代的离退休服务工作

◆ 集团公司机关　韩　颐

习近平新时代中国特色社会主义思想的确立，让中国各行各业找到了扎根新时代，献身新时代的目标。作为在实现中国梦征程上做出贡献的离退休人员，是见证党的百年历史、传承红色基因的骨干力量。在新时代做好离退休服务工作尤为重要，我们要坚持党的领导，坚持用习近平新时代中国特色社会主义思想武装离退休服务工作，进一步把离退休服务工作的制度优势发挥出来，为推进实现伟大的中国梦做出新贡献。

一、坚持中国共产党的坚强领导，全面加强离退休服务工作党的建设工作

党的领导是离退休服务工作的核心，在新的历史时期，要更好地在离退休服务工作中有计划地安排党的重大会议、活动、政策的学习宣贯，让离退休人员感受到党的温暖和关怀，让他们感觉到离退休只是形式，党和国家的大事依然在生活中。把党的领导贯穿于离退休服务工作的方方面面，推动老同志进一步提升政治站位、保持乐观心态，听党号令，增强“四个意识”，坚定“四个自信”，坚决做到“两个维护”。在新时代，离退休服务工作要保证老同志不掉队，组织引导广大老同志在思想上政治上行动上始终同以习近平同志为核心的党中央保持高度一致。

二、以创新思维为统领，坚持把学习贯彻习近平新时代中国特色社会主义思想作为老干部工作的首要政治任务

习近平新时代中国特色社会主义思想作为新时代中国共产党的思想旗帜，开辟了马克思主义发展的新境界，使我们对共产党执政规律、社会主义建设规律、人类社会发展规律的认识达到了新高度，为丰富离退休服务工作指明新方向。要

创新思维，为激发老同志的生命力做出新贡献，让思想旗帜、精神旗帜永远飘扬，让老同志的生活充满阳光，信仰永存，活力常在。

三、坚持不断严密党的组织体系，全面推进离退休服务工作标准化规范化建设全覆盖

要坚持发展基层党组织的作用，党员干部、工作人员要珍惜为离退休人员服务的机会，提供亲情化、个性化、多样化、特色化的高标准服务，把标准规范作为服务的基础。要大力弘扬社会主义核心价值观，主动对接衣食住行等资源，健全服务管理工作机制，提供高品质的服务保障。要大力弘扬伟大建党精神，坚持真理、坚守理想，践行初心、担当使命，建设专业化服务队伍，对党忠诚、不负人民、全心全意为老同志做好各项服务，汇聚起实现中华民族伟大复兴的磅礴力量。

四、坚持用心用情服务，模范带头，大力弘扬社会主义核心价值观，在两个百年的交汇点再立新功

走进新时代，要更好地满足老同志对美好生活的新期待，全面提升离退休服务管理质量和水平。要认真贯彻落实党和国家离退休干部政策，确保离退休人员的政治待遇和生活待遇落实到位。要认真贯彻党中央的部署要求，讲政治、讲大局，进一步密切关注老同志生理心理健康，尽最大努力为老同志服务。

站在新时代，不忘初心、牢记使命，党的十九大指出中国特色社会主义进入新时代，意味着中国实现了从站起来、富起来到强起来的伟大飞跃。认真做好新时代离退休服务工作，是中国共产党的特色，是始终坚持以人民为中心，是尊重离退休人员作为革命、建设、改革的实践者、亲历者、贡献者、见证者的历史贡献，是一代又一代共产党人信念永存、薪火相传、生生不息、事业永续的传承发展力量。